法理学原论

章 戎 编著

云南大学出版社

图书在版编目（CIP）数据

法理学原论/章戎编著. —昆明：云南大学出版社，2007

ISBN 978-7-81112-356-2

Ⅰ. 法… Ⅱ. 章… Ⅲ. 法理学 Ⅳ. D90

中国版本图书馆 CIP 数据核字（2007）第 092113 号

法 理 学 原 论

章 戎 编著

策划组稿 张丽华
责任编辑 纳文汇 石 可
封面设计 薛 峥
责任校对 何传玉
出版发行 云南大学出版社
印 装 云南大学出版社印刷厂
开 本 787mm×1092mm 1/16
印 张 21
字 数 400 千
版 次 2007 年 7 月第 1 版
印 次 2007 年 7 月第 1 次印刷
书 号 ISBN 978-7-81112-356-2
定 价 36.00 元

地 址：云南省昆明市翠湖北路 2 号
云南大学英华园（邮编：650091）
发行电话：（0871）5033244
网 址：http://www.ynup.com
E-mail：market@ynup.com

目 录

第二编　法律关系论——现实生活中的法

第三编　法律的发展论——社会变迁中的法和法律

导论

一、法学与法学体系

（一）法学

在人类社会的历史发展中，无论东方还是西方，人们很早就认为“法”是高于“法律”的一种社会现象，为此，人们不遗余力，千辛万苦地去发掘法的“本质”及其属性，于是才形成了如今千姿百态、丰富多彩的法学学科及法学流派。西方社会，每一个历史时期都涌现出了许多法学研究的先驱者和理论俊杰，后人把他们的研究成果在总体上称之为“法学”。对此，罗马人称之为“jurisprudential”，其原意为：关于法的知识或法律的技术；罗马法学家乌尔比安把法学定义为“是人和神的事物的概念，是正义和非正义的科学”①。至今，西方社会仍流行着这样的观念：法学就是正义之学。

长期以来，人们对于那种隐藏在法律背后，即高于法律的“法”进行了顽强而艰苦的探寻，在法学理论上进行了深刻而卓越的研究。由此，法学成了人们极力说明“法”与实在法、人为法、制定法或判例法等现象之间关系的合理依据，成了人们阐释法律运作的当然学问。卡尔·马克思认为：法应是“事物的法的本质的普遍和真正的表达者。因此，事物的法的本质不应该去迁就法律，恰恰相反，法律倒应该去适应事物的法的本质”②。其意思就是，高于法律的“法”才是社会现象的本质反映，是保证法律实施与实现的根本，人们应该通过正确地运用法律去体现法的内在精神，否则不可能正确反映“法”的品格。

法学，在我国也被称之为“法律科学”，就是研究“法”这一社会现象及其规律的学科，是囊括法和法律相关学问的科学。目前的中国法学，已是一个门类相对齐全、体系比较完整的学科群。其中既有理论法学又有应用法学；既有纯粹法学又有边缘法学；既有基础法学又有部门法学；既有国内、国际法学又有外国及比较法学，等等。总之，法学研究表现出来的，是一种流动的思

① 转引自沈宗灵主编《法理学》，高等教育出版社1994年版，第1页。

② 见《马克思恩格斯全集》第一卷，人民出版社1956年版，第139页。

想，一种思想的流动过程，其中反映出来的法科知识、理性感受及其理论力量是其他学科难以表达的。

（二）法学体系

法学作为一门学科领域，具有自己专门的体系，是由法学全部分支学科构成的，以研究社会法律现象为内容的，有机的整体，就是我们所说的“法学体系”。法学体系的形成一般取决于法律教育即法学人才培养的目标，因此，法学体系与法律体系不同，在任何国家和社会均可以有多个法学体系存在。我们应该注意到法学体系与法律体系、立法体系、法制体系，以及法系等概念完全不同的含义，并对它们进行正确的区分。① 无论从理论认识的角度还是从实际运用的角度看，法学都是由理论性法学、应用性法学和众多边缘性法学构成。就是说，法学主要是由理论型、应用型、边缘型三种类型的法学学科所构成的特别学科体系。②

理论性学科，主要研究法及法律的演变发展及其基本概念、原理和知识。如法理学、法史学、比较法学和法律方法，以及各种法学流派的理论。理论法学相对来说比较抽象，它是从应用法学中概括出来，从总的方面探求各种法律现象的基本概念、基本原理和规律的基础理论。可以说，理论法学是应用法学的理论基础，应用法学是理论法学的具体来源。

应用性学科，通常指在社会现实中，进行法律职业操作所需的法学分支学科，它们较为贴近实际运作和执业技术的训练。如宪法学、行政法学、民商法学、经济法学、刑法学、诉讼法学等，多为法律服务和法律实务方面的学科。其任务主要是面对现实及具体个案时，研究如何正确运用法律进行公正处理的具体问题。

边缘性学科，是指由法学与其他学科相结合，共同形成的一类新的学科。如法律经济学、法律逻辑学、法律心理学、刑事侦查学、司法精神病学、法医学、司法会计学、证据学等等。无论是以法学为主以其他学科为辅的学科，如：法律逻辑学、法律心理学等；还是以其他学科为主以法学为其限定性研究范围的学科，如：法医学、刑事侦查学、司法鉴定学等，它们都须从法学研究的视野，在对所研究的对象作出其社会性、自然性分析的同时，还作出相应的法律性阐释。

---

① 对此处提及的概念，除“法学体系”外，均由下面各章节予以介绍。

② 参见沈宗灵主编《法理学》，高等教育出版社 1994 年版，第 2～3 页；张文显主编《法理学》，高等教育出版社、北京大学出版社 2003 年版，第 3～4 页；孙国华、朱景文主编《法理学》，中国人民大学出版社 2004 年版，第 7～8 页。

另外，法学与政治学、经济学、逻辑学、社会学，甚至与各门自然科学都能够发生不同程度的联系。

二、法理学及其在学科体系中的地位

（一）法理学的概念

法理学是一门理论概括性较强的法学理论学科，在法学体系中处于基础理论地位。由于它将各种形式、各种门类、各种内容、各种渊源的法律抽象为一般法，并在此基础上研究它们的共同论据和原理，阐述它们的普遍原则和规律，从而揭示出一般法律的基本范畴、社会功用、发展过程、属性内容、社会价值，以及法理学在法学内外部的关系等等，因此，法理学在法学体系中又是居于较高层次的理论形态的学科。为此，法理学的定义可表述为：以法的理论形态存在的，以法律的普遍制定和实施为领域，以法学基本原理、基本范畴、基本规律及法的正常运行和法的价值趋向等为研究对象的法学分支学科。

法理学，英文称为“jurisprudence”，就是以阐述高于“法律”的“法”的理论为己任的，关于法律的原理、原则及其精神境界的科学。由于它是关于法律、法律现象、法律问题最一般、最普遍、最根本的思想表达，因此，中国的法理学尤其重视中国社会的理论热点和难点，重视当代中国法治实践和法制建设的理论问题。以法理为基础，以问题为中心，以理性分析为形式，以塑造和提高法律人的思维方式为目标，是该学科的突出特点。系统学习法学的基本原理，掌握法理学的思维范式，是法理学训练提高理论思维能力的宗旨。

我国现在所启用的“法理学”课程名称，是经过了长时期曲折发展的历史和多次的论证后才得以正名的。新中国建立初期因照搬苏联模式，该课程被更名为“国家和法律理论”或“国家和法的理论”，将法学和政治学合二为一，法学成了政治学的附庸；“文化大革命”时期，法律院系基本上被取消，法学被取缔，该学科无论在形式还是内容上也趋于消失；改革开放伊始，北京大学法律学系率先启用了“法学基础理论”一名，意味着法学学科的内容和体系面临着重大的改变和更新。① 随着改革开放的迅速发展及社会主义市场经济的确立，我国法学学科面临着有史以来最猛烈的冲击和最迅速的发展，法学自身的理论建设问题更显突出，于是，以“法理学”命名的法学理论科目在我国终于得到了正名。

---

① 关于“法理学”学科的演变，国内多有著述。此处参阅沈宗灵主编《法理学研究》，上海人民出版社1990年版，第1~9页。

（二）法理学与法哲学

虽然法理学与法哲学都是关于法的一般理论的研究，但是，法哲学以法的本体现象，即本质论、认识论、价值论（即价值评判论）等为落脚点，展现自己关于世界观、法律观的理论逻辑魅力；而法理学则以法的实在论、法律规范论、法律关系论、法律运作论、法的社会功用论及其价值取向论等为自己的舞台，展现法的时代精神。法哲学从法的本质现象的观念出发，以事物的本体论为其实在内容，通过法与其他社会现象的比较研究，从而揭示出事物的本质，给人予理想或信仰的启迪；相比之下法理学则多以法的现象为内容，在法和法律的范围内探讨法学中的概念、术语、原则、原理及各部门法学的相关理论，它可横跨任何法律部门，也可深入到任何法律范畴中提取共同的理论基础，从而为现行法制和法治提供具体指导和专业论据。

西方学术界对于法理学的定义和看法不完全一样。在德国，认为法理学（即法哲学）是哲学的一个分支学科，它是用一定的形式，系统地从事研究法律和法学的一般原理。在英国，认为法理学就是系统说明法律的概念和理论，它直接为法律的现实适用服务，因此，以帮助人们理解法律、法律权利及其在社会中的作用为宗旨。在我国也曾有人认为，法理学是介于哲学与法学之间的边缘学科，它把哲学基本原理应用于法学，研究法律的一般原理和方法，所以，法理学被认为是哲学的一部分。

（三）法理学在法学体系中的地位及意义

由于法理学主要是从整体和普遍的层面对法和法律现象进行研究，因此，它可以涉及法律研究的所有分支学科及其理论。因为它的使命就是从法和法律的整体观念出发为立法、司法、执法、护法、守法、用法提供理论指导和思维方式的。我国的法理学之所以处于法学体系中的基础理论地位其原因还在于，它以着重研究我国当代的“民主与法制”“国家与法治”“社会主义与法治建设”等问题为己任，而不是把某一具体的法、某一部门的法、某一领域的法作为重点对象，而只是把它们作为自己的个别例证。

如今的法理学，既承担着初学者的入门“向导”，又肩负着法学基本理论研究的重任，同时还是联系各法学分支学科的理论纽带。为此，法理学的研究成果对各部门法学均有相应的指导意义和价值导向作用；而各部门法学也以自身的成果为法理学提供着扎实的社会现实基础和丰富的具体事例；同时，法理学中的许多术语和概念也都来自于各部门法学。例如，法律适用、法律解释、法律关系、法律责任、法律效力与溯及力、法律监督与立法体制、行政救济与执法体制、时效制度与管辖等等。由此可见，法理学与各部门法学的关系可以概括为“一般”与“特殊”的关系。

在法学边缘学科中，其他学科对其所研究的对象所作的社会性、自然性的分析，以及法律方面所需要的定性解释，一般都须有法理学的论证依据。尤其当社会科学技术迅猛发展，非法规避法律及高智能犯罪日趋严重的今天，对于法学以外领域的研究成果，纳入法学予以运用，已成为法理学必须进入的“两栖”地带。如：关于“安乐死”及其社会性、自然生理性与合理合法性何在？人是否有死亡的“权利”和自由？这些问题都有待于法理学的研究及论证。可见，法理学与法学边缘学科的关系除了具有法学指导意义外，更重要的是其他学科的概念和结论是否能进入法学，应先得到法理学的“论证”与“确认”则是关键所在。

三、本书逻辑体系简述

由于在法科学生的专业教育中，法理学既承担着入门的导向作用，又担负着高层次的理论研究任务。因此，在法学入门的导向作用中，它不仅比任何部门法学更综合，更需要深入浅出的教导，而且比其他理论法学更基础，更需要通俗易懂的说明；为此，我们对法理学入门的教学体系进行了相应的改革。根据教育部高等教育司编制的《全国高等学校法学专业核心课程教学基本要求》中对高校《法理学》教学的要求，我们调整出了由导论和以下三编为主要内容，并在逻辑方面进行了相应提炼，使各编之间具有较强逻辑联系的法理教学体系。

第一编　法的概念论——在概念体系中所形成的法和法律观念。主要以我国法律的文本体系为学习对象，并对习惯法等不成文法等现象予以初步阐述，强调了我国现行法以法律文本形态存在的形式，以及效力来源的经纬体系，并包括了现代国际法制在内的法律观念。因此，该编主要以静态的法律规范为认识对象，欲给初学者一种整体性、开放式的现代法律观念的基本认知，为下一编的学习铺垫基础。

第二编　法律关系论——在现实社会中反映出来的法及其存在形式。主要以实际生活中比比皆是的人与人之间的关系为视角，从中提炼出法学中所概括的最基本的法律关系现象，从而着重阐述现实社会中，法律规范是怎样存在，怎样发挥作用，怎样实现人们所期望的社会价值目标等情况。因此，该编均以动态的法律关系为认识对象，从不同侧面让学生初步了解了人们在不同的社会交往中所结成的现实法律关系，以及现行法律规范在现实生活中的真实显现。这里不仅运用了第一编所学的知识，而且是进入各部门法学学习的前奏。

关于“法律关系论”这一编名的提法，是其他法理学教科书未曾有过的，然而，却是所有部门法学作为理论基础必须讲述的基点，只不过各部门法学关于法律关系论因受自己学科的限制，而不可能全面地进行阐述，因此在理论上各自并不承担相互沟通的任务。只有站在整体法律科学的角度对此进行综合揭示，才能让其上升为法学的基本原理，这就是法律关系需要置于法理学中基础理论地位的原因。因此，以此鼎立起来的法律关系论一编，是本教改体系在法律实践和教学实践中形成的一个特点。

第三编　法律的发展论——初步揭示了伴随着人类历史发展而出现的各种不同的法律现象及其演变规律。主要以中西方不同的法律，不同的法制发展形式为内容，意在使学生逐步了解现代法律及其法制的源流和演变，同时能够理解现代法律和法制对历史上曾经存在过的法律及法制传统的承袭。因此，本编以不同国家不同历史传统中的法律存在样式为认识对象，从人类不同历史的发展角度，拓展了初学者对法律问题的认知视野，进一步为他们奠定了法律科学中的理性品格。

另外，各编中章与章之间的逻辑联系也展示了本书独有的特色，并在启迪学生树立现代整体法律观方面具有优越之处。

由于人们对法律现象的认知，既是一种对客体对象的认识，也是对人类社会自身的认识，因此，通过以上三编的讲述只是对法律这一客观对象的初步理解，只能算做法理的最初阶梯，即进入法学学习的前期准备，其他更深刻的法理学知识还需在具备了法学各主干课知识的基础上才可能系统地理解。本书体系突出了法学的先导性、基础性和部门法学的衔接性。由于法律是为人而存在的，从人的认识规律入手，实现人所希望的社会目标是法学得以存在的基础，因此，把对法和法律现象的整体认识从阶梯上分为以上三个部分，较为符合人们从感觉到感性，从感性到理性的认知过程。这不仅是初学者学习的较好路径，而且也是所有研习法律的人在面对个案和社会现实时，进行专业性法理分析的较好路径。

四、学习法理学的意义及其方法

（一）学习法理学的意义

攻读法律的学人，包括所有以法律服务为社会职业的人士，均须在法学理论上进行最基本的训练，学会以法律思维的方法来处理所面对的现实问题。因此，无论任何部门法的学习，都需要法理学的认知。很难想象，没有法理学的理论训练，法学的学习能够达到应有的层次。

如果以法律服务为职业的人对其本国历史都很陌生，那么他就不可能理解该国的法律制度以及历史成因；如果对于世界历史和文明不是很了解，那么他就很难理解对法律产生影响的重大国际国内事件；如果不太精通一定的法治理论，就不能洞察社会结构及其变迁对法律的作用；如果没有受过法学理论方面的基础训练，那么他在解决法学上的基本问题时就会感到棘手，而这些问题往往对于司法和其他法律程序都将产生决定性的影响。①

然而，这一切均能在法理学中找到相应的答案。每种学问都需要运用特定的方法，或遵循普遍特有的思维方式来回答人们所提出的现实问题，法学更是如此。因为，法学面对的就是人类社会人与人、人与国家、人与社会、人与自然等所发生的问题，并且需对这些问题找出解决的办法。所以，法理学的学习在法学的学习中至关重要。

法理学方法是法学研究最基本的方法，是法学和法律工作者理解认识法律，掌握运用法律的指导思想、形式原则、方法规则等。所以了解并学习法理学研究方法，不仅对初学者有重要意义，而且对已有一定造诣的法学和法律工作者也有特殊的意义。从法学理论的提炼和升华来看，法理学可谓是法律文化的结晶，其研究方法反映了人类对法律现象认识的理性过程，它所关注的理论取向可直接左右其他法学学科的深入与发展。

法理学是训练人们特有的法律思维模式的学科，通过这种训练可以衡量法律工作者是否具有良好的法学专业素质，是否具有优秀的法律社会角色意识。换言之，一个人法律素养的高低一般均可由法理学的训练程度表现出来。所以，法理学有助于训练人们的专业思维能力，有助于培养人们的社会角色意识。

（二）法理学研究的主要方法

1. 马克思主义的经济分析方法

马克思、恩格斯是运用经济分析方法来研究法和法律现象的杰出代表。他们首先将经济分析方法运用于社会结构划分的理论中。认为人类社会整体上划分为生产力、生产关系（交往方式）和上层建筑三个相互联系又相互区别的层次；生产力是最基础最活跃最有生命力的因素，加之其不断前进发展的本质属性，这三个层次就形成了伴随人类社会不断变化发展的两对基本矛盾，即生产力与生产关系的矛盾，由生产关系形成的经济基础与上层建筑的矛盾；整个社会的发展水平和进化程度，最根本的动力均源于生产力发展的状况。② 在生产力作用下，出现了不同的经济制度、不同的阶级分化、不同的法律体制及不同的上层建筑。由此，使一切“意志”和“利益”所造成的法律现象在此都

① ［美］E. 博登海默：《法理学—法哲学及其方法》，邓正来、姬敬武译，华夏出版社1987年版，第490页。

② 参见《马克思恩格斯选集》第二卷，人民出版社1972年版，第117页。

找到了客观科学的理论依据。由于理性来源于并还原于现实之中，所以马克思主义经济分析法既肯定了经济基础和生产力对法和法律的决定作用，又肯定了后者对前者的反作用，无论什么经济基础或法律制度，它们都是生产力借以发展和完善自己的形式。

阶级分析法是马克思主义经济分析的一种具体有效的法则。正如马克思所说：从现实和具体开始，从社会生产行为的基础和主体的人口开始，似乎是正确的。但却不然，如果抛开构成人口的阶级，人口就是一个抽象；如果不依据雇佣劳动、资本等，阶级又是一句空话；如果没有雇佣劳动、价值、货币、价格等，资本就什么也不是；而不谈交换、分工、价格等，上述因素就无前提可言，从人口着手就是一个混沌的关于整体的表象。只有从表象中的具体通过客观辩证的推论，达到清晰而简单的抽象，再折过头来回到人口，这时的人口概念已不再是一个混沌的关于整体的表象，而是一个具有许多规定和关系的丰富的整体了。① 可见，马克思是以众多的经济概念来说明“阶级”及其存在的。阶级首先是经济概念，在法学上有着极其丰富的意义，同时，它还是马克思主义人权观的体现。

总之，坚持马克思主义经济分析方法，首先就是实事求是，一切从实际出发，理论与实际相联系；其次，就是坚持普遍联系和发展的原则，把社会法律现象通过作为物质生产过程的客观规律来考察；再次，在阶级对立的社会中，坚持阶级分析方法，透过表象抓住本质，划清各种法律制度的本质界限。

2. 法律注释法

法律注释方法是法律科学自身的专业方法，是各个法学应用学科的基本方法，因此也是法理学的基本研究方法。

法律本是一种概括性极强的社会调整系统，人们对法和法律的认识、理解、实施和实现，必然会引出对法律的注释和分析的问题，于是，注释方法在一定情况下成了最直接、最简便、甚至最有效的方法。为此，西方曾出现过注释法学派的历史，在中国古代也有将法律注释（如《唐律疏议》）包括“学理解释”都奉为法律的现象。现今，法律注释方法主要在法律解释学及法律方法论中得到了较系统的研究。这对我国目前的法律体系、法制机制及法治实践都有相应的理论指导意义。

3. 实证分析法

在现代，实证分析法基本有两类：逻辑实证分析法、经验实证分析法。

逻辑实证分析法也可称为法学理论分析法，在法学中主要是从法律规范，

① 参见《马克思恩格斯选集》第二卷，人民出版社 1972 年版，第 102～103 页。

即从法律整体的规范角度对法律原则、法律规则、法律概念、立法意图等方面进行定性分析。

经验实证分析法可谓社会学法学派主要采纳的方法。

作为理论形态存在的法理学更应强化理论法学的逻辑意识，并把它贯穿到立法、司法、执法、守法及法律监督等环节中，避免实践中的混乱，使理论与实践的统一达到应有的水平。对于法律专门术语的逻辑定义尤为重要，因为它是许多法律逻辑推理的基础，有些用语来源于其他学科，因为不是法学上的专门术语，更需要法学理论的逻辑分析，从而在不背离其社会性、自然性的基础上确立其法律性的含义。另外，法律实践中逻辑分析方法十分重要，尤其对于个案往往是形式逻辑与辩证逻辑综合推理运用的结果。可见，法学逻辑分析方法是训练法律思维的基本功，也是法理学特有的研究方法。

4. 案例分析法

案例分析方法在实行判例法的国家有着更重要更具实践应用意义的价值，因此被称为判例分析法，是这些国家专门的法律适用制度。即通过上级法院的个案审判而形成的法律适用规则和原则。在我国法学理论中，作为一种思维训练案例分析方法属于较高层次的演绎推理法。我国虽然不是判例法国家，但对这种研究方法进行探讨不仅有理论上的必要，而且是现实中的必然要求。在实际工作中，法律或法学工作者自觉和不自觉地都会运用到这一方法。

在法理上运用案例分析方法可说明其中就里，析疑解难，快捷地对症下药。因此法学中的许多应用学科都采取了案例教学法，以期达到事半功倍之效。通过案例分析理解法律，能从具体事例的抽象中，从更深的层次上理解法理学上的理论原则和立法意图，对法律的社会价值取向作出较正确的选择。

五、初学者应注意的基本学习方法

根据法理学的特点，初学者应该在掌握“基本概念”“基本原理”“基本观点”和“基本技能”上下工夫。基本概念是法理学中最根本、最主要的范畴，如：法、法律、法系、法律关系、法律体系、法律制定、法律治理、法律实施、法律适用、法律监督等，一般首先以定义形式表明“是什么”的问题。基本原理是论述“为什么”的问题，是理解基本概念必不可少的，一般表现为对原理原则的阐述，如：“法和法律为什么是两个不同的概念，它们的异同是什么?”等等。只有对基本原理掌握好了，才能更好地理解基本概念。基本观点是从不同层次、不同侧面、不同程度对基本理论给予的确定性的结论性表述，主要解决“怎么样”的问题。各个不同学派的法理学学说也许在某些基本概念和基本原理上并无冲突，但在具体观点上却是完全不同的，甚至是相反的。基本技能是把所学的基本概念、基本原理、基本观点应用到分析解决理论和实际问题中去的能力，对于法理学而言就是要了解所学重点，理解所学要点，对于基本观点和理论的难点应善于发现，勤于思考，勇于解答。这样不仅可以帮助学习，而且对于理解法理学的整体知识，全面把握法理学的要旨都会有很好的帮助。

导论体系图解

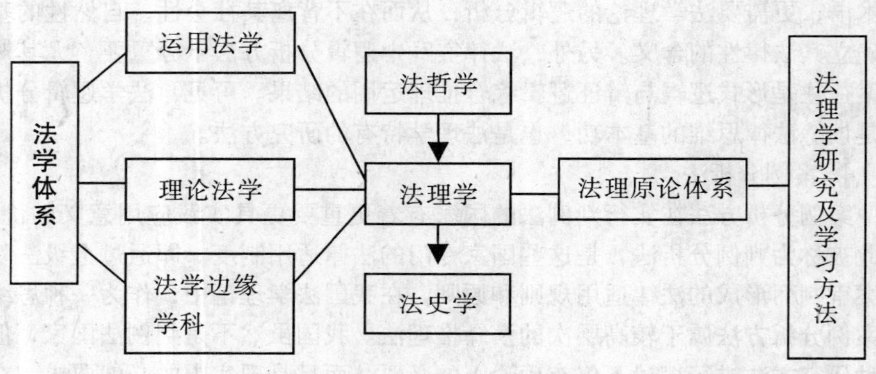

复习思考题

1. 什么是法学和法学体系？法学与法理学是什么关系？
2. 简述法理学在本学科体系中的地位。
3. 什么是法理学的研究方法？并列举说明。

二、古汉语中的“法”和“律”

“法”的古体字为“灋”，由水、廌、去三部分组成。东汉许慎的《说文解字》记载：“灋，刑也。平之如水，从水；廌，所以触不直者，去之，从去。法，今文省。”按《说文解字》的解释，组成灋的三个部分各自代表了一定的特定意义。

“水”有它的象征性含义，即平之如水、不偏不颇、公平公正。原始社会的平等不是指个人与个人之间的平等关系，而是指氏族与氏族之间的平等关系及其实践性意义。在远古时代，由于人们的生活范围常以山谷河流为界，个人不可能离开氏族而独自生活，因此，人们对罪犯往往采用放逐而不判处死刑。事实上，人们把违背公共生活准则的“罪犯”放逐到“河那边”去，无异于死刑的宣告。久而久之，河流就带有刑罚的威严，成了当时公共生活准则的化身。

“廌（zhi）”，也叫“獬豸”，据传这是个貌似牛、羊、鹿、熊的独角神兽，能分辨是非，并用独角去触无理之人，因此是法官秉公断案主持正义的得力帮手，蕴涵着神明裁判的意味。这在《墨子·明鬼》等典籍中都有记载。由于以角触无理之人决出真伪是獬豸的专长，所以，古代有把执法官的帽子叫做“獬豸冠”的，以示执法的公正性。

“去”就是离开，表示只有对无理犯罪者的驱逐，才能使正义得到伸张。

“灋”字凝结了中国古代先民关于“法”这一社会现象最朴实、最可靠的见解；它是由社会权威机构行使的，通过查明证据来解决纠纷，判明是非曲直，并对违法者施以处罚的特殊社会活动；它包括了现代刑罚及除此以外的体现人们必须遵守的必要的公共生活准则。①

另外，“律”最初是一个“聿”字，它的甲骨文写法是一只手拿着一个竖直的东西，上面有孔，似为定音用的笛子，所以最初“律”的含义是乐律上的定音之意。现代汉语中的“一律”就有此义。《说文解字》中称“律，均布也。”清人段玉裁在其《说文解字注》中解释到：“律者，所以范天下之不一而归于一，故曰均布也”。意即“律”可指一致遵循的格式、准则。“均布”本为古时“五音”，将音律均衡的散布于四方的校音器，② 后被借用于法律方

① 关于“灋”的解释，参阅武树臣《中国法律思想史》，法律出版社2004年版，第52~53页的内容。

② 中国古代“五音”：“宫、商、角、徵、羽”，相当于现代简谱中1、2、3、5、6这五个音阶的音名。

面，表示颁布普遍规范昭之于百姓的统一标准。秦汉时“法”与“律”已同义，都有常规、均布、划一的意思；如《史记·律书》曰：“王者制事之法，物度轨则，壹禀于六律，六律为万事之根本焉。”《尔雅·释诂》云：“法，常也；律，常也”；《唐律疏义·名例》有：“法亦律也，故谓之为律”，并有商鞅“改法为律”的说法。然而，“法”与“律”作为近现代意义“法律”的独立合成词，乃是清末民初时才出现的。

应指出，在我国历史上，“法”“律”二字虽可释为同义，但也有所区别。一般说，法的范围较大，往往指整个制度；律则指具体准则，尤指刑律。从古汉语的词源上可以看出，刑、法、律三者只是古代不同时期关于法律的不同称谓，含义基本相通；或者说“法”和“律”的主要内容就是刑，刑罚乃是“法”“律”的存在方式，“法”“律”则以刑罚为后盾。①

三、西文中的“法”和“法律”

在欧洲大陆各主要民族语言中，如拉丁文中的 jus 和 lex；法文中的 droit 和 loi；德文中的 recht 和 gesetz；意大利文 diritto 和 legge；西班牙文 derecho 和 ley，都可以表示为“法”和“法律”。其中 jus、droit、recht、diritto、derecho 等词就是“法”的意思，并包括了权利、公平、正义、正确等抽象内涵，因此它们常被人们理解为“客观法”，或“理想法”“应然法”“永恒法”等；而 lex、loi、gesetz、legge、ley 等词则通常指具体的规则，其词义明确、具体、技术性强，主要被理解为人们依主观意志和认识而制定的法律，即“主观法”，或“现实法”“实然法”“人为法”等现行的法典法规。因此，这两组关于法和法律的概念在欧陆国家从来就是严格区分开的。即西方文化中以拉丁语 jus、lex 为代表，前者即“法”——客观的、永恒的、普遍有效的正义原则和道义公理；后者即“法律”——主观的、现实的，由有权机关制定和颁布的具体行为规范，具有明确的行为约束力。因此，法就是法，不能以法律相替代，否则将从根本上乱了根基。

英国是个岛国，不属于大陆国家，因此英文中关于“法”和“法律”的表达更为复杂。如其中的 law 基本可以与汉语中的法或法律相对应，并可指法学，但英语中的 rule、regulation 等词都有法的意思。如 law 有“法律”“法规”“法令”的意思，也有规则的含义，表示一种被权力组织颁布的规则；rule 一词就是规则、准则的语义，是规定在做某事时被允许的事和被禁止的事；另外，regulation 即源自权威组织的规则、规定；而 jurisprudence 则专指法

① 赵震江、付子堂：《现代法理学》，北京大学出版社 1999 年版，第 21 页。

学或法理学。英文在涉及“法”的词义中，其词根 jur 含有权利、正义、公平等多重深刻的意义。

总之，西方语言中关于“法”这一观念均具有二元结构之说。即“法”指的是永恒的、普遍有效的、客观公正的原则和道德公理；而“法律”则指由人为的，或由国家机关制定和颁布的具体行为规则。他们普遍认为，“法”不仅体现着公平正义，更体现了“权利”和社会的“正当利益”，而法律是为法的实现而存在的，因此，“法律”只是“法”的真实或虚假的外在表现形式。这种关于法的二元结构论，是西方法律文化中特有的，并与他们深厚的自然法观念和思想传统密切相关的。

其自然法的特点是：普遍性，永恒性，绝对性，不能取消、不能废止性。在古希腊和古罗马，自然法被认为是正义的表现形式，西塞罗对自然法曾表述为：“真正的法律是与本性相和的正确的理性，它是普遍适用的、不变的和永恒的；它以其指令提出义务，并以其禁令来避免做坏事……试图去改变这种法律是一种罪孽，也不许试图废除它的任何部分”。[①] 直到近代的古典自然法所揭示的法的实质性精神仍然没有根本的改变。可以说，正是这个根深蒂固的，神圣而不可动摇的自然法理念，为超越实在法的正当性意义上的权利，或者称之为道德权利、应然权利、自然权利的独立存在，提供了逻辑上的可能，也为人们评判并改造实在法提供了价值尺度和动力。[②]

由此可见，在法律传统、法律观念、法律信仰等方面，每找出一个相关的概念，在中西文化中都会有极大的差别。然而，直至今日，西方这种法文化传统并没有减弱，甚至以其强劲的形式切入到了其他社会的文明之中。如今中国的法制和法治文明就是这种西方强劲文明切入的典型。

四、现代汉语中“法”和“法律”的概念

在现代汉语中，“法”的含义十分广泛且内容相当丰富，除了在法律范围内的用意外，关于“法”的观念，可以说囊括了许多中华文明发展的内容，因此，包括了其他许多领域的含义。如：日常生活中的看法、用法、想法、规矩、规范等；宗教事务中的法门、法号、法器、法事等；表达客观规律的法则、法力、公理、定律等；处理事物的途径、方案、方法、方式等，均可用或必须用“法”予以表达。

---

① 〔古罗马〕西赛罗：《国家篇·法律篇》，沈叔平、苏力译，商务印书馆 2002 年版，第 104 页。

② 付子堂主编：《法理学初阶》，法律出版社 2005 年版，第 111 页。

此外，“法”用于法律领域，尤其在如今的法学和法律实践中，还有广义、狭义和最狭义之分。在法学中，广义的“法”主要指某种行为规则体系或某些社会行为规范的总称，可谓之法的一种普遍有效的整体名称。以此意义，无疑禁忌和习惯、民间法和民间行为规则也属于此类，同时，它也包括非官方法、惯例法、不成文法、判例法等。

狭义的“法”即“法律”，而法律也分为广义和狭义两种。（如图 1－1 所示）

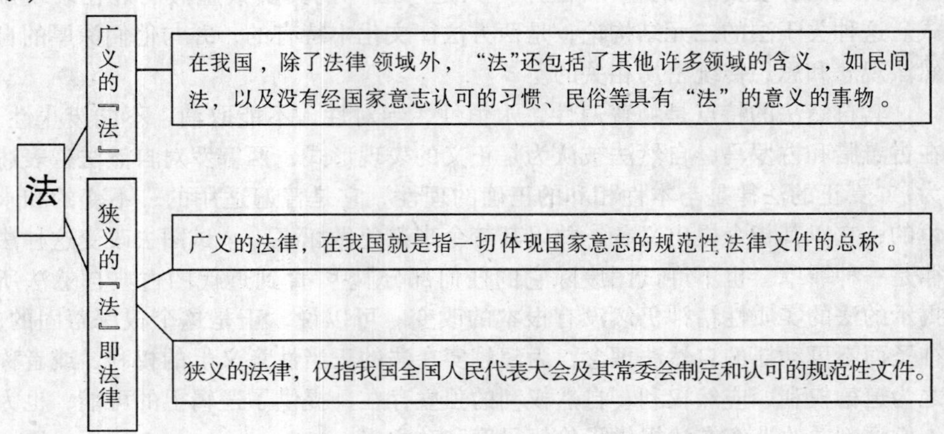

图 1－1　广义和狭义的法的区分

广义的法律即由国家有权机关制定的一切具有普遍效力的规范性文件的总称，一般也将其称为“国家法”，即只要是国家有权机关制定的，有普遍效力的规范就是法律。

狭义的法律即“最狭义之法”，在当代中国的法律体系中，仅指由全国人民代表大会及其常委会制定的规范性文件的名称，它也是我国的法源名称之一。

在如今严格依法办事的法律范围内，主要就是以狭义的“法”即国家法律为根据进行“法治”运作的。正是在此意义上，当代中国的法学界也如西方社会一样，在观念上也是把“法”和“法律”予以区分的，只是在“法”的含义中并不包括如西方的“权利”“正当利益”的意思罢了。因此，在中国法学界，被称为“法”规范的，就指法律，明确说，就叫“法律规范”，我们只需将其辨认为是“广义的法律”还是“狭义的法律”就可以了。

我国学者关于法律的定义具有代表性：法律是由国家制定、认可，由国家保证实施的；反映了特定社会以物质生活条件所决定的人民或统治阶级的意志；以权利义务为内容，以确认、保护和发展人民（或统治阶级）所期望的社会关系、社会秩序和社会发展目标为目的的行为规范体系。① 在法学中作为整体性的名称，法和法律并无不同，如“以法律为准绳”，此时的“法律”与狭义的“法”同义，它包括所有的规范性法律文本及其有效解释。另外，如全国人民代表大会及其常委会制定的规范性文本，从法律位阶上讲为“最狭义的法律”；再就是指一般情况下所称的宪法、民法、刑法、行政法、经济法等具体法律文本。

学习法理学，首先固然要求明了国家层面“狭义的法”，即广义和狭义法律的基本概念及特征，并须着重理解现行国家法律的功能和意义。但是，也需拓宽并梳理对法和法律更广泛的认识，比如现今学界较热门的法律社会学中的“法”，民间生活中的习惯法、禁忌规则、行规和民约等，这也是认识和理解法律观念所必须掌握的。

以下三节，将以体现国家意志力由弱到强的排列为序，阐述法和法律的一般表现及其特征。在理解广义的法的基础上，加深对狭义的法——国家法律的认识和理解，并以国家法为学习重心。

第二节　禁忌与习惯

近年来，与人类社会的法和法律有着亲缘关系的禁忌、习惯、惯例、非正式规范、潜规则等概念，被一些学者用来表述那些并非源于国家之手的社会规范日益增多。在建立和谐社会理念的驱使下，这些概念不但为我国法学界的学者大量使用，而且也为社会学、经济学以及民族学（包括民俗学）等学者们广为使用。由于它们与法即法律的实质性问题密切相关，使人们在这些概念的使用上出现了混淆，如非国家法、民间法、习惯法、宗教法、家族法等等。因此，要更好地理解法和法律，就应对它们有个基本的了解，为进一步理解法律的概念奠定基础。

一、禁忌与习惯的概念和共同点

禁忌，往往是被人们描述为神圣的、不洁的、危险的事物，并由于人们对其所持的态度而形成的某种禁制。② 禁忌包括了两个层面的含义：一是具有某种特质的事物，二是因人们对其所持的立场而形成的某种禁制。禁忌是一种古

① 张文显主编：《法理学》，北京大学出版社、高等教育出版社2003年版，第58页。
② 参见任骋著《中国民间禁忌》，花山文艺出版社1998年版，第3页。

老而原始的社会规范，其产生甚至可以追溯到人类社会的上古时期。它对早期的人类社会起到了重要的社会控制和社会整合作用，因此许多学者就此称之为“原始人的法”[①]或“原始法”。

习惯，是指在一个特定的社会共同体内，由人们经过长期地、反复地实践而确定的具有倾向性和适应性的共同的行为模式。习惯也是一种古老而原始的社会规范，它与禁忌可以说几乎同时出现。习惯的存在使得某一共同体和某一特定关系中的人们可以按照既定的模式行为，并与整体协调一致，得到预期的结果。

习惯与禁忌之间有着密切的联系，有的学者将禁忌看做是习惯的一部分，并且将其看做是习惯当中消极的、否定的部分；[②]也有的学者认为禁忌与习惯是前后相继的演进关系，是从禁忌、习惯、习惯法到法起源运动的两个重要环节。[③]归纳起来，我们认为，禁忌和习惯是两个既相互联系又相互区别的范畴，具有很多相同或相似的特征。

（一）禁忌与习惯的产生条件相同

无论禁忌还是习惯在人类社会早期就已产生，它们的产生先于正式意义的“法律”，有着悠久的历史。它们都是在特定的群体中，基于人们共同的心理需求和生存的需要，而在长期的生产、生活中逐步形成的，其产生不是理性建构的结果而是社会进化的产物，是在日常社会生活中自发形成的个体适应群体生活的模式和行为标准。禁忌和习惯所确立的准则和内容既没有经过理性思辨的论证，也没有经过系统化的整理。

（二）两者得以实施所依靠的力量相同，且都具有不确定性

两者都是依据公众的内心信仰、特定范围内的社会舆论来保证实施的，即均可属于自律规范，其实施根本上是依靠人们的自觉遵守。禁忌与习惯是在人们（一定社区的）的日常生活中自动显现。人们在日常生活中，对客观世界及其生存的社会所形成的共同认识，都与这些规范水乳交融地联系在一起。人们共同的信仰和意识是产生禁忌和习惯规范的主观基础，也是维系这些规范的力量。因此，在这种主观信仰和意识的作用下所形成的公众舆论，则成了这些规范最直接、最直观的实施保障。两者所依据的权威力量有时来自于人们主观所敬畏的某种神圣力量，有时来自于一定的组织或特定的人，有时甚至来自于

---

① 参见王学辉著《从禁忌习惯到法起源运动》，法律出版社1998年版，第92页。

② 参见任聘著《中国民间禁忌》，花山文艺出版社1998年版，“自序”部分。

③ 参见田成有《原始法探析——从禁忌、习惯到法起源的运动》，载于其文集《质疑与创新——法学边缘处的深思》，云南民族出版社1999年版。

一些不能言说的其他因素。

（三）禁忌与习惯是“法规范”发展序列中紧密联系的具有强烈地方性的规范形式

禁忌可以说是较低级的社会控制形式。如，在禁忌中以趋利避害为目的的各种法术、祈祷、仪式等内容，这些行为和仪式，事实上就属于地方风俗习惯的内容。在与“法规范”的比较中可发现：禁忌和习惯均属地方性知识，它们在特定的地域内形成，是与该地域有密切关系的社会规范，是特定地域范围内的民众按照该地域的特点所创造的行为模式，因此，具有很强的地域性和特殊取向性。

（四）禁忌和习惯都是不成文的社会规范

即两者都自发生成于民众中间，而不是由国家权力机关依据特定程序制定的社会规范。禁忌和习惯在民众中间往往通过口耳相传的方式传播和继承，存在于民众的神话传说、日常话语和行为举止中，只有很少一部分内容用文字或图形符号记录了下来。

（五）禁忌与习惯都不具有“规范”的确定性、可操作性和司法上的“可受审理性”（justiciable），即能为法院以个案操作的方式予以陈述，即公式化的表达

因为两者最初都是为顺应自然，实现人类自我生存的目的而自发生成的，它们的有效性也主要取决于人们的内心信仰、长者的威信以及人们共同生活方式在潜移默化中对人类行为的影响。

二、禁忌与习惯的不同之处

（一）禁忌与习惯所规范的内容有所不同

禁忌是一种消极的、否定性的行为规范，强调的是“不许做”或“禁止做”。它通过揭示或预言人们如果从事某种行为，可能会带来某种危险的后果或以遭到神力惩罚的方式来禁止人们从事某种行为，以达到规范人的言行举止、维护生活秩序、进行社会控制的目的。由于禁忌旨在保护个人及整个群体在严酷的自然条件下生存的安全，尽管这种安全有时仅仅是主观的期望。可见，人们在禁忌的约束下所实现的是消极的不作为。而习惯则是生活的常规化、行为的模式化，它是一种稳定的、具有相应定势的行为规范，与禁忌相比，其本身并不以肯定性或否定性的规范形式为特征。它可以规定人们“可以做什么”“应该做什么”，也可能规定人们“不能做什么”“禁止做什么”。遵循习惯将使个体行为与群体行为保持协调一致，为个体在群体中的生活带来便利，违反之，则可能带来相应的否定性评价或惩罚。

（二）禁忌与习惯相比较，习惯的规范化程度更高

尽管习惯在很大程度上仍带有与禁忌相同或相似的特点，但习惯较之禁忌在规范形式方面更全面、更系统、更具规范性。禁忌只是单纯的禁止性、义务性的规范，在人类社会的规范形式中是最原始、最初级层次的部分，它往往与某些神秘力量紧密相关。而习惯则既有肯定性规范，又有否定性规范。由于大多数禁忌面对的是人与自然的关系，因此在禁忌面前人们只有义务，而习惯面对的主要是人和人群的关系，因此在习惯方面既含有权利的又含有义务的内容。此外，经历了长期的社会实践检验流传下来的习惯，对客观环境和社会规律的总结更加准确，而禁忌则随着人类对大自然认识的加深，慢慢被予以淘汰，因此习惯较之禁忌更具合理性。事实上习惯更接近于法的特征，更近似于“法的规范”，由此才有习惯产生习惯法的先兆之说。

（三）禁忌与习惯的强制程度不同

在强制性上，禁忌的强制性通常要强于习惯。禁忌具有“凡是禁忌的事物都是危险的”和“犯禁者必受惩罚”的特征，它反映了禁忌即“绝对禁止”的强效应。在这里，行为与后果之间的联系是机械的、必然的，神秘的力量（超自然力）无时不在、无处不有。违犯禁忌者必然要受到某种神秘力量的惩罚，遭受灭顶之灾！而对习惯的违反，带来的结果可能是行为的不便，损失的发生或是某种世俗权威和社会力量的制裁，它一般不会像禁忌所预示的那样会触犯某种超自然的力量，从而危及整个种群的生存和延续。在私权领域内，违反习惯常常是普通的社会现象，带来的是民事上的补偿或赔偿，通常不是招惹神秘力量而被给以严厉惩罚的结果。

（四）禁忌与习惯得以实施的权威来源不同

一般而言，禁忌得以实施的权威来源于对神灵信仰的观念，即人们对神力永久的、必然存在的深信不疑的状态，无论是主观上和内心中它都使人们很容易形成对禁忌规范的畏惧和自我约束。因此，可以说，神灵观念和内心畏惧是禁忌规范最主要的权威来源。相对之，习惯所依赖的权威力量则主要来源于某些地方性知识和世俗权威，如：一定的社会组织、特定人的威信或特定群体、传统的力量等等。共同体的人们为了得到共同利益或相应的利益，在实践中必然形成的习惯，是人类以群体的形象向自然证明自己力量的开始，由此，建立在“万物有灵”思想之上的神灵观念对习惯已不再具有太大的影响作用。

（五）禁忌与习惯在因果关系预期上的不同

由于禁忌的形成一般建立在对因果关系不可知的基础之上，所以禁忌与迷信往往糅合在一起，具有很强的神秘性、被动性和非科学性。习惯的形成建立在对客观环境的适应、社会经验的积累和群体现实利益的基础之上，其产生和

发展的过程事实上就是人类不断把握客观环境和社会规律的过程。所以，习惯作为传统的社会控制形式虽然还不能彻底摆脱盲目性，但它已具备了越来越多的客观性、确定性和可期待性，并被人们认为是“刻在心灵上的法则”。

第三节　习惯、习惯法、民间法和民间行为规范

习惯与习惯法是典型的民间行为规范，是两个既密切联系，又有本质区别的概念。习惯与禁忌、习俗、民间法等概念一样，都属于非国家性的社会规范，而习惯法在不同的国家则有不同的定论。

一、习惯与习惯法的异同

习惯与习惯法的相同点主要有：它们都形成于民众中间，都是依赖传统力量、社会舆论和人们的自律得以运行的规范形式。此外，习惯还是习惯法形成的基础和前提。如：国外学者认为，“当一些习惯、惯例和通行的做法在相当一部分地区已经确定，被人们所公认并被视为具有法律约束力，像建立在成文的立法规则之上一样时，它们就理所当然可称为习惯法。”① 我国学者则特别强调国家的认可及其强制力的保证，才是习惯成为习惯法的重要特征。如有的学者就提出，所谓习惯法是指“国家认可和由国家强制力保证实施的习惯”。② 总之，习惯法是由习惯发展演变而来的，它们在内容上有很多重合之处。然而，习惯法作为人类社会最早的真正意义上的“法规范”，它已具有法的性质，与一般的风俗、习惯和惯例具有本质的不同。

习惯与习惯法的不同之处具体有：

（一）习惯是社会生活的常规化、行为的模式化，而习惯法则涉及权利与义务的分配，关系到冲突中的利益的调整③

人们通过对自然条件和社会环境的适应，逐步形成其生活区域内的习惯，遵循习惯可以在该区域范围内为自己的生活、行为带来便利，并使个人与群体保持和谐。习惯法则是为人与人之间彼此对应对立的关系确定权利、义务，内

---

① 见《牛津法律大辞典》“习惯法”条目，光明日报出版社1988年版。

② 见《中国大百科全书》（法学）“习惯法”条目，中国大百科全书出版社1984年版。此外，可参阅孙国华主编《法理学教程》相关章节，中国人民大学出版社1994年版。

③ 梁治平著：《清代习惯法：国家与社会》，中国政法大学出版社1996年版，第165页。

容上表现为利益冲突的调解和利益的分配。习惯法是人们在社会活动中，经过利益的反复冲突和反复调整，并在适当定分止争的理性选择指导下形成的。

（二）在规范性程度上，习惯法要高于习惯

习惯法具有更高的确定性和可操作性，由此也较“习惯”具备了“可受理”性和常规性。习惯较之习惯法则具有一定的盲目性和自发性。人对习惯的遵循可能是自发的、本能的，也可能是自觉的、主动的。此外，习惯还包括不少纯仪式性的活动、行为。这些活动或行为主要是来自宗教信仰、禁忌、风俗等，与权利义务的分配无关。正因为如此，习惯法才可能以诉讼方式被陈述，才可能普遍地适用于相关的纠纷。

（三）习惯与习惯法的规范目的不同

习惯和习惯法作为社会规范都具有规范人们行为的功能，而且在社会纠纷的解决当中也都起着重要的作用。但它们在社会纠纷的解决过程中所追求的目的又有所不同。习惯，力图证明的是与纠纷相关的行为在特定地域、特定关系中的正常性和可行性或是反常性和违规性，而习惯法则是对纠纷中不确定的权利义务关系进行确认，以恢复原状。所以在纠纷的解决过程中，习惯的作用在于弄清事实、描述行为，而习惯法的作用在于确认行为的合法性、有效性，分配权利、义务，解决权益冲突。当然习惯法对纠纷的最终解决还需要借助于习惯以弄清事实。

二、习惯法与民间法

将习惯法与民间法作为一对法学基本范畴进行辨析，在我国法学理论界已逐渐成为一种趋势，这恐怕首先应提及的是梁治平先生在其《清代习惯法：国家与社会》一书中明确提出了“民间法”概念的结果。尽管梁治平也认为习惯法与民间法存在区别，但他更注重的是两者的相同点，他认为狭义的民间法与习惯法是一致的，因此对于它们之间的区别没有作更多的阐述。在我们看来，民间法与习惯法是两个既有密切联系，又有很大区别的概念。它们的相互关系大致可以概括为：整体与部分，或包含与被包含的关系，即民间法为整体、习惯法为部分，民间法包含习惯法、习惯法包含于民间法之中。这里，首先需分析了解习惯法与民间法之间的异同。

（一）习惯法与民间法的相同点

1. 以国家制定法或官方正式法为参照系

其共同点在于：

（1）从性质上看，它们都是非国家性的社会规范，它们不由国家的立法机关制定，也不依靠国家的强制力来保证实施。

（2）从产生看，它们都是生成于民间（即民众中间），而非政权统治机构的内部，它们反映的是民间日常生活的要求，而非国家的意志和理性。也正因此，才说习惯和民间法原本就是人民生活方式的一部分。

（3）从合法性来源看，两者的合法性主要来源于中下层社会大众的认同，而非上层统治者的赋予和立法程序。

（4）从与传统的关系看，习惯法和民间法往往更接近民俗惯例，反映的也更多的是民间日常生活的要求，它们甚至本身就是当地传统的一部分；国家制定法则更多体现的是统治者上层和整体社会的广泛要求，通常是对民间规范的认可，以及对未来规范的制定；

（5）从社会性看，习惯法及民间法比国家制定法更具社会性；它们的运行和实现完全依赖于社会文化的支撑。

2. 以民俗惯例作为参照系

其共同点在于：

（1）具有与“法规范”相一致的规范形式，它们都以权利、义务方式确定乡民、市民之间的关系，并借此调整和解决社会冲突。

（2）具有较高的确定性和操作性，理性化程度较高，由此，习惯法、民间法也具备了“可受审理”性和常规性（即能普遍地适用于将来所有相关的个案问题）。

（3）两者都在“很大程度上脱离了巫术和仪式主义阶段而主要受实用理性的支配”，[①] 同时都由有特许权的个人或组织以权威主体的身份，通过运用人身的或心理的强制手段来保障实施。

（二）习惯法与民间法的不同点

1. 它们的参照对象不同

习惯法参照的对象是国家制定法或者成文法，强调的是习惯法在生成机制上与制定法或者成文法的不同，即习惯法是社会经验进化的产物（自生自发的秩序），而非依据特定的立法程序创制的结果（理性建构的秩序）。民间法参照的对象则是国家法或者官方法，强调的是其在创制主体上与国家法或者官方法的不同，即民间法是民间的创造物，而非国家机制或者官僚机构的创造物。因此，与习惯法相类似的概念是“活法”“行动中的法”“惯例法”“地方性法”“不成文法”等等，而与民间法相类似的概念则是非国家法、非官方法、非正式法源的法等等。

---

① 梁治平：《清代习惯法：国家与社会》，中国政法大学出版社 1996 年版，第 173 页。

2. 民间法在外延上远比习惯法广泛

由于民间社会活动的无限复杂性，民间法也就具有极其多样的形态。从创制机制上看，它既包括民众在长期的生产、生活中逐渐形成的不成文法，如习惯法，又包括民间准官方组织及社会组织依据特定的程序所创制的成文法，如行会法、宗教法、社团法及一些乡规民约等等。从涵盖范围来看，民间法不但包括习惯法，而且还包括民族法、宗族法、行业法、村落法及一些规章制度等。

3. 在具体形式上的差别

民间法是被赋予了法律效用的一切社会规范，因而在实施保障上，民间法既有依靠物质强制手段来保证实施的部分，也有依靠道德约束、自律手段来保证运行的部分；在确定性方面，民间法既有某些系统性高、规范性强、易于辨识的内容，也有某些系统性低、规范性差、不易辨识的内容；在适用范围方面，民间法既可能局限于特定的有限地域，又可能挣脱特定地域的限制在广泛的民众中产生规范效用。其实表现各地传统和文化的“民法”就应是这种效用发展的典范。与之相比，习惯法则简单一些，由于习惯法是在特定社会中纯粹自然生成的规范体系，依靠当地人的心理强制就可以保障实施，因此系统性低、规范化相对差、不易于辨识，主要适用于特定的地域或特殊取向的社会关系是其重要特点。

习惯法和民间法不仅是法律史学的范畴，在任何现实社会，无论其文明程度多高，都有其存在的空间。正因为如此，它们与国家法律的实施和实现就出现了相互衔接、互为补充、相互交错等复杂关系。如果能够处理好它们与国家法之间各种层面上的关系，对于我们建立新型的和谐社会无疑将是一个不可低估的贡献。

三、民间规范形式——村规民约

民间行为规范在现实社会中有许多形式，以习惯与习惯法、正式与非正式的村规民约等较为典型。即便在现代的社会，许多法律法规的出现与民间的规范形式均有着密切的关系。目前我国较受人们关注的，与法律的制定认可具有较大意义的，就是乡村生活普遍的民间规范形式——村规民约。

村规民约，又称为乡规民约、民族团结规约或者族规民约等。在我国，广大少数民族地区和乡土社会的村规民约除了由“村民委员会组织法”规定的，现代形式的村规民约之外，还存在着大量传统的村规民约，它们在现实生活中都起着重要的调整作用。

（一）传统的村规民约与现代型村规民约的主要区别

1. 产生方面

民间存在的传统的村规民约是基层群众在长期的生产或生活过程中自然形成的行为规范，是自然进化的结果，而非某一组织创制的结果；而现代形式的村规民约则是在国家法律、政策的指导下，由人们自己及其民间组织依据当时当地的实际情况所创制的行为规范。如1998年制定的《中华人民共和国村民委员会组织法》第二十条规定的：村民会议可以制定和修改村民自治章程、村规民约，并报乡、民族乡、镇的人民政府备案；村民自治章程、村规民约以及村民会议或者村民代表讨论决定的事项不得与宪法、法律、法规和国家的政策相抵触，不得有侵犯村民的人身权利、民主权利和合法财产权利的内容。

可见，现代型村规民约一般指由村民会议制定，经基层人民政府备案的，村民自我管理、自我教育、自我服务的行为规范，因此对其必须依法制定和修改；同时，其中所规定的事项不得与宪法、法律、法规及政策等相抵触。

2. 确定性方面

现代形式的村规民约很多都是参照国家法律的立法技术制定的，因此具有较高的系统性、规范性，规范内容也易于辨识；传统的村规民约则要简单一些，由于它是纯粹自然生成的规范体系，因此较之现代形式的村规民约似乎更多了一些盲目性和自发性。

因此，《中华人民共和国村民委员会组织法》第二十七条规定：驻在农村的机关、团体、部队、全民所有制企业、事业单位的人员，不属于村办的集体所有制单位的人员，都应当遵守有关村规民约。所在地的村民委员会、村民会议或者村民代表讨论和处理同这些单位有关的问题，应当与他们协商解决。可见，现代型村规民约是相关者解决冲突和纠纷的正式依据。

3. 内容和效力方面

传统村规民约的内容和效力主要来源于传统文化，而非国家的权威；现代形式的村规民约由于是在国家机关或基层政权机构的直接指导和监督下制定的，因此无论在具体内容上还是效力来源上都会受到国家或多或少的影响。当然，这种区别是相对的，在现实生活中，两者很多时候是相互影响、相互作用的。相互之间的影响和作用有时是积极的，有时又是消极的，情况较为复杂。

（二）少数民族地区和非少数民族地区的村规民约

少数民族地区和非少数民族地区的村规民约之间也存在着相同点和不同点。相同点主要体现在村规民约与国家法的区别上，如少数民族聚居地的现代型村规民约，除了受上级自治机关自治权的保障外，与其他村规民约并无异议。而不同点可以集中地表现在这样几个方面：即少数民族地区的村规民约较之非少数民族地区的村规民约具有更多的民族特色、地方特色和宗教特色等。

（三）村规民约与国家法律

在理论界存在着对村规民约属性的讨论，有的学者认为，为了使村规民约更好地发挥作用，应当把村规民约看做是习惯法（狭义上的），即国家认可的，并赋予了国家强制力的习惯。有的学者则认为从现有国家立法来看，村规民约只是一种在国家监督下制定的非国家性的社会性规范，其不具有国家强制力，因此它也就不能随意侵犯村民的人身权利、民主权利和合法财产权利。因为村规民约与国家法律不但从现有立法看有严格的区别，而且从理论角度分析也有诸多不同：

1. 性质

村规民约是非国家性的社会性规范，它不由国家的立法机关制定，也不依靠国家强制力来保证实施；国家法则相反，是出于国家之手的社会性规范，必然以国家强制力来保证实施。因此，村规民约的运行和实现依赖的是民间社会文化的支持，而国家制定法的实施和实现依靠的是强有力的国家政权和其硬件设施。

2. 产生

村规民约是生成于民族民间（即民众社会中）的“社会自然规范”，而非产生于政权统治机构的内部，它主要反映的是民间日常生活的要求，因此，它首先反映的是民间的意志，而非国家的意志和理性。国家法则是国家有权机关依据法定职权和立法程序制定的，由国家强制力保证执行的行为规范的总称，它直接反映的是国家的意志和利益要求。

3. 效力的来源

村规民约的合法性都主要来源于传统文化和中下层社会大众的认同，而非上层统治者的赋予和立法程序，当一个村规民约得不到广大人民群众的认同时，它也就失去了效力和规范作用。因此，村规民约的效力，在形式上基于地域性的知识或共同体的习惯和认同，而国家法的效力在形式上则源于国家的合法性及其意志和权力。

4. 与传统的关系

村规民约往往更接近于民俗和自然惯例，反映的也更多的是过去的、民间的、自然社会中日常的生活规律，它本身也是传统的一部分；而国家法则更多体现的是现代的、既定的、以国家强制力保证的普遍要求和社会愿望，因此国家法律是面向未来的，在现代化或全球性视野的宏大规则背景下形成的时代规范。

通过上文对相关基本范畴的梳理和辨析，我们会发现：

（1）禁忌、习惯、习惯法和民间法作为法规范发展序列中相互联系的不同部分，它们不但具有密切的联系，而且也存在着本质的不同。我们既不能把它们完全割裂开来，也不能毫无区别地混用。

（2）它们之间的联系和区别是相对而言的，如，习惯相对于禁忌具有更高的规范性，但相对于习惯法和民间法，则规范性又较低，虽然它们与国家法相比其规范性尚有较大差距。

（3）前述所提的“禁忌与习惯”“习惯与习惯法”“习惯法与民间法”之间的联系和区别仅仅是理论上的梳理和辨析，更深入的分析还有待研究。因为，在法律实践中，法学范畴的含义既有发展，又存在相互转化的可能，如国家可以通过认可的方式将习惯纳入到国家法律的序列中来，使其具有国家意志的性质和特征。

（4）民间行为规范是一种融习惯、习俗、习惯法为一体，区别于国家法的民间法的体现。以村规民约为例，不同历史时期形成的村规民约间也存在着区别，这些区别决定了特定类型的民间法在不同地区的具体功能、作用、优势、缺陷以及对策等方面的不同情况。这些都是在具体考察和分析不同地区、不同传统的民间法与国家法的关系时应当注意和重视的。

第四节 国家法律的特征

在我国，凡没有纳入国家立法体系的规范，均属非国家法的范畴。上述各民间行为规范与国家法律相比，在许多方面有较大的不同。一般而言，只有国家法才具有法律特征的完整性和典型性。

法律特征是法律本质的外化，是法律区别于其他事物和社会现象的特质与标志。因此，对于法律的特征我们必须认真学习加强理解。我国现行法即现行有效的法律规范，其主要特征为：调整人的行为的特别规范，是出自于国家之手的普遍规范，以权利义务为调整机制的专门规范，依靠国家强制力保证实施的权威性规范，通过特定程序予以实现的文明规范。

一、法律是调整人的行为的特别规范

（一）人的行为是法律调整的主要对象

法律不是通过别的，就是通过对人的行为的调整作用于社会关系的。虽然法律体现为意志的产物，但是却不是通过思想或动机来调整社会关系的。这就是为什么人与人之间的关系得以建立的基础只能是行为而不是其他的根本原因，这种以行为为条件而形成的“社会关系”也可称为“行为关系”。行为关

系是社会关系的一种，是表现于外部，通过人的行为而发生的关系。达成社会控制的有效途径必须首先通过对人们行为的调整，进而才能对社会关系进行调整。马克思曾愤怒地指出：“凡是不以行为本身而以当事人的思想方式作为主要标准的法律，无非是对非法行为的公开认可。……对于法律来说，除了我的行为以外，我是根本不存在的，我根本不是法律的对象。”① 可见，法律就是针对行为而设立的，它必须首先对行为进行调整，在此基础上才可谈其他。因此，法律是以行为关系为调整对象的特别规范。

（二）法律的规范性

法律是调节人们的行为的一种社会规范，因而具有规范的一般特性。规范在这里是指它为人们的行为提供了一个模式、标准和方向，从而为人们的行为规划出可以自由行动的基本界限。相比之下，其他社会规范大多是为特定的人群、有差别的人们提供行为标准，而不是为一般的人、抽象的人、全体人民提供行为标准的。例如，党章、团章，某学会或协会的规章、某委员会的章程等等。

法律规范的一般特性有如下表现：

1. 具有概括性

法律是一般的、概括的规范，不针对具体的人和事，可以反复被使用。比如我国现行刑法第二百三十四条第一款规定，故意伤害他人身体的，处三年以下有期徒刑、拘役或者管制。不管谁只要达到法定年龄故意伤害他人身体的就要处以刑罚。可见，法律可以针对任何人和任何事，并且具备反复运用的特点。这一点不仅说明了规范性调整的特性，而且明确了它与个别性调整的根本区别。

2. 具有规则性

在法律的构成中以法律规则为规范的代表。这不仅表现在法律规则在量的方面占主导地位，而且表现在法律的其他要素，要么是为法律规则服务的，要么在特定情况下须转化为规则形式才能发挥应有作用。

3. 具有具体性

作为规范行为的依据，必须将行为作为形成法律关系的事实要件，同时一定是法律规范即法律规则中的前提条件，因此，无论事实要件还是前提条件，都必定是具体的。

① 〔德〕卡尔·马克思：《评普鲁士最近的书报检查令》，见《马克思恩格斯全集》第1卷，人民出版社1956年版，第16～17页。

二、法律是出自于国家之手的普遍规范

（一）法律的国家性

无论古今中外，法律与国家都有着密切的关系，可以说，法律是国家的一种生命形式，国家则是法律的一种物质载体，它们相互印证着对方的存在形式和存在质量。由于法律是以国家名义创制的，因此它代表的就是一种形式上凌驾于社会之上的力量；由于需要在全国范围内统一实施，因此法律就须以国家名义来制定和颁布。再者，国家法律的实施和适用是以国家主权为界域的，因此以国家强制力为保证，是国家法区别于其他社会规范的重要特征。法律的内容从形式上说就是国家意志的体现。

（二）由国家有权机关制定、认可、解释是现代法律创制的三种主要方式

制定，指有权机关通过立法活动产生新的法律规范，如在一国内的宪法、刑法典的制定等。

认可，是国家有权机关对既存的社会规范予以承认，赋予法律效力。“认可”作为现代立法情形又有三种情况：第一，赋予早已存在的某些社会规范，如习俗、礼仪、习惯、经验、道德、宗教等以法律效力，如一般民事法律规范。第二，通过加入国际组织，承认或签署国际条约、国际协定等方式，认可国际法规范。第三，特定国家机关对具体案件的裁决作出概括，产生相应的法律规则或原则，并赋予这些规则或原则以法律效力，如判例法。

法律的创制或认可，在对待习惯、习惯法以及民间法的问题上，有着异曲同工之效。现代社会中任何法律的出现，既可以从历史的角度阐释其遥远的发展历程，也可以从现实的角度辨认其现行法的产生过程。要想科学、准确地把握习惯和习惯法的演进，把握民间法和国家法制定与认可的过程，以及它们之间的联系和差别，还需要我们付出很大的努力。

解释，即法律创制机关，以及依法具有法定解释权的专门机关，在法定职权范围内对既定法律进行的具有普遍效力的法律解释。因有权解释而出现的普遍规范，是具有国家意志力的规范。法律的创制不是仅仅通过认可和制定，在某些情况下法律被认可或被制定以后，在实施中还有一个过程，这就是法律解释的必要性。在我国，除立法解释外，尤其需要注意司法解释的作用。由于是国家最高司法机关对司法工作中如何具体应用法律所进行的解释，因此，司法解释的效力在法律实践中有着十分突出的地位。

（三）法律的普遍性

由于法律是以国家行为而产生的，所以它具有“普遍性”的特征，即法律在一国的全部地域范围内对一切人和组织均发挥效力。虽然不同的法律在空

间、时间和对人的效力上会有所不同，法律“普遍性”的程度会不太一样，但是，法律在效力方面的区别却完全取决于特定规范在全国范围内普遍生效的前提。比如中国的法律在中国区域内是具有普遍性的，但是，对在中国的外国人或国外的人与事，除个别法律的特殊规定以外，是不具有法律效力的。

三、法律是以权利义务为调整机制的专门性规范

（一）现代法律是以权利义务为内容的配置体系

现代法律是人类文明发展的结果，它将人们的权利和义务，或社会的整体利益作为自己的根本内容予以规定和保护。首先，就是因为法律对人们行为的调整以及对法律关系的认定，主要就是通过权利义务的设定和运行来实现的，因而法律的内容主要表现为权利和义务。另外，法律规范的调整结果就是对权利义务的认定或再分配。第三，权利义务是主体法律地位的体现，不管法律怎样规定，不管这种法律以权利为本位还是以义务为本位，权利和义务总是被立法者充分重视，并受社会各方面极其关注的。

（二）享有权利或履行义务均是人的行为的法定模式

法律上的权利和义务规定，具有确定性和可预测性的特点，它们明确地告诉人们可以、应该怎么行为，不可以、不该怎样行为，以及必须怎样行为。比如，现行的《中华人民共和国担保法》第八十九条规定，“当事人可以约定一方向对方给付定金作为债权的担保。债务人履行债务后，定金应当抵作价款或者收回。给付定金的一方不履行约定的债务的，无权要求返还定金；收受定金的一方不履行约定的债务的，应当双倍返还定金。”这里，十分明确地指出了人们在交往中关于“定金”的权利义务及其行为方式。

（三）法律权利义务的利导性

法律通过权利和义务的配置来分配现实利益，从而影响人们的动机和行为，影响社会的稳定和秩序。法律的利导性就取决于其权利义务规定的双向性。义务是权利的范围和界限，权利是义务的范围和界限；权利以其特有的利益导向和激励机制作用于人的行为，并且可以诱使利己动机转化为合法行为并产生有利于社会的后果。比如，运用《消费者权益保护法》的王海，即便是基于获得双倍赔偿金（利己动机）而行使索赔权（合法行为），从而产生了打假效果（合理结果），也是应被法律允许或支持的。①

义务也具有利导性，因为许多法律义务本质上意味着利益负担以及责任后

① 参见张文显主编《法理学》，高等教育出版社、北京大学出版社 1999 年版，第 49 页。

果，所以它能促使人们不去做法律禁止并且最终也不利己的事，从而正确履行法律规定的积极义务。义务以其特有的约束机制和强制机制作用于人的行为，使人们从有利于自身利益和社会利益的角度去选择行为。在众多的社会规范中，如道德、纪律、宗教戒律等与法律相较，只有法律的利导性是通过权利义务的双向规定来影响人们的意志并调节其有意识的活动的。

四、法律是依靠国家强制力保证实施的权威性规范

法律以国家强制力为特别的保障手段。任何一种社会规范，要得到实施和实现就有一定的强制力，但保证法律实施的强制力与其他社会规范的不同，它主要是以国家政权的名义表现出来的强制力。这里，国家强制力是指国家的军队、警察、监狱等有组织的硬性暴力机构。法律的实施如果没有国家的强制力保证，违反法律的行为得不到惩罚，那么法律所体现的国家意志也就得不到贯彻和保障，这是法律不同于其他社会规范的重要区别。但法律的强制力不等于纯粹的暴力，它是以法定的强制和制裁措施为基础的。法律的强制力具有潜在性和间接性，只有当人们违反法律时，或者社会整体利益受到威胁时，它才会降临到行为主体的身上。正常情况下，自觉守法和积极承担法律责任，法律的强制力是不会显露的。当然，国家强制力只是法律实施的特别保障力量，不是唯一力量，一般而言，能保证法律实施的应该还有道德伦理、经济基础、文化舆论、传统习惯等。

例如，强制违法者归还他人财产、赔偿他人损失、消除影响、恢复原状，甚至进行刑事处理等，其中主要因为有国家强制力的威慑，同时也应有道义、文化传统的因素支撑。没有国家强制力为后盾，任何形式的法律都不可能在效力范围内得到社会的一体遵行。而其他社会规范虽然也有强制力，但它们一般不以法庭、监狱、警察等为后盾。比如，对于一个不讲道德又不能确定其违法的人来说，通常只能以社会舆论谴责他，以良心发现启示他。虽然这些也属于强制力，但是与法律的强制力相比则望尘莫及。

五、法律是通过特定程序予以实现的文明规范

法律及其实现，均以程序性为其重要标志，可以说，不讲究程序就不是法律。所以，法律是以严格的程序性为标志的社会规范。

法律中的国家强制力不仅仅因为以国家权力为后盾，还因为法律所具有的硬性程序。程序与蛮横是理性的对冲，程序是文明的代表，蛮横则是未开化的代名词。无论是行政法上的拘留——暂时限制人身自由、罚款——有限的剥夺一定财产，还是民法上的返还不当得利、赔偿或补偿损失，返还法定财产等的

执行，都必须经过正当、有序、预先设定的程序，否则，就不能称为法律或法律的实行。所谓法律的程序性，是指法律在实施中必须通过特定时空上的步骤和方法，才可得以完成的结果。例如，当事人的诉权不仅要在法定期间内提起，如起诉、上诉或申述等，而且还应在法定空间即管辖范围内应诉、撤诉或反诉等；无论任何人，只要进入法律诉讼或仲裁，均需按特定的程序一一进行，严格来讲，一般不得颠倒既定的法律程序；由于履行法定的职责和义务是不可抗拒的，因此，在法治社会中，往往执法部门的执法行为也是要求严格按程序进行的。如果没有明确的程序性规定，我们可能看到的将是无数的暴力行为。所以，法律中的程序性也体现了法律不同于其他规范的强制性。

法律作为国家制定、认可并强制实施的一种行为规范，是通过执法者、适用者以及守法者的活动实行的，其中常常带有人们的主观性因素，以及必然会有一些不合理的情况出现，所以，必须要依靠法律的程序性手段予以克服。

法律程序是制度化的基石，是现代法律的特征之一，它在西方社会的法治进程中起到了非常重要的作用。现代法治要求“以相同的规则来处理同类的人和事”，即平等适用法律。而如何才能保持最大限度上的平等呢？在现实社会中，往往很多事情的复杂性和易变性是我们难以预料的，并与既定而抽象的法律规范常常会存在着差异，于是，统一的法律步骤和严格的法律程序，可以在最大限度上磨合那些差异，把公平和正义留在世间。这就是法律程序性的价值取向。

本章图解

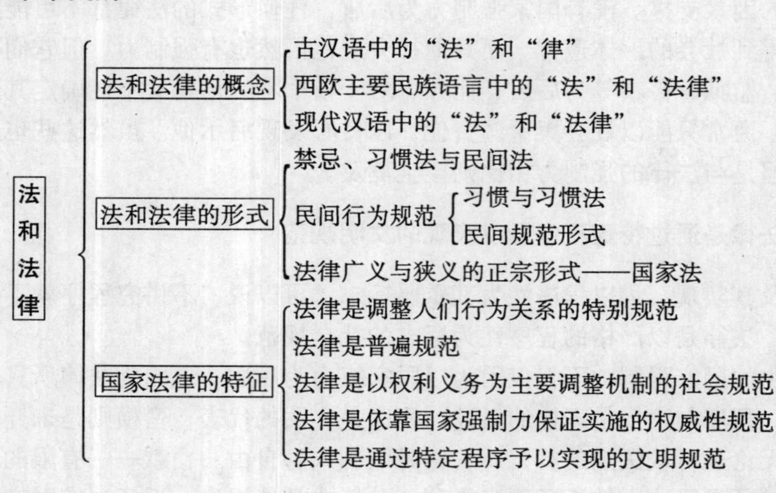

复习思考题

1. 阐述现代汉语中关于法律的广义与狭义的含义。
2. 试述禁忌、习惯、习惯法和民间法之间的异同。
3. 为什么说民间法和民间行为规范也是法？并联系实际予以说明。
4. 国家法与非国家法有些什么区别？为什么？并列举说明。
5. 法律的基本特征主要有哪些？

第二章　法律规范的构成

从微观的角度，运用逻辑分析的方法，了解和认识中国现行法即国家制定法的内部结构，是认识法律规范的起码要求。明确法律原则、法律概念、法律规则在法律构成中的地位和意义，并理解它们在法律构成中的相互关系和作用，是对现行法从概念到具体、从抽象要素到现实法条的深入认识。

第一节　法律规范及其要素

一、法律构成要素释义

法律是由若干部分构成的一个统一整体，构成法律整体的各种基本成分称为法律要素，亦称之为法的基本元素或因素。研究它们就是对法律具体规范的认识和对微观构件的分析，即在法规、典章及其律令、条目中认识各种不同的法律组成部分，了解它们的性质、结构、功用等具体情况。一方面，它们在整体法律中以其自身的个别性、局部性显示着其特质和价值；另一方面，一种要素的状况，也常常关涉到其他要素的状况及其成因。因此，法律要素注重的是对法律自身微观构成的分析和存在形式的研究，由此将它称为“法律规范的构成要素”更为准确。这不仅说明所有的法律规范都需要特定的要素构成，而且说明由这些要素所组成的体系就是法律规范本身即“广义的法律”。

“法律规范的构成要素”可简称为“法律要素”，主要以法律概念、法律原则、法律规则及其他技术性规范为内容，在此，前三者是基础，缺一不可，因为它们是构成法律规范的基本成分，而其他技术性规范常常是为它们服务而出现的。所以，只有对它们进行认识和分析，才能理解法律规范的存在样式，理解形成法律规范系统的最基本因素。对于法律概念、法律原则、法律规则的分析，是本章的主要内容。

作为广义的法律，法律规范表明了法律整体的规范特性，说明了凡构成法律要素的，都具有规范意义及其规范功能。因此，对于法律的构成整体而言，法律规范既不等同于法律规则，也不等同于法律原则，而是包括法律规则、法律原则、法律概念及其他技术性规范在内的属概念（大概念），而它们作为法律构成要素则属于法律规范的种概念（小概念）。因此，法律规范即由法律原则、法律规则、法律概念以及“法律技术性规定”等因素所组成的，体现着主权者意志并由其制定、认可和发布的具有普遍效力的实在法；是组织国家权力，调整社会利益，处理和纠正各种失范行为，鼓励和激励某些合法、优秀行为的普适性标准。“然而，法律规范不是孤立的。它源自于社会生活，服务于社会生活，本身就是社会和谐运行和发展的一种内在需求和产物。”①

法律要素，是法律之所以成为法律规范的根本原因。一方面，它们在法律整体中以自身的特性和局部性显示了其特有的价值和功能；另一方面，每一个要素的存在状况，均会关涉到其他要素的存在系统及其优化程度。譬如，作为要素的法律规则如果不明确、不具体或者相互冲突，那么就会使作为要素的法律原则所包含的，以法的精神品格而存在的那些美好的东西，或立法者欲借此达到的目的，诸如安全和秩序、平等和正义、权利和自由等难以实现。又如，作为法律要素的法律概念如果在“质地”上存在瑕疵，作为法律要素的法律原则如果在“品格”上不够理想，那么，法律规则就难以呈现出良好的状态，难于以“良法”的形象面世，在实践中更谈不上公正有度、避免冲突，将正义留在人间，以实现立法者的良好目标为己任了。

法律要素，是任何法律规范的形成均必须具备的，对此在国外法学界，尤其在实证分析主义法学中早有大量研究。我国法学界是从20世纪90年代初才逐步对其进行关注和论述的，此前，中国法学界对于法律规范的构成要素问题，基本是不予重视或者是完全忽略的。法律要素问题的提出及其在法学理论中的地位，表明中国法学对法和法律概念的研究，开始超越仅以法的特征、本质、作用等一些比较宏观、抽象、概括的角度，去认识理解法的存在状况的现象，已从抽象观念的思辨走入了逻辑实证的研究，因而步入了法理学具体务实的研究领域，并由此开拓了法学理论为社会现实服务的坚实道路。这不仅是我们法学方法上的一大进步，也是我国法学理论研究走向务实、现实、真实的结果。

二、关于法律构成要素的学说

按照我国学者的归纳，国外关于“法律构成要素”有以下几种主要模式:②

---

① 赵震江主编:《法律社会学》，北京大学出版社1998年版，第119页。

② 张文显主编:《法理学》，高等教育出版社、北京大学出版社2003年版，第88～89页。

（一）19世纪，早期实证主义“主权者”的命令模式

即似乎只要有主权者命令这一要因，就已然成为法律。由于将法律仅仅归结为主权者的命令，既不能完整地阐明法律的面貌，又不能说明法律规范的结构，因此，二次大战后，该理论已经衰落。

（二）20世纪，以英国学者哈特为代表的法学逻辑实证主义的“规则模式论”

即法律规范只由不同的“规则要素”构成，除了规则外没有其他要素可言。这种模式是哈特对19世纪早期实证主义法学者奥斯丁“命令说”的批判继承和发展。在哈特看来，法律就是由主要规则和次要规则两要素共同形成的系统。主要规则是设定义务的规则，次要规则是授予权利或权力的规则。

（三）以美国新自然法学派的代表德沃金所归结的“规则、政策和原则”模式

德沃金将政策和原则纳入到法律要素的范围之中，指出了它们各自的作用及其在法律中的意义，并将它们与法律规则相区别。德沃金认为，哈特的两种规则要素的观点不符合法律存在的事实，现代法律中还有规则以外的其他要素，尤其在处理个案的过程中经常要借助于其他法律要素。这些法律要素主要就是原则和政策。原则是关涉权利主体的实体决定或道德要求的体现；政策是关涉政治、经济、社会利益的政治性决定。

（四）以美国社会法学派杰出代表庞德的“律令、技术、理想”为要素的构成模式

其中，“律令”相当于我们所说的“规范性法律文件”，因此包括了法律的原则、规则、概念和标准等要素；“技术”为司法实践中对法律规范的解释和个案适用中的判例规则的形成；“理想”则是特定社会的价值取向和秩序蓝图。按照这种构成模式，法律就是一整套为达到社会理想状态，依照一批在司法和执法过程中运用权威性资料实施的高度专门化、系统化的社会控制制度。

以上德沃金的“要素模式”，以及庞德关于“律令”所包括的要素内容，可以归为我们所说的“法律规范的构成”问题，并且已基本涉及了本章将要讨论的法律构成的三要素，即法律概念、法律原则和法律规则。这也是我国法理学近年来在微观方面对法律的结构要素通常采用的理论分析模式，并在我国法学界已经基本达成了共识。

在法律构成的三要素中，法律规则是数量最多，适用频率最高的主体性要素；法律原则虽然数量较少，却是统领一切法律规范的指导性要素；而法律概

念则是构成法律原则和法律规则的基础性或技术性要素，换句话说，如果没有法律概念，就不可能形成任何法律原则或法律规则。因此，对法律概念的理解和掌握，成了培养法律专业人士法律素养的基本功。由此可见，法律概念在法学中的不可替代的地位。

第二节　法律概念

一、法律概念释义

概念是人类经过长期实践，对客观外界事物进行归纳总结而形成的概括性、描述性的词汇，是人类思维活动的基本工具之一。人们通过对各种各样的现象进行归纳分析，将其概括抽取出来后的词语，就称为概念。法律概念也不例外，是人们在长期生活实践中对社会存在的法律现象，如法律秩序、法律状态、法律事实、司法适用、法律实现等不同法律事物进行归纳总结、分析概括后所形成的法学专门术语。

作为法律要素之一的法律概念，是从法的现象、法律实践中抽象出来的，理性化程度较高的形式，是人们在实践中对法律现象进行分析、归纳后产生的，具有既定法律意义的基本范畴。法律概念作为专有名词和法律术语，早在古罗马人那里表现就极为突出。如：罗马法中的“人法”即确定法律主体资格和主体地位的所有相关的法律规定；罗马法中的“物法”即对纳入法律实践中的相关“客体”所作的对象性、关系性的法律规定……又如，只要具有法律意义、属于法律事实的客观现象，都具有被相应的法律术语予以表达的可能。法律术语的定义越清楚，概念表达就越精确，规范程度就越到位，越能得到具体、快捷、准确的操作和运用。因此，只有明晰和确定了法律概念，立法者才能合理有效地构建所需的法律体系；只有理解和把握了法律概念，执法者才能正确有效地执行法律；同样，只有掌握和完善了应有的法律概念，司法者才可准确无误的适用法律；守法者也才可以积极而不是消极享有法定权利，自觉而不是被动地履行应尽的法律义务。

法律概念本身具有规范地表达一定事实状态和后果状态的特性，如犯罪、侵权、违约和权利、自由、合同等概念，以及它们在各种法典和法律条文中的表达功能。然而，法律概念再多，也不能独立地向人们完整地传达出法律规范的正当要求和法律欲达到的社会目的，但是，它们却是法律原则和法律规则得以适用的前提，是法律规范得以表达的基础术语和逻辑前提。

法律概念的独特功能就表现在对法律关系及其要素，进行定性分析和定量处理，为人们认识和评价法律事实提供了必要的结构。法学家认为，“概念在法律科学中有双重作用，一方面与人类对法律概念的需要有关，同时也与使用这些概念时所受的限制有关。”① 如果没有法律概念，司法活动就不能得到准确的实施。在法律规范与法律关系的联系中，在法律关系与法律事实的对应中，我们都需要通过掌握大量的法律概念，并将其运用于活生生的现实中，这一切都离不开由法律概念所形成的逻辑表达功能。

换言之，如果没有法律概念，无论什么法律规范以及法律关系都不可能得到表达。法律概念形成了许多不同的“概念群”，由这些“概念群”又构成了法律概念体系。法律概念体系的形成在法理学中有不同的表述，一般以法律概念的分类予以阐述。

二、法律概念的分类

在实践中，合理划分法律概念的种类，是精确理解即把握法律概念最起码的环节。为了从基础上了解法律概念，我们可先从以下角度对其进行不同类别的分析，并予以区分：

（一）专业概念与日常概念

从法律概念的形成过程看，其绝大多数专业概念都源于人们的日常生活和法律实践活动。一定的日常概念通过法律工作者的长期运用，早已融入了法律意义，因此，法律概念中就出现了专业概念和日常概念之分。

1. 专业概念

就是在法律理念的实现及法律实际的运作中逐渐产生的，专门用于说明、反映现实社会中法律现象的职业术语。它们一般均具有突出的法律意义，其专业性或技术性意味较强，在其他领域或日常生活中较少使用或基本不使用。这些概念的法律含义都较为精确、较为规范和统一。如：法人、管辖、时效、留置权、质押人、诉讼参与人、犯罪中止、渎职罪、不安抗辩权、缔约过错等等。由于它们是在法学体系自身中产生出来的，未借助任何其他学科的理论而独自形成的概念，因此属于法学专业概念。

这类概念是法律专业人员尤其应该普遍熟悉并熟练把握的，如同医学专业人员对本行业的专门用语一样，只有经过较长时期的专门训练才能对它们比较精通和谙熟。对于非法律专业人士而言，要立刻直接把握住这类概念是不太容易，也不大可能的。

---

① 〔美〕博登海默：《法理学—法律哲学与法律方法》，邓正来译，中国政法大学出版社1999年版，第489~490页。

2. 日常概念

就是将日常生活中的某些概念延伸或移用到法学或法律领域，以其含意能够确切反映相关法律现象的概念。它们一开始往往并不具有法律意义，只有相应的自然意义和社会意义。如夫妻、子女、责任、过错、过失、票据、证券、履约等这类概念。日常概念来源于日常生活，因而易于为法律专业外的一般人所理解和把握，是专业人士与民众及非专业人士沟通的基础。但这类概念由日常生活移用至法学中去说明法的现象或法律事实时，往往与它们在日常生活中原有的含义相比，已产生了许多区别。

例如“夫妻”一词，在日常生活中是以姻缘而结成的为繁衍和养育子女而存在的家庭生活关系，在日常用语中并不需明确夫妻各自的权利和责任；然而当“夫妻”成为法律术语时，夫妻为了获得应有的权益，就必然担当起法律赋予的责任，同时也有了应尽的法律义务。于是，使这个词的内涵有了较大的“扩容”，即增加了许多法律意义的内涵。同样，“子女”一词在法律规定中的含义也比日常生活中的概念在所针对的对象上、法律事实上都有了许多的不同。因此，在现实生活中遇到此类概念，应注意区分使用它们时的环境及其氛围，辨别它们在法律用语与日常用语中的不同意义，准确理解和把握它们在特定语境中的区别和作用。例如我国继承法第十条中就规定：本法所说的子女，包括婚生子女、非婚生子女、养子女和有抚养关系的继子女，等等，就是典型。

又如，在日常用语中“责任”一词有多种表达：分内之事的作为，忠于职守的行为，岗位职责等职业角色的义务；特定人对特定事所担负的道义责任，如临终托孤、请缨出战、名义担保等；而一旦变成法律责任，就有了“遗嘱执行责任”“立下军令状”“担保责任”等特有的法律意义了。因此，法律责任除了没做好分内的事情外，还包括没能履行好应有的法律义务，因而应该承担相应的否定性结果等含意。在法学中，由日常概念生成的法律概念很多，难以一一而论。

（二）法学专业的概念和其他学科的概念

在一个法治的国家，由于法律现象存在于任何生活层面，在任何社会活动侧面都会有所反映，因此，法学中有许多概念也会来源于其他学科，甚至就是其他学科的专业术语。如诉讼法学中的“鉴定结论”，尤其是刑事诉讼法学及证据学中的“痕迹鉴定”，法定死亡时间的“脑死亡”概念等，均可谓物理、化学及医学的专门概念；又如，有价证券中的“股权认定”，经济活动中的“利益”与“风险”……这些经济学上的概念没有一个是从法学中产生的，但是现在却不折不扣的成了法律术语。它们有的源于自然科学，有的源于人文科学，有的源于社会科学，因为这些概念在实践中成了研究法律现象不可缺少的思维工具，就成了为法学服务的专门词语。因此，自从它们被引入了法学之后，除了其在其他学科原有的意义之外，还具有相应的法律含义，以致在法学中有了不可替代的地位。

（三）基础性概念和不确定性概念

在法律学科中，抽象概念总是统辖着许多具体概念，它们在各个不同的部门法学中一起支撑起了一个个体系化的概念金字塔。一般而言，上一层次的概念比下一层次的概念抽象，下一层次的概念比上一层次的概念具体。能引出不同层次具体概念的，即为“基础性概念”，它是立法必然要考虑的要素。然而，就抽象概念而言，除了基础性概念外，还有法律文件中常常出现的“不确定性概念”，它们作为抽象概念，是司法、执法中必然要涉及的问题。不确定性概念在法律适用中常常与法律原则有着密切的联系，即不将它们具体化就难以解决现实问题。因此，无论“基础性概念”还是“不确定性概念”，相对于它们最具体的概念，均只能在现实生活的具体个案中才能得以确定。

有的人把基础性概念划分为主体概念、客体概念、内容概念、事实概念四类抽象概念，并由它们各自统辖许多不同层次的具体概念。这些抽象概念均由不同的具体概念所支撑，形成了一个个概念体系。这就是关于“基础性概念”的典型。要理解它们，首先必须了解法学中关于诸多具体概念的定义和表达，由此才能从具体概念中归纳出这些概念的含义。

譬如：作为说明法律主体这一抽象概念的具体概念就有：自然人、法人、社团组织，还有代理人、裁判人、预备犯、诉讼第三人等。作为说明权利客体这一抽象概念的具体概念，如：主物、从物、动产、不动产、精神产品、作品、发明发现物等，它们与真实个案中的客体概念相比还是十分抽象的概念，因此，只有在现实个案中才有最具体的权利客体概念。作为表明社会关系中法律内容概念的，如所有权、人身权、立法权、请求权、抵押权、诉权等；再如赔偿责任、债务、应尽的法律义务和必须承担的法律惩处等。作为描述法律事实的概念，即能够引起法律关系的形成、变更和消灭的一切行为和事件，亦即对事实进行法律描述的概念，如出生、死亡、不可抗力、紧急避险、正当防卫、缔约、履约、违约、侵权、犯罪等。

不确定性概念虽然属于抽象概念，但却不一定非由法学专门术语来描述不可，如合理期限、合理风险、显失公平、重大误解等等。它们往往是对具体社会现象的概括，其特定的具体含义必须在具体事实中由具体构成要件予以确定。如果没有法律原则和法律精神的调控和指导，这些概念是没有法律意义的。

（四）划分为无需进行价值判断的法律概念和需要进行价值判断的法律概念

这种划分方式主要是为了解决立法的抽象性和司法适用的具体性，从两者可能出现歧义和冲突的角度来说明和划分的。所谓无需进行价值判断的法律概念是指概念在法律规则中的解释和使用中不需要用司法人员的主观价值判断进行加工就能使用的法律概念。在对其的解释上，只能严格遵守一般法定的解释模式，其作用在于限制甚至杜绝司法者在此的自由裁量权。

与之相对，需要进行价值判断的法律概念是指在法律规则的适用和解释中，必须要经司法者做出主观价值判断才能使用的概念。对这类概念的解释，相对于前者而言需要司法者进行更多的自由裁量和论理投入，它们更体现了法律人法治素养的意义。如：猥亵、侮辱、人格贬损、煽动民族仇恨等等。

总之，在没有具体事实出现之前，以上所涉概念均可谓相对抽象的概念，只有面对具体事实和具体案件时，才可能将法学中的基础性概念和适用中的不确定性概念变成具体概念。

一般而言，按照不同的标准，我们可将法律概念分为许多不同的类别。以上对法律概念的划分在一定的环境下均有可取之处，尤其对于有一定基础者会有较好的启迪作用。

（五）划分为涉人、涉事、涉物的三类法律概念

对初学者而言，要说明构成法律规范要素之一的法律概念，还应以涉人、涉事、涉物三类概念的划分为主。

1. 涉人的概念

如前所述，涉人的概念即“主体概念”，在法律现象中由一个“概念群”组成，即凡关乎法律主体的表达，无论其机构组织的大小，无论其是否是自然人，均为“涉人”的概念，并由此形成了一个有机组合的法律概念体系。

如以自然人个体为主的公民、合伙人、犯罪嫌疑人、限制行为能力人；以自然人的群体为基础而组成的公司、企业、单位、机构、组织、党派、集团、社会团体、民间结社等法人和组织；以非自然人为基础而形成的联营体、合资合作的生产形态、国家联邦、国际机构、区域联盟或邦联，等等。只要是形成了共同利益的群体或实体，就可以是法律上的主体即赋予其法律上“人”的概念，在现实中它将具有法律上涉人概念的相应特征。

如：就“当事人”这一涉人概念而言，就有被告人、原告人、第三人、被害人、加害人等具体说法，并由它们概括成了“当事人”这一概念，而这些“人”在法律上不一定必须是自然人。

就“诉讼参加人”而言，又可包括：当事人、代理人、辩护人、公诉人、审判人、证人、勘验人、翻译人等，他们在诉讼事务中有着不同的法律地位即各自不同的法定权利义务，即便他们在同一个诉讼中结成了一定的诉讼法律关系，也是相互不同的“法律上的人”。可见，诉讼参加人范围比当事人已大大地扩充了。

就非自然人为基础而组成的法律上的“人”而言，“法人”概念最具有典型性，它既囊括了财团法人、社团法人、经营性法人、公益性法人、民间法人，以及政府法人，又包括了中外合资合作企业、各种连锁经营形态、各个跨国公司法人等。

甚至国家联盟，如目前的“欧盟”，以及因国际条约、公约和协定而形成的国家之间或区域之间的组织，如“上海经济合作组织”、“世界贸易组织”、“国际货币基金会”……均可谓法律上“人”的概念。

总之，法律中最抽象的涉人概念就是“法律关系主体”。随着社会的发展，随着全球化的趋势与融合，法律上涉人的概念将会越来越具体而复杂，越来越抽象和概括。

2. 涉事的概念

在这里，“涉事”概念包括形成法律关系内容的概念和对法律事实进行描述的概念。因此，涉事的概念在法律法规中更为庞杂，更具有法理上、法律上概括性的理性意义，它是法律关系理论中构成法律关系内容的主要概念。由于法律在现代社会中的兴旺发达，凡是进入了人类实践视野范围的事物，只要被纳入了法律轨道，都可能产生或形成相应的法律上涉事的法律概念。

除民法部门外，在现代法制基础上逐渐产生的经济法、社会保障法、环境保护法等新兴法律部门，在它们发展和完善的过程中，常常出现一批批新生的涉事法律概念。如：政府采购、财政预算、虚开、伪造增值税专用发票、商标侵权、破坏环境资源、污染江河湖海、危害公共卫生、社会保障行政不作为……这些概念在现代法治社会中使用频率越来越高，涉及范围越来越广，早已成为现代社会的法律必须关注的主要现象。

所谓涉事的法律概念，即所有可以纳入法律规范予以观察处理而形成的法律范畴。因此，涉事概念不仅可以表达许多由事实和人类行为构成的客观法律现象，而且，还能够表达在法律上特有“权利”和“权力”——所谓主观意志方面的现象。随着社会需要的发展，还将有许多新型的法律、法规、法条进入我们的视野，其中也将有更多、更鲜活的涉事概念进入法律推理和法律运作。

3. 涉物的概念

法律中涉物的概念相当于前述的“权利客体”概念，比涉事的概念抽象得多。在涉物的概念中，除了大量具体运用日常生活中的用语外，较有特色的恐怕就是关于物权、债权、侵权、犯罪、诉讼、法律制度等方面专门的抽象用语了。如标的、标的物、标的额、债、债务、人格尊严、公共安全、法律秩序、效力范围、诉讼管辖、宪政机制、执法体制等等。

尤其将管辖、时效、期限等归于法律上的涉物概念，学界已基本共识。即只要是涉及时间或空间的法律概念，均为涉物概念。因为，时间和空间都是不以人的意志为转移的客观存在。

虽然有些概念的归类在各部门法学之间并无统一之说，但是，在法学理论上却是逻辑一体、较为统一的。

三、法律概念的功能

法律概念具有三大功能：认识社会现象、表达法律意义、提高法律规范的精确度和科学性。

人类社会的现象多种多样，在人类历史的发展中，许多学科都站在自己的角度对人类社会现象进行过各种不同的描述和概括。法律概念则是站在法学的立场上对丰富多彩的社会现象所作的法律概括和认识，其所表达的不是其他学科的结论和认识，而是法学特有的，为法律运用服务的特别概念，因此必须具有法律意义。既然是对社会生活中本来就有的现象进行概括，那么法律概念就既要反映事物的客观自然性质，又应反映事物的社会必然性，还要反映事物的法律规律性。正是在这样的意义上得以完善的法律概念，才能提高法律规范的精确度和科学性，使之在实践中能够正确地反映社会现象和自然客观的事实。但是，需要明确的是，通过法律概念所认识的社会并不是整个社会现象的总和。这一方面取决于法律调整范围的有限性，另外一个方面根源于作为逻辑工具的概念本身的局限性。

可见，法律概念具有三方面的性能，即自然性、社会性和法律性。如“时效制度”和“管辖制度”，它们的自然性就是时间和空间的存在；它们的社会性就是不可逆转的一维度的时间，与多方位多向度的空间距离的关系。在现代法制中，无论时间还是空间，都是作为法律资源予以配置的，尤其在程序法中更是如此。其形象的表达如“一寸光阴一寸金，寸金难买寸光阴”。它们的法律性就是时效与管辖的效力，即法律的拘束力。

第三节 法律原则

一、法律原则释义

法律原则，即能有效地整合法律诸要素，且存在于法律之中，可作为其他法律规范的指导或源出的原理和准则，同时又是进行法律推理的基本理论依据。如《布莱克法律辞典》所言，法律原则是“法律的基础性真理或原理，是为其他规则提供基础性或本源的综合性规范或原理，是法律行为、法律程序、法律评价的决定性规则。”① 法律原则为其他法律规范提供基础性标准和综合性原则，并作为法律适用、法律解释、法律评判的指导性标准。在法律文本中，法律条文是法律规范的主要表达形式，因此，也是法律原则存在的主要形式。例如，不同法典中的总则（如我国的刑法、合同法）或基本原则（如我国现行的民法通则）部分的条文性规定，以及宪法典中宪政性条文的基本性规定。

良好的法律原则是杜绝法律内部矛盾和冲突，形成法律外部最大适应性的基础。由于法律原则一般不假设事实状态，也不把一定的事实状态与法律后果直接联系，这就形成了它的“模糊性”特点。然而，法律原则既是对法律意志的阐发，也是对法律主体遵守法律，尊重法律权威的要求，因此，它也是以法律规范的形式出现的。只不过，它更趋于社会价值取向性。如现代各国民法中一般都以主体平等、自愿自治、等价有偿、诚实信用，以及尊重公序良俗等为民事法律的基本原则；刑法中均以罪刑法定、罪责相适应、法律适用一律平等为基本原则。可见，法律原则虽然即不预先设定具体的事实状态，也不直接明确具体的法律后果，但是，却有着鲜明的行为要求，即有着行为规范方面的明确内容；同时，以此贯穿于整个相应的法律领域，并显现着法律原则在法律体系中的功能。因此，法律原则通常为法律价值的积淀，反映着社会变化的规律。另外，法律原则优秀与否，意味着法律文明和法律抽象化的程度。

因此我们说，法律原则也是法律规范，并且是高级的法律规范，是规范着法律规则的规范。由于法律原则指导和协调着某个或某些领域中法律的调整，与违反法律规则相比，违反法律原则，更应该受到法律的处理，因为从波及面和影响范围来说，它更具有社会的危害性。

如我国《民法通则》第四条规定的，民事活动应遵循的自愿、公平、等

---

① *Black's Law Dictionary*, Wset Publishing Co. 1983, P1 074.

价有偿、诚实信用的四大原则。这被许多民法学者称为民法的“四大天条”。可以说，现代社会的整部民法都应该是围绕着这些基本原则予以制定的。该法第五条还规定：公民、法人的合法的民事权益受法律保护，任何组织和个人不得侵犯。这是一条法律原则，而且是一条关于民事法律原则的强制性规范。按理，违反“四大天条”的民事行为，都是违法，都应受到法律上的严肃追究。否则，由此带来的社会震动将是无论多少依规则判决的个案都难以缓和或纠正的。

法律原则通常反映立法者所选择、确定了的价值理论和法律立场，代表着执政者的某些重要意志；是特定社会中法律主旨及其精神品格的具体所在；是既定社会制度的基本性质、基本生产生活方式和基本社会秩序价值取向的集中反映。同时，法律原则还必须是法律规则和法律概念的基础和出发点；是协调、平衡各相关法律法规中的规则及法律概念的关键或枢纽；因而它也是执法、司法、守法者理解、适用、监督法律时务必正确掌握，认真理解的首要要素。

二、法律原则的功能与社会调控系统

法律原则的主要功能就是：为其他法律规范提供出发点和归宿；在法律规则无明文规定的时候，可以直接作为个案裁决的法律依据；在现实中可随时纠正或弥补现行法律适用中的不当情况和过时规定。法律原则的这些功能是支撑法律大厦的三大支柱。没有它们，法律就没有联结社会发展及社会运动的基点。

法律原则的运用，直接决定着法律解释、法律推理的正确性，决定着法律实施和法律实现的社会意义。所以，只有法律原则才是法律规则和法律概念得以推论的重要依据和指南。因此，法律原则一经确定，就成为法律执行和法律适用的灵魂。对于法律原则的理解及其解释，往往在弥补法律的不足以至弥补整个法律、法规的缺漏方面，直接显现着法律价值的功能。当面对具体个案需要作出法律决定，却又没有明确的法律规则可依循的情况下，法律原则即可起到“填补漏洞”的作用；另外，在以现有的法律规则作为依据，将会导致不合理、不公正结果出现的情况下，法律原则又可起到“价值补充”的作用，即可避免某种不应有的后果在现实生活中的发生，尤其在社会转型时期更是如此。

对于法律原则这些功能的理解和运用，是现代法治社会依法而治的首要问题。如果将法治只理解为“依法律规则而治”，忽略了其“依法律原则而治”的根本，就不能称为法治，尤其不能称为现代文明的法治。对于法律原则的根本性、统辖性以及稳定性的认识不足，是我国以往法治建设中常常出现的情况；对于法律原则是否能够正确灵活的运用，也是评判一个社会法治环境优良与否的重要指标，这在体制内的法律实践①中更显突出，对此更需要执政者尽快予以重视，并进行长期相应的法律素养训练。

法律原则在社会调控系统中的地位十分重要。社会是由多个调控系统构成的客观存在，法律只是其中的一种系统，即法律只是社会调控系统中的一个子系统。作为构成法律较高层次要素的法律原则，与其他调控系统中的调整手段和调整原则有着密切的联系。如果没有社会其他调控系统的存在，法律原则的产生和发展都是不可能的。例如，民事法律方面的诚实信用、等价有偿、尊重社会既有的公序良俗的原则，可以说就直接来源于道德原则及其在日常生活中的规范；而宪政法律方面的主权在民、权力制衡、宪法监督、共和代议等原则就来源于政治领域，即为政治社会服务的宪政性原则；而近代刑法学中犯罪构成理论及其原理，在其产生、发展、完善的过程中，与基督教教义即宗教戒律就有着某种深刻的渊源和关系；此外，西方法律诉讼制度中以圣经为依据对上帝起誓的质证原则，似乎更具有说服力。

由于法律在社会调整系统中的规范性能力较强，制度化水平较高，法律原则又是法律规则的基础和指导准则，因此，其不仅在法律规范中具有较大范围的覆盖效力，而且在社会调整系统中也居于较高层次的整合意义。无论是对法律原则的选择制定，还是对其的理解适用，常常能反映出法律与其他调整系统间相互作用、互为手段、互相支撑，共同维护社会既存秩序的关系。另外，没有其他调控系统的支持和完善，法律即法律原则的作用是难以发挥到位的。

三、法律原则的种类

根据不同的划分标准，法律原则也有不同的划分形式。这里列出几种基本的划分标准以资借鉴。

（一）就法律原则的效力稳定性来看，可将其分为政策性原则与公理性原则

1. 政策性原则

它是一个国家或一个团体为达到一定目的，在一定时期结合当前情况或历史条件所制定的行动策略或国家政策，以及它们在法律法规中的原则性体现。国家政策和行为内容是多方面的，反映到法律中作为一种原则，通常也是经济、政治、文化以及其他领域中重大的或基本的政策。政策性原则一般在宪政

① 体制内的法律实践，在我国主要是指直接掌握国家权力的执法、司法及检察机关。

性法律中有较集中的体现，在各个法律部门的基本法典中，也有相对较具体的政策性原则的规定。例如，目前的计划生育政策在我国就是特定时期为达到一定目的，结合当前的实际情况所制定的特有的一种基本国家政策。在该政策性原则的基础上，2001 年 12 月我国制定了《中华人民共和国人口与计划生育法》。

该法第一条："为了实现人口与经济、社会、资源、环境的协调发展，推行计划生育，维护公民的合法权益，促进家庭幸福、民族繁荣与社会进步，根据宪法，制定本法。"该条可谓计划生育政策性原则欲达到的目的。

该法第二条："我国是人口众多的国家，实行计划生育是国家的基本国策。国家采取综合措施，控制人口数量，提高人口素质。国家依靠宣传教育、科学技术进步、综合服务、建立健全奖励和社会保障制度，开展人口与计划生育工作。"即是计划生育政策性原则的行为策略。

在法律中，政策性原则比之公理性原则，其效力期限短，稳定性较弱。它在各国不同国情和不同条件下，可能是相反的政策性原则。以生育政策而言，在我国目前是要求节制生育，而在人口负增长的国家，则是鼓励生育。政策性原则只能在特定时期和特定社会予以制定和运用。

2. 公理性原则

即在人类社会生活和生产交往关系中产生的，经自立法者选择和认定的恒定性公理，这些公理在法律法规中所得到原则性的反映，即公理性原则。与政策性原则不同的是，它不是特定时期和特定国度根据自己情况，可以制定和运用的阶段性政策原则，而是人类社会具有的普适性和恒定性的原则。

古往今来，人类发现和利用的公理不胜枚举，反映到法律中作为法的一种原则性公理，通常与一定社会存在的需要以及所能接受的状况相符合。其符合的程度又与执政者、立法者的实际状况和利益需求相联系，也需同各个时代和国情条件相印证。公理性原则在私权法中有较丰富的体现，如民法中的平等、自愿、等价有偿、诚实信用等，都属于公理性原则。公理性原则比之政策性原则，有更大的普适性、稳定性，甚至不可更改性。

（二）根据抽象性程度的不同，法律原则可分为基本原则与具体原则

1. 基本原则

它是体现法的基本精神和基本价值取向的原则，是贯彻始终的原则，是在法律体系中居于较高地位的原则。如"法律面前，人人平等"不仅是宪法的基本原则，而且也是每个部门法均须遵守的原则，所以，它是贯彻始终的基本原则。具体原则与基本原则相比，只是在相应的范围内与基本原则相应的原则。如婚姻自由、一夫一妻制是婚姻法上的两个基本原则，但却是"法律面

前，人人平等”原则的具体化；而等价有偿、契约自由作为民法的两个基本原则也是“法律面前，人人平等”在民法上的具体体现。此外，无论民法还是婚姻法，都应受到诚实信用、意思自治这两个基本原则的约束。可见，前两者对于后者而言，是在不同法域中的具体原则，而后者对于前两者而言，则是具有基本意义的法律原则。

基本原则一般比具体原则更为宏观，调整范围更广，因而也更具指导性。

2. 具体原则

它是以基本原则为基础，是相对于基本原则而言，适用范围更具体的法律原则。在法律体系中，具体原则所占数量较多，但不得与基本原则相抵触。基本原则与具体原则的划分具有明显的相对性。例如，“保护妇女儿童的合法权益”相对于“法律面前人人平等”是具体原则；相对于婚姻法、妇女权益保障法、未成年人保护法中有关保护妇女儿童更具体的原则而言，它又是基本原则。

“不确定性概念”在法律中往往是具体原则的另一种表达，例如，合理期限、显失公平等等。

（三）依法定权利是实体还是程序的不同，可将法律原则分为实体性原则与程序性原则

1. 实体性原则

是关涉实体权利及其义务或权力与职责的原则。如宪法中的权力组织和依法行使原则、民法中的意思自治原则、刑法中的罪刑法定原则、行政法中对权力依法限制原则、社会保障法中的弱势群体权利保障原则、环境保护法中的自然资源良性开发利用原则，等等。

2. 程序性原则

是关涉到实体权利或权力以何方法、步骤，在何时空得以实现的原则。如我国各国家机关定期向人民代表大会述职报告原则、司法独立原则、审判回避原则、民事案件不告不理原则、诉讼当事方地位平等的抗辩原则、仲裁案件不公开原则、行政复议及听证原则，等等。

法律概念是表达法律规范必须运用的工具，其本身也体现着突出的规范性；法律原则在法律规范中起着支撑和栋梁的作用，其规范性本是法律的题中之意。

第四节　法律规则

一、法律规则的概念及其逻辑结构要素

自然规则是自然秩序和自然伦理的客观形态，即自然法则。社会规则是在千百年来由社会秩序和社会习俗表现出来的人类活动准则，即社会法则；特定时期的权威机构制定颁行的行为标准是社会法则的一种表达。社会规则多种多样，如道德规则、宗教戒律、社团章程、行业规矩等等，而法律规则只是其中的一种形式。与其他社会规则相比，现代法律规则的精确化程度较高，规范性要求最强，是社会制度文明的精粹，由此，在现代社会生活的规范体系中具有特殊的地位及其效力。

法律规则属于法律规范构成要素中数量较多、分量较重的一种，是规定人们可以、不可以、应该、必须或禁止做什么的具体行为准则。就法律规则而言，就是关于某些具体事项的法律陈述和确定表达，通常比法律原则更为详细更为具体。注重法律规则逻辑结构的研究，对立法者来说有着突出的理论技术意义，使他们在法律的创制阶段就能够较完整、较清晰地勾勒法律文本体系，为立法技术上建构良好的法律规范形式提供实证方法的支撑。另外，由于法律规则一般需由国家有权机关制定或认可，并以规定社会主体的权利义务为根本内容，旨在建立和维护既定的社会秩序，因此其具有与其他社会规则十分不同的逻辑结构形式。

所谓法律规则的逻辑结构，即指从逻辑的意义上说明法律规则由哪些因素所构成，以及构成它们各要素之间的逻辑关系及其意义。构成法律规则的逻辑要素包括三个，即前提条件（假定）、行为模式和法律后果。它们曾被表述为：假定、处理、制裁的三要素说；其中除了“假定”外，“处理”和“制裁”的说法既不准确也不科学。因为在汉语中，“处理”一词的用法在此常常引起歧义，表达并不到位；而法律后果既有肯定性的提倡奖励性后果，又有否定性的惩治强制性后果，制裁只是其中的一种情况，不可以偏概全。

前提条件，即法律条文中事先设定的，该法律规则得以适用的事实状态，当这种事实状态出现时，就应当适用该法律规则，这在部门法学中常常以“构成要件”予以描述。法学中的证据学、法律中的证据法均是对这一要素的研究和查证。可以说，没有前提条件的设定，就没有确认行为模式的可能，也就谈不上法律规则的适用和遵守。

行为模式是从法律主体的大量行为中总结、归纳、抽象、概括出来的。其实质内容为法律上规定的权利和义务的要求，是为行为主体如何行为提供法律标准或准则的；具体言之就是“作为”“不作为”以及可以选择的“作为”方式。行为模式的种类基本有三种：（1）可以这样行为的模式（选择性规则）；（2）应当这样行为的模式（命令性规则）；（3）不应当这样行为的模式（禁止性规则）。

法律后果，即针对事实即法律主体的行为结果，对其所作的表态和法律处置，一般指对法律主体具有法律意义的行为应得到何种后果的规定，即该规则的实施结果。

至于“两要素”的说法，即认为法律规则仅需由行为模式和后果模式两要素构成，这无论在理论上还是现实中都没有能被证明的依据。法律文本及其条款中比比皆是的“前提条件”的设定，使此说法更无立足之地；另外，无论实体法还是程序法，只要是法律规则都可以说是为证明、查明、确认“前提条件”存在与否而设计或制定的，程序法中的侦查取证、庭审质证、抗辩论证等，都是为审查“前提条件”的存在情况而设置的强硬性必经程序。因此，两要素说不符合现行法律及社会的现实。

法律规则为法律条文和规范性法律文件的主要内容。规范性法律文件是相对于整体法律规范的法律存在形式，其中既有原则的内容也有规则的内容，还有许多法律技术性规定的内容。而在法律文本中唯有法律规则法律条文表达的最多，但它又并不等同于法律条文，更不等同于规范性法律文件。因此，法律条文虽然是法律规则的主要表达形式，但构成法律规则的逻辑三要素，往往并不集中出现在一个法律条文中；另外，还有一个条文反映多个法律规则的现象，等等。

由于法律规则及其逻辑结构在汉语语境中的表达特点，各个逻辑要素在法律条文即法律文本中有着不同的作用及反映，所以，当法律条文表达法律规则时，其形式与内容之间会出现许多相对的差异。在我们进行法律规则逻辑要素的分析中，也会出现许多例外和复杂情况。为了清楚明确起见，在分析法律条文中，我们用以下符号对构成法律规则的各逻辑要素予以区分：

用“\\   //”表示 前提条件，

用“______”表示 行为模式，

用“◇   ◇”表示 法律后果。

举例：《中华人民共和国民法通则》第二十二条规定，被宣告失踪的人重新出现或者确知他的下落，经本人或者利害关系人申请，人民法院应撤销对他的失踪宣告。

分析：‖被宣告失踪的人重新出现或者确知他的下落，经本人或者利害关系人申请，∥人民法院应撤销对他的失踪宣告。

说明：该条文中，“本人或者利害关系人”是权利的行使人，而人民法院则是“义务”的承担人。由于义务或责任在法律中是不得“放弃”的，如果放弃即为违法，因此，当法律规则中出现权利行使和义务履行的要求时，首先当以义务的行使，或强制性模式认定行为模式要素。在此条中，作为义务人的人民法院其行为模式就是法律要求的对权利人的合法权利予以法律保障。因此，“人民法院应撤销对他的失踪宣告”即为行为模式。

此规则为隐含性的一般“法律后果”，即法院如果对宣告失踪者及其利害关系人的合法要求不予以支持，就是没有遵照该法律规则去行为，就是违法，就是失职，为此就应承担法律责任。

二、法律规则逻辑结构解析

法律规则在法律条文中的表达有多种不同的情况，如同一个法律条文可以表现多个法律规则；一个法律规则的各个逻辑要素体现在同一部法律文本的不同章节及条文中；一个条文同时反映了两个相反的法律规则；同一个法律规则的一个逻辑要素，可能出现在多个规范性法律文本之中……我们在此就我国目前的现行法律为例试作以下分析。

（一）同一个法律条文可以表现多个法律规则

如现行《中华人民共和国刑法》（分则第二章 危害公共安全罪）第一百一十五条第一款：放火、决水、爆炸、投毒或者以其他危险方法致人重伤、死亡或者使公私财物遭受重大损失的，处十年以上有期徒刑、无期徒刑或者死刑。

该条款把多个前提条件即“假定”规定在了一个条文之中，并设有◇“十年以上有期徒刑、无期徒刑或者死刑”◇三个否定性“法律后果”。而其行为模式已寓意刑法的法律性质之中。在刑法中，其分则的章节名目，均可作为具体法律规则的行为模式，在这一条中就是“禁止危害公共安全的行为”，如果行为人违反了这一禁止性义务，即触犯了刑法，即为犯罪。

由于刑法本身就是一部以义务性即禁止性、命令性规则为主的法律，因此，刑事法律规则的逻辑构成要素分析起来较为简单，不如其他部门法律的规则那么复杂。

（二）一个法律规则的各个逻辑要素表现在同一部法律文本不同章节的条文中

如《中华人民共和国民法通则》（第五章“民事权利”第二节“债权”）

第八十八条第一款："合同的当事人应当按照合同的约定，全部履行自己的义务。"就是对当事人"行为模式"的直接规定。

如果合同当事人不这样做，在该法第六章"民事责任"第二节"违反合同的民事责任"第一百一十一条就规定了其"前提条件"和"法律后果"：\\当事人一方不履行合同义务或者履行合同义务不符合约定条件//，◇另一方有权要求履行或者采取补救措施，并有权要求赔偿。◇

在该条中，"◇"内既是合同义务方的法律后果，又是合同权利方的行为模式。只要权利方主张权利，义务方就必须履行其义务。

再如《中华人民共和国民法通则》第六章"民事责任"第二节"违反合同的民事责任"第一百一十二条第一款中具体还规定：◇当事人一方违反合同的赔偿责任，应当相当于另一方因此所受的损失。◇此条文的规定就是对该法律规则中"法律后果"的进一步确定性表达。

由此，关于合同当事人履行合同的法律规则逻辑三要素，可谓在以上三个条款中得到了较完整的表现。

（三）一个条文反映了两个相反的法律规则

如2001年通过《中华人民共和国婚姻法》第三十三条规定："现役军人的配偶要求离婚，需得军人同意，\\但军人一方有重大过错的除外。"//

分析："\\现役军人的配偶要求离婚，//需得军人同意"，这是一个规则的两个要素（前提条件和行为模式）。而其后的"但书"则是相反的前提条件。

因此，\\但军人一方有重大过错的除外。//意味着只要出现了"军人一方有重大过错"的前提条件，就不必再经其同意。因此，这是另外一个规则的前提条件，其行为模式与原行为模式刚刚相反，即"不需征得军人同意"，因此其法律后果也将有所不相同。

（四）同一个法律规则的一个逻辑要素体现于多个规范性法律文件之中

以"行为模式"要素为例。如：我国宪法第三十八条规定"◇中华人民共和国公民的人格尊严不受侵犯。◇禁止用任何方法对公民进行侮辱、诽谤和诬告陷害。"

我国民法通则（第五章"民事权利"第四节）一百零一条："◇公民、法人享有名誉权，公民的人格尊严受法律保护，◇禁止用侮辱、诽谤等方式损害公民、法人的名誉。"

同样，我国现行刑法分则（第四章"侵犯公民人身权利、民主权利罪"）第二百四十六条 第一款规定："\\以暴力或者其他方法公然侮辱他人或者捏造事实诽谤他人，情节严重的，//◇处三年以下有期徒刑、拘役、管制或者剥夺政治权利。◇”其“行为模式”即“禁止以暴力等方法对公民进行侮辱、诽谤和诬告陷害”。

这里，一个法律规则的同一个逻辑要素“行为模式”分别见诸于宪法、民法、刑法三个不同法律部门的法律文本中。说明了单一的法律条文一般难以完整地反映法律规则，也不可等同于法律规则。

这也是在多个部门法的多个法律条文中反映一个法律规则的现象，虽然所涉及的法律后果性质有所不同，但是，均因禁止性行为模式所导致，因此，在法律整体的角度，完全可将其视为同一个法律规则。此种情况在不同的法律部门之间并不少见。

三、法律规则的种类

（一）依照法律设定的“行为模式”不同，可将其划分为选择性规则、义务性规则与权义复合性规则

1. 选择性规则

它是主体法定权利的来源或根据。选择性规则不同于义务性规则的一个明显特点就在于，它在行为方式上是法律赋予行为人具有可选择的权利。

行为主体可根据法律规则所赋予的权利进行行为选择，他既可以放弃法律中赋予自己的某种权利，又可以这样或那样地行使它。无论怎样行使，只要在法律允许的范围内，法律都不干预。例如，按照法律规定，公民符合法定条件便有选举权和被选举权。因此，公民可以参加选举，也可以不参加选举；如果参加选举，又可以选举某人，不选举某人，还可以反对选举某人。在选择性规则中，放弃或不行使法律赋予的权利，完全可由自己抉择。因此，选择性规则同法律自由完全相通，它提供了人们建立自己所希望的社会关系的自由空间。这在宪法、民商法等一类法律法规中表现极多。选择性规则通常采用“可以”“有权”“有……自由”等这类模态词予以表达。

2. 义务性规则

它是法律明确规定行为主体必须为一定行为或不得为一定行为的规则，是以法定义务形式为行为人设定的社会责任。

义务性规则不同于选择性规则的主要特点在于，它具有强制性和不可违抗性，所以，行为主体对自己的法定义务只能履行而不能拒绝，否则即违法。义务性规则又可分两类：

一是命令性规则，即规定主体必须作为的义务，亦称积极作为义务。如法律规定，协议离婚的当事人双方必须亲自到婚姻登记机关办理离婚登记。这便是法律要求的积极作为义务，而这样的法律规则即为命令性规则。

二是禁止性规则，即规定主体不得作为的义务，亦称消极不作为义务。如法律关于公民行使自己的权利时不得损害国家、集体和他人权益的规定即属于这种规则。

义务性规则通常以“应当”、“必须”、“不得”、“禁止”等强硬句式表述。刑事法律法规即义务性规则的典型之地。

3. 权义复合性规则

它是指关于欲享有法定的权利或权力，就必须履行一种不可转移、不可替代、不可放弃的法定义务，并以履行这种义务为必然要求的一类法律规则。

如关于劳动权，在现代法律上就既是权利又是义务；义务教育阶段的“受教育权”反映的也既是义务又是权利；国家政府机关的执法权，以及一些国家机关相应的法定职责和职权较强烈地体现了既是职权、势位的设定，也是职责风险的承担。对于“权义一体”主体而言，首先是权利或权力的需求，但这种需求不得“无功而受禄”；尤其欲行使的权力本来就是责任的设定，无故推脱或放弃权力就是违法，因而行使权力实际上就是一种义务或职责。这一类规则一般以一种既存利益的情形出现，而实际上却是一种强制性的责任性规则，既兼具权利和义务，又兼具责任和权力。尤其针对责任和权力而言，权力是绝不可替代和放弃的，权力中已完全包含了责任，权力越大，责任风险就越高。

权义复合性规则的主要特点在于：一方面主体按法律的要求可作出或不作出一定行为，另一方面作出或不作出一定行为也是法律对于该主体规定的强制性义务。

（二）按法律规则的效力是否为强制性可将其划分为强制性规则与任意性规则

1. 强制性规则

即不问行为主体的意愿如何，而必须强行性遵守的法律规则。这种规则所设定的权利和义务，即行为模式具有明确肯定的形式，不允许任何改变。

上述的义务性规则通常属于强制性规则，在权义复合性规则中，主体不能任意变更行为模式的规则，也属于强制性规则。在公法中，即涉及社会共同利益和公益事业的法律中，其强制性规则较多。

2. 任意性规则

即依照法律的允许程度，行为主体可以按照自己的意志自行选择履行权利的规则。这种规则所设定的权利和义务形式具有相对性，行为主体在法律的范围内完全可以进行变更。换句话说，在任意性规则的范围内，无论你怎么行为，都将被法律所允许。

上述的选择性规则即授权性规则就属此类，这在私权法中较为突出。

(三) 以“法律后果”是否认定为基础可将法律规则划分为确定性规则、准用性规则

1. 确定性规则

是指法律明确规定了行为后果的内容而不必援用其他规则来确定该规则的法律后果。这是法律规则最常见的形式，绝大多数法律规范都属于确定性规则。

2. 准用性规则

是指本身关于行为模式或法律后果没有明确具体的规定，但其又明文规定可以或应当依照、援用、参照其他法律规则来实现本规则所规定的内容。

如诉讼法中关于上诉程序的有关法律规定，就可参照一审程序的规则进行，即属此类规则。此类规则所规定依照、援用或参照的规则有的在同一个法律文本中。如《中华人民共和国行政处罚法》(第五章“行政处罚的决定”第一节“简易程序”) 第三十三条规定：“违法事实确凿并有法定依据，对公民处以五十元以下、对法人或者其他组织处以一千元以下罚款或者警告的行政处罚的，可以当场作出行政处罚决定。当事人应当依照本法第四十六条、第四十七条、第四十八条的规定履行行政处罚决定。”

其中“当事人应当依照本法第四十六条、第四十七条、第四十八条的规定履行行政处罚决定。”就属于同一文本中的准用性规则。这种情形随着立法的发展和完善将逐渐减少。

另外，还有依照、援用或参照的规则不属于正式法源的情况。如我国1997年的刑法分则第一百三十一、一百三十二、一百三十四条分别规定：航空人员违反规章制度致使发生重大飞行事故的……铁路职工违反规章制度致使发生铁路安全事故的……工厂和矿山等单位的职工不服管理违反规章制度，或强令工人违章冒险作业，因而发生重大事故的……其中的“规章制度”可能就不属于正式法源，或根本不属于有普遍效力的法律规则。

四、法律原则与法律规则的区别

法律原则与法律规则都是法律的主要构成要素，两者的密切关联和共通之处自不待言，在有的情况下什么是原则什么是规则，均难以辨明也不必分清。但是，法律原则与法律规则既然作为两个要素并存于法律结构中，就有它们的实质性区别。这种区别主要有：

1. 规范的表达方式不同

原则一般较为抽象，通常以所规定的权利义务指明一种调整方向；因此，原则一般只出现行为模式不出现具体的法律后果，只设定基本精神不言前提条件。如“任何人不得作自己案件的审判者”。规则则是解决具体问题的直接依据，因此它们必须逻辑要素俱全。在规范性法律文本中我们能找到相当数量的法律规则中的各个逻辑要素。

2. 描述的范围不同

原则是从广泛的现实生活中概括出来的整体的行为标准，具有宏观指导意义，因此，其涉及范围大适用面广；它不仅可针对某一个或某一类行为发生作用，而且可针对某些行为或事项发生作用，并在大范围内生效。规则则具有微观调控的作用，常常是事实认定和个案裁判的直接适用依据；因此，只在具体事实出现的特定范围内生效。

3. 发挥效力的作用不同

原则发挥效力时往往会在同一个场合涉及多种原则的效力，或是在多种场合涉及某几种原则的效力。在这些情况下，通常不能简单地决定哪个原则有效、哪个原则无效，而是要根据具体情况，选定其中一个原则作为根据；同时，并不意味着与之相冲突的其他原则便无效力。而当规则发生效力冲突时，如同一个案涉及两个或两个以上的相矛盾或冲突的法律规则时，就只能选择一个予以适用，而其他规则将面临无效的处理。例如，有两个法律规则都规定了提出行政复议的条件，但两者的规定不一致甚至相互冲突，因此，受理行政复议的主体作出决定时，首先便是判断这两个规则哪个有效、哪个无效，从而以有效规则作出处理。换句话说，在法律适用中，规则与规则相冲突时，必取其一而否定其他；但出现原则与原则相互冲突时，则是利益权衡的问题，不得因此对其他相冲突的任何一项原则的法律效力予以否定。

由于法律原则常常是社会价值的积淀，因此稳定性较强，一般不易改变。而法律规则针对性强，在具体适用中更具操作性，但是常常予以更改。总之，法律规则是法律规范的典型表达形式，其所注重的是设定事实状态、权利义务和应有的法律后果。而法律原则所注重的是从大局和根本上奠定整个法律的基础、为法律关系主体指明方向，而法律概念则注重对各种法律现象作定性分析，从而为法律规则和法律原则的适用确定范围和提供前提。

法律规范构成图解

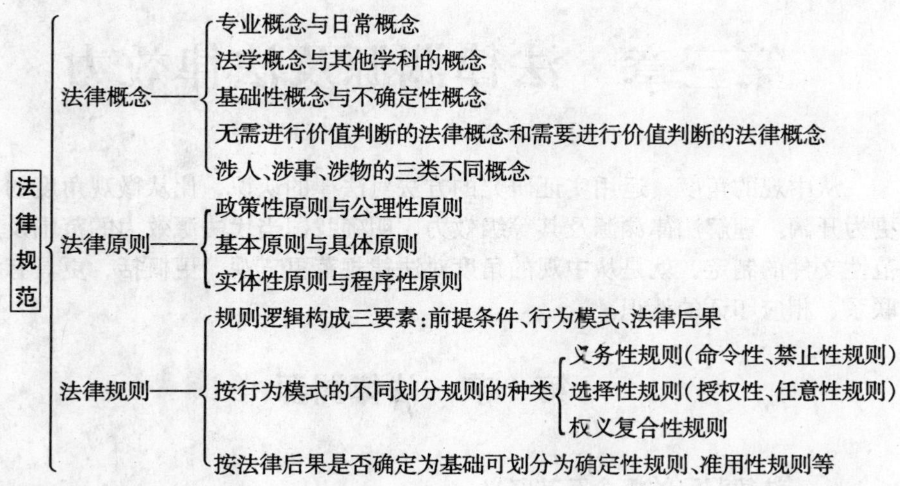

复习思考题

1. 简述法律规范与法律构成要素的关系和区别。

2. 试述法律概念、法律原则在法律构成中的地位和作用。

3. 说明法律规则逻辑“三要素”的概念并运用现行部门法中的表述予以列举。

4. 利用现行法律条文列举法律原则、法律规则的不同种类。

5. 比较法律规则和法律原则的功能及作用。

第三章　法律渊源及法律效力

从中观的角度，运用实证研究的方法对法律的认识，比从微观角度的视野更为开阔。理解法律渊源及其等级效力，明确我国当代法源效力的范围及其规范性文件的制定，就是从中观的角度对法律规范更直观，更概括，更具有相互联系、相应印证的认识。

第一节　法律渊源

一、法律渊源的概念及其释义

（一）法律渊源的概念及其种类

法理学上的“法律渊源”也称“法的渊源”，简称“法源”，是关于法律效力等级来源的概念，即从整体上对各种法律效力存在状态的描述。因此，与法律规范的内在结构相比，它是从外在的结构上对法律规范的一种整体分析，即对法律外部状态予以认识的一种概念。这一概念“在中外法学著作中有各种不同解释，但较多的是指法的效力渊源，也即指由什么国家机关制定或认可，因而具有不同法律效力或法律地位的各种法律类别，如宪法、法律、行政法规等制定法，判例法，以及习惯、法理等。”[①] 关于法律渊源的理论简称“法源论”，其中蕴涵着深邃的西方法文化传统。

“法律渊源”一词在来自于罗马法中用拉丁文记载的 Fontes iuris（juris），意即法的源泉。[②] 德文中的“fontis”即开始之意。对此，英文多以 sources of law 予以表达，意大利文为 fonti del diritto，法文称为 sources du drois。我们都知道，拉丁文应该是其源头。英文中关于源泉、来源的名词“fount”也源于拉丁文，并与基督教教义即教堂里盛圣水的 font 有着直接关系，如关于喷泉、喷水池的“fountain”这一用语就被用于知识和智慧的来源；而西方人认为，法就是一种知识及智慧的源泉。又如英文中 sources materials 即原始资料或原

---

① 沈宗灵主编：《法学基础理论》，北京大学出版社 1994 年第二版，第 47 页。

② 卢云主编：《法学基础理论》，中国政法大学出版社 1994 年版，第 52 页。

始文件、sources and course 即源流、fountainhead 即源泉、源头、喷泉等，它们与 sources of law 即法律渊源的用语如出一辙。英文中为什么不用表示历史沿革的 origin，而用表示资源的 sources 来描述法律，这对西方人来说有着法律起源的深层文化意蕴。

在法学中，法律渊源即“法律规范的来源”，换句话说，就是法律规范首次出现或首先被创设的地方，如法律文献、法律规范性文本等；所以有的学者也把法律渊源叫做法的形式。① 法之所以称作“渊源”，就因为在现实生活中它不仅表现着规范效力等级的来源，而且还被社会和绝大多数人作为正义智慧的来源而尊崇，其中不乏有人类各种文化传统方面的意义。

关于法律渊源的一般类别主要有：制定法、判例法、习惯法、国际公约和协定、法理，以及不同文化中的法律意识和法律实践等等。如美国社会法学派泰斗庞德就认为，法律秩序、权威性资料、司法行政过程的表述就具有法源的意义；美国学者德沃金也认为政策、道德、原则等也是法源的表现形式。由于法本身就是民族传统和历史文化的产物，因此，不同的“法源”理解也受到了不同国情和民情的影响，受到诸如政治、经济、思想、道德、宗教、科技发展等方面的影响。

法律渊源的表现形式多种多样，学者们从不同的角度对其做出了划分。如成文法渊源和习惯法渊源，主要渊源和次要渊源，直接渊源和间接渊源，正式渊源和非正式渊源等。在这些分类中，只有正式渊源和非正式渊源的划分对法学及法律实践具有重要的理论及现实意义，它们也被称为“正式法源”和“非正式法源”。

正式法源的一般形式为现行有效的法律法规，在我国主要指以规范性文件表现出来的成文法形式。如立法机关或有权主体制定认可的宪法、法律、法规、规章、条约、协定、条例等均是现行法的主要内容。当事人依法自行建立的契约、协议、合同，即当事人之间的“法律”，据我国现行合同法的规定有正式法源的地位。

非正式法源的一般形态包括：公平、正义等观念，道德、习惯等准则，政策、策略等权威，以及法学著作等文献。只要具有法的意义及规范观念的社会准则，均可视为非正式法源。在我国其主要形式如，政策、民俗、民间法、习惯和惯例，以及所形成的乡规民约、依法登记的社团章程等等。非正式法源在日常生活中的作用并不亚于正式法源，其公信度有时还将强于正式法源。由于

① 参见张文显《法理学》，中共中央党校出版社 2002 年版，第 50 页；张文显主编：《法理学》，高等教育出版社、北京大学出版社 2003 年第二版，第 73 页。

非正式法源有反向限权的作用，因此，对正式法源具有互补、弥补和修复的功能。

与此相关的另一个问题就是：判例在我国是否也属于法律渊源。众所周知，我国不实行判例法，因此判例并不是我国的正式法源。虽然每年最高人民法院都要公布一批典型判例，这些判例在一定程度上能提高办案效率，但它只是对下级法院在审理类似案件时具有参考价值，并不意味着必然的遵守。因此，它们应当属于非正式法源。

（二）学习法律渊源的意义

法律渊源是一个历史范畴。在中国法律发展史上，主要的法律渊源包括：皇帝敕令、手谕、制定法、有关的纲常礼教、伦常习惯，以及以律、令、格、式等表现的官府律令、规定等。在西方历史上，法律渊源更为复杂，包括：罗马法中的元老院决议、最高裁判官告示、民众大会决议以及市民法、万民法、法学家的论证和论著；中世纪时期的《圣经》、基督教教义、基督教公会决议和教会法规及典集、教皇敕令、教会法及其戒律、日耳曼习惯法等等。不同的历史时期、不同的文化传统，就会有千差万别的法律渊源形态。因而法律渊源就是法律形式与效力内容的统一，在现代法治实践中它有着不可替代的作用。

首先，法律渊源是法与其他社会规范相区别的重要标志。不是所有的社会规范都能成为正式法源的，只有那些由特定国家机关通过特定程序制定或认可，具有法律中某一渊源地位的社会规范才能成为正式法源。即某种意志欲上升为法这种特殊的规范形式，就必须使这种意志采取法律的表现形式。所以，只有成为正式法源的社会规范，才能称为法律。了解现代法律的渊源，正是为了明确法律借以存在的方式和种类；为了明了国家机关的执法、司法的依据及法律监督的主要来源和效力。

其次，正式法源之所以有不同的文本类别，就是因为它们由不同的国家机关制定或认可，而且不同的立法者所制定或认可的法律不得超出自己的权限范围。因此，研究法律渊源的概念有助于我们了解法律形式与其内容的统一。换句话说，就是法律为什么有效力，其效力内容来源于什么地方，并以什么形式公之于世的问题。因此，作为法律渊源内容的效力等级的来源，必须以各种文本的表现形式予以表达。可见，法律渊源包括三方面的含义：（1）法律内容，根源于社会物质生活条件，法的形成开始于社会经济领域；（2）法律效力，即国家权力是法形成的力量源泉，是法律规范具有效力的来源；（3）法律形成，即法律规范效力和普遍约束力的取得，必须通过特定的方式和程序，必须具有一定的形式。①

再次，由于不同的法律渊源表达的是不同的法律效力，那么研究它就有着法律实施、法律实现、法律适用的现实意义。面对复杂多样的社会生活，不同的法源能够使我们正确采取适当的法律效力，解决各式各样的法律问题。同时，有助于我们扩充对法及法律的认识，明确什么样的社会关系适宜什么样的法律，什么样的法律具有什么样的效力。

另外，在司法和执法实践中，对于不同的法律渊源有着不同的适用技术或实施方式，深入理解法律渊源问题，就能了解其中不同的创制要求和法律表达特点，了解立法者与司法者、执法者之间所采取的法律解释及法律适用技术和执法理念的不同，了解他们怎样在特定的立法基础上，将法和法律印证于现实生活的实践当中。

二、当代中国的法律渊源

（一）法律位阶与法律形式

“法律位阶”是我国立法法在规定法律等级效力方面启用的一个专门词语，是指不同渊源的法律在上下效力方面的区分。它以汉语词汇表达了中国人对具有西方法文化传统的“法律渊源”一词不易理解的内容，即处于法源等级中不同地位的法律，在效力方面有所不同，上位法是下位法的效力依据，下位法不得与上位法相抵触。但是，法律位阶却没有表达人们关于法或法律最初被发现之地，即法和法律最起先的时空存在状态及其效力，更没有传达出法律是具有长期的历史沿革及继承意义，及其不可随意更改的权威性内涵。

法律的效力等级往往取决于其制定主体在国家机关中的地位。一般来说，制定主体的地位越高，其制定的法律的效力位阶也越高。在国家机关中等级越高的立法主体所制定出来的法律，相对于等级较低的主体所制定出来的法律，就是上位法。如宪法具有第一级法源的等级效力，法律则是第二级法源的效力等等。一个国家中有权创制法律的主体很多，但不同主体在调整同一社会关系时的规定可能会有所不同，那么在具体适用法律时究竟应该以何种法律为依据，就需要有一个明确的标准。确定法律的效力位阶可以解决一些法律冲突时的运用问题，并且有利于保障法制统一的作用。

“法律形式”则是关于法律外在的形式表现，它既不可能表达“法律渊源”中关于法律效力的内容，也不可能表达“法律渊源”中关于效力等级来

① 王勇飞、王启富主编：《中国法理纵论》，中国政法大学出版社1996年版，第216~217页。

源之含义，更不可能揭示“法律渊源”中关于法律发展中的权威性意识。“法律形式”仅仅告诉我们，规范性法律文件的表达形式。换句话说，“法律形式”既不是中国的法律术语，也不是西方的法律术语，作为法学的基本概念，它在中外的司法实践中均难以得到共识。

当今中国的法律渊源问题，主要指现行有效的法律文本及其效力等级体系的问题。在中国，法律渊源的科学表述，涉及由宪法和法律规定的，具有相应职能的不同国家机关制定、认可或补充、解释法律而形成的规范性法律文本。它们是具有不同效力等级的法律文件。

（二）当今中国法律渊源的主要形式

中国的法律渊源有较明显的特点，这就是中国自古以来就形成的，以成文法为主要法源的传统，如今也不例外。中国目前的正式法源包括：宪法、法律、行政法规、地方性法规、自治法规、行政规章、特别行政区法以及我国签署的国际条约等。其中宪法、法律、行政法规在中国法的法源体系中分别居于核心地位和重要地位。这主要是从国家成文法的角度所作的分类，亦可以说是从法律文本的角度所作的分类。不成文法也是中国法源的一种存在形式，作为中国正式法源的补充和完善，主要有政策、习惯、民间传统和相应的判例等。

1. 宪法

宪法是国家的根本大法，它是由最高国家权力机关——全国人民代表大会通过特殊程序制定和修改的，规定了国家最根本的政治、经济和社会制度，公民的基本权利和基本义务等这些根本性、全局性的事项，是具有国家最高效力的法。宪法之所以在法律渊源中居于最重要的地位，是因为：①宪法所规定的内容涉及国家全局性、根本性的问题，如国家的性质，根本任务，公民的基本权利和基本义务，国家机关的组织结构和活动原则。②根据规定，只有最高国家权力机关——全国人民代表大会才有权制定和修改宪法；宪法的修改须由全国人民代表大会常委会或五分之一以上全国人民代表大会代表提议，并由全国人民代表大会以全体代表的三分之二以上通过。③宪法在我国法律体系中居于最高地位，具有最高法的效力，是一切立法工作的基础，其他法律法规不得与之相抵触，否则无效。我国现行宪法渊源主要由 1982 年颁布的宪法典和 1988 年，1993 年，1999 年，2004 年对宪法典的修改补充后所形成的 31 条修正案以及相关宪法性法律组成。

2. 法律

法律在法的效力渊源中的地位仅次于宪法。它是由全国人民代表大会及其常委会依法制定和修改的，关于国家，社会和公民生活中某一领域根本问题的法律。法律的地位低于宪法而高于其他法律规范，是所有下级法源的立法依据。法律分为基本法律和基本法律以外的法律两种。基本法律由全国人民代表大会制定和修改，内容涉及国家和社会生活某一领域的根本性问题，如刑法，民法，诉讼法等。在全国人民代表大会闭会期间，全国人民代表大会常委会也有权在不同其基本原则相抵触的情况下，对其进行部分的补充和修改。基本法律以外的法律由全国人民代表大会常委会制定和修改，它调整基本法律未涉及的有关国家和社会生活某一领域的较为具体的问题，如保险法，著作权法等。此外，全国人民代表大会及常委会所做出的具有规范性内容的决议和决定也属于法律的范畴，与法律具有同等效力。

《中华人民共和国立法法》第八条规定，下列事项只能制定法律：国家主权的事项；各级人民代表大会、人民政府、人民法院、人民检察院的产生，组织和职权；民族区域自治制度，特别行政区制度，基层群众自治制度；犯罪和刑罚；对公民政治权利的剥夺，限制人身自由的强制措施和处罚；对非国有财产的征收；民事基本制度；基本经济制度及财政，税收，海关，金融和外贸的基本制度；诉讼和仲裁制度等。

3. 行政法规

行政法规是最高国家行政机关国务院依照法定权限和程序制定、修改的有关国家行政管理的规范性文件的总称。行政法规的效力低于宪法和法律。但它所调整的社会关系非常广泛。行政法规的内容涵盖国防、外交、财政、税务、公安、教育、科学、文化、卫生、体育等一切有关社会行政管理的领域。我国立法法第五十六条前两款规定：“国务院根据宪法和法律，制定行政法规。”“行政法规可以就下列事项作出规定：（一）为执行法律的规定需要制定行政法规的事项；（二）宪法第八十九条规定的国务院行政管理职权的事项。”

4. 司法解释

值得注意的是，在我国，最高人民法院在适用法律过程中所作的解释，被称为“审判解释”即“司法解释”，它同样属于我国正式法源的范畴。按照我国的宪政体制规定，司法机关并没有创制法律的权利，但根据《中华人民共和国人民法院组织法》第三十三条的规定，“最高人民法院对于在审判过程中如何具体应用法律、法令的问题，进行解释。”这便是“司法解释”的法定依据。因此，在司法审判工作实践中，最高人民法院所作的审判解释已被全国上下严格遵守，被全国各级法院一体适用，其解释在我国社会已具有普遍的规范效力。如同行政法规是中央人民政府为执行法律的规定而制定的具有普遍效力的规范性文件一样，司法解释也是为了在司法审判工作中使法律得到较好适用而制定的具有普遍效力的规范性文本，因此它当属我国正式的法律渊源。

5. 地方性法规

地方性法规是由地方有权国家机关根据本行政区域内的实际情况和需要，为解决地方问题，依照法定程序和权限制定的适用于本地区的规范性文件。地方性法规作为地方司法依据之一，其法律效力低于宪法、法律和行政法规。它是贯彻在中央统一领导下，充分发挥地方自主性，对地方事务进行管理的重要手段。在我国，地方性法规主要有以下类型：一是省、自治区、直辖市人民代表大会及常委会在不同宪法、法律、行政法规相抵触的情况下，可以制定地方性法规；二是省、自治区人民政府所在地的市、经济特区所在地的市和国务院批准的较大的市为解决地方事务，在不同宪法、法律、行政法规及本省、自治区的地方性法规相抵触的情况下，可以制定地方性法规。

6. 自治条例和单行条例

自治条例和单行条例也称为自治法规，是指民族自治地方的人民代表大会，有权依照当地民族的政治、经济和文化的特点，制定在本行政区域内生效的规范性法律文件。自治区制定的自治条例和单行条例须报全国人民代表大会常委会批准后生效；自治州、自治县的自治条例和单行条例须报省或自治区人民代表大会常委会批准后生效。自治条例和单行条例的内容可以对法律和行政法规的内容作出变通规定，但不得违反宪法和民族区域自治法，也不得对法律和行政法规的基本原则及两者专门就民族自治地方所作的专门规定作变通规定。自治条例和单行条例可作为民族自治地方的司法依据。

7. 行政规章

行政规章从制定机关和生效范围来看，可以分为两种：一种是由国务院的直属有权部门及中国人民银行、审计署等在其职权范围内，根据法律和行政法规等制定规范性文件——部门规章。部门规章的效力低于宪法、法律和行政法规，它规定的事项属于执行法律或行政法规的内容。

另外一种是由地方有权主体依法制定的规范性法律文件，称为政府规章。此有权主体主要是指省、自治区、直辖市人民政府及省、自治区所在地的市、经济特区所在地的市和国务院批准的较大市的人民政府。政府规章的内容主要是为了具体执行法律、行政法规和地方性法规的规定，以及本行政区域内的具体行政管理事项。

8. 特别行政区法

特别行政区法是在我国“一国两制”体制下独有的，旨在特别行政区域内施行的法律。它包括全国人民代表大会制定的特别行政区基本法以及特别行政区的政府机关依法制定的各种规范性法律文件。根据“一国两制”的基本原则，特别行政区的现行政治制度和经济制度在一定时期内保持不变，因此享有高度自治权，包括行政权、立法权、独立的司法权和终审权等。在特别行政区内，原有的法律占主导地位，中央国家机关制定的法律除涉及国防，外交以外的法律不适用于特区。目前特别行政区的法律为：特别行政区基本法附件所列的法律；特别行政区立法机关制定的法律；除同基本法相抵触或由特区立法机关做出修改的以外，予以保留的以往的法律。

9. 国际条约

国际条约，即国家间和国家与国际组织之间，以及国际组织之间签订的关于政治、经济、文化、军事、贸易及法律等方面，关于相互权利义务的各种公约和协议。在我国外交部主编的《中华人民共和国条约集》中，把条约、协定、议定书、换文等都汇编为“国际条约”，因此，凡属全国人民代表大会及其常委会依法定程序参与或签署的国际条约，除保留条款外，均属于我国法律渊源的组成部分。

表 3－1　我国法律渊源说明

法律渊源名称	法源文本形式	举例	法源说明
宪法	宪法性文件	宪法、国籍法、选举法、组织法、特别行政区基本法、民族区域自治法等	由全国人民代表大会制定颁布
法律	法典及法律文本	民法通则、刑法、诉讼法、合同法、产品质量法、民用航空法等，及相应的单行法律规定	由全国人民代表大会及其常委会制定认可和颁布
行政法规、军事行政法规	国务院发布的具有普遍效力的规范性文件、中央军委发布的规范性法律文件	城市房地产开发经营管理条例、社会保障费征收暂行条例	如《立法法》第五十六条规定国务院依法享有行政法规权
司法解释	如最高人民法院关于审判工作中如何适用法律的规范性解释	关于加强和改进委托执行工作的若干规定、关于敲诈勒索罪数额认定标准问题的规定等等	《最高人民法院组织法》第三十三条规定在其职权范围内的法律适用解释权
省级地方性法规	省、市、自治区、直辖市人民代表大会有权制定的规范性文本	1998 年 9 月云南省园艺植物新品种注册保护条例	《立法法》第六十三条第一款规定的有制定本辖区内的地方性法规权

续表

法律渊源名称	法源文本形式	举例	法源说明
“两大市”的地方性法规	指国务院批准的较大市及省会所在地市人大制定的规范性文件		《立法法》第六十三条第二款规定的两市级法规权
特别行政区法	特别行政区在“一国两制”框架内所颁行的法律法规		《宪法》第三十一条和香港、澳门特别行政区基本法是其法定依据
自治条例和单行条例	民族自治机关的规范性文件		根据我国“民族区域自治法”享有的立法自治权
中央人民政府部门规章	中央政府各部门制定的行政规章	2000年6月司法部《关于律师事务所不进行民政登记的批复》、1999年4月国土资源部《闲置土地处置办法》	《立法法》第七十一条规定
地方人民政府规章	各地方政府有权制定的行政规章	云南省地方税务局关于《律师事务所和会计师事务所所得税征收管理办法》	《立法法》第七十三条规定
国际条约	国际公约、双边或多边条约和协定等	《联合国国际货物销售合同公约》《保护工业产权巴黎公约》《承认和执行外国仲裁裁决公约》	由全国人民代表大会依《缔结条约程序法》行使国家主权签约、加入或认可的国际条约

第二节　法律的效力层级与效力范围

一、法律效力的概念

法律效力指法律的能量和作用力，是现行法存在的表现形式，其有两层含义，一是指不同的法律规范在现实生活中所具有的，以国家强制力为后盾保证其实施的，具有不同层次的普遍约束力和保障力；二是指法律规范约束力的有效控制范围，即法律的效力范围。该定义中的效力仅指规范性法律文件的普遍效力，不包括非规范性法律文件中仅针对特定人特定事的约束力，而是法律应有的普遍约束力。法律效力是一种力量的预示，法律实效才是一种社会事实。正确认识法律效力这一概念及其表现形式，对于认识法律的作用，明确法律的功能，促成社会的守法意识，培养严格依法办事的作风等，均具有深远的影响。

一般而言，法律只有在自己的效力范围内才有力量，平时人们似乎感受不到它的存在，这是因为它保障着我们现行的存在状态和既定秩序，一旦有人违规或触犯了法律，它才显现并被我们所感知。因此，凡法律均有约束力，很难想象没有约束力的法能够存在的状况。因此，法律效力应是法律发生作用的灵魂，是法律规范得以被激活的保证，没有效力的法律如同没有灵魂的躯壳，是不具有生命力的。

法律的统一不单要求立法上法律条文和法律文本之间是一致的，而且还要求被运用的法律有其统一的风格和无冲突的效力，要求执行和适用法律的政府官员和法官、检察官们对于法律含义即其精神的一致理解，对于基本和关键性的法律理念的训练有素。因此，就要求他们在执法和司法过程中必须对相关的法律，及其法律效力进行效力层级上的比较、判断、选择和划分。这就是法律效力源自于法律渊源的意义。

如同宪法司法化在一般现实中不可能实行一样，如果不是首先在较低的，较具体的法源层次上穷尽相关法律规范的适用规则，而是动不动首先就到宪法规范里寻找适用规范，哪怕宪法渊源效力最高，也“远水解不了近渴”。这样就如同在武汉或南京，汲取长江水最便利，而你面对长江的水不用，偏要去喝长江源头唐古拉山的雪水一样是不可能的事情。国外有关宪法司法化的实践，并不等于宪法规范可以被运用于一切现实个案中，更不等于宪法作为根本大法可以替代其他法律的功能。由此，法律的效力等级、效力层级等问题便被提了出来。

我们都知道，由正式的法律渊源构成的法律位阶，形成了我国特有的法律效力系统。然而，法律效力不仅有上下之分，还有先后之分、强弱之分和例外之别等等。法律的效力位阶解决的只是法律效力的上下等级关系，即上位法的效力高于下位法；而法律的效力层次则可以解决法律在实施中的先后效力、强弱效力以及效力的优劣和互补，效力的正当与排除问题。所以，除了在立法问题上明确法律效力的上下位阶外，还应在法律实施中区分出法律效力的层次，这在法学和法律实践中均有十分重要的操作性意义。

二、我国法律的效力层次原则

法律的效力层次即法律发挥效力时的上下秩序、先后顺序、强弱影响，以及互补后果等情形。

法律效力的层次与法源效力的等级，可以说是相反的思维方式。法律效力的层次是从下往上的适用路径，而法源效力的等级则是从上到下的来源顺序。正因为如此，我们才必须了解法律效力的层次及其原则。在中国的法律体系中，由于制定主体、制定时间等不同，形成了不同的法律渊源，导致了各种法源效力的不同，也形成了等差顺序不同的法律效力等级层次。

在我国法律实践中，区分效力层次的原则很多，如高位法优于低位法、新法优于旧法、特别法优于一般法、义务性规范优于选择性规范，例外规定排除一般性规定，列举式优于概括式等。所谓上位法优于下位法的原则已由前述。这里只就新法优于旧法、特别法优先于一般法、义务性规范优于选择性规范、例外规定排除一般性规定、列举式优于概括式的效力原则作说明。

（一）新法优于旧法

此一般属于法律的时间效力问题，即从法的制定时间先后来划分，新法和旧法所调整的属于相同的社会关系，对此，同一立法机关先后制定了两个以上的法律规范。说明先制定的法律可能随着社会的发展已不再适合此类关系的调整，新制定的法律正好弥补了这一不足，因而形成了新旧法律的效力问题。从此角度讲，即新法的效力优于旧法。

例如我国，在1979年的刑法基础上，对其进行了大规模的修改后于1997年颁布了新刑法，删除了过时的内容，修改和增加了大批新的条款，以更好地适应发展了的社会生活的需要。

（二）特别法优于一般法

特别法优于一般法，即关于特别主体、特别事项的规范，在现实运用中均优先于一般的规范。

在法律文本中，很少有哪一个文本标明“我是特别法”或“我是一般法”。然而，特别法和一般法却频频出现于我们的视野中，有的在不同的规范性文本中，如合同法、消费者权益保护法等就是我国“民法通则”的特别法；有的则在同一部法典中或同一章节中。如《中华人民共和国刑法》分则中有关“渎职罪”的法律条文就是刑法中的特别法。另外，每个部门法的基本法，都应为该部门的一般法。

以人身伤害赔偿规定为例，《中华人民共和国民法通则》第一百一十九条规定：“侵害公民身体造成伤害的，应当赔偿医疗费、因误工减少的收入、残废者生活补助费等费用；造成死亡的，并应当支付丧葬费、死者生前扶养的人必要的生活费等费用。”

《消费者权益保护法》第四十一条也规定：“经营者提供商品或者服务，造成消费者或者其他受害人人身伤害的，应当支付医疗费、治疗期间的护理费、因误工减少的收入等费用，造成残疾的，还应当支付残疾者生活自助费、生活补助费、残疾赔偿金以及由其扶养的人所必需的生活费等费用；构成犯罪的，依法追究刑事责任。”

此外《产品质量法》第四十四条还规定：“因产品存在缺陷造成受害人人身伤害的，侵害人应当赔偿医疗费、治疗期间的护理费、因误工减少的收入等费用；造成残疾的，还应当支付残疾者生活自助费、生活补助费、残疾赔偿金以及由其扶养的人所必需的生活费等费用；造成受害人死亡的，并应当支付丧葬费、死亡赔偿金以及由死者生前扶养的人所必需的生活费等费用。因产品存在缺陷造成受害人财产损失的，侵害人应当恢复原状或者折价赔偿。受害人因此遭受其他重大损失的，侵害人应当赔偿损失。”

一个人身伤害的损害赔偿案马上能找到三个现行法律规定，并且在这些规定中一个比一个详细具体。从这三者的规定看，都是关于人身伤害的损害赔偿的，但是却不完全一致，因此就必须选择其中的一个。相比之下，民法通则的规定属于一般法的规定，其他两个则属于特别法的规定。在法律实施中就应优先选择它们，因为它们比一般法更具有现实针对性。此即“特别法优先于一般法”的原则。

（三）义务性规范优于选择性规范

义务性规范即强制性规定，一般规定了行为主体禁止或必须做出的某些行为，对此，行为人没有选择的余地，因为义务不能被放弃，但履行义务是为了更好地享有权利。选择性规范就是权利性规定，对于行为人来说在法律范围内行使权利是自由的，只要你不违法，怎么行使法定权利都被视为合法。当义务性规定与选择性规定同时出现时，必须以履行义务为基础。因此，在法律规范中，如果有强制性规定，同时又有权利选择性规定时，则应优先应用其义务性规定。

如现行《中华人民共和国合同法》第一百一十一条：“质量不符合约定的，应当按照当事人的约定承担违约责任。对违约责任没有约定或者约定不明确，依照本法第六十一条的规定仍不能确定的，受损害方根据标的的性质以及损失的大小，可以合理选择要求对方承担修理、更换、重作、退货、减少价款或者报酬等违约责任。”违约责任必须承担，这是义务前提，至于以何种方式承担责任则是可以选择的。

因此，义务性规范优于选择性规范的原则，即在效力上义务性规范强于选择性规范，现实中应首先兑现义务性或强制性规范的效力，然后才可谈其他。

有个特别重要的问题需要注意，特别法优先于一般法、义务性规范优于选择性规范的效力原则，两者的运用均有一个前提，即只能在同一法律渊源的法律规定之间才可适用，才可发生特别法、义务性规范具有“优先”和“强于”一般法及选择性规范效力的问题。

（四）例外规定排除一般规定的原则

在法律规范中常常有例外规定，即法律条文中以“但书”，以及“除外”或“不在此限”为形式出现的内容。有许多例外规定往往出现在同一个条文中。如我国现行《合同法》第七十一条第一款规定：“债权人可以拒绝债务人提前履行债务，但提前履行不损害债权人利益的除外。”就是典型的一例。即如果债务人要求提前履行债务，并能保证债权人利益无损的，就不受“拒绝提前履行”的约束。

凡此种种均为例外规定，凡法律例外规定其操作性强于一般规定，因此“例外排除一般”的原则成立。

（五）列举式优于概括式原则

要理解列举式优于概括式的问题，首先要知道什么是列举式，什么是概括式。在我国规范性法律文本中，一般都以章、节、条、款、项等形式表达法律的规范。章、节几乎是一切文本都可使用的方式，只有从头到尾排序到底的条文，才是法律规范文本的主要表达形式；而法律条文又有条、款、项、目之分。

在法律条文中，条对于款来说，条是款的概括式，款是条的列举式；而款又是项的概括式，项是款的列举式……它们依次形成了概括和列举的关系。“款”一般是条文中的自然段，“项”是以中文序数加括号表达的内容，“目”则是以阿拉伯数字为序加括号表达的内容。

以我国现行刑法第一百九十八条为例，其条款原文为：

“有下列情形之一，进行保险诈骗活动，数额较大的，处五年以下有期徒刑或者拘役，并处一万元以上十万元以下罚金；数额巨大或者有其他严重情节的，处五年以上十年以下有期徒刑，并处二万元以上二十万元以下罚金；数额特别巨大或者有其他特别严重情节的，处十年以上有期徒刑，并处二万元以上二十万元以下罚金或者没收财产：

（一）投保人故意虚构保险标的，骗取保险金的；

（二）投保人、被保险人或者受益人对发生的保险事故编造虚假的原因或者夸大损失的程度，骗取保险金的；

（三）投保人、被保险人或者受益人编造未曾发生的保险事故，骗取保险金的；

（四）投保人、被保险人故意造成财产损失的保险事故，骗取保险金的；

（五）投保人、受益人故意造成被保险人死亡、伤残或者疾病，骗取保险金的。

有前款第四项、第五项所列行为，同时构成其他犯罪的，依照数罪并罚的规定处罚。

单位犯第一款罪的，对单位判处罚金，并对其直接负责的主管人员和其他直接责任人员，处五年以下有期徒刑或者拘役；数额巨大或者有其他严重情节的，处五年以上十年以下有期徒刑；数额特别巨大或者有其他特别严重情节的，处十年以上有期徒刑。

保险事故的鉴定人、证明人、财产评估人故意提供虚假的证明文件，为他人诈骗提供条件的，以保险诈骗的共犯论处。”

该条文中有四款，第一款下又有五项。其中的“款”均为该“条”的列举，第一款中的“项”又为第一款的列举。因此，条、款、项、目一个比一个具体，反之，一个比一个概括。在个案中，则需反序适用，而不是谁的效力高就先适用谁的正序推导。在法律文本中采用列举式的规定优点在于让人一目了然，明确清楚。即立法者所制定的法律语意清楚，调整范围明确，便于实践操作，可避免出现歧义而造成适用时的混乱。列举式规定的缺陷是，不能穷尽所有应规定的事项，因此，还需要运用概括的方法予以规定。概括式规定的优点是能够举一反三，纲举目张，有较抽象的综合性；但与列举式规定相比则操作性较差，因此在认定法律效力时，应首先遵循列举式规定。

（六）规则效力优先于原则的效力

由于规则比原则更具明确性和操作性，因此，在法律的实现即实际个案中，一般应优先适用规则而不是原则。换句话说，如果有两个以上的法律规定，其中有原则性条文，又有规则性条文，则应优先适用具体规则。只有在穷尽了相关的具体规则或查无具体规则规定时，才能寻求法律原则性规范的支持，如民法中的诚实信用、显失公平等。规则效力优先于原则效力的理由如前述“列举式优于概括式”原则。

三、法律的效力范围

与法律的效力层级不同，法律的效力范围，主要指法律约束力的有效控制范围，因此又称为法律的生效范围。通常是指在何时、何地、对何种对象法律有约束力的问题，也就是人们常说的法律的空间效力、时间效力和对象效力问题。

（一）法律的空间效力

法律的空间效力是指法律在什么样的地域空间范围内有效，这基本取决于历史和现实的事实状态，同时与现行法的内容密切相关。具体表现为：

1. 法律效力覆盖全国范围

如在我国除《宪法》一体有效外，全国人民代表大会及其常委会和中央机关制定和解释的法律、行政法规和司法解释，除了法律有专门规定外，在全国范围内均有效。即在我国主权范围内的领陆、领水、领空、领海及延伸意义上的领土——驻外使、领馆和位于境外的我国船舶和航空器上均有效。对于领陆、领水、领空、领海而言，均有历史的成因，法律只是对历史事实的强调和肯定。

如我国1996年5月15日第八届全国人民代表大会常务委员会第十九次会议通过的《全国人民代表大会常务委员会关于批准〈联合国海洋法公约〉的决定》中同时声明：按照《联合国海洋法公约》的规定，中华人民共和国享有二百海里专属经济区和大陆架的主权权利和管辖权。

2. 只在一定区域内生效的法律

在我国，这是指由地方国家机关制定的地方性法规，自治条例和单行条例及政府规章等，只在制定机关所管辖的区域内有效。还有一种情况是虽然立法主体为中央国家机关，但明确规定所制定的法律只在某一区域内生效。如全国人民代表大会制定的《香港特别行政区基本法》只适用于香港特别行政区。

3. 法律所具有的域外效力

国际社会中，对一个主权国家来说，一般不承认别国法律在本国内的效力。但在特殊情况下，为保护国家和国民的利益，在互利平等的基础上，许多国家规定本国法律具有域外效力；我国刑法和民法就有这方面的规定，并采取有条件的域外效力原则。如我国刑法规定：对于发生在我国境外的危害我国国家或者国民利益的犯罪行为，一定条件下可以适用我国刑法对其追究刑事责任。

（二）法律的时间效力

法律的时间效力，是指法律生效的时间和效力终止的时间，以及法律对其生效之前所发生的事实是否具有溯及力的问题

1. 法律的生效时间即法律从何时起开始有效。

法律生效时间与其公布时间密切相关，公布是生效的前提。如：①法律自公布之日起开始生效，这在有的法律文本中就予以了明确的规定；有的法律虽然没有此规定，也没有明确具体的生效时间，但按惯例应视为自公布之日起生

效。如全国人民代表大会于 1982 年对 1978 年宪法进行修改后，于 12 月 4 日由全国人民代表大会通过后，即宣布该宪法于当日生效。②规定自公布之日后的某一具体时间为其生效时间，大部分法律的生效时间均采取这种方式。因为法律制定出来后，需要给予社会公众了解和熟悉该法律内容的时间，为法的实施打下良好的基础。例如现行刑法于 1997 年 7 月 1 日由全国人民代表大会通过，但同时规定于同年 10 月 1 日起施行。

2. 法律终止生效的时间即法律不再具有约束力的时间

法律终止生效的时间一般有明示和默示废止之分。明示废止包括：①法律条文已规定了有效期，有效期届满，则该法律自动失效。②法律条文中明确规定该法律只在某种特殊情况下有效，只要该特殊情况一消失，则该法律失效。③就同一社会关系，立法者制定了新法，并在新法中宣布旧法作废的时间。④立法机关颁布特别法律文件，宣布废止某项法律。默示废止是指，新法虽然没有明文规定废止旧法，但在法律适用时，如遇到新旧法律相冲突的情况，则根据“新法优于旧法”的原则实现新法的效力，于是，旧法中与新法相冲突的内容则失去效力。

3. 法律的溯及力

即法律对其生效前所发生的事实是否具有约束力的问题，如果有，该法律就具有溯及力；如果没有，则无溯及力。

一般说来，人们只遵守现行有效的法律，以现行的法律为准则，既不需要遵守已废止的法律，更不可能去遵守还未制定出来的法律。同理，用现行的法律去评价和衡量人们过去的行为，是不符合现代法治理念的，这样势必造成社会的混乱，使人们对法律失去信心。因此，法律对其产生前的事实不应发挥效力，即法律不应有溯及既往的能力——法无溯及力原则。然而，这一原则不是绝对的，一定情况下也有例外：如果适用新法对各方当事人更为有利的话，也可以施行“有利追溯”。

纵观世界各国，对法的溯及力的规定大概有以下几种情况：一是从旧原则，即新法没有溯及力。二是从新原则，即新法有溯及力。三是从轻原则，即新法与旧法比较后，适用较轻的规定。四是从新兼从轻原则，即新法原则上有溯及力，但旧法对行为人处罚较轻时，则以旧法为准。五是从旧兼从轻原则，即新法原则上没有溯及力，但新法对行为人处罚较轻时，则适用新法。我国法律以“法不溯及既往”为原则，但根据实际情况也进行“有利追溯”。如现行刑法总则第十二条第一款的规定：“中华人民共和国成立以后本法施行以前的行为，如果当时的法律不认为是犯罪的，适用当时的法律；如果当时的法律认为是犯罪的，依照本法总则第四章第八节的规定应当追诉的，按照当时的法律追究刑事责任，但是如果本法不认为是犯罪或者处刑较轻的，适用本法。”就是“从旧兼从轻”原则的体现。

（三）法律的对象效力

法律的对象效力又称为法律的对人效力，是指法律对什么人及什么行为有效的问题。这里的“人”，包括自然人和法人及其他组织。法律的对象效力主要取决于主权者在立法过程中采取何种对人的效力原则。不同国家对法律的对象效力有不同规定，因此所采用的原则也不相同。一般有属人主义原则、属地原则、保护原则即综合主义原则。

第一，属人主义原则，即只依据人的血统和国籍来认定其效力，而不管其身处何地；并对所有外国人均无效力。第二，属地主义原则，即主张法律的效力只限于本国主权领域内，而不管其是否有本国血统或国籍，只要他们处于本国领域内，本国法律对他们就有效；如果本国人不在本国，则不受本国法律的保护。第三，保护原则。即以保护本国及其国民利益为标准，对任何损害本国利益的行为，都要依本国法对其进行追究。第四，综合主义原则。即以属地主义原则为主，辅之以属人主义原则和保护原则。这种原则显然是兼顾上述三个原则的优点，又弥补了其不足。它既最大限度地维护了本国利益，又尊重了他国的国家主权，因此为现今世界上许多国家所采纳，我国也不例外。

1. 我国法律对本国人的效力

中国公民在中国境内一律适用中国法律，即他们享有宪法和法律规定的权利，又必须履行宪法和法律规定的义务。当中国公民和法人位于中国境外时，原则上仍然享有中国法律规定的权利，也应履行中国法律规定的义务。但因为他们身居外国，在别的国家领域内活动，也需要遵守所在国的法律。当所在国法律规定与中国法律规定不一致而发生冲突时，不应要求他完全遵守中国法律，而应根据具体情况，既应尊重他国主权，又应维护本国利益，一般依据国际条约和国际惯例处理。

2. 我国法律对外国人的效力

我国法律对外国人的效力具体分为两种情况，一是对中国领域内的外国人，除享有外交特权和豁免权者外，一般应适用中国法律。如我国《民法通则》规定：“本法关于公民的规定，适用于中华人民共和国领域内的外国人，无国籍人，法律有规定的除外。”又如2004年8月15日实施的《外国人在中国永久居留审批管理办法》规定，外国人申请在中国永久居留资格的适用对象主要有四类：在中国重要单位任职的外籍高层次人才（任高级职务4年，连续居住3年以上，纳税记录良好者）；在中国有较高直接投资的外籍投资人；对中国有重大突出贡献或国家特别需要的人员；夫妻团聚、未成年人

（未满18岁的未婚子女）和老年人（60岁，连续居住5年且有稳定生活保障和居所者）投靠父母亲戚等家庭团聚人员。

二是对中国领域外的外国人，只有在特殊情况下才适用我国法律。典型的是我国现行刑法第八条规定的："外国人在中华人民共和国领域外对中华人民共和国国家和公民犯罪，而按本法规定的最低刑为3年以上有期徒刑的，可以适用本法，但按犯罪地不受处罚的除外。"还有我国现行合同法第一百二十六条规定的，"在中华人民共和国内履行的中外合资经营企业合同、中外合作经营企业合同、中外合作勘探开发自然资源合同，适用中华人民共和国法律。"

第三节　规范性法律文件的规范化与系统化

一、规范性法律文件的概念

由国家有权机关制定的法律文件通常分为"规范性法律文件"和"非规范性法律文件"两类。

规范性法律文件，在我国，就是有权主体依权限划分并依法定程序制定、认可、颁布实施的具有普遍约束力的法律文件，它们是针对不特定主体可以重复适用的规范，因此，为具有普遍效力的正式法源文件；如各种法典、法规、单行条例和规章等。由于它们在其效力范围内有一视同仁，并被普遍遵守的规范特性，因此称为规范性法律文件。

非规范性法律文件也是国家有权主体制定的，具有法定效力的文件，但它们只针对具体人、具体事才有约束力。如判决书、责任认定书、仲裁裁决书、行政复议决定书等，以及搜查令、逮捕令、释放证、身份证等证件。与规范性法律文件相比，非规范性法律文件均没有普遍的规范效力，只有特定的法律效力；因此，它们不是法律渊源文件，更不代表正式法源。

因此，是否具有普遍的法律效力，是否为正式的法律渊源，是规范性法律文件与非规范性法律文件的根本区别。换句话说，规范性法律文件就是以成文法的立法形式表现出来的各种正式法源，它们形成了整体法律效力来源的等级体系，体现着一个国家或一个社会通过立法而既存的法律体制及法律资源状态。而非规范性法律文件则是法律关系主体在实施和适用法律过程中所形成的，对特定人、特定事或在特定时空中才具有法律效力的告示，它一般只是对特定法律关系主体在具体权利义务方面的证明。因此，非规范性法律文件的规范化不是立法问题，充其量只是法律在实施过程中的执法、司法、守法等方面的需要。

现代社会，对规范性法律文件的规范化和系统化有着迫切的要求，尤其在计算机网络大行其道的今天，国家有义务有责任按照标准化的既定形式，对规范性法律文件进行相应的规治和调整，使其能够更便捷的在现实生活中得到及时、有效的运用；同时，通过规范性法律文件的规范化和系统化，也能尽快使现行法律体系成为结构严谨、效力位阶明确、内部协调统一、相互较少冲突的有机整体。

二、规范性法律文件的规范化

规范性法律文件的规范化，就是对以成文法表达出来的各种正式法源，按照一定标准进行规范化的处理。由于我国立法体制的多层次性，立法主体较为广泛，因而制定出来的规范性法律文本也会有多样性。如果没有一个规范化的统一标准，则会在法的实施和遵守方面造成巨大混乱。

例如，20 世纪 90 年代以前，我国规范性法律文件的名称较多较杂，就“法律”名称就有法、决议、决定、条例、规定、办法、方案等 7 种。“行政法规”的名称更是多为几十种，并与全国人民代表大会及其常委会制定的法律名称多有重叠；如决议、决定、条例、规定、办法、通知、规则、细则、意见等；另外，同一类法律文本如“规定”，还有暂行规定、试行规定、补充规定、若干规定等多种不同的表达；甚至在名称中并不标出“中华人民共和国”字样；地方权力机关的规范性文件也用决议、决定、规定、办法等，常常会与全国人民代表大会及其常委会的法律及国务院的行政法规相混……①

因此，首先需要对规范性法律文件的名称予以规范，使人们从名称上不仅一眼就能明了该文本的法源效力等级，而且还明确了其时、空及人的效力范围；在网络中将大大降低法律查询的成本，提高法律文件的利用率。其次，需要对规范性法律文件的体例、内容、标识、用语、顺序等逐一进行规范。2000 年 7 月 1 日实施的《中华人民共和国立法法》就是对规范性法律文件规范化研究成果最集中的表达。如果规范性法律文本没有体现明确的效力等级，没有表明规范的效力范围，人们就弄不清到底该怎样遵守什么样的法律，这不仅不利于我国法制的尊严和统一，而且还将自毁法律长城。

所以，实行规范性法律文件的规范化，有助于消除和防止以上弊病，有助于分清各种法律的类别、制定主体和在法律体系中的效力高低即效力大小等问题，有利于构建和谐统一的社会主义法律体系。

① 参见周旺生《立法学》，北京大学出版社 1988 年版，第 419～421 页。

三、规范性法律文件的系统化

规范性法律文件的系统化是指通过一定方式，对已制定出来的各种规范性法律文本进行整理、分类和加工、修改等，使之系统化的活动。现行的规范性法律文件，一般是由不同立法主体，在不同时期所制定的，数目庞大的规范性文本。随着社会的前进和发展，这些文本的社会适应性会发生较大变化，因此需要对其做出及时的调整。

由于立法主体在制定某一法律文件时，为了有法可依，更多考虑的是如何更好地适应社会生活的迫切需要。因此日积月累，会出现大量的规范性文件，由此不可避免的会产生规范性文件的过时及不同规范性文件之间的自相冲突和矛盾，成为法律得以进一步完善的障碍。规范性法律文件的系统化正是为了解决法律冲突，使其形成统一、有序的法律规范体系所必不可少的方法。它既可以是立法性质的活动，也可以为立法的辅助性活动，还可以是民间的活动。

实现规范性法律文件系统化的意义在于：①有利于人们快捷的查阅、咨询、了解某一类法律的概况，即哪些法律有效而哪些法律已失效。②有助于实现我国社会主义法制的协调统一，为建立优良、和谐的法律规范体系打下基础。③有助于总结立法经验，提高执法水平，促进司法完善，增强守法意识，训练人们的护法素质。因为，系统化不仅有助于立法者发现既定的法律应进行的补充、修改和废止的症结，而且，能在法律实施中尽快促使学法、用法、进行法律监督的人们树立起法律的权威和信念。

规范性法律文件系统化的主要方法一般有三种，即法律清理、法律汇编、法典编纂。

（一）法律清理

法律清理也称法规清理，是指国家有权机关按照一定程序，对一定时期和一定范围内的规范性法律文件进行全面系统的审查分析，以确定哪些继续有效，哪些应该修改，哪些应予以废止的活动。只要是未被明文废止的法律，都应纳入清理的范围。

目前我国立法主体进行法律清理时一般遵循“谁制定谁清理”的原则。如：法律由全国人民代表大会或其常委会进行清理，行政法规由国务院进行清理，部门规章由国务院相关部委进行清理，地方性法规由各地有权机关进行清理等。法律清理是不完全的立法活动，即它是有权主体对已制定的法律进行研究审查后，确定其是否还具有法律效力的行为，清理中对法律文本不进行实质性的改变。

清理审查的标准如，看低位阶的法是否与高位阶的法相抵触，是否符合社会发展的现实需要。法律清理的结果有以下几种：经审查认为已不符合社会发展需要的或与上位法相冲突的，由立法机关明文废止；对于需要修改的，由制定机关起草立法草案并纳入立法规划；经审查认为继续有效的，即确认其效力。

（二）法律汇编

法律汇编是指将现行或有用的规范性法律文件以一定的要求和标准加以系统编排，汇编成册。法律汇编不能改变规范性法律文件的内容，仅对所需法律的规范文本进行归类和整理。由于法律汇编是将规范性法律文件加以汇集，进行条理化系统化的处理，因此它能较全面、系统地向人们展示某一类、某几类或既存抑或以往法律较为整体的面貌，这不仅便于人们发现现行法律的优点和不足，而且能为现代社会的法律实践打造基础。

根据不同的目的，法律汇编可以采用不同的方法予以排列，如以法律的颁布时间、所涉内容、制定主体、研究需要等进行不同的编排。法律汇编可以由官方进行，也可以由民间机构如教学科研单位、社会民众团体等进行，但官方对法律的汇编具有权威性。因此，它既可属于立法的辅助性活动，也可为纯民间的法律汇集活动。

（三）法典编纂

法典编纂又称法律编纂，是指有权主体对某一项或属于某一部门法的全部规范性法律文件进行审查、加工、整理，并在此基础上制定统一的、系统的法律。法典编纂是国家一项重要的立法活动，因此必须是法定或法律授权的国家机关依法律程序进行。

法律编纂不同于法律汇编，后者只是将先行或已有的法律集中汇总，而法律编纂则是在现有法律的基础上进行加工、补充、修改和废止，其结果是形成更为系统的更为规范的法律文本。因此，法典编纂是典型的立法活动，要求立法者具备较高的立法技术。法典编纂在对法律内容进行修改、增减的同时，也包括对规范性法律文件进行外部加工和整理，因此它是较全面的立法活动。

法典编纂的重要意义在于实现法律的科学化、系统化，帮助人们了解现行法在哪些方面与社会发展已相适应，有助于在一国内形成科学完备的法律系统。一般在对现行法律规范进行修订、增删编纂之后，会形成某部门统一的基本法典，因此有助于在全国上下一体实行，使现实生活及其社会秩序及时得到法律的有效保障，并适时避免出现法律规范之间的相互冲突和矛盾。

本章图解

- 法律渊源及其效力
  - 法律效力的等级来源及其形式
    - 宪法
    - 法律
    - 行政法规（军事法规、最高法院、检察院的司法解释）
    - 地方性法规（省级和市级有权者制定的具有普遍效力的规范性文件）
    - 民族自治地方的自治条例和单行条例、特别行政区的规范性文件
    - 中央政府的各部委规章
    - 省市各级有权政府的规章
    - 源于我国签约的国际公约、条约和协定
  - 法律效力
    - 法律效力的位阶——高位阶法优于低位阶法
    - 法律的效力层次
      - 新法效力强于旧法（在无溯及力情况下）
      - 特别法优先于一般法
      - 义务性规范强于选择性规范
      - 列举式规定优先于概括式规定
      - 例外规定排除一般规定
    - 法律的效力范围——即法律的时、空效力和对人的效力
  - 规范性法律文件的规范化和系统化

复习思考题

1. 什么是法的正式渊源和非正式渊源？
2. 当代中国的正式法律渊源主要有哪几种形式？
3. 法律渊源与法律效力的“位阶”和效力层次有什么关系？
4. 什么是法律的对人效力和时、空效力？
5. 什么是溯及力？什么是“从旧兼从轻”原则？
6. 什么是法律汇编、法典编纂和法律清理？三者有何不同？
7. 试论法律渊源与法律效力的关系。

第四章 法律体系与法的宏观分类

从宏观的角度，认识法律体系和法律部门，了解中国现行法律体系的基本框架和法律的宏观分类，是进一步理解现实法律规范存在状况的根本要求。从纵向上将法律部门作为经度，将法律渊源等级效力作为纬度，能够明了我国现行法律之网的体系结构，能够展示中国近年来法制建设的突出成果。

第一节 法律体系与法律部门

一、法律体系与相关概念的区别与联系

法律体系与法律渊源不同，它主要指一个国家内由现行法按照既定标准，分门别类组织起来的一个疏密有度，互有归属的内部协调的整体。法律渊源从横向上阐明了法律的存在形式，而法律体系则是从纵向方面展示着一国法律的作用范围及其不同的服务领域。法律体系的理想化要求即：门类齐全、结构严谨、分工明确、内部协调统一。因此，它应是客观法则和主观意愿的体现。任何国家的法律体系都不可能达到如此完满的要求，但是，却可以向其趋近。

作为有机的整体，法律体系不是随意可以拼凑起来的。任何一国的法律制度，都需由一个个具体的法律予以体现，而这些法律又构成了有着内在联系的、完整一体的系统。这个系统虽然只是法律文件系统，但是却构成了一国法律制度的实在基础，其直接关系到一国法律制度的优劣与存废。同时，还应该注意法律体系与法学体系、立法体系、法制体系以及法系等概念的区别和联系。

以法律体系为基础建立起来的法学体系，是由法学的各分支学科有机构成的法学研究整体，其知识体系可以涉及古今中外，而法律体系通常仅涉及一国内的现行法律；法学体系的形成大多取决于各法律院系自己的教育计划和培养目标，因此在任何国家都会有多种不同的法学体系，而法律体系在一国中则往往只有一个统一的体系，尤其在单一制国家。所以法律体系和法学体系不可能为相同的概念。

另外，法律体系和立法体系也不是一回事。立法体系即法律等级效力的来

源体系，具体言之即立法主体的资格认定和立法权的划分体制。通过立法体制的运作，所产生出来的规范性法律文件，才能形成法律体系。因此，法律体系，尤其是法律文本体系应该是立法体系活动的结果。可以说，没有立法体系的活动和运作，就不可能有法律体系的完善和建立。

再者，法制体系与法律体系也有极大的区别。法制体系是一个国家法制建设的大系统，它包括立法体系、执法体系、司法体系和法律监督体系等。在我国，既包括权力机关系统，也包括政府机关部门，还包括司法机构体制，以及党内外和社会监督系统。在一个国家之中，法制体系是一个庞大的硬件机制，而法律体系则是其软件系统，只有两者的紧密结合，才能有良好的法治效果。所以，法制体系与法律体系的关系，即硬件和软件的关系。

至于法系，则是我们对于法律这一概念最宏观的认识概念，即是一个跨国家、跨地区，由于共同的历史传统在多个国家和地区形成的，具有共同法律样式的，法律分类的传统概念。与一国内的法律体系相比较，法系是一个更宏大的认识工具，其中承载着西方深厚的法律文化传统，是非西方国家在法治建设中必须认真了解和借鉴的对象。关于法律体系与法系的关系，我们将放到第三编中予以阐述。

二、法律部门的概念及其划分标准

法律部门，主要是根据一定标准对一国内现行的各种法律所作的各种不同的类别划分。由于法律体系是以一国内各种具体的规范性法律文本的存在为先决条件的，而这些规范性法律文本又以特定的标准被划分为各具特色的法律群，在许多国家都是由这些法律群所形成的不同门类搭建起了自己法律体系的主要框架，我国也不例外。我们将这些不同的法律群称为不同的部门法。

这里需要明白的是，划分法律部门的标准。部门法的划分不是从来就有的，也不是现代所有世界各国划分法律体系的必然前提和基础，但却是现代大多数国家建立法律体系的必要因素。在我国，各法律部门的设置是否符合实际，是否完备齐全，不仅标志着法律体系的完善与否，而且标志着法制建设的文明与进取的程度。对于部门法而言，不在于其门类的多少和法律规范的数量，而在于各个法律部门的设置是否符合我国国情即民族传统，是否符合中国人民的意愿。有人说，西方法律体系比中国完善，因为它较早就有独立的民法部门，而在中华法系下的中国法律体系诸法合体、民刑不分，又没有独立的民法部门，因此不如西方完善。这种说法值得商榷。

事实是，在中华法系中，其特有的法律体系更有利于维护特定社会统治者的利益，更符合当时的国情和民情需要，因此它才有绵延数千年的历史，才能出现中国特有的法的体系建构。以此而论，它并不比西方历史上的法律体系差，甚至还有其优越性。因此，今天我们要建立门类齐全而完备的法律体系，也必须要求与中国国情相符合，要求以广大人民的意志为依据，而不是盲目地照抄照搬别人关于法律部门的设置及法律体系建构的样式。

划分法律部门的标准如何，国内外学界历来观点不一。实际上，这个问题就与国情有密切关系。西欧大陆国家是根据罗马法的传统，在宏观分类上将法律划分为公法和私法的，并在公法和私法之下又有部门法的划分。而英美法系国家则另有一套，由于英国国情使然，“否认公私法之分对英国法学家在实际上就成了传统”。由于“实践比理论上的完善更为重要，实际工作者的观点具有证明自己正确的影响也就不足为奇了。在英国法律中公私法之分是感觉不到的。”因此，英美法学家一般也不重视法律体系的建构和部门法的划分。①

在我国，主要是以法律规范所调整的不同领域的社会关系为主要标准，以不同的调整方法为辅助标准来划分法律部门。即不同的社会关系内容，决定着不同的法律规范属性，凡调整同一类社会关系的法律，就构成了一个法律部门，如民事、商事法律部门；行政、经济法律部门等。另外，在现实中，多种不同的社会关系都可能被同一个法律部门所调整，如刑法部门；只要触犯了刑法规定，无论你原来属于民事的还是行政的，经济的还是家庭婚姻的，统统需由刑事处罚的方法予以调整。再者，有的处理手段只能属于特定的法律部门，不可能被所有的法律部门所使用。如“行政处罚”只能是行政法部门的处理手段，而不可能作为刑法或民法的处理方式。

在划分法律部门的标准中，尤其更应该体现在各个法律部门的原则之中。换句话说，某一法律部门的基本原则应该统辖并能指导所囊括的法律规范，否则就应划分为另外的法律规范，属于另外的法律部门。长期以来，我国经济法与民法的划分，行政法与经济法的划分等，都因此进行了激烈的讨论，至今各界意见也没有完全统一。

第二节 当代中国的法律体系

一、当代中国主要法律部门概述

在法源论中，因各种法律规范的产生及其制定不同，我国按照上述的标准将其划分为不同的法律部门，并尽量将每一部门法的基本原则、原理贯彻到自

① 沈宗灵：《比较法总论》，北京大学出版社1987年版，第202、222页。

己部门的“子法”及其所有法律规范之中。同时尽量要求逻辑上的统一和协调，不出现相互矛盾和冲突的情形。我国目前的法律部门主要有：

（一）宪政法部门（也称宪法部门）

作为宪政法部门，即包括以宪法典为核心的一系列宪法性法律文献和文本。宪法部门是一个国家整个法制体系的基础。除了宪法典外，这一部门法中还包括一系列规定国家政权的运作和行使、基本宪政制度、基本原则、根本方针政策，以及一系列关于国家、社会机构的组织法、活动法、职权职责等基本规范性法律文件。如各种选举法和人民代表法等等。作为根本大法的宪法典，其内容不仅规定了公民的最基本的权利和义务，而且规定了整体的人民一方与国家的关系，以及国家内部各个国家机关之间的关系。

目前构成我国宪法部门的主要法律文件如：（1）作为国家根本法的宪法典及其修正案；（2）关于国家机构和民间自治组织的七部组织法；（3）有关国家权力运行的代表法、选举法、全国人民代表大会议事规则、立法法、授权法及民族区域自治法等；（4）体现“一国两制”特点的特别行政区基本法；（5）关于国家形式标志的国旗、国徽法和国籍法；（6）其他宪政法律性文件，如戒严法、集会游行示威法等；（7）民族自治地方和特别行政区中行使自治权而制定的社会治理性法律文献。

可见，我国的宪政法部门是一个结构比较完备、骨干法律较为充实的法律部门。该部门的法律不是由普通司法机关适用的法律，即普通司法机关一般没有适用宪政法律的权力。

（二）民商法部门

民商法是由调整公民与公民、法人与法人、法人与公民等平等主体之间的财产关系、人身关系和商事关系而形成的法律部门，它包括了相关的法律法规、规章法则和制度等。民商法在西方是一个历史悠久的法律部门，然而对于中国人来说是一个新型的法律部门。其基本法律原则有：平等互利、诚实信用、等价有偿、意思自治。在我国改革开放后尤其是建设市场经济的过程中，现行民商法的地位被确立，并在现实中起着越来越大的作用。因此，从1987年民法通则开始实施到1993年我国宪法确立了市场经济的体制，短短5年多时间，其在法律体系中已具有举足轻重的地位。

民商法，意为由民法和商法两个领域的法律组合成的部门法。两者在相同的法律原则指导之下，都有调整财产关系的内容。尤其是商法，在适应更广阔领域迅速发展的商事交往中，得到了较大的发展。由此商事主体和民事主体常常重合，因此，我国法律目前采取民商合一的态度。

目前，关于民事方面的法律有《中华人民共和国民法通则》、合同法、担保法、拍卖法，以及商标法、专利法、著作权法、消费者权益保护法等；商法方面则有公司法、个人独资企业法、合伙企业法、全民所有制工业企业法、外资企业法、中外合资经营企业法、破产法、商业银行法、保险法、票据法、证券法、期货法、房地产法、海商法等。另外，如1996年3月实施的《中华人民共和国民用航空法》中就有许多涉及国内外民商事方面的规定。总之，“民法通则”和“合同法”这两大法典，使这一法律部门具有相应的综合性、概括性的特色。

经过改革开放20余年的发展，中国民商法从无到有、从少到多、从弱到强，早与昔日不可同日而语。当然中国民商法部门的发展还远没有完结，还需要我们进一步努力。

（三）婚姻家庭法部门

婚姻家庭法不可能运用民法中的所有基本原则，也就是说，调整民事法律关系中的基本原则并不能完全运用于婚姻家庭法的关系中，比如“等价有偿”“契约自由”等。同样，婚姻法的基本原则也不可能完全通用于民法部门，如以特定身份而形成的“家庭财产权”、“一夫一妻制”等。

我国婚姻家庭法主张的是，以婚姻、亲属效力引起的人身身份权为主，以财产权为辅的调整原则。如果以财产权为主导来设定夫妻及其家庭成员人身权的规定，他们之间的财产纠纷，就可依民法中关于财产法的原则来处理。我国婚姻家庭法从来都坚持夫妻关系中的财产权从属于人身权，因此，自然以身份权为主导的人身权为其基础，财产权从属之，这是我国婚姻家庭法的一大特色。当代各国立法中，在婚姻家庭制度上的人身权与财产权的关系中，以谁为主导，成了婚姻家庭法在整个法律体系中居于何种地位的重要评判标准之一。正是在此意义上，我们将婚姻家庭法单列为一个法律部门。

人身权和财产权本是民事法律关系中的两大基本权利。而我国婚姻法中的人身权又是由身份权所奠定的，同时其财产权也因特有的身份权所产生。我国婚姻法上的身份权是在人格平等的前提下设定的，这是现代婚姻法律制度有别于封建法律及其他法律制度的底蕴所在。因此，现代婚姻家庭法中的身份权不以对人的支配权为内容，而是说人身权应以身份权为主导才能形成特定的法律权利。

目前，我国该法律部门主要以《中华人民共和国婚姻家庭法》为基础，还有“继承法”、“收养法”，并由相应的其他法源构成，包括民族自治地方的有关规定和部委规章等。如云南省普洱哈尼族彝族自治县计划生育条例，云南省的孟连傣族、拉祜族、佤族自治县、宁蒗彝族自治县、沧源佤族自治县等对我国婚姻法所作的变通规定等等，都属于婚姻家庭部门法的法律规范。

（四）行政法部门

行政法，即调整国家有关行政管理活动的法律规范总和的部门法，包括行政主体、行政行为、行政监察、行政程序，以及公务员制度等法律规定。该部门法所涉范围在我国极广，不仅关乎国家机关，而且常常涉及百姓的许多生活方面，如公安、工商、民政、卫生、科技、文化、农业、教育、体育以及海关、国安、外交、宗教等等。在我国建设现代法治国家的过程中，行政法更显示出其重要性。

在制度设计上，行政法一方面规定宏观方面的行政管理制度，另一方面还要规定和确立各专门职能部门在具体方面的行政管理行为及方式。因此，有一般行政法和特别行政法之分；另外，由于行政主体既要执行社会管理职能，又要进行自我内部管理，因此，又有内部行政法和外部行政法之分。行政法律部门没有什么基本法典，主要由各种行政法律、行政法规、行政规章等所构成。

中国现在的行政部门，改变了过去无法律而只有法令或其他行政文件的状态，在所有的职能方面都有了数量可观的法律，可以说这是我国目前法律最多、法规最广、规范最驳杂的法律部门。在国家行政活动的各主要方面各主要领域，如经济、文教、科技、卫生、司法、民政、公安、工商以及其他领域，都有了不同程度的规范性法律文件及其法律制度。如：行政许可法、行政处罚法、行政监察法、行政复议法、政府采购法；以及人民警察法、教师法、律师法、职业医师法、教育法、义务教育法、职业教育法、高等教育法、科学技术进步法、科技成果转化法等；还有治安管理处罚法、出入境管理法、保守国家秘密法、消防法、枪支管理法、海关法、电力、建筑法等等。它们不仅仅是法律体系中的骨干性法律，也是我国整个法制体系中起支撑作用的法律。

当然，在中国这样一个大行政传统的国家要走向法治，短时间内是不可能完全实现的。由于行政法调整的范围极其广阔，行政管理又具有相当程度的灵活性即行政自由裁量权，因此，各国都难以制定一部统一的行政法法典。因而该法律部门的建设，不仅是制定法律的问题，而且还应注意制定和完善各种不同法源层次的规范性文件，尤其需要提高行政执法部门在制定和执行各种法律规范中行政管理素质。

（五）经济法部门

经济法，即调整一定范围内的经济关系而不是全部经济关系，这是现代经济法部门得以立足的根本。如有关国家在经济宏观调控中的法律规范，及其在国民经济管理中的纵向经济关系，就是该部门法的主要内容。以此，经济法就是由国家对经济活动进行干预、管理及调整所产生的法律规范总和。

经济法作为一个独立的法律部门是20世纪初西方社会随着国家干预经济

生活的需要而兴起的。在我国20世纪80年代随着计划经济的松动以及大力进行经济建设的需要，原计划经济的主要规范形态快速地由政策变为了法律，使“经济法规”迅速膨胀起来，而民法部门的建立，使它遭遇了第一次“萎缩”；90年代随着市场经济的建立，商法和行政法规的陆续出台，并渐渐划定了各自的效力范围，给经济法又带来了第二次萎缩。① 在这样的基础上，关于经济法是否应成为一个独立的法律部门的讨论现在有了相对肯定的回答。

我国经济法正是在这样的经济大转型中得到发展的法律部门之一。由于经济法调整对象的复杂性以及国际性，在其他国家该部门法也难以形成某种基本法典形式。目前，我国经济法的内容为大量的单行条例和经济法规、规章。如：财政方面有，预算法、会计法、审计法、统计法、价格法；税务方面有，个人所得税法、外商投资企业和外国企业所得税法、税收征收管理法、中华人民共和国增值税暂行条例（行政法规）、一般消费税和一般增值税退付申报及审批办法（财政部规章）；金融方面有，人民银行法、国务院《期货交易管理暂行条例》等一系列法规；在规范市场秩序方面有，反不正当竞争法、产品质量法、广告法、计量法、标准化法、烟草专卖法；交通通信方面有，公路法、铁路法、海上交通安全法、民用航空法、邮政法；对外贸易合作方面也有，对外贸易法等一系列相关法规。

（六）社会保障法部门（也称社会法部门）

社会保障法本应是社会主义法律体系中一个最基本的法律部门。因为，从社会主义制度的合理性、优越性的角度讲，社会保障法本来就应该是其法律体系有别于其他社会或其他时代法律体系的一个突出标志，然而这并不是一蹴而就的事情。这一法律部门的出现和创建，首先需要全社会生产力的发展达到一定的程度，并能为该部门法的产生提供经济支撑和社会基础；其次是人类对美好社会的向往，以及人人都希望机会平等、社会兴旺、安宁幸福，因此需要一种对公权和私权都能较好整合的法律；再者对于社会福利，对于贫弱、特殊社会成员即弱势人群的权利保障有了需以法律为调整手段的广泛社会需求；于是，社会保障法就成了特定时期社会发展的题中之意。

社会保障作为一个独立的法律部门在许多现代国家已是普遍现象。因为，建立一种对所有社会成员都有普遍效力的“社会保障制度”，即与资本原始积累时期完全不同的新型的法律制度，是社会发展的必然，是建立和谐社会核心理念之一。在社会物质财富较为丰富的条件下，实现对全体社会成员都有效的“社会保障制度”，是建立社会主义新型评价体系的需要。所以，完善“社会

① 参见周永坤著《法理学——全球视野》，法律出版社2000年5月版，第87页。

保障法”及其相关的一系列法律制定成了新型的社会主义法律体系不容置疑的选择。

可见，是否有完整到位的社会保障法律制度，是社会发展到特定阶段的必然标志。可以说，社会主义并不是因为“民法”、“刑法”等制度的完备才显示其法律体系的完备和优越性的，而恰恰是因为社会保障法律部门的有无及其实施状况，才显示其完善程度和优越性的。所以，社会保障制度的出现不仅是社会主义法律应具备的典型标志，而且是社会主义真正步入“法治”社会之使然。因为，只有在此基础上，才可有整体意义上的国富民强，才可能使国家真正步入世界，使民族真正屹立于世界之林。

如今在我国，该法律部门已有诸多的法律支撑，如：在劳动生产方面有劳动法、工会法、矿山安全法、清洁生产法、职业病防治法、保险法等；在保障特殊群体合法权益方面有妇女权益保障法、老年人权益保障法、残疾人保障法、未成年人保护法等；在社会公共利益方面有献血法、公益事业捐赠法、传染病防治法、防洪法、红十字会法、体育法等等。

总之，涉及社会保障方面的问题很多，该部门法是公权法和私权法交织在一起的一种新型的部门法，也是社会在前进中必然要出现的部门法。目前，在这个法律部门中我国还有绝大多数是法规和规章，如 1998 年国务院的《国家扶贫资金管理办法》、民政部 2000 年 5 月颁布的《救灾捐赠管理暂行办法》等，随着社会需求的发展，该部门法将会出现更多更有实效的法律及其规范。

（七）资源环境保护法部门

资源环境保护法，亦称自然资源和环境保护法，是人类关于自然资源的合理开发、可持续性利用、科学保护和管理，以及为保护环境、防治污染，防止人类行为所致的公害现象而制定的法律法规的总称。

该法律部门的出现是现代社会全球化发展和科技进步的结果，也是人类社会发展到特定时期的必然要求。资源环境法不仅在中国的法律体系是一个新兴的法律部门，就是在其他发达国家也是一个最新的法律部门。由于人与自然的关系在近代以来工业革命及日愈迅猛的科技发展中遭到了越来越大的侵害，人类的整个生存环境和生态环境越来越被异化和污染；人们开始关注人类以外的世界及其与现存人类的关系问题；同时，开始深入探讨以人类利益为中心的法律制度在实施中的许多新型理念问题。

人们开始认识到，讲效率、讲利益最大化，即便在经济活动中也未必是完全排他性的价值取向，甚至是造成社会的深层不安和难于和谐的根源。因为，人们为了所谓效率和各自的利益，不惜把自己的成本转嫁于他人、社会，以致更进一步地向无声无息、不言不语的自然界毫无顾忌的索取。当人们拼命地向自然界无限度、无节制的恶性攫取时，自然资源的枯竭和良性自然生态的失灭，这本身就是对人类及人类制度进行的报复。[①] 因此，人类的使命不仅仅只是为了自身的生存，还应该有更深远的使命。可以说，该法律部门就是在这样的背景下产生并建立的。

目前，我国在资源环境保护方面有较大的发展。不仅已有一系列法律，而且还有行政法规、地方性法规、行政规章等在诸多方面予以填充。如：电力法、煤炭法、节约能源法、农业法、环境保护法、海洋环境保护法、海域使用管理法、野生动物保护法、水污染防治法、大气、环境噪声污染防治法、防震减灾法、水土保持法、森林法、草原法、矿产资源法、种子法、城市规划法等一大批法律的出现，均孕育着该法律部门在我国的发展前景。

（八）刑事法律部门

刑法典是刑事法律部门的核心和基础，它并不等于整个刑法及其部门。因为刑法是国家关于犯罪和刑事处罚所制定的法律规范的总称；当今世界，各国的法律都有刑法部门。中国是一个刑法传统的国家，长期以来刑法被认为是最典型的法律，因此，刑法部门在中国历史上是最悠久、最重要的法律部门，历代封建王朝除了伦常礼仪外，最重视、最需沿袭的就是刑法，因此他们首要确立的也是刑事法律法规。

新中国诞生后，虽然未能迅速地制定出一部刑法典，但刑法部门却从未取消甚至有所加强。30 年中刑法典的起草历经了 33 稿的艰辛努力，同时，在刑事法律法规方面大大多于其他方面的法律、法规。可以说，是因对刑法的过于重视，才使其历经 33 稿都未敢轻易公布，这也是刑法传统之使然。

1979 年五届全国人民代表大会二次会议通过的《中华人民共和国刑法》，使过去屡次未果的刑法典终于问世，从此我国结束了长期以单行法规和刑事政策作为处理刑事犯罪根据的局面，在此基础上所产生的一批可观的刑事法律文件，对刑法典进行了补充和完善。1997 年由于市场经济体制的建立和发展，为适应新形势下新的社会要求，全国人民代表大会八届五次会议对刑法做了重大的修改和完善，可以说又编纂了一部新刑法。这部刑法典共 452 条，是我国目前条文最多、规模最大的法典。此外与之配套的还有若干现行单行法或其他规范性法律文件，它们与这部刑法典同时共同构成中国现行的刑法部门。

如全国人民代表大会常委会 1998 年《关于惩治骗购外汇、逃汇和非法买卖外汇犯罪的决定》、1992 年《偷税、抗税犯罪的补充规定》、1991 年《关于严禁卖淫嫖娼的决定》、1995 年《关于惩治破坏金融秩序犯罪的决定》和

① 参见赵震江主编《法律社会学》，北京大学出版社 1998 年版，第 144～145 页。

《关于惩治虚开、伪造和非法出售增值税专用发票犯罪的决定》等。

另外，还有一些关于刑事问题的行政规章，如公安部1991年《关于印发〈扰乱社会秩序等六类刑事案件立案标准〉和〈严重暴力案件立案标准〉的通知》、司法部2001年的《狱内刑事案件立案标准》等等。这些规章多以程序性规定为主。

（九）程序法部门

程序法，即由诉讼程序和非诉讼程序的法律规范所组成的法律部门，它们在现代法治社会中发挥着特殊的作用，而且成绩卓然。作为独立的法律部门，它与其他实体法部门有着极大的不同。首先，它主要以程序过程中的权利义务为内容，在诉讼或非诉讼中起着特有的法律思维和法律评判的作用；其次，它划清了实体权利与程序权利在法律关系中不同的地位，从而使实体权利有了“阳光下的保障”；另外，在个案中由于程序权利的行使，使实体权利的不可度量性得到相应的弥补，因此它被称为“看得见的公正”。总之，程序法部门划分与建设对于我国法律体系的发展和完善是较为有利的。

目前，我国现行的程序法包括：1989年通过的《中华人民共和国行政诉讼法》，1991年通过的《中华人民共和国民事诉讼法》，1996年八届人民代表大会四次会议通过的《中华人民共和国刑事诉讼法》。这三大诉讼法典的制定和实施，使中国的法制建设即诉讼制度朝着现代文明的方向迈出了三大步。

另外，作为非讼程序的法律主要有1990年颁布的《中华人民共和国缔结条约程序法》，1995年“仲裁法”，2000年底公布实施的“引渡法”和“海事特别程序法”，以及最高人民检察院的“人民检察院复查刑事申诉案件规定”等；再者，还有相关的一些行政法规和规章，如2001年国务院发布的“行政执法机关移送涉嫌犯罪案件的规定”、公安部“关于修改盗窃案件立案标准的通知”等。

二、当代中国“一国两制”法律体制的特点及其意义

（一）“一国两制”成功地开创了一种东方式的宪政模式

“一国两制”在我国的提出和实施，有着我们深厚的历史传统和文化积淀。随着港、澳的回归，“一国两制”不仅促进了人们对于中国特色社会主义法律观及其法制特征的理解，而且，增进了人们对于现代社会法治观的认识。

从法理学的角度看，“一国两制”既不是“一国两法”，也不是“一府多制”。然而，由此我国确实从原来的单一法域的国家，变成了一个多法域的国家；由一个纯粹单一制结构的国家，变成了一个复杂而特殊的“单一制国家”，或称为居于复合制与单一制之间的一种国家结构形态。它与世界上曾经

出现，如今还普遍存在的邦联制和联邦制国家及其地区的宪政结构有着完全不同的历史根源、民族传统文化因素，因此也决定了我们创设这种法律体制的艰难和复杂。因为单纯政治意义上的"一国两制"可以是过渡性的，也可以是为着某个短暂任务而实行的，总之是无制度化保证的不稳定的政治现象。而法律意义上的"一国两制"则是典型的，可以排除偶然因素影响的，有着一系列制度保障的法律现象，因此，其法律体制是建立在"主权"与"治权"既相分离又相统一的基础之上的，是需要有一整套法律制度予以保证的。对于分别于1997年和1999年实现了"一国两制"的港、澳地区①而言，"一国两制"被当地同胞公认是一种回归祖国的"最佳选择"。

从宪法理论上讲，在国家结构形式上，我国成了世界上仅有的名副其实的一国、两制、三法系、四区域，甚至是五治理共存的国家实体。即在一个国家之中一部宪法之下，实行着两种不同的社会制度，同时还并存着三个不同的法系——除了内地本来的一套法律样式外，在中国香港实行的是英美法系，中国澳门则实行的是民法法系；加上中国台湾地区，所以称为"四区域"；在大陆，传统的民族自治地方又实行"民族区域自治"，因此，我国在治理方式上，可谓是"五种治理方式"共存的法律实体。

在国家政体即国家政权组织形式上，我国是以人民代表大会制为主，以其他形式为辅，在一国内的法律体系下，由两种属性、多种层次的法制机制融为一体的宪政实体；在国体即国家政权的属性上，我国已是一个由社会主义劳动者联合所有海内外爱国者组成的，具有广泛统一战线的政治联盟，即为广泛意义上的人民民主政权的政治实体。

（二）"一国两制"的构想与实施为国际社会解决历史争端做出了榜样

"一国两制"的实施为各国间和平解决历史上的遗留问题提供了新的模式。20世纪80年代，是国际社会发生大重组大分化的时代，和平与发展成为世界的主流，谋求和平方式解决国际争端及历史遗留问题既是时代发展的趋势，也是中国人民和世界各国人民的愿望。邓小平同志十分强调中国对世界和平发展所应起的促进作用，并希望对此作出中国人应有的贡献。正是因具有这样的世界历史性眼光，邓小平为我国寻求和平方式解决历史遗留问题提出了"一国两制"的构想。

世界上许多国际争端，除了国际社会积极参与调停缓和紧张局势外，更需

① 我国确立"一国两制"的具体法定时间，是由全国人民代表大会于1990年和1993年分别通过的《中华人民共和国香港特别行政区基本法》和《中华人民共和国澳门特别行政区基本法》为标志的。

要当事国首脑拥有高超的政治智慧积极参与，因为选择真正的和平方式解决问题，要比选择战争需要更大的魄力和勇气。他曾说，“世界上一系列争端都面临着用和平方式来解决还是用非和平方式来解决（的问题）。……香港问题的成功解决，这个事例可能为国际上许多问题的解决提供一些有益的线索。从世界历史看，有哪个政府制定过我们这么开明的政策？”另外，为了世界各国间的和平与发展，也可以“不涉及两国的主权争议，共同开发”，并可以合资经营，共同得利。① 这就是邓小平同志以极大的魄力和勇气代表中国人民对世界和平与发展所作出的伟大选择。

我国在中国香港、中国澳门这样的历史遗留问题上选择和平谈判的方式处理，不仅为中国台湾的和平统一铺开了道路，而且，也是中国政府为世界各国利用和平手段解决历史纠纷做出的一个榜样。因此，这一举措也加速了我国融入国际社会的步伐。

（三）“一国两制”的意义还在于加速了我国融入世界经济一体化的进程

如今，经济全球化风潮迭起，又一轮国际经济新格局正在形成。在国际资源共同开发，经济利益全球共享的趋势下，我国较顺利地实行了“一国两制”的宪政制度，这也为亚太地区的稳定繁荣打下良好的基础。所以，“一国两制”不仅反映了我国大陆与港、澳地区及有关国家历史遗留问题的和平解决，而且反映了当今世界历史发展的根本特点和总趋势；是进行国际合作，营造一种“世界性的活动场所”，实现全人类可持续发展的政治远见和良好的经济策略。也开始验证着150多年前恩格斯在《共产主义原理》问答中的预言：大工业将建立起世界市场，并把全球各国人民，尤其是各文明国家的人民彼此紧密地联系起来；使所有文明国家的社会发展不相上下；由此而形成的共产主义革命将不仅是一个国家的革命或变革，而是世界性的革命或变革，所以，它必将有世界性的活动场所。②

如今的世界已是一个相互依存、相互需要、互相渗透、统一发展的大市场，世界经济一体化的浪潮已在各个层面波及了整个地球。“一国两制”率先在中国的实施，不仅展示了中国人民对世界和平发展的贡献，而且，也推动了我国融入国际社会“世界性活动场所”的进程。随着“一国两制”的深化发展，我国的法律体系也将逐渐体现出新的格局和变化。因为国际化的“公共事物”越来越需要国家之间本着和平发展的良好意愿，进行国际社会的整体

---

① 《邓小平文选》第三卷，人民出版社1993年版，第59~60页、87~88页，并参见49~50页、101页、104~106页。括号内为笔者所加。

② 参见《马克思恩格斯全集》第四卷，人民出版社1958年版，第368~369页。

合作；同时，要求所有当事国和参与国为此制定越来越多的，反映全人类共同意志的国际公共规则；而这些国际公共规则也将渐渐融入各国的国内法中，从而形成新时代的“国际法制”。正是从这个意义上，“一国两制”可谓是导向社会主义法治发展的逻辑结果。

三、法律渊源与法律部门的关系

在我国，法律渊源形式与法律部门一起形成了我国当代社会法律体系现状。由它们纵横构成的系统结构，将我们的社会法律关系编织进了所谓“法网恢恢，疏而不漏”的网结之中，形成了特有的网状似的法律体系结构。因此，法律渊源与法律部门共同构成了我国目前特有的法律体系，这是毋庸置疑的事实。

譬如，医疗损害赔偿案在审理中法院不适用“医疗事故处理办法”，是因为这纯粹是行政管理的行政法规；但在交通事故损害赔偿案的审理之中，法院却可以适用同样为行政法规的“道路交通事故处理办法”，为什么呢？这就涉及我国法律体系上所谓的法律渊源与法律部门的关系问题了。

按照法源论，国务院根据宪法和法律制定的具有普遍效力的规范性文件，就是行政法规。而从国务院所制定的行政法规内容看，又可成为不同法律部门中调整不同社会关系的不同法规。其中，一类为典型的行政性法规，如“医疗事故处理办法”即属此类；一类则是典型的民事法规，如航空旅客人身伤害赔偿暂行规定；还有一类即两种性质都有的法规，如 1992 年实施的“道路交通事故处理办法”，当中除了行政管理规定外，就有一部分是关于民事损害赔偿的规定。① 所以，同样是行政法规，有的就可以作为依据进入司法诉讼，有的就不可以。这说明作为正式法律渊源的行政法规，它不仅仅是行政法部门的法律，而且还包括不同法律部门的诸多规范性法律文本。

同样，作为法律部门的宪法，也不仅指现行的宪法典及其修正案，而且还指以宪法典为核心的一系列宪政性法律文件；其中不单单包括中央国家权力机关的宪政性法律文件，而且也应包括地方各级权力机关或有权机构（如特别行政区的相关机构）制定的各种有关宪政制度的规范性法律文件，甚至囊括各个法源层次的正式法源文本形式。总之，只要其内容涉及了人民或各民族整体利益的，与国家或政府形成宪政关系的，或有关国家主权的法律问题，均可成为宪法部门的规范性法律文件。

对此，我们列表说明如下：

---

① 梁慧星著：《裁判的方法》，法律出版社 2003 年版，第 43 页。

表4－1 我国大陆现行法律渊源及体系图解

法源名称	法律部门							
	宪政法	民商法	婚姻家庭法	行政法	社会保障法	资源环保法	经济法	程序法
宪法	宪法典及其修正案							
	全国人民代表大会议事规则			外交特权与豁免条例、领事特权与豁免条例、戒严法	国防法、人民防空法、	领海与毗连区法	专属经济区和大陆架法	缔结条约程序法
法律	人民代表大会常委会议事规则、代表法、选举法,立法法、民族区域自治法、特区基本法、游行示威法等	民法通则、合同法、担保法、拍卖法、版权法、专利法、商标法,公司法、商业银行法、外资企业法、个人独资企业法,证券法、期货法、票据法、消费者权益保护法等	婚姻法、继承法、收养法,人口与计划生育法等	行政许可法、行政处罚法、行政监察法、行政复议法、政府采购法;人民警察法、教师法、律师法、职业医师法、兵役法、预备役军官法;教育法、义务法、职业教育法、高等教育法;出入境管理法、消防法、枪支管理法、铁路法、民航法、公路法、电力法、建筑法、农业法等	劳动法、工会法、矿山安全法、清洁生产法、保险法;妇女、老人、残疾人、未成年人权益保护法、公益事业捐赠法、献血法、传染病防治法、红十字会法、体育法,科技进步、普及、促进科技成果转化法、进出境动植物检疫法等	森林法、草原法、海洋法、文物法、珍稀动植物保护法,水法、大气法、噪音污染防治法、环境影响评价法、种子法等	预算法、审计法、价格法、税收征收法、中国人民银行法,反不正当竞争法、产品质量法、广告法、标准化法、计量法、测绘法、渔业法等	民事诉讼法、刑事法、行政诉讼法、海事诉讼特别程序、仲裁法、引渡法等(规范化)

续　表

法源名称	法律部门							
	宪政法	民商法	婚姻家庭法	行政法	社会保障法	资源环保法	经济法	程序法
行政法规		鼓励华侨和香港澳门同胞投资的规定、航空旅客人身伤害赔偿暂行规定		医疗事故处理办法、道路交通事故处理办法、医疗器械监督管理条例	劳动保险条例、社会保障费征收暂行条例、女职工劳动保护规定、防汛条例	城市房地产开发经营管理条例、长江河道采砂管理条例、水土保持法实施条例、河道管理条例	1995 年指导外商投资方向暂行规定、1992 年出口货物原产地规则	
特别行政区	香港特区选举人民代表的办法、澳门特别行政区司法机关具体产生办法	香港立法局:合作社条例、有限责任合伙经营条例						
地方性法规	西藏自治区人民代表大会常委会工作条例(试行)			云南省园艺植物新品种注册保护条例	云南省防震减灾条例	福州市河道采砂管理办法、云南省气象条例		
自治条例和单行条例	1996 年新疆维吾尔自治区国防教育条例、贡山独龙族怒族自治县自治条例		普洱哈尼族彝族自治县计生条例、1981 年云南省孟连、宁蒗、沧源自治县对《婚姻法》所作变通的规定及其审议意见	1997 年新疆维吾尔自治区实施〈土地管理法〉办法的决定、云南省大理白族自治州禁止赌博条例、澜沧拉祜族自治县禁毒条例	1998 年云南省景东彝族自治县城乡建设管理条例、云南省西双版纳傣族自治州民族教育条例	西藏自治区森林保护条例、1995 年云南省西盟佤族自治县林业管理条例	1997 年新疆维吾尔自治区实施《国家煤炭法》办法	

续　表

法源名称	法律部门							
	宪政法	民商法	婚姻家庭法	行政法	社会保障法	资源环保法	经济法	程序法
国务院部委规章		1996年外商投资企业清算办法、2000年个人存款账户实名制规定、城市规划收费工日定额(试行)	婚姻登记管理条例	2000年6月司法部《关于律师事务所不进行民政登记的批复》、1999年4月国土资源部《闲置土地处置办法》工商:经纪人管理办法	企业最低工资规定、铁路电力安全工作规程、标准档案管理办法、标准物质管理办法		保险公司管理规定、1996年中国人民银行令:保险管理暂行规定、餐饮修理业价格行为规则等	
地方政府规章	1999年云南省城市民族工作条例	1999年云南省著名商标认定和保护办法		云南省关于《律师事务所和会计师事务所所得税征收管理办法》、云南省航道管理规定	云南省母婴保健条例、1995年云南省最低工资规定	厦门市农业环境保护办法、新疆-阿尔金山国家级自然保护区管理办法	云南省建设工程质量管理条例、云南省反不正当竞争条例	
国际条约	联合国宪章	联合国国际货物销售合同公约、保护工业产权巴黎公约		中、老、缅、泰四国禁毒合作部长会议《北京宣言》		海洋法公约	解决各国和其他国家国民之间投资争端的公约	承认和执行外国仲裁裁决公约
备注	刑法部门较为特殊	在我国,对于刑事法律部门的法律除了全国人大及其常委会外,较少有其他立法主体,因此,其在法源形式和法律部门的划分上比其他法律部门都单纯						

由此可知，一切正式的法律渊源形式与各个不同法律部门的规范性法律文

本，它们共同构成了我国目前特有的、较为完整的法律体系。

第三节 法的宏观分类

一、法的宏观分类概述

法的宏观分类即法的分类，是从宏观上理解和认识法律系统的较大概念，其目的就是为了更全面更准确地理解法律的存在形式，分析、总结并探索整体法律及其体系的发展变化规律。因此，法的宏观分类具有较深的理论意义。一般依国情和民族传统的不同，在各国的不同时期、不同传统下，有着不同的分类形式。

另外，法的分类对于法律适用和法的实现也具有十分重要的意义。如，判例法系国家与大陆法系国家就是因为法律适用传统的历史发展不同，才形成了如今不同的法律分类。同样，东方国家与西方国家的法律分类也应有所不同。

法的分类所涉及的范围相当广泛。首先，法的分类与法律体系不同，它不以国境为界限，基本上指超越国界的各国或各地区的法律宏观分类；其次，它不仅涉及一国内法律规范内部的建构，如法律规则、法律原则等，而且涉及法律渊源以及法律部门的分类；再者，涉及法的分类的，一般均为较大的对法律认识的概念，如法的历史类型的分类、法系的分类等等；另外，法理学上关于法的分类并不是对各种法律所作的穷尽一切的分类。一般而言，法理学上法的分类应该具有实际意义和操作价值，因此，较多的是从形式上或技术方面进行分类的说法具有共识。一是法的一般分类，二是法的特殊分类。

其目的在于，大体廓清各有关法律存在的情况及其相互之间的界限，在不同国情和不同传统中了解法律的不同种类，同时了解这些不同种类的法律各自的作用和特性。这不仅有助于丰富我们对法和法律的认识，而且还能从不同侧面理解法在各种情况中的存在方式，从而对于整体上的法和法律有一个完整的把握。

二、法的一般分类

法的一般分类，即适合于世界各国不同国情不同社会所通用的分类，同时也是一般人都容易理解的法律分类形式。在我国法理学中，通常将其划分为以下几类。

（一）国内法与国际法

这主要是以法律创制主体和适用范围是否涉及国际社会的关系为标准所做

的分类。

国内法，即由一国内有权主体制定、认可和颁布的法律、法规和其他规范性法律文件。其效力范围主要以保护本国利益和本国公民、法人等的合法利益为界，在本国主权范围内均有效力。

国际法，主要是由参与国际关系的两个或两个以上国家或国际组织间制定、认可或缔结的，确定其相互关系中权利和义务的法律法规性文件。其主要表现形式即国际条约、国际公约和国际协定。国际法包括国际公法、国际商法、国际私法及国际经济贸易法等。

（二）成文法与不成文法①

这主要是以法律的表现方式和渊源形式是否具有书面或文字形式的表达为标准所作的分类。

成文法，又称制定法，是指有立法权的国家机关制定或认可的，以成文形式出现的，具有规范化成文形式和普遍效力的规范性法律文件。因此，成文法均可为法律。

不成文法，一般指由国家有权机关认可的、不具文字形式或虽具有文字形式，但却不具有规范化成文形式的法律规定，主要指习惯法和判例法。习惯法可以是约定俗成的，也可以是世间公认的，甚至是刻在心灵中的法律。在此意义上，习惯法即一种不可违抗的社会律，可以是法，也可以是法律。

理解不成文法的形式应注意：所谓不成文法有相对意义，即相对于规范化成文形式而言。不成文法除了习惯法外还包括判例法、不成文宪法等。判例法虽然有文字表现形式，但因它是法院通过个案判决所创制的，因此属于不成文法律的范畴；不成文宪法，如英国宪法，虽然也有文字表现形式，但由于其没有整体的宪法典，因此也被称为不成文法。

法学上的成文法与不成文法的区分，不完全看其是否有文字表现形式，而要看是否有规范化的成文形式。判例法和不成文宪法之所以属于不成文法，原因都在于它们不是以规范化的整体的成文法典为表现形式。

（三）根本法与普通法

这是以法的地位、效力、内容和制定程序不同，对法律所作的分类。

根本法，指的是那种在整个法律渊源体系中居于最高地位的规范性法律文件。尤其在单一制国家，根本法即宪法的别称。在中央和地方都有立宪权的联邦制国家，根本法是宪法的一种，如联邦宪法。

---

① 以下内容主要参阅张文显主编《法理学》，高等教育出版社、北京大学出版社2003年版，第80～82页。

无论何种国家，作为宪法典的宪法，都是国家的总章程，是国家最高立法机关经由特殊严格程序制定和修改的，是综合的规定国家、社会和公民生活的根本问题的，具有最高效力的一种法律渊源形式。

相比较之，普通法是宪法即根本法以外的所有法律规范的统称。其中所包括的法律种类繁多，它们各自的地位、效力、内容和程序亦有差别。

但无论何种普通法，一般来说，其地位和效力均低于宪法，其内容涉及的只是某类社会关系而不是综合性的多种社会关系，因此，其程序也不及根本法那样严格和复杂。

（四）一般法与特别法

这是以法律效力及其适用范围为标准所作的分类。社会生活往往既有常态，又存在特殊情况。法律按其范围的不同也分为一般法和特别法。一般法指对一般人、一般事项、一般时空范围均有效的法律，如民法、刑法、行政法、经济法中的绝大部分规定。而特别法则指对特定的人、特定的事，或在特定区域、特定时间内有效或生效的法律。如上一章关于法律层级效力原则所言，一般法与特别法的分类，其相对比其他分类更具有明显的操作性。

另外，有的法律在整体上从哪个角度讲，都属于一般法，如刑法、民法、刑事诉讼法、民事诉讼法；而有的法律则在任何时候都属于特别法，如“戒严法”“战争法”等。一般而言，法律都兼有一般法与特别法两重性，在这种意义上属于一般法，在另外的意义上又属于特别法。例如，“高等教育法”对“教育法”是特别法，对具体规定高等教育领域各有关方面或有关具体问题的法律、法规和规章，则又是一般法；“特别行政区的基本法”对于宪法而言是特别法，对于特区内其他法律、法规则又是一般法……

（五）实体法与程序法

这是以法律所规定的权利义务的内容不同为标准所作的分类。

实体法一般是指以规定法律关系主体在实体方面的权利、义务或职权、职责等为内容的法律，涉及的是权利主体的实体利益。如民法、刑法、行政法中大量的实体规定。

程序法通常指以保证主体在实体方面的权利和义务及职权和职责得以实现或履行所需的，以程序或方法步骤方面的内容为主而制定的法律，如民事诉讼法、刑事诉讼法、行政诉讼法等。

实体法与程序法这种分类，应该是法学上的一种专门性分类，有着极强的实践意义。司法实践中，往往会因程序错误而导致实体权利难以保障甚至失灭的后果。因此，英美法系以“重程序轻实体”而著称。我国的传统是“重实体轻程序”，因此，对程序法中的权利义务或职权职责的设定更需通过实践予以领悟和认识。简单地认为实体法是规定权利和义务的，程序法只是规定实现权利义务的程序，就误解了实体法与程序法分类的意义。

三、法的特殊分类

在法学上，法的特殊分类是相对于法的一般分类而言或仅适用于部分国家和地区，而不为所有国家和地区普遍接受的分类形式；同时，也是法学专业上的法律分类。

（一）公法、私法和社会法

公法与私法的划分源于古罗马，现今主要存在于民法法系，也是该法系划分部门法的基础。普通法法系国家过去没有划分公法、私法的传统，但该法系的学术界认同公法与私法在理论上的划分。按照率先提出公、私法划分学说的罗马法学家乌尔比安的观点，凡保护国家利益的法为公法，凡保护私人利益的法为私法。此外，在公法与私法的划分上还有三种通说，即主体说、关系说、权力说。

如有人认为应以法律关系的主体为标准来划分，凡规定国家之间、国家机关之间或国家机关与私人之间关系的就为公法；凡规定私人之间关系的为私法。

有人认为应以法所调整的社会关系为标准来划分，凡规定国家与个体之间权力与服从关系的为公法，规定个体相互间权利和义务关系的为私法。

另外认为，私法一般以“协议就是法律”为原则（如法国民法典1134条），即依法缔结的契约在当事人之间有相当于法律的效力；公法的原则是“公法规范不得由私人间的协议而变更”，因此，强制性是其规范的权力性体现。

在大陆法系中，行政法、刑法、程序法一般为公法，民法、商法、婚姻法为私法。在普通法法系中，由于特殊的历史发展，其在实践中不以法律部门论界分，因此也没有独立的民法部门之说。在西方社会，公法与私法的划分有着悠久的历史传统，迄今采行这种划分法的范围或受到这种划分影响的国家和地区甚为广泛。目前我国学界主张公法与私法的划分者较多，主要是由于市场经济的建立和发展，以及全球化趋势的影响所致。

随着社会的发展，在划分公法、私法的宏观分类中，又兴起了一种新的分类形式——社会法，它在公、私法的分类中不仅平分秋色，并已成三足鼎立之势。社会法，将公益事业方面的法律作为自己的主要内容，把可在自治原则下实施的“公法私法化”，或须公权干预的“私法公法化”的某些领域作为运作的范围，并将相关规定纳入到自己的体系之中，如社会保障法、环境法等。在

"社会本位"主义成为潮流到现今社会，社会法已形成了一种与公法和私法平起平坐，方兴未艾的法律宏观分类。

表4-2 公法、私法、社会法三者的宏观区别

	公 法	私 法	社会法
调整对象	国家、政府与个人和社会主体间的关系	个人与个人及社会平等主体间的关系	一切主体与社会公共利益和社会共同利益间的关系
调整方式	以法律强制性干预为主	以个体间自治、自行调处为主	以政策法律的平衡为主
法律属性	国家利益本位	个人利益本位	社会利益本位
价值目标	保证秩序和安全	保障自由与效率	保护公平、效益与和谐

（二）衡平法与普通法（后面有专章详述）

普通法与衡平法的划分存在于普通法法系国家。这里的普通法不是前面法的一般分类中所说的，与"根本法"相对称的"普通法"，而是指11世纪诺曼底人入侵英伦三岛后逐步形成的，普遍适用于全英格兰王国的一种判例法法律，即产生于司法判决、由法官所创造的法律规范。由于它是被普遍适用的，故称普通法。

衡平法是普通法法系的又一重要法源，是在英国法传统中与普通法相对称的另一种法源。即14世纪后在英国产生和发展起来的，作为对普通法的修正和补充而存在，并与普通法平行发展的另一套判例法。14世纪后，由于资本主义经济的萌芽和发展，出现了许多前所未有的案件。原来那些判例法即普通法以及普通法法院的程式，已不能处理这些新案件。根据英国封建传统，案件在没有先例遵循、得不到普通法法院公平处理时，可以向国王提出申诉，由王室顾问和大法官根据公平原则加以处理。这种由大法官判决的案件所形成的判例法，逐渐发展为一套与普通法并行的衡平法，并以此建立了与普通法法院并存的衡平法院——亦称大法官法院。

（三）联邦法与联邦成员法

这样的划分是复合制国家的法律分类特点。即根据联邦宪政制度的规定，联邦中央与联邦各成员国（州）之间所形成的，在各自权力范围内所产生或制定的不同法律。一般而言，由联邦中央制定和认可的法律，即"联邦法"，由各成员国或州制定和产生的法律为"联邦成员法"。在联邦制国家，联邦均

应有一部联邦宪法，各个成员国或各州又有一套自己的宪法规定，因此，形成了两级宪法制。

当今世界，联邦制国家不少，美国是其中一个较成熟、较典型的国家。目前的“欧盟”似乎正在向一个统一的联邦制国家发展。

本章图解

当代中国法律部门
- 宪政法
- 民商法
- 婚姻家庭法
- 行政法
- 经济法
- 社会保障法
- 资源环境保护法
- 刑法
- 程序法

一国两制下特有的法律体制
- 一个国家，一部宪法，两种社会制度并存
- 在两种制度下存在着“三种法系”
- 目前有大陆、香港、澳门和台湾“四个法域”
- 在大陆除了行政区划外，还有一种依民族自治权而行使的“民族区域自治制度”
- 我国目前为一国、两制、三法系、四法域、五治理——即较为独特的法律体系

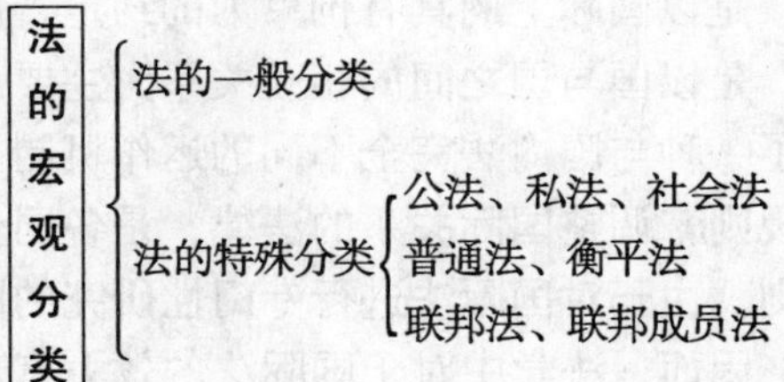

复习思考题

1. 试对法律体系与法学体系、法制体系、立法体系和法系进行比较。
2. 什么是划分部门法的标准？划分法律部门的意义何在？
3. 我国主要划分为几种部门法？为什么？
4. 什么是程序法和实体法？什么是一般法和特别法？
5. 为什么要划分公法和私法？社会法的划分对于现代社会的法律体系有何意义？
6. 法的宏观分类在法学上有什么意义？
7. 试述中国现代的法律渊源与法律体系的关系。

第五章 国际法制

从更广阔的角度，对法律进行了解和认识，是与法律观念的培养分不开的。在我们学习国内法律知识的同时，也应对国际法及国际法制的现状有所了解，以国际化和全球化的视野来审视法律发展的现实，这既是国内法与国际法制接轨的需要，也是现代人类面向世界步入国际社会的需要。

第一节 国际法与国内法的关系

一、国际法与国内法的效力

一般而言，国际法就是以调整国家间相互关系为主的原则、规则、制度和观念等所形成的法的总称，主要指国与国之间的“国际公法”。国际法制就是现代国际社会相对有序的状态和机制，是以国际上的具有拘束力的约定、协议和公约为依据所组成的一套特别机制，是以国与国之间的相互关系为主要调整内容而形成的条约或国家合意，构建了一种与国内法完全不同的运作机制。目前，以国际条约、国际惯例等一整套规则来调整国际关系的法律，是各国公认的统一的，对签署国具有拘束力的法则。由于对国际法进行专门性研究的国际法学说中存在各种不同的观点和阐释，因而，法学中对于国际法的效力有着不同的观点和看法。鉴于国际法制目前的存在状态及其特点，即除国际公法外，还包括国际经济贸易法、国际私法和国际仲裁等，因此，学界也将其统称为“国际法”。由于对这套原则和规则，各国政府和学者又有不同的立场和观点，因此，关于国际法与国内法的效力问题就有了许多分歧。在此，国内外理论界主要存在着一元论与二元论的两种观点，一元论观点中又有国际法优先说和国内法优先说的两种学说。

一元论的观点主要强调国际法与国内法都是法律，因此，两者可以同属于一个法律体系。其中，国际法优先说认为，国内法的许多原则、规则都是在国际法的基本原则和理念之下具体展开而得来的，因此国际法是国内法的效力依据，国内法从属于国际法，在适用中发生冲突时，往往采取国际法优先原则。国内法优先说则强调国际法只有通过国内法的承认或者立法者的批准，才能对该国发生法律效力，因此国际法的生效依据在于国内法，在适用中发生冲突时，则采取国内法优先原则。

二元论的观点则强调国际法与国内法各成体系，国际法是不同于国内法的特别法律制度。国际法调整的是国家间及国际社会中的关系，国内法则以调整各国内部各种社会关系为己任，因此，国际法与国内法在立法、执法、司法或守法等方面都存在着极大的差异；另外，两者间的关系是平行的不可相互隶属，“平行说”就是直白的描述。当前，我国法学界大多学者普遍认为：“国际法是与国内法不同的一个特殊的法律体系”。①

其实，理论界关于国际法与国内法的一元论或二元论之说在实践中并无多大影响，因为国际法与国内法的关系不是对立的，而是互相渗透、互相补充的。一方面，国内法可以承认或通过立法签署国际法，但却不能更改国际法，更不可能以国内法的规定为由，违背国际法的原则和义务；另一方面，国际法的原则、规则可以在国内法中得到补充和完善，但国际法不能任意替代或干预国内法的运作。以1930年4月在海牙签订的《关于国籍冲突的若干问题的公约》为例，这个有关解决国籍冲突的国际公约在国籍规定方面提出了各种原则和规则。如其第一条即规定：“每一个国家依照其本国法律断定谁是它的国民。此项法律如符合于国际公约、国际惯例以及一般承认关于国籍的法律原则，其他国家应予承认”。其第二条规定：“关于某人是否具有某一特定国家国籍的问题，应依照该国的法律予以断定。”从这两条规定中我们可以看出，公约对于国籍问题首先确立了一项基本原则，即国籍问题上的冲突依照国内法加以解决。正是在这原则之下，各国颁布了自己的国籍法并加以具体化。

再如，《联合国海洋法公约》规定，国家有权在其领海行使主权，于是各国便制定、颁布了领海法。早在格劳秀斯“海洋自由原则”中就引申出的有关“人类共同继承遗产”的重要概念，已为该公约第136条②所规定，并被各国不同程度地纳入了国内法的范畴。另外，传统国际法中贯彻人道主义原则等思想，不仅均被纳入20世纪诸多的国际公约之中，而且已成为各国建立现代法制的指导。正如1976年3月23日生效的联合国关于《公民权利和政治权利国际公约》序言中所载，“对人类家庭所有成员的固有尊严及其平等的和不移

① 陈致中：《国际法教程》，中山大学出版社1989年版，第27页；参见其他国际法教材。

② 《联合国海洋法公约》第2节，支配“区域”的原则，其中第136条规定：“区域”及其资源是人类的共同继承财产。该公约第133条又规定：(a)“资源”是指“区域”内在海床及其下原来位置的一切固体、液体或气体矿物资源，其中包括多金属结核。

的权利的承认，乃是世界自由、正义与和平的基础，确认这些权利是源于人身的固有尊严。按照世界人权宣言，只有在创造了使人人可以享有其公民和政治权利，正如享有其经济、社会和文化权利一样的条件的情况下，才能实现自由人类享有公民及政治自由和免于恐惧和匮乏的自由的理想”。

这些例子均揭示了，在实际生活中国际法与国内法是相互紧密联系、相互渗透和相互补充的，这些关系都必然需要国际法制和国内法学的运用和协调。目前，凡是我国签署过的国际公约、国际协定、多边和双边条约等，除了保留条款外，所有有关国际法的规范性文件，都已成为现今国内社会法律效力的来源，并且在国内法中具有相应的法源地位。其中有关民事商事的国际法规范，几乎可以直接作为司法根据予以适用。所以说，国际法规和法则也是我国现行的正式法律渊源之一。

二、国际法与我国法律体系的关系

在现代社会，对于任何国家来说随时都可能受到某一国际法规的约束，但是，却很少有同一套国际法规能在不同地区和不同国家中得到一体实施或执行的。换句话说，国际法对于当今世界的不同民族不同国家而言，有着不同的约束机制和调整原则，有着不同的效力程度及其理念认识。其原因就是，是否愿参与国际约定，以及在什么时候参与国际约定，愿意参与什么样的国际约定，或者与谁约定等等，在现实中或在理论上都不应受到其他意志的干预，这是每一个国家的主权意志。

国际社会之所以需要国际法是人类社会发展的必然结果，尤其是经历了两次世界大战的20世纪，使人们深刻地感到世界共同利益需要各国积极的维护和参与，因此国际法制比以往任何时代都兴盛，比任何历史时期都发达。如今现行的国际规则，尤其是许多国际公约和多国协定，绝大多数都是在20世纪产生和发展起来的。国际法在现实国际社会中的调整范围已相当广泛，在维护国际稳定、国际和平等国际事务中的地位更是日趋突出。随着全球化趋势的加剧，肯定还会有更多更新的国际法规、国际公约和国际条约的出现。如今，国际法不仅在诸多领域里展示着自己不可替代的作用，而且也将因其日趋完善的建构机理，把人类的不同文化、不同民族、不同国家即不同的历史传统既在大范围内逐渐地整合到一起，又能够维护并保持他们各自原有的特色和魅力；以此造就人类社会有史以来最大范围的大融合、大合作、大协调时代。

中国社会自20世纪80年代改革开放以来的大变化和大发展，形成了从未有过的与国际接轨的高速度和大趋势，由此也给古老的东方文明也带来了蓬勃生机。国际法对于如今的中国人来说，已经不是可有可无、无足轻重的摆设，而是引导我们尽快融入国际社会的快车道和不可多得的制度性渠道。为此，我们必须研究国际法与国内法的关系，研究国际法制与我国法律体系的区别和联系，研究“国际法治”在我国社会主义法治社会中的作用和地位，从而为我们全面掌握不同于国内法的国际法方法，了解国际法的精髓及其品格，为在更大范围内良性运作我国已签署的国际法规打下应有的基础。2001 年 11 月，中国正式加入世界贸易组织的举措由此带来了国内法各个层面的一系列重大变化，就是一个关于国内法与国际法相互联系和渗透的佐证。

国际法依其所涉及的领域不同，有着不同的表达形式和调整方式。但是，与国内法一样，国际法也以所调整的对象和所涉及的社会关系不同而划分为不同的类别，虽然它们在个案或个例事实中所涉主体和所针对的情况千差万别，甚至反差巨大，但是，都会不同程度地在国与国之间造成影响，都会对国与国之间的关系自觉或不自觉地形成调整，并越来越渗透到各国国内的制定法和法律运作之中。只要是被签署的国际协定，就必然进入各国的不同范围对相应的社会关系进行调整。如我国签署的《保护工业产权巴黎公约》第二十五条中关于在国内执行该公约的规定：“（1）本公约的缔约国承诺，根据其宪法，采取保证本公约适用的必要措施。（2）不言而喻，各国在递交其批准书或加入书时将能根据其本国法律实施本公约的规定。”由此，该公约早已进入我国关于保护知识产权的法律调整视野。而 1996 年 5 月《全国人大常委会关于批准〈联合国海洋法公约〉的决定》使《联合国海洋法公约》进入了我国资源环保等法律调整的视野。又如 1986 年 12 月我国加入的《承认及执行外国仲裁裁决公约》则是我国仲裁法制不可缺少的基本规则之一……这些都为现代社会全球化的必然趋势所致，也是人类社会发展需将全世界作为全人类共同活动的一个场所所致。

国际法依其调整领域和手段的不同，被纳入一个国家的不同部门法律予以对待，是现代人类社会发展的必然规律。由于国际法多表现为国际公约、国际协定、多边条约和双边条约等复杂形式，当它们介入国内法的调整范围或调整对象时，就将涉及各个国家国内不同的社会关系，以及不同的法律调整领域。因此，它们在现实中，在一国内不可能仅归属于某一个单独的法律部门或法律类别，而是将涉及或渗透到该国已有的各个法律部门和既已存在的各种法律分类中，并和国内法一起对所涉领域进行相应的法律调整。如上一章中“我国大陆现行法律渊源体系图解”中所示例的那样。

国际法虽然在一国内不能单独作为一个法律部门，但却形成了各国的一种特有法律来源，并与各个法律部门的法律规范形成了互补和综合之势。因此，相关的国际法则也是构成我国现代社会主义法律体系的一部分，是我国社会主义法制的新形式和新显现。

第二节 国际法发展概述

一、近代以来国际法的演进

现代国际法学，被认为是荷兰人格劳秀斯（1583～1645）所开创的，并以他在1625年出版的《战争与和平法》一书为产生标志。该书系统地阐述了国际法的基本内容，几乎概括了国际法的全部范围，并为现代国际法的独立体系奠定了基础，因此，格劳秀斯被公认为现代国际法学之父。《战争与和平法》一书之所以有如此的历史功绩和震撼力，就在于它反映了人类社会必然的历史进程和发展规律；另外，其最为成功之处还在于，它不仅代表了国际社会前进中的各国利益，而且为现代国际法制的形成和发展铺下了一条崭新的道路。另外，还有一位法国人博丹（1529～1596），则为国际法的创建提供了“国家主权论”的学说。他在其《共和论六卷集》中认为，主权是统治公民和臣民的不受法律约束的最高权力。正因为有了“国家主权”的理论，才使国际法的产生有了主体上的依据，有了法律实体上的根基。

公元16世纪，在欧洲史抑或世界史上都是一个人类社会的大振兴和大转折时代。伴随着地理大发现，大大开阔了欧洲人的视野，使他们开始认识到各大洲、各地区、各个国家、各种民族仅是全球人类大网络之中的一个个联结点。这一世纪，方兴未艾的文艺复兴和宗教改革大潮，使西欧社会曾经固若金汤的天主教世界不堪一击；此时，在国家主权论基础上兴起的民族国家及其所形成的世俗化社会生活，伴随着不同国家形态的出现，在西欧大陆大大地冲击了超世俗社会的“神权政治论”，更加速了近现代国家的崛起。宗教改革，不仅摧毁了基督教世界和天主教教会在宗教信仰一体化下建立起来的欧洲“大一统体制”的文化观念，而且结束了教会与国家、教权与世俗王权间的抗衡。“国家”这一概念在西方开始以一种崭新的形式，一种除旧迎新的理念，引发了又一轮关于教会、国家、社会、民众等相互间关系的重构；“国家”成了人们各自为追求自己认为的“最高权力”而不懈斗争的政治共同体，成了西方世界由传统社会迈入现代社会的诺亚方舟。正是在这样的历史背景下，格劳秀斯的“战争与和平”理论和法国人博丹的“国家主权论”才有了用武之地，并为“国家”这一国际实体的出现增添了双翼。

正如日本学者所言，“国际法的形成是建立在对中世纪欧洲以罗马教皇和神圣罗马皇帝为最高统治者而形成的普通秩序和现实存在的封建割据的扬弃，以及领土主权国家的成立的基础之上的。"① 在"文艺复兴运动"冲击下的欧洲，可以说，是希腊化世俗社会被基督教文化替代后，在同一地区又一次完成了由基督教所构建的天国神权社会向世俗社会的回归，一次性地完成了政治权力的传递。由此带来了人文主义、人道主义的鼎立，极大地推动了西欧各国的政治、经济、法律、文化的发展和解放。由于人们重新揭示了丰富美好的人性精神，让它取得了伟大的理性成就，使其对于神性的依赖和畏惧成为过去，才造就了国际法学的舞台，才唤醒了人们组织起来形成某种政治实体的强烈愿望。人们开始迫切的需要一种以世俗国家的存在形态来面对世界、面对他国、面对其他民族和不同文化群体，因此，以国家主权资格为基础所形成的国际法，在近代西欧社会应运而生。

西欧历史上，本来受制于罗马法的不同民族所组成的法制共同体，从来就有罗马万民法的悠久观念；中世纪的基督教时代，受制于教会法的不同王国所形成的宗教共同体，又为后世的民族国家间搭建起了法制的初级平台。从现代国际法形成的基本形式和理念看，其最早的历史渊源及其形式可以追溯到公元4世纪开始的基督教"教公会议"，可以说，基督教创建的"文明"是现代国际法制的原始文化形态。如果说国际法的功效就是沟通不同地区、不同民族、不同的习惯，使人类不同发展的文明和生活方式能在共赢共荣的前提下得到平等交流的话，那么，无论基督教时代的"教公会议"，还是现代各国的公约，它们都在不同时期，不同程度地疏通了不同地区、不同民族、不同的习惯和文化，从而搭建起了各时期不同国家、不同民族、不同地区间"统一法制"的桥梁。

17世纪，随着西欧各民族国家间的边界及国家制度的划定，开始出现强大的民族主权国家，"国家"在国际社会上具有越来越充分的主体资格及地位，于是，维护国际上的法律秩序成了西欧社会当时十分重要的政治法律问题。另外，由于海事和商事习惯方面的现实要求，设置国家使者的惯例，以及西欧人与新大陆非基督教陌生民族间的交往和遭遇，向当时的思想家们提出了种种"国际法"的问题。西欧人不得不就争取旅行、贸易、定居者的异地迁徙自由，不得不就承认非基督教民族本应具有的基本权利（即使他们没有基督教徒的信仰和身份也不应被视为无权利者）而进行"万民法"方面的探讨；随着事态的发展，人们不得不考虑真正意义上的国际法制的建立，并认定了国家之间在任何时候都应彼此认可的习惯和约定；同时，在各国间建立了不仅在

---

① 松井芳郎等著：《国际法》，第四版，辛崇阳译，中国政法大学出版社2004年版，第5页。

重大场合互派使节，而且应在正常时期互派驻外大使，以进行国与国之间正常事务的处理和交往等规定。

在西方文化历史渊源中，“国际法”曾被视为欧洲社会基督教国家间的“国际社会公法”，或称为“欧洲国际法”，即主要规定基督教教义在基督教各王国的地位及其相互之间的关系。正是格劳秀斯国际法学说的出现，才开始摈弃了以往神权政治论在国际法学中的地位，使其能够冲出神学的牢笼脱颖而出。近代国际法诞生的标志被认为是1648年签订的《威斯特伐利亚和约》,①它是结束了欧洲三十年战争后，促使一批近代主权国家出现的契机，因此成为近代国际关系的新起点；同时它确认了国家主权平等的根本原则，标志着近代国际法制的开始。1776年美国独立后，这一国际法形式开始适用到美洲。随着殖民主义的扩张发展，这种国际法思想又被带到欧洲以外的地区，慢慢地抛弃了欧洲“区域性国际法”的观念，于是，国际法学说中的文明才被欧洲以外的各国日渐知晓，并使国际法公认为调整现代国际社会纷争和冲突最为有效的手段之一。

由于传统国际法的政治背景，使其最初主要以维持欧洲秩序为己任，只为所谓的欧洲“文明国家”所适用，也致使西欧列强为进一步巩固欧洲国家间的秩序，保障自身利益，加强对外掠夺和殖民统治，曾以所谓文明国家的身份在其他洲和地区强行通过各种诸如“领事裁判权”、“租界地”、“以治权换主权”等规则和制度；并由此将非欧洲国家渐渐地纳入到由欧洲社会主导的国际秩序之中。也正是在这林林总总的现象里，时时透射出罗马人万民法的印迹，并预示着现代国际关系的形成，以及现代国际法制的产生。20世纪，国际法开始适用到亚洲和非洲等地，遂逐渐为世界各国普遍接受为调整国家间关系的行为准则。

产生于欧洲社会的国际法，能在20世纪迅速地向全世界大踏步地推进应得益于两次世界大战。由于两次大战前后独立的国家，人口已占世界的70%以上，陆地面积占58%，这在国际舞台上形成了一股新的巨大力量，并对国际法产生了重大影响。这些国家并不主张废除原有的国际法制，而是要求对其加以改革，以适应发展中的国际关系的要求并提出了许多新的原则、规则和制度，并在树立国际法根基等方面作出了贡献。尤其值得提起的就是由中国、印

① 《威斯特伐利亚和约》是欧洲从中世纪向近代社会过渡的漫长过程中，在最后一次宗教战争结束的政治背景下订立的。该和约明确地承认在欧洲建立以主权国家为单位的近代政治体系，因此，该公约的订立，催生了一批“新型”独立的主权国家，并被以后为数众多的世俗国家所效仿。

度和缅甸倡议的“和平共处五项原则”，以及20世纪60年代以后联合国大会通过的一系列有关国际法基本原则的决议。如1960年《给予殖民地国家和人民独立宣言》、1962年的《自然资源永久主权》决议、1963年的《各国在探索与利用外层空间活动的法律原则的宣言》、1965年的《不容干涉各国内政和保护各国独立和主权的宣言》、1970年《国家管辖范围以外海洋床底及其原则的宣言》、1974年关于《侵略定义》和《建立新的国际经济秩序宣言》《各国经济权利和义务宪章》等等。① 因此，20世纪才是完全意义上的全球国际法制蓬勃发展的新时期。

二、国际关系与国际法

当今世界是快速变化中的世界，现实社会在变，观念理念在变，世界趋势也在变。随着这种不断的变化，国家之间的交往越来越频繁，各国人民之间的交流越来越深入，地域界限因为科学技术和人类观念的发展正变得越来越模糊，时间、空间也变得越来越狭小。“经济全球化”、“世界一体化”的国际形势使得各国一方面在加强与他国的交流与合作，促进国内经济发展的同时，另一方面又穷尽各种办法希望维护本国在全球化浪潮冲击下的国家主权与国家利益。但往往事与愿违，两者常常产生矛盾与冲突。因而，国际法的作用日益突出，它对实现和平发展，维护世界良好有序的秩序，对公正地划分、公平地保障各国的国际利益都发挥着十分重要的协调、保证和制约的作用。

人类从野蛮社会进入到文明社会，不同的共同体之间必然发生交往，相应的“国际关系”也从原始到发达，那些用以调整规范国家间关系的原则、规则和制度渐渐出现；当国家间的交往变得日益频繁，并渗透到社会生活的方方面面时，带来的直接后果即国际规则的出现和发展，不适应这种发展变化的原则和规则被淘汰，反之则可以继续发挥作用就此保存下来；与此同时，新的适应国际关系需要的制度又将大量产生。这样不断循环往复的过程，才使国际法得以发展到愈加完善的程度。这些不断完善的国际法制度又将反过来不断地规范、调整着国际关系。因此，结论就是：国际法来源于国际关系，反过来又调整着国际关系的各个方面并在调整中使自己不断得到发展。

19世纪末至20世纪中，国际关系发生了重大的变化，与此相适应的传统国际法步入到现代国际法阶段。俄国十月社会主义革命，中华人民共和国的成立，使得不同于传统国际主权角色性质的社会主义国家出现在国际社会中；另外，第二次世界大战后的民族解放运动，使得新独立国家不断涌现，并成为国

① 《中国大百科全书·法学》，中国大百科全书出版社1984年版，第191页。

际社会的多数成员。相应的，国际交往与合作普遍展开，国际关系的发展呈现了前所未有的迅猛势态。这些使得传统国际法所维系的欧洲式国际秩序开始崩溃，新独立的国家普遍要求变革国际关系旧格局，打破旧秩序，建立新的国际新秩序的呼声日益高涨，在此背景下，传统国际法的规则和制度开始向现代的国际法制演变。

如今，随着国家间的交往变得日益频繁，和平与发展已成为时代的主题，国际关系尤其是国际文化、国际经济关系得到了迅猛发展，国际法则已渗透进了各国政治、经济、文化的方方面面，大量的经济性、文化性国际条约如雨后春笋般纷纷涌现，国际法的原则、规则和内容不断地得到更新和发展。从早期片面零星的国际法条约到近代传统的国际法则，再到现代逐步完善的国际法制，以及当代不断演进的国际法体系，都伴随着国际关系的发展一步步走向未来。虽然国际法并不因国家的出现而诞生，但现代国际法却是以民族独立主权国家的诞生为前奏，是国际关系迅猛发展的产物。

传统国际法规则，如中外历史上各国互派使节、订立同盟以及进行斡旋、调停等解决争端的规定，当中大部分基本是涉及国家主体间政治关系的规范。而现代国际法的调整对象已极其广阔，除了国际政治大大增加了国际经济与文化等各方面的内容，国际法的主体也发生了重大变化。全球性和区域性的国际组织越来越多，其中除了常设的还有临时的，除了政府间的还有非政府间的，除了专门的还有综合的等等。由于它们与领土、国家主权没有直接的联系，却又各自承担着不可替代的国际社会职能，因此引出国际组织的资格和地位，以及其缔结条约的能力、程序及效力等问题的探讨。如成立于1945年12月的《国际货币基金组织》(IMF)，就是世界上最重要的经济组织之一，它的产生是1929年至1933年的经济大危机后，重建国际货币金融体系的直接结果。如同各国央行有负责各国货币政策及监督金融秩序一样，IMF可谓是世界各国的“央行”。

现代国际法与传统国际法相比，出现了许多新特点。如：

第一，国际法主体不再只局限于西方“文明国家”，而是主张世界各国不论大小，不论意识形态、社会制度、经济发展水平如何，一律享有平等的国际法主体资格。

第二，承认享有民族自决权的民族和政府间国际组织在一定范围内也具有国际法主体的资格。

第三，现代国际法打破了传统国际法的理论建构，主张废除诉诸战争，应尽量以和平方式解决国际争端的理念。如《联合国宪章》序言和第一章中所言：为促成大自由中社会进步及较善之民生，并为达此目的，需彼此以善邻之道和睦相处；集中力量，以维持国际和平及安全；以保证非为公共利益，不得使用武力；运用国际机构，促成全球人民经济及社会的发展……

可以说，现代国际关系是人类社会演进过程中最重要的发展阶段。在此阶段，民族独立解放运动蓬勃兴起、国际组织大量出现，以联合国宪章为核心标志的现代国际法，逐渐成为整个国际社会的行为准则，将为各国各民族走进世界大家庭铺设必由之路。当代国际法，已面临着多级秩序和多重关系的挑战。现今世界，引起国际争端的因素很多，许多纠纷一般都以主权争议、市场占有和资源开发等实质问题密切相关，其中往往穿插了复杂的民族矛盾和宗教冲突。20世纪末，世界冷战状态结束后，局部的冲突和骚乱并未中断，反倒有越演越烈的势头，从深层次讲，还是不同文化和不同制度间冲突的显现。将自己的价值观强加于别人的做法，在国际社会中都应受到谴责，而国际法应该是解决文化冲突最具首选性的形式。

能在全世界通行的、良好的国际法制基础上建立一个全人类都能接受的国际社会秩序，正是马克思、恩格斯致力于人类社会发展的企盼。正因为他们对于人类理性、公民意志、国家等观念所曾“虚构”的现代性社会的深刻洞察，才使我们看到，如今力图打通“国境”，冲破“国界”的“国际法视域”有了极富现代意义的创见。

作为理想社会的“实然法”，即现代国际法在国际关系中的建立，可以说是马克思、恩格斯竭尽毕生精力，欲以实现的理想。这无论从马克思早期关于政治法律的辩论，以及恩格斯早期关于英国、德国、法国宪政问题的诘问，还是从他们的《神圣家族》《哲学的贫困》，以至于他们中晚期成熟的诸多作品中，都可以得到验证。如他们曾揭示的，随着社会的发展，人们世界历史性的而不是狭隘的地域性的存在已经是经验的存在了。这种发展之所以是必需的前提，还因为：只有随着生产力的普遍发展，人们之间的普遍交往才能建立起来……而其中每一民族同其他民族的变革都有依存关系；最后，狭隘的地域性的个人为世界历史性的、真正普遍的个人所代替。否则，共产主义只能作为某种狭隘的地域性存在而不可取。所有这一切，都由于竞争的关系而以世界市场的存在为前提。① 当代国际关系的格局，以及现代国际法的机制，都印证了马克思、恩格斯关于全球化趋势的诸多论述。

---

① 马克思、恩格斯：《德意志意识形态》，《马克思恩格斯全集》第3卷，人民出版社1960年版，第39、40页。

第三节 国际法的特性

一、国际法的形式及名称

国际法的形式多种多样，绝大多数由国际条约形式予以表达，广义上是指两个或两个以上国家之间，由国家组成的国际组织之间，或国家与国际组织之间，在政治、经济、科技、文化、国家安全等方面按照国际惯例共同议定而形成的法规定。国际条约一旦被签署，即成为所有当事方的规定，成为它们相互间关于权利和义务的国际法文件。因此，国际法的形式主要为条约、公约、专约、协定、议定书、换文以及宪章、规约等。

现代意义上的国际法是近代西欧社会政治经济文化发展的产物，由此“国际法”一词诞生于近代西方。除格劳秀斯在《战争与和平法》中将这种调整国家间的法律称为“万民法”或“万国法”（jus gentium）外；17 世纪的英国人苏支（R. Zouche，1590～1660）还将此称为“民族间的法律”（jus intergents）；18 世纪的英国学者边沁（Bentham，1748～1832）最先将其称为“国际法”（international law），由于这种称谓科学地反映了这门法律的本质特征，遂逐渐为各国普遍使用；现在，国际法已成为国际法学体系中的通用名称。

我国历史上没有国际法的概念，直到 19 世纪末大量引进西学之时，近代西方国际法观念才传入中国。第一部传来中国的西方国际法著作是美国学者亨利·惠顿（Henry wheaton）的作品《*Element of International Law*》，当时有人把它译为“万国公法”（the law of nations）。清朝末年，当日本人从西方引进国际法著作时也采用了“万国公法”这个名称，后来才把它改称为国际法，我国学者随即也改称之。

随着国家间的交往日益频繁，各国民间的跨境活动也日益增加，国际性的民商事关系大量形成；同时，各国为加快国内的经济发展，欲通过国内民商事法律制度促进和维护如此大量的国际民间法律关系的产生，以加强和保障各国民间的经贸往来。为此，传统的“国际私法”应运而生，成为调整涉外民商事法律关系的主要途径。这就是国际私法及冲突法在国际上必然存在的形式及其条件。另外，随着国家对经济生活干预的日趋扩大，国际经济组织发展的日趋兴盛，国际经济法、国际商法等又形成了国际法的不同分支，在国际关系中越来越占据了主要地位。

二、国际法的基本特性

国际法发展到今天，已为世界各国所承认和普遍遵守。与国内法相比，国际法有着自身的鲜明特色即“国际性”。这种特性决定了国际法在主体范围、调整对象、法律渊源及实施适用等方面都有别于国内法的重要特征。另外，国际法也不同于国际礼让，两者的最大区别则在于国际法的“法律性”。

（一）国际法的“国际性”

国际法是调整国家及国际组织之间的法律，调整对象是国际关系。国内法是调整一国内部的法律，调整对象是一国的各种社会关系。因此国际法的“国际性”便与国内法区别开来，其突出的表现在以下方面：

1. 国际法的主体

国家是国际关系的主要参与者，它以一种共同体的形式整体享有国际权利，承担国际义务；如今即便已有较为成熟的国际组织，而参与者也多以国家为主，因此，国际法上的主体主要是国家。此外，为争取独立而斗争的民族以及政府间的国际组织在一定条件下也具备国际法的主体资格。自然人和法人一般情况只能是国内法主体而不是国际法主体，因为特定情况下的冲突法适用也主要为各国内的法律规范。

2. 国际法的调整对象

国际关系包括国际政治关系、经济关系与文化关系等等。国际法首先作用于国家行为，并由此作用于国际组织和国际关系，因此国际法的调整对象即国家间的关系、国际社会中的国际组织间以及国际组织和国家间的关系，而不是一国内的国家与社会的关系。

3. 国际法的渊源

国际法的制定者是平等者之间的约定，国无论大小，人口无论多少，在国际社会中都享有独立平等的主权。因此在国际社会中，还没有一个凌驾于国家主权之上的权力机关，于是国际法渊源只能是国际条约与国际惯例。与国内法相比，国际法缺少“中央立法机关”，其原则、规则和制度都是国家间通过协商、协议以及各国间的相互承认、同意而缔结的条约、协定和国际惯例；对于国际组织也不例外。

4. 国际法的实施方式

法律的基本特征之一在于强制性。国际社会中尽管也有国际法院和国际仲裁庭的存在，但无论从性质上抑或执行程序上，都与国内法不同，如联合国国际法院对国际争端的管辖和裁判权限是以当事国的自愿为前提的，不具有强制管辖权，它只能受理国家间自愿受其管辖的案件。但需要明确的是，这并不意味着国际法不具有强制力，如当某国的权利遭受到他国侵害时，可以由被害国单独或集体实施相应的惩罚措施，或由国际组织实行必要的制裁，如抗议、警告、中止或断绝外交关系、要求赔偿损失、武装自卫等，使有关国家停止侵害行为。因此，与国内法不同，国际法的实施是以国家单独、集体或通过国际组织的保障实现的。

（二）国际法的“法律性”

1. 国际法的法律地位

国际法是一套法律机制，理应具备法律所应当具备的基本特征。但在国际法学界，关于国际法是否为法律存在着争论。认为国际法不是真正法律的理由借用了洛克关于自然状态的描述：缺少一个统一明确的立法机构，没有强制的执行机构，也不存在有效的司法裁决机关可以解决已有的争端；另一方面，大多数学者则持肯定态度，认为国际法缺少统一的立法机构和司法机关恰恰说明国际法的特殊性，以及不同于国内法的法律性，不能因为它自身的特殊性而否定它的法律性。

由于国际法具备上述“国际性”的基本特征，而且是不同于国内法的特别的法体系，因此，我们不能因国际法缺少立法机构、司法权威及统一的执行机构等就得出国际法不是法律的结论。也许正是由于这样一些与众不同之处才使得国际法与传统国内法相区别，使得国际法成为另外一种具有自身特色的法律体系。目前，许多国家都已公开承认国际法作为法律的地位，尤其在彼此交往中都普遍以国际法为基准。

2. 国际法与国际礼让

国际礼让曾是国际间长期通行的一些惯例，在没有被纳入国际法则之前，都属于国际伦理或礼仪的范畴。国际法内在所具备的“法律性”使其与国际礼让相互区别。它们的差异性主要体现在：

第一，国际礼让指各国在国际交往中给予他国的尊重，是一种礼貌行为，并非法律义务。国际法通常是建立在国际条约或国际惯例基础之上的，它们创设了国际法的权利与义务，并强调权利与义务的一致性。

第二，国际礼让被违反时，不过是一种不友好或不礼貌的行为，因此不需承担国际法上的责任；如果国际法的原则或规则被破坏，就存在一种违背国际法的行为即国际法上的不法行为，因此行为主体必须承担国际法上的责任甚至受到国际制裁。

综上，由于国际法受到各国公认并被普遍遵守，对一切国家都具有法律拘束力，因而国际法可以不同于国际道德或国际礼让。任何违反国际法的不法行为给他国或国际组织造成损害的，都要因此承担相应的国际法律责任。

三、当代国际法的基本内容

国际法所涉及的范围非常广泛，它不仅研究国际法主体、国家责任、国际争端解决方式的一般理论，而且还对国际法各个相对独立的分支部门进行系统的研究。如果把国际法的基本理论称之为“一般国际法”内容的话，那么各具特色的国际法门类就可谓之“特殊国际法”的内容了。

由于国际法的渊源主要是国家间订立或承认的国际条约与国际惯例，其原则、规则均以条约或惯例为载体，因而国际法有着一整套不同于国内法的运行准则和机制。所谓国际法体系，即国际社会中现行的国际条约、国际惯例按照一定的标准（例如调整对象或调整手段的不同）分门别类所形成的不同部分，并由此而形成相对统一的、有机联系的系统。当前的国际法由多个相对区别的门类构成，如：

第一，居民国际法。主要调整各国之间关于国籍、外国人的法律地位、法律待遇，以及引渡和庇护等内容的国际法原则、规则和制度的总称。其中许多规范源于国际私法范畴。

第二，领土国际法。是各国所遵循的，调整各国领陆、领水、领空等边界争议的国际规范，包括国家间发生战争或产生武装冲突时所形成的国家关系的原则、规则和制度。

第三，领事关系法。主要调整国家之间形成的外交关系和领事关系的国际法原则、规则和制度。主要包括外交机关的职能和权限，外交代表、领事代表的等级、职能及权限，外交代表、领事代表的特权与豁免等问题，并在一定方面会涉及国内法的规定。

第四，国际条约法。主要调整国家之间在订立多边或双边条约时所遵循的国际法原则、规则和制度，主要包括条约订立的主体、条约效力、条约解释等内容。

第五，国际组织法。主要调整国际组织的成员国之间在组织内部事务诸如组织的建立、组织的成员资格、组织的内部机构、组织的决策机构等关系的原则、规则和制度。国际组织法绝大多数调整同处于一个组织（如联合国、世界贸易组织、国际货币基金组织等）中的国家之间的关系。

第六，国际海洋及生态资源法。即调整海洋及世界资源中国际关系的法律，如关于各种海域的法律地位以及调整各国在各种不同海域及生态环境中从事航行、捕鱼、资源开发、科学研究以及对其进行保护等方面的规定，调整国家间在生态环境保护中所形成的国际关系，并由此形成的国际法原则、规则和制度。

第七，航空与空间法。即规定各国在诸如大气、太空等公共空间中的法律地位，包括国际航空运输制度、赔偿责任、外层空间的法律地位、外层空间法等国际法原则、规则和制度。

第八，国际争议解决法。主要调整各国在国际争议发生时所形成的国家间关系的原则、规则和制度。主要包括各种解决国际争端的方法，诸如谈判与协商、斡旋与调停、仲裁与司法等方面的内容。

第九，国际经济法。指调整国际法主体之间所形成的关于经济关系的原则、规则和制度。主要包括国际货物贸易、国际技术贸易、国际投资、国际金融、国际税收以及国际经济争端解决机制等制度。依照早期国际法学者的普遍观点，它属于国际公法的范畴。但是随着国际经济法的调整范围不断扩大，它除了公法领域外，也开始涉及私法领域，同时还与各国的涉外法律规定有着密切的联系，显然，传统认为其属于公法范畴的观点已受到挑战。随着国际经济关系的不断深入与发展，今天的国际经济法已形成了一整套独具特色的运行机制，并与国际公法、国际私法一样成了当代国际法制的一个典型的门类。

第十，国际私法。国际私法和国际经济法可以说是国际经济关系迅猛发展的产物，但是，两者间存在着差异。一般认为，国际经济法和国际私法的划分正如国内经济法与国内民法的划分一样，国际经济法主要由国家或国际组织对国际经济贸易过程中的各种法律关系进行管理和干预，带有公法性质；而国际私法则主要调整平等主体之间的各种民间关系或私权关系，包括规定国际民事诉讼和商事仲裁制度的一般规范。正如著名的国际私法学者李双元所认为的："与现代国际公法、国际经济法旨在维持一个崭新的国际政治、经济新秩序一样，国际私法的主要目的在于建立一个全新的国际民商秩序。"①

随着国际关系的不断发展，国际法制将趋于成熟与完善。因为国际私法的特殊性，我们有必要对其进行专门的探讨。

四、国际私法与冲突规范

人类自进入文明社会后，就产生了国家间的交流。这种交流日益频繁，不仅仅体现为国家、国际组织间的政治、经济、文化交往，它还更多地深入到了各国社会、各民族间的自然人、法人即社会组织间的交往中。进入现代社会，这种私权主体间的交往愈加增多，他们相互间十分频繁的民间往来，带来了大量复杂的民间涉外法律关系。由于这些关系一般不涉及国际政治及其秩序的维

① 李双元：《国际私法》(冲突法篇)，武汉大学出版社2001年修订版，第1页、第34页。

护问题，因此不属于国际公法的调整范围。在国际社会中，人们只能把这类调整涉外民事和商事的方法称为国际私法。

随着现代涉外关系调整手段的不断丰富和多样化，原国际私法的传统观点已有突破。如学界普遍认为，冲突规范原是国际私法的核心或本体，而今却并不意味着它就是国际私法的唯一组成部分；国际私法已不仅限于冲突规范，还应包括外国自然人和法人的民事法律地位、国际统一实体法、国际民事诉讼与仲裁制度等内容。这种见解颇具罗马“万民法”的印记。例如，各国通过国内各自的民商法，规定外国人在国内享有平等的民事法律地位，承认外国法在本国的域外效力等等。

另一方面，由于各国国内法对同一种民商事法律关系可能规定了不同的法律内容，那么相应国家间的民商法规范的冲突就在所难免，这使国际民商事法律冲突规范的产生不仅有了主观因素的需要，而且有了其客观因素的必然基础。现实生活中，大量涉外民商事关系的存在、各国民商事法律制度的差异就是冲突规范产生的客观原因；而各国承认外国人的平等民事法律地位，以及在一定范围内承认外国法的域外效力，便是冲突规范存在的主观需求。

国际私法是调整涉外民商事法律关系的法律规范总称，统一实体规范与国际民事诉讼、国际仲裁等程序性规范也是国际私法的组成部分。但目前，冲突法仍然是国际私法的主体。冲突法过去曾是解决国际民商事法律纠纷最主要的甚至唯一的方法。随着现代国际民商事法律关系的广泛性和复杂化，国际私法的内容已不可仅局限于冲突规范，甚至它也不再是解决国际民事争议的最好方法；国际统一实体法在某些领域的出现，也成为解决国际民商事法律冲突的一条切实有效的途径，只是，现在它仍然无法取代冲突规范在国际私法中的核心地位。

冲突规范（conflict rules），亦称法律适用规范（rules of application of law）或法律选择规范（choice of law rules），指在处理涉外民商事纠纷时，由于各国法律制度的差异而产生的民商事方面法律冲突的情形，并用以指引对该涉外关系适用何种法律的法律规范的总称。受传统意义上国际私法即为冲突法观点的影响，学者们也把冲突规范直接称为国际私法规范（rules of private international)。可见，冲突规范就是一种间接规范，它并不直接规定涉外当事人的实体权利与义务，只是当一国法院在处理涉外民事争议而又遇到法律适用冲突时，指引管辖法院如何选择法律的规范性制度的总称。因而，冲突规范常常又被称为“法律选择规范”或“法律适用规范”。即只能间接地调整涉外民商事法律关系的指引性规定。所以，只有当涉外关系尚处于简单状态时，冲突规范才显得主要和突出。

19 世纪以后，随着涉外民商事法律关系的逐渐复杂，人们感到用冲突规范作为唯一的形式去调整涉外民商事法律关系并不是最优法则。加之冲突规范并没有明确的直接规定当事人的权利与义务，只是起到一种间接的解决冲突的指引作用，用以寻找或选择有关处理涉外民商事法律关系的法则，因而在实际操作中带来了一系列诸如法院的挑选、法律的规避等问题。为了克服这类弊端，人们开始转向寻求其他的方法。20 世纪初，出现了另外一种涉外民商事法律关系的调整手段即统一实体法，就是有关国家间通过国际条约制定统一的实体规范，把彼此在国内民商法上的冲突性规定统一起来，供缔约国的当事人直接适用，从而消除了法律冲突。由于这种国际统一实体法直接明确地规定了涉外民商事主体间的权利义务关系，因此，对有关民间涉外法律关系的调整出现了一种国际统一的直接规定。

当前，冲突规范的间接调整与统一实体规范的直接调整已成为各国处理涉外民商事法律关系最基本、最主要的两种途径。相应的，冲突法与统一实体法也已成为国际私法的重要组成部分，伴随国际民商事法律关系的不断向前发展，国际私法的统一化将成为必然，并扮演着越来越重要的角色。

第四节　全球化与国际法制

一、全球化与国际法的关系

从国际法学的角度讲，全球化伴随着西欧殖民主义对外扩张的脚步早已在近现代国际法产生和发展的过程中就已经开始了，只不过在发生了两次世界大战的 20 世纪其得到了空前迅猛的发展，21 世纪更使地球上任何地方的任何人类都确切地感觉到了它势不可挡的冲击和汹涌澎湃的气势。可以说，全球化与国际法本来就是一对孪生子，形影不离、相伴随行，并且一荣俱荣、一损俱损。因此，没有全球化的产生与发展，就没有国际法制的出现和完善；而无论全球化还是国际法，它们都源自于人类不同民族的交往与融合，都来源于不同文化的碰撞和较量。根据人类文化学等多学科的研究，在社会大融合的过程中，不同民族、不同地区间的交流和交往均可分为三大层面：

在经济和纯技术方面的交往为最浅层次，它体现的主要是“物质文明”。各民族在通过商品贸易的交换中一般较容易互相接受、相互借鉴，除如中国的鸦片战争的特别情况外，均能在相互沟通有无的基础上，相互学习和交流。虽然，这种交往常常以制度化水平较低的社会习俗和行业通例为规则，但却为进一步制度文明的交流铺就了道路，因此，是不同民族相互输出或学习制度治理的前奏。

制度设计和社会治理方面的互相借鉴吸收属于第二层次，它是以“制度文明”为根本内容，包括法治文明在内的交往。各民族在此交往中却不容易像商贸、技术那样能够较快的相互接受和借鉴。因为这必定不像商品那样拿来即可使用，也不像技术那样学来便可照做，基本不触及大部分的传统习惯和历史传统就可以物为所用、借脑生财。不同民族在不同地区进一步的融合渗透，只有依靠制度文明才可能相互贯通。制度文明的交往，依仗的主要就是法制，就是规范化水平较高的法律。这真可以套用那句名言：你想自由吗？那么就必须强迫你接受法律！毋庸置疑，国际法也好，万民法也罢，就是在此产生并在其中得到发展的。而各民族的制度文明和治理经验的频繁交往，必然引发不同民族不同地区更深层次的变革需求。

被称为“精神家园”的民族感情和历史文化是不同地区和民族间在交往中最为牢固，最难改变的深层核心，它以“文化融合”为基本内容，体现于精神文明之中。这是不同民族之所以为不同民族及其呈现出不同生存状态的根本原因；也是不同“国家”之所以能够成为不同人类实体集团赖以存在的基础，尤其在有着悠久历史和民族传统的地方更是如此。正因为有这一层次的存在，人类社会才显出万花筒般的灿烂世界。只有达到这一层次的人类交往，才可能是全球化的终结，但却不应是国际法制化的终结。

随着全球一体化的快速发展，人类的不同文明在以上三个层面的碰撞、融通，使相互间的理解、吸收、借鉴的机会大大增加，不同文化、不同民族、不同传统间的融合已不再是理想。此间，国际法作为沟通各民族间相互交往的桥梁，有着不可磨灭不可替代的作用。现代国际社会，单靠暴力和战争就想解决国际矛盾的做法已属枉然，人们越来越认识到，以议会形式通过“谈判——妥协——理解——和解”的途径，才是求得各民族和平共赢的坦途。而以国际法制的方法对诸如此类的国际关系进行调停处理，缩短文化距离，增进相互了解，才是建立全球国际新秩序的良方。这也是20世纪后半期，国际法得以一展风采，得以兴旺发达的缘由所在。

然而，这并不意味着一蹴而就的和平发展即将到来，更不可能使各民族间各地区间不同文化差异即可消失。恰恰相反，因为社会经济的发展、国力的增强、人口的增加等因素，人类可支配的资源日趋变化，各民族深层次的文化精神受此驱使，不易求同反而求异的现象也将增加。因此，除了经济全球化所需市场的大一统局面外，人们并不希望其他方面出现所谓全球化的同一，于是维护各种不同价值观的现代文明机制，均要求制度化水准较高的法律出面执掌，在国际社会中国际法即为首选。由于国际法自身就是在对多重价值利益的博弈和取舍中发展起来的，因此，它更能担当起如此重任。对于因一些民族感情的飙升，宗教积怨长久，争夺生存空间或风云乍起的国际争端，以及人类普遍追求的和平、美好的生存目标，国际法制有着自己责无旁贷的使命。

二、经济全球化将昭示着法律的全球化

全球化作为一种人类世界可预见的组织方式，首先由经济全球化为开端，在其影响下，国际法制的未来发展也许可以用"法律全球化"来概括。为了保障自然资源的合理分配和物资流通的全球化良性发展，今天的国际社会已经有了一系列货物买卖和货物运输公约，以国际法的机制验证了国际贸易的经典理论：各国都以本国具备比较优势的产品出口，获得资金后又购买本国缺少或生产效率较低的商品，通过这样"互通有无"的交往，使人类共同生产的产品得以在全球范围内优质流通和分配，以达到生产要素的优化配置，从而实现全人类整体利益的最大化。这即实现了人类千百年来的许多关于"世界大同"的梦想。然而，现在以及未来的共同交往中，人类所需要，所应解决的根本问题不仅仅是经济贸易问题，更有人权、生态环境、恐怖主义和社会分工等诸多问题。因此，全球化实际上是多层面、全方位的，而无论哪一方面都离不开法律的参与，这就是法律全球化的客观需求。

经济全球化目前已被人们所共识，但是对于"法律全球化"却颇有争议。有学者认为，"法律全球化"即指全世界在同一个单一的法律规则下生活。① 这种单一的法律规则也许是通过一个国际机构强加由全球共识后所采用的；也许是通过全人类的平行发展而实现的。对此，又有人进行了归纳："法律全球化"大致可以归为两大派，称之为"非法化"学派和"法治化"学派。

"非法化"学派将法律全球化描述成一个逐渐脱离法律本来属性的过程。他们指出，全球化的市民社会将不断产生由跨国公司、工会、新闻媒介等组织所创设的联合体，并产生介乎于国内法与国际法之间的"无国家全球法"，从而出现法律的非国家现象。"法治化"学派则将法律全球化看做是法律在全球范围内更有效地实现其调整社会关系功能的过程。他们从法律形式的角度，将法律全球化描述为"法律趋同化"；或从法律作用的角度，将法律全球化解释为法律解决全球性问题的增强作用；再就是从国际法制在社会中的地位，将法律全球化解释为法治进程的加快。②

---

① 付子堂主编：《法理学进阶》，法律出版社2005年版，第328页。

② 参阅车丕照《法律全球化——是现实？还是幻想？》一文，见陈安主编：《国际经济法论丛》第4卷，法律出版社2001年版，第31~33页。

然而，无论那种说法都没有很好的概括法律全球化的本义。从法律全球化的内容看，应包括三个方面：一是法律超出“国境线”而由此形成国际社会所需的共同法；二是各国的法律趋同，即各国间各自的国内法在原则、制度等方面的一致性发展，由此将打破国际社会民间交往的障碍，如前文所举在国际私法方面的“统一实体法”；三是对于具有民族精华的文化传统，应该由国际社会在国际法制的原则和规则下加以强制性保护。虽然法律全球化的各个方面都指向国际法制的统一性，但是，其中既有全球共享的统一法律规范，也有各国间在自愿前提下将国内法与国际法自觉接轨和趋同，同时还有对多元价值利益的强制性特别保护。

当今国际社会，法律全球化在公法和私法领域已表现得非常充分，关于法律全球化所引发的争论不少与多元文化相关。有人认为法律的政治性很强，各国的国情和政治制度不同，从而法律也不可能整合、趋同；还有人认为世界政治应鼓励多元化，法律也应强调本国特色；另有人认为西方国家，特别是美国，一直在不遗余力地向其他国家，向全世界推销它的价值观及其政治法律制度，如果我们认可法律全球化，就有可能使其借法律全球化之名行法律西化、法律美国化之实。①此观点尽管有一定的道理，但却是从全球化双刃剑的另一面来看待“法律全球化”的问题。的确，以权力欲为核心的现实主义，在国际社会中往往可以以“民主、自由、人权”等富丽堂皇的旗号对它认为的每一个可能的威胁发动进攻。这正是全球化浪潮所带来的“剑走偏锋”效应。中国怎样避开这些风险，怎样在国际社会中，在国际交往中，包括在国际法制的建构中去探寻一套非西方式的国际交往理念或构架，以维护多元文化的价值需求，平衡人类社会多种利益的愿望。这将是一个文明国家和平崛起时对人类社会的一种根本性贡献。

西方人很难想象，中国在历史上经历了那么多的坎坷和灾难，合多分少，仍然是难于解体的合和大国；为什么它能与周边诸多小国长期共存相安无事；为什么不用武力却常常能使四方咸服。这里面有着深厚的中国文化精神即中国人对弘扬不同民族优秀传统特有的理念；驱使某些强势民族以其文明进步的作为，为国际社会作出正当有为的贡献，这是中国人历来对世界格局持有的态度。

当法律全球化已经不可避免地成为一种发展趋势和必然现实时，中国作为以和平方式重新崛起的东方古国，已经在世界新格局中占据了不可替代的位置。21世纪，中国应该以一种更加开放的心态，更加自信的形象，以及文化

---

① 姜明安：《法律与全球化》，载《求是学刊》2002年第5期，第25页。

上的后发优势，一方面建立与国际社会接轨的法律体系，另一方面为人类共同体在国际法制化的过程中创造更加和谐的国际秩序，在国际社会中担负起未来的发展重任。

本章体系

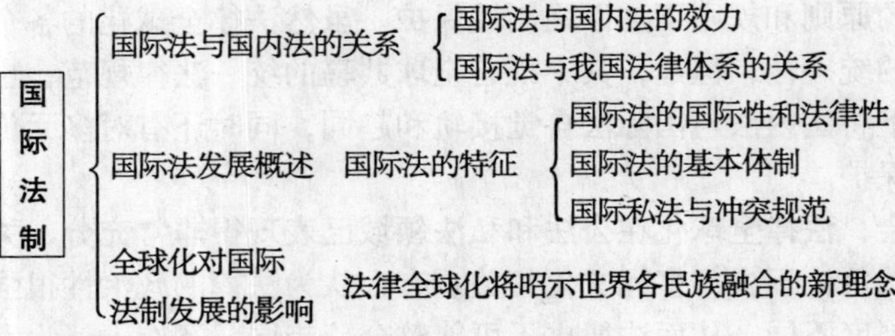

复习思考题

1. 简述国际法的发展及其意义。
2. 简析当今国际法与我国国内法的关系。
3. 国际公法的概念与主要特征是什么？
4. 国际私法的概念与特征是什么？
5. 什么是国际私法中的冲突规范？

第二编　法律关系论——现实生活中的法

第六章　法的作用

认识法律作用及其在现实中的功能和意义，是理解法律规范如何在现实生活中形成法律关系的关键，也是了解法律与其他调控手段发生作用时相区别的关键。从微观环境中了解法作用时的规范方式，进而认识法律作用的社会意义，是本章学习的主要目的。

第一节　法的作用概述

一、法的作用及其释义

法的作用，也称为法律作用，指作为一种行为规范，法律对人的行为、社会关系及其生产、生活所产生的影响、指导和功用等，在法律实践中具有重大意义。由于它是关于法发生作用的含义、特征、方法、范围及其局限性的研究，因此，它与法律价值取向和社会理想的实现有着密切的关系。

在社会生活中，被遵守着的规则是真正的“活法”，这除了国家法之外也包括民间法，因为它们在现实中一直就起着防止纠纷、维护稳定、促进社会协调发展的作用；在发生争端时，人们依据这些“活法”可自行解决，而不必非要诉诸国家。事实上，即便在法治的领域发生了纠纷，往往也可不以诉讼判决的方式进行解决，其原因就在于法在实际生活中本来固有的作用。

人们在纷繁复杂的现实世界，运用智慧和理念建构出了法律规范的体系，并使其成为人们自身的行为准则，这表明，法律本来就是一套建立在人类相通基础上的联系，是人类对社会、对生存意义所形成的共识。因此，在社会生活中实际上被人们遵守的“活法”，不仅能够成为凝聚人类行为的一种精神力量，而且，还是社会存在和发展的内在力量。这就是现代法律作用的源泉及根据。从法的作用或功能这一视角，我们更容易说明法律作为任何社会结构中必不可少的一个重要因素。如，法如何在社会整体中发挥作用，如何在维护社会秩序和社会稳定中彰显其品格，为何人们不得不把法置于与社会其他调整系统不同的层面予以评价……诸如此类的问题，都涉及正确理解法的作用问题，而且，在法学史上，这一直就是一个十分重要的现实命题。

对于法的作用的描述，在我国历史典籍中比比皆是。如："法者所以兴功惧暴也，律者所以定分止争也，令者所以令人知事也，法律政令者，吏民规矩绳墨也。" "夫立法令者，以废私也。法令行而私道废矣。私者所以乱法也。"① 这正是中国人对法律作用及其功效较贴切的描述。而"己欲立而立人，己欲达而达人。""己所不欲，勿施于人。""礼乐不兴，则刑罚不中，刑罚不中，则民无所措手足。"② 等，则是法的作用在现实社会中的根本底蕴！

美国社会法学派的主要代表庞德强调法的社会作用，他认为"对内在本性的支配，过去是，现在也是通过社会控制来保持的，即通过人们对每个人所施加的压力来保持的，目的在于迫使他尽自己的本分，支持文明社会，并制止他从事违反社会秩序的行为。"③ 因此，法律是一种社会控制的工具。而新自然法学派的代表美国学者罗尔斯认为，法律的作用在于促进社会正义的实现。诸如此类的论述，均蕴涵着法的作用的广阔性、深刻性及其不可替代性。

我国的法理学界秉承马克思主义法学观，以历史唯物主义为基础，把法的性能和作用相互联系，客观地阐释了法作用的经济根源和社会基础，形成了特有的方法论视角。如：法的作用体现在法与经济的交互影响之中，因此，应在经济结构中寻找法作用的原因；认为生产力和生产关系是"法"在一定历史阶段借以表达自己的形式。因此，法是社会生产力及其生产方式的另外一种发展状态。④ 如历史唯物主义所揭示的"人们在自己生活的社会生产中发生一定的、必然的不以他们的意志为转移的关系，即同他们的物质生产力的一定发展阶段相适应的生产关系。这些关系的总和构成社会的经济结构……（因此）物质生活方式制约着整个社会生活、政治生活和精神生活的过程。……随着经济基础的变更，全部庞大的上层建筑也或快或慢的发生变革。"⑤ 所以，经济的存在形式、经济的运作法则本身就是法作用的存在状态。同时表明，任何人想超越历史范畴对法的作用进行任何比赋性解释，都是不可取的。

再如，法的作用直接表现为国家意志，并与国家的作用、地位互为表里。正可谓国家是法，是物质载体，法则是国家的生命形式。正如法国人狄骥所言，"这种（国家）公权力绝不能因它的起源而认为合法，而只能因它依照法

---

① 分别见于《管子·七臣七主》《韩非子·诡使》。

② 分别见于《论语·雍也》《论语·颜渊》《论语·子路》。

③ 转引自沈宗灵《现代西方法理学》，北京大学出版社 1992 年版，第 289 页。

④ 参见徐显明主编《法理学教程》，中国政法大学出版社 1994 年版，第 13 页。

⑤ ［德］马克思：《政治经济学批判》，见《马克思恩格斯选集》第二卷，人民出版社 1972 年版，第 117 页。

律规则所做的服务而被认为合法。”① 所以，国家权力本来就是法律作用的表现形式及其合法效力的体现。这意味着现代社会，法发生作用时不能没有国家权力的支持，而国家权力的合法性、有效性则往往因为有法的支撑才有效用。

另外，法的作用本质上应是社会自身力量及其客观规律的体现。如同现代中国的“法”就是全体人民意志与社会规律和谐统一的产物一样，应该说，社会规律就是法。它表现为社会自身通过人类相互交往而展示出来的同生共求关系，即社会生产力的发展趋向。因此，“社会律”作为决定性的力量，既是评价法律作用优劣的重要标准，还是衡量一个社会文明、发展与否的尺度。另一方面，法还从人与社会和谐，甚至人与自然和谐的角度，对破坏社会稳定和生态平衡的趋向给予制止和控制。由此可见，随着人类社会的变化，法的作用也随之变化，并且是朝着更加科学、合理的方向变化。

总之，无论我们从什么角度去看待法的作用，都不可否认，法的作用是通过人的行为而发生，通过特定的法律关系才能实现的事实。现实中，我们较多看中的是法在社会及社会关系中的作用和效用，却常常忽视了法在微观环境，在个人行为和个体活动中的作用及表现，这恰恰是需要重书一笔的。因为，法在发生作用时，首先是通过人的行为，才作用于法律关系，进而作用于整个社会生活的；法所体现的这种独特的作用视角，是通过法特有的作用方式才得以显现的；因此，法的作用，既是如何调整，如何规范人的行为的机制和效用，又是既定社会中本来就存在着的日常规则——“活法”的功用。为此，我们有必要将法的作用从最现实生活中，从一般人的感触中提炼出来，在特定的范围予以探究。

二、法的作用的分类

（一）法的作用的分类通说

为了具体了解法的作用，人们曾对其做过许多不同的分类，如：

1. 一般作用与具体作用

主要指根据一般与特殊的逻辑划分而做出的分类。一般作用是对各种具体作用所做的抽象和概括，指法律通过确定相应的权利、义务，构建、维护和实现有利于社会发展的社会关系、社会秩序和社会进程。任何法律都具有一般作用。由于各种类型的法所赖以生存的经济结构不同，所要达到的目的也各有不同，因此，法就有了不同的具体作用。不同的具体作用既可取决于不同的历史

---

① ［法］里昂·狄骥：《宪法论》，转引自《西方法律思想史资料选编》，北京大学出版社1983年版，第607页。

阶段、不同的国情民情、不同的文化传统，也可取决于不同的微观环境。因而，法的具体作用千差万别，不一而足。一方面它既是一般作用的体现，另一方面它又是不同作用的显现。所以，法的具体作用更具实证性意义。

2. 直接作用与间接作用

这是根据法对人的行为和社会关系发生作用和路径不同而作的分类。每个法律规范或法律规则都是对特定行为或特定法律关系的调整，这种调整往往是由法律的直接作用显现。由于社会是一个相互联系的共同体，因此法律规范对特定行为和特定关系的调整，就会不可避免地影响到其他行为和其他社会关系，以致产生相应的、间接的调节或整合作用。这种举一反三，波及其他的作用，可谓之法的间接作用。这种分类具有认识论的意义。

3. 整体作用和局部作用

即根据法作用的系统与局部要素间的关系及范围所作的分类。法作为一个统一的整体及系统，在社会中发挥作用时即为法的整体作用。而法律体系中的各个子系统及其规范要素，在社会某一方面所发生的作用即局部作用。虽然局部作用从属于整体作用，但每个法律部门及法律规范的作用显然是特殊的、不同的。因此，人们常常需要从整体上去了解局部的作用，从局部作用去分析整体方面的因素。

4. 积极作用和消极作用

这主要是根据法作用的价值取向所作的分类。法对人的行为或社会生活的调整都具有相应目的，为此，人们必然依据一定的价值观对法律作用及其后果作出评价。肯定的评价表明法律作用是积极的，否定的评价则表明法律作用是消极的。这种分类是人类主观意识的反映，具有明显的时空性和局限性。

5. 预期作用和实际作用

即可能性和现实性的作用，这是根据人们的法律预期与法律实际效果之间的差异所作的分类。如立法者总是设想，法律在现实中应当或可能会发生这样或那样的作用，总希望所制定的法律能有较好的运用效果。而实际上法律引导人们的行为、调整法律关系、维护社会秩序时所起到的作用往往与法律的预期有所偏差。当两者在实践中趋于一致时，便说明预期的法律转化为现实的能力较强，法律的预期已赋予了实际意义；否则，则表明法律的预期与法律的实际不符，法律的预期作用需另行设计。

其他的分类还有：长期和短期作用、潜在和现实作用、远期和眼前作用等等。然而，上述这些分类均不具有法学上的专属意义和法律运作意义，任何学科、任何领域都可做如此分类，同时，这也是其他社会调整系统产生作用的分类形式。所以，它们均不具有法学上专门的、独特的意义，更不具有“法律作用”分类学上的意义。

（二）法的规范作用和社会作用的分类在法学上的意义

在法学上，只有法的规范作用与法的社会作用的分类，才是法理学上的特别分类，才具有法学分类学上的意义。换句话说，将法的作用分为规范作用和社会作用，是法学理论对法作用的专门性分类。因为法对人们的行为、社会关系和社会生活发生作用的基本方式或基本方法与别的调整系统不同，主要以规范的方式为特征。因此，只有以规范作用的独特方式和社会作用的独特影响所构成的法律作用分类，才是区别于政策、政令、道德、习惯、宗教戒律、行会惯例等其他调整系统作用分类的专门视角。这种分类具体有以下几方面的意义：

第一，法的规范作用主要是基于外在形式，考察法与人的行为之间的关系，即法在具体特定的情况下产生作用的方式。而法的社会作用则是基于法的本质、法欲达到的社会目的所发挥的较为广泛的作用。前者可谓法产生作用的微观视角，后者可谓法发挥作用的宏观天地。

第二，法的规范作用直接针对的是人的行为及由行为形成的人与人之间的关系，唯有此，才能揭示法律规范的意义。而法的社会作用对象一般较为间接，只有通过法对人们行为的调整所形成的关系链或社会秩序，才能显现其作用的意义。因此，规范作用是社会作用的基础和前提。

第三，法的规范作用是一切法律发挥作用时都应具备的共同特性，即无论什么历史类型的法，无论什么法系的法，只要是人类社会的法，就必然具有法的规范性作用；而法的社会作用则会因法的不同历史类型、不同法系、不同国家、不同民族甚至同一国家的不同时期为由，形成反差较大的作用结果，出现完全不同的社会效用。因此，规范作用在法治条件下都是共同的，社会作用则会有所不同。

第四，法的规范作用是其社会作用的手段，换句话说，任何社会作用，只要不是经过法律规范而出现的，它就不是由法产生的社会作用，也就不能叫做法的社会作用。法的社会作用是其规范作用的目的，就是说法的任何规范作用，都将体现出法在一定社会中的影响和效用，因此，法的规范作用具有形式性和行为动态性，而法的社会作用则具有内在性和价值取向性。

第五，实现规范作用的充要条件是，必须颁布和制定明确的法律规范；而实现社会作用的前提条件则是，在法律规范被运用、被实施过程中所凸现出来的法律影响、法律意识，以及法律效果。前者往往在静态中发生，后者则常常在动态中出现。

（三）法的认知作用

在法学理论上，法的作用除了上述这两种分类外，还应该再有另一种作用，即法的认知作用。

在人们谈到法的规范作用和社会作用的区别时，常常较少探究由什么将两者联结起来的问题，以及由这种联结所产生的，人们对世界事物的认知作用。法自身所具有的认知作用不仅将法的规范作用与社会作用联系了起来，而且，还将这两者从理论观念拉入了生活的现实，并在法的作用中起着独特的功用。对于法的认知作用的分析研究，对于法如何通过对人的行为进行规范，进而能动地影响到社会的各个层面，以致影响了人们的生产、生活方式等，这是一个深刻的、具有现代意义的主题。

法作为一种认识社会、理解生活，使人们结成各种社会联盟，甚至了解各种事物本性的认知工具，首先是以整体性法律意识的形式，在人的社会化过程中潜移默化地输入到社会各个成员心目之中的。在这个过程的初期，人们对于规范作用和社会作用问题并没有什么明确的意识，更不可能辨明法的规范作用和社会作用的联系与区别；他们只是通过法的实效或效能使自己获得了某种认知，知道了某种参与社会进行群体合作的规则即方法。正如马克思所言，国家教育自己成员的办法是："使他们成为国家的成员；把个人的目的变成普遍的目的，把粗野的本能变成合乎道德的意向，把天然的独立性变成精神的自由；使个人以整体的生活为乐事，整体则以个人的信念为乐事。"① 可见，由法的认知作用训练出来的人，对人类法治的发展具有特殊的推动作用。同时，由于法律的认知作用，也让我们能较为准确地理解个人行为、人的相互行为、他人行为，以及由人的集体、群体而形成的整体行为和社会行为在规范作用中的意义。就是因为法的认知作用，人们开始懂得了自己作为社会主体的意义，懂得了人之所以为人的责任和作为。

法律实现就是要付诸于社会，法的认知即将法律转化为人的实际行动及既存事实，而这避不开两种途径：一是法律规范在一定的法律意识、法律文化影响下，直接转化为人们的合法行为而获得实现。如法律禁令被遵守、法律义务被履行、法定权利被享用、法律规定被落实等。这些情况，在现实中均以大量的法律关系表现着。二是法律规定本身就是一种合法存在，是既存的法律事实，而人们往往感觉不到它，只有当这种状况被侵害被损坏后，人们才意识到这些法的存在是多么的重要，以致必须重申和强调它们。如宪法中规定的"公民的基本权利和义务"，以及其他法律中未予禁止的权利与自由。

---

① 转引自葛洪义主编《法理学》，中国人民大学出版社2003年版，第76页。

对于这些事实的认知，不仅需要我们了解法律规范所表达的对于权利义务的规定，而且还需要我们理解由法律关系形成的明确、具体的权利义务现实。因为，以规范形态表现的法律模式，只是对相应世界认知的可能性，只有以关系状态表现出来的法律事实，才是对实现社会认知的实然性。

人们在法的作用中不仅有能力认识社会的发展与前进，而且有能力认识自身的前进与发展。法作为一套知识系统，能使人类生活得更充实，使文明社会更具秩序性，这正是现代法律被追求、被信仰的至上性所在；在操作层面上，法的知识系统被作为人们认识法律关系，理解法律行为，解决社会纠纷的一套及时稳定的装置；因此，法的认知作用就是法律的一种必要的知识背景，是人们了解客观社会律的工具，法在获得了人类知识与社会必然性的统一时，就可以被称为法的作用的认知功能。

第二节　法的规范作用

一、法的规范作用及其意义

法的规范作用，即通过法律规则、法律原则、法律概念等向人们提供一套规范化的行为准则，以此作用于人们的各种行为及其法律关系，使社会生活保持在一定秩序化、法律化的有序状态之中。法的规范作用同时呈现着法作用的社会功能，而法的作用的规范性则是法律与其他调控手段产生作用时的根本区别，是法律这一调整方式发生作用时独特的着眼点。

法在其规范作用中以法律为行为的基准，对人的内在意志、外部行为产生着直接的影响。典型的规范作用，表现了法在产生作用时所特有的调整理念。如依靠规范的指引、评价、预测、教育和强制等作用，法对人的行为所起到的鼓励、保障和约束的作用；依靠规范作用，使法律呈现出规范效应的独到特征。譬如，法律作用与道德作用相比较，法律的规范性是根本的、统一的，而道德的规范性则是相对的、差异的；道德规范基本不以行为预测和规范强制作为自己的作用点。又如，法律作用和政策作用相比较，法律的制度化要求是最普遍最稳定的，而政策作为政治的执行措施，其规范性仅在于特定时空中的特定政治目标，没有时空的普遍性；因此，政策的规范作用往往是有限的、暂时的，它很难以每一个个案和个例为作用点，而是在较大范围内，以某一众多群体或集团的利益为基准点。

再者，法的规范作用揭示了法在产生作用时所具有的规范意识和在微观环境中独具匠心的调整方式。如行为模式的合法建立，行为后果的依法承担、权利义务的规范认定等等。

法的规范作用是一切社会尤其是法治社会相互共通的作用方式，是从细部着手，从小处着眼的规范运作表现；而法的社会作用与此不同，即便规范作用的手段相同，也会因生产力的发展阶段不同，社会制度的不同，国家、民族及其文明程度的不同，而形成不同的社会作用方式，从而，在相同的规范作用下仍会带来不同的社会效果。最具说服力的就是，在漫长的历史长河中常常能够看见这样的情况，不同社会，哪怕"法律规范作用"的形式相同，如"刑罚"，但其所起的社会作用却是大相径庭的。

因此，在我国这样一个长期以来均以法的社会作用为首选价值的国度，在法学理论中，更应提倡法律规范作用的效用；在对规范作用与社会作用的研究比较中，更应加强对法律规范作用的认识和了悟。

二、法的规范作用的种类及其意义

对于法的规范作用，学者们有多种分类方法，但都以法的指引作用、预测作用、评价作用、教育作用和强制作用为基本共识。

（一）指引作用

法律规范的指引主要作用于本人的行为，即法律规范对行为人的行为所起的导向、引领、指明行为方向的功用，其中包括肯定性指引、否定性指引及选择性指引等情形。法律规范通过对权利义务的配置，规定违反法律后所应承担的法律责任，以此设定了人的行为模式，并引导人们在法律许可的范围内开展活动，从而把社会主体的行为导入可调控的、有利于社会稳定的秩序中来。这也是规范性指引不同于个别性指引的要旨。

指引作用的前提在于，作为社会主体的"人"其本身是有理性的，他们不仅能对自己的利益作出判断，而且还能对社会共同体的利益进行权衡，并将判断与权衡后的结果转化为具体的行动。法的指引作用就是把个人对事物的衡量与判断的结果融入对社会化、秩序化的追求之中。规范性指引的目的在于，鼓励某些有利的行为，防止某种不利的行为。以此引导人们有效地行使权利，正确地履行义务，指导大家自行建立完善、合法的社会关系；使人们在人与人的广泛交往中，既有随心所愿的自由，又有不可逾越的规矩。具体说就是要求行为人对权利义务进行积极、合法的取舍。

在立法意图上，确定性指引就是为了防止法律不予提倡的行为，它一般以义务性规范的行为模式为基准，譬如刑法或行政法等公法领域的规范，在法律条文中常常以不得、禁止、应该、应当等模态词予以表达。确定性指引包括了肯定性指引和否定性指引两种情形。不确定性指引则是为了鼓励行为人进行法律所允许所提倡的选择，并希望行为人的行为与法律所指引的方向一致，一般以授权性、选择性规范的行为模式为参照，如民商法等私法领域的规范，在法律条文中用可以、有权、享有、能够等模态词予以表达。由于是“选择性指引”，因此行为人的行为只要在法律允许的范围内，哪怕与法律所指引的方向不一致，法律一般也不予以制止，只是对其行为结果法律不予保护。

（二）预测作用

法律规范的预测主要作用于具体法律关系中相对人的相互行为。相对人是一个抽象的概念，指现实的或潜在的，可能与我们发生法律关系的任何人。譬如在订立合同的过程中，相对人就是合同的另一方，如果国家对该合同的成立或生效还要求登记的话，那么，相对人还包括特定的登记机关；在刑事附带民事的诉讼关系中，被告方的相对人就不单单是公诉人或自诉人，还包括法官、辩护人、代理人等其他诉讼参加人。这意味着，规范预测所作用的相对人，就是以权利义务为核心而形成的特定法律关系中的当事人，不仅可以预测他们实体上的权利义务，也可以预测他们法律程序上的权利义务。

因此，预测作用，就是法律关系当事人根据法律规定相互预测、相互估量各当事方对待权利义务的态度及其行为后果，从而为自己的利益作出合法的安排和计划。简而言之，规范预测就是利害关系人对相互行为的预见性处理。现代社会，时间就是资源和财富，人们根据法律，通过预测相对人的行为及其后果来确定、安排自己的时间和行为方式，来协调、变更自己的行为方向、行为取舍，并作出合理合法的选择。这不仅可减少行为的偶然性、盲目性，而且还能利用时间差整合已有资源，提高行动效率；使人们在为争取各自合法利益的博弈过程中，获得一种法律认知上的信息对称。所以说，法律是法治社会中利害关系人之间相互行为的预测器，是现代文明生活的指针。

（三）评价作用

法律规范的评价主要作用于他人的行为，即在无利害关系人之间所作的法律评价。作为行为规则，法律具有评判和衡量人类行为合法与否，是否非法的功用。法律以其特有的社会价值观为基础，以国家意志为形式，以法的规范价值体系为标准来评判人的行为，来评判社会行为。任何人以法律的眼光作出的评价均为国家评价。因此，法律规范的评价作用是评价人站在国家的立场上，对他人行为作出的具有法律意义的评价，最典型的就是法官的裁决，其核心就是合法与否、违法与否的处理和裁量。

法律规范作为人类行为的评价准则具有普遍性，对同样的行为给予同样的评价，这是法律正义的普遍性体现，决定了法必须以同样的尺度去判断和评价一切主体的相同行为。规范的法律评价对权利义务的重新配置，对社会利益的必要调整方面，均排除了个别人的任意，是客观、统一并以国家强制力为后盾的制度性评价。

规范评价作用的形式有专门评价和社会评价之别。专门评价是指有权者按照法定职权和程序对某一具体行为作出的具有法律效力的评价，譬如，在行政诉讼中司法者就行政主体行为的合法或违法做出的评价，仲裁员在仲裁过程中对仲裁当事人行为的合法与否的评价等。而社会评价则是以社会主体的评价为基础，由社会成员根据自己对法律的理解对某些行为所作的评价，譬如，辩护人的辩护意见，代理人的代理词，以及新闻媒体以法律为基础对事实所做的评价，等等。两者的区别还在于将法律评价运用于某一具体行为后的不同后果，有权者的否定性评价将给被评价者带来不利的后果，无权者的否定性评价则未必。正是在这个过程中，法律的规范性评价作用才得到了应有的发挥。

（四）教育作用

法律规范的教育作用是指，法律通过实施和实现，对一般人所产生的影响作用，这种作用的对象即一般人的行为。法从来都以自己的规范性、制度性教育着所有的社会成员，使他们的行为与法律规定相符。然而，法律规范的教育作用既不是以语言文字的形式进行，也不是以概念逻辑的推论传达的，规范的教育作用就是通过规范效力，以人们身体力行的示范行为传播和影响一般人的行为的。

法律把对全体社会成员普遍的基本要求汇集为相对固定的规范模式，以行为规则和法律原则的形式，通过真实的具体行为向大众昭示着一种占支配地位的行为观念，并经过一定时间，使其内化于一般人的心中。这一过程并不是借助于一般的宣传教育，而是借助于规范先例者的行为。换句话说，法律规范的教育作用是通过规范人的行为而得以传播的。因此，规范的教育作用主要靠以身作则，靠先行后效，靠行为模式及其反面预警的效应而实现。现实当中，规范的教育作用比比皆是，但其典型地点却为法庭、选举场合、监狱等，而不是教室、媒体和宣传栏。法律通过自身的存在及其运作，以实际效用对社会产生着广泛的影响，这种影响对一般人均形成规范的督促、教育作用。

法的规范教育作用不仅具有榜样性、行为的转播性，更具有行为引导性即行为观念的内在性。凡是规范教育作用到位的地方，法早已是刻在人们心上的行为定式，它也预示着成熟的法治社会的到来。

（五）强制作用

法的强制作用源于法律具有国家强制力的基本特征，即法的惩戒作用，它所针对的是违法犯罪者的行为。尤其是刑罚，以能够合法剥夺生命权和财产权的强硬性，突出了法律强制作用的特点。另外，法的强制作用也为法律这一知识体系的认知作用铺垫了基础。

法的强制作用指法律对违法犯罪行为的惩治，是法律以物质的暴力制止恶行的合法行为，是对不法行为做出赔偿、补偿或惩罚的表现。规范的强制作用在全社会具有宏观控制和组织预防的功能，在法律系统功能中具有托底保障作用，是所有社会行为的保底条款，是保护法律自由的最后屏障。因此，它对危害社会的违法犯罪行为施以制裁的手段相比之下是较为严厉和极端的。

强制作用的目的在于，以合法手段迫使你实现法律上的权利和义务，确保法律应有的权威和尊严，以此维护法律正义及法律秩序，保证人们在法律的范围内能够自由的建立、健全、发展良性的法律关系和社会秩序。强制功能的形式多种多样，每个部门法都具有自己法定的强制方式和措施。

法律的规范作用，均是法律发生作用时的具体表现。在现实中，无论各种规范作用是单独出现还是同时出现，均是以行为为对象体现其规范作用，以行为为媒介形成法律关系和社会秩序的。除强制作用是针对极少数违法犯罪人的行为外，从本人到利害关系当事人，再到非利害关系的其他人和遍及所有的一般人，规范作用都能针对现实生活中一切主体的行为而产生。所以，法的规范作用就是从单个行为入手，将一切社会主体的行为作为自己的作用对象所形成的微观状态下较具体、较实在、较规范的作用方式，社会作用则是相对更大视野中的法律作用的体现。

第三节　法的社会作用

一、法的社会作用及其主要形式

法的社会作用与法的规范作用相比较为深刻、较为抽象，是一个极为复杂的问题。因为法的社会作用直接与法的价值和法的社会目的相联系，因此，法的社会作用就是法律目的及法的价值在社会中的实现。在不同的条件下，法会有不同的社会作用，之所以如此，不仅因时代、社会经济、社会制度等不同方面的影响，而且还有不同文化、不同传统对法律及其价值目标的不同理解，对社会理想价值的不同程度的追求等。这就需要我们既要考虑法的社会作用的历史共性，也要考虑各地各民族的现实境遇，以及法的社会作用的时代个性及国情民意。

法的社会作用，即法的目的怎样通过法律规范对社会发生影响并予以实现的问题。近年来，我国在理论上将法的社会作用普遍分为政治职能和公共职能，但事实证明，这两种职能的社会目的、现实价值和历史使命都是一致的。

在现代社会，它们都具有公众性，都立足于公信力，都是对全社会进行管理、整治，对既定社会秩序予以保障的制度性措施。因此，“法的这两种职能是内在统一的，一个国家或地区的全部法律规范也是内在统一的。”① 尤其在现代的文明社会中更是如此。

首先，法的社会作用就是法对于社会公共空间、对于社会公共事务的管理职能，应该说，法的公共职能囊括了法的政治职能。如今，只要是纳入法律轨道的政治职能，尤其是纳入了“良法”的政治职能，其活动方式、行为内容、欲达目标等均是因为全社会的共同利益，均应反映社会全体人民的“公意”，正如我国现今的法律就是全体人民共同意志的反映一样。所以，只有以法的公共职能为基础才能更好地实行和实现法的政治职能，而不是相反。

另外，无论法的公共职能还是政治职能，在发挥社会作用方面，其基本方式和作用手段都是以法的规范作用为基础，在社会秩序的治理中体现为法的确认、调节、整合、制约、组织、制裁等这些基本活动形式：

（一）法的确认

即以法的名义确定社会主体的资格和地位，确定社会利益的生产、分配及对其享有、处分和支配的权利。以法律的名义将所有涉及法律意义的事项、事物，纳入法律轨道予以制定、认定、公布和告知的活动。除立法外，典型的确认主要体现在法律适用及其确权的法律活动中。

（二）法的调节

即依规范化的手段对法律关系主体的合法行为予以保护和支持，对其违法行为予以惩戒和制止，对其非法行为给以有益的建议和诱导。据此，人们可以自觉的依据法律自行调解、和解、了结相互间的纠纷，在最基本的社会层面自行杜绝矛盾和冲突，将和谐安宁存留于民间。法律调节的社会功用能在社会中养成全方位守法习惯。

（三）法的整合

即对于法律所保护的被打断、被侵害、被破坏的社会关系，依法进行衔接、修复、控制创伤即法律整合。如因自然灾害、突发事件而引起的危害，因人为因素所造成的损害，都应以法律规范为基础，对被损害的权利义务关系进行修复，对法定的职权责任行为进行相应调整，把稳定和秩序保持在既定状态中。法的整合具有制度化、程序化的规范效能，是司法和执法活动的根本。

（四）法的制约

按照现代法治精神，法的制约是近现代法律得以产生的基本理念之一，即

① 孙国华、朱景文主编：《法理学》，中国人民大学出版社2004年第二版，第57页。

依法制约权力，是法律文明的现代品格之一。按照英国人洛克的思想，法律是因保障合法权利而来到世间，又因制约权力才得以发展的。由于“权利”以“义务”为制约，已成为法律的核心；而对于“权力”则需要规范化、制度化有效的约束。因此，法律制约更重要的是体现于法律对权力的监督机制。

（五）法的组织

法律具有组织的功能这是不言而喻的。在社会生活中，但凡要形成一定的社会关系就脱离不了人的组织活动，而法则是一种有力的组织工具。在人们各式各样的活动中，以法律关系为主要形式的活动，就是通过既定的法律规范，将人力、物力组织成自己所需要的、稳定可靠的各种实体。当今世界各国，可以说均是以法律组织了自己的宪政，依靠法律进行了政权的组织和运作的。在民间，人们通过法律能够理顺社会关系，通过法律组织各种有益的社会活动，通过法律还能建成不同的社会团体及组织。例如，根据公司法，人们能够建立各式各样的经营实体；根据相关法律规定，人们可以建立种类繁多的学会、协会、基金会等。

（六）法的制裁

即法律强制力的典型体现。它是使法具有威慑力的保障，也是法律有别于其他调整手段所带来的社会影响力的根本特征。

总之，无论法的政治职能还是公共职能，都必须通过上述法的作用的形式和途径才能达到。就其政治职能和公共职能的关系而言，法的公共职能是法社会作用的主要基础。

二、法的政治职能

通过对法的政治职能的研究，可深入理解法的社会作用，即法在较大社会背景下是怎样发挥作用的。法的政治职能以宪政职能为主，是一个国家关于各阶级（各阶层）之间、各民族之间、各利益集团之间，以及国家机构之间的关系及其对外关系等如何进行调整的问题。

法的政治职能一般体现于公法领域，宪政法律关系的建立和健全，是其典型的表现。国家政权的合理分配及合法运行，政府职权的合理使用及合法制约，就是对于法的政治职能的实质性要求；其目的就是希望形成一种文明、稳定、安全、民主的政治秩序。法正是在表达了对这些社会正义的追求中，才被赋予了国家意志，才取得了国家强制力为后盾的。

对于其他社会主体的权利而言，国家的权力是强大的、扩张性的、难以对抗的，在缺乏有效约束的情况下，最容易被盗用或被有权者私用。此危险已为人类历来的史实所佐证。为此，中外众多思想家和政治家殚精竭虑地提出了很多卓有价值的见解，试图说明权力的来源、规制的模式、行使和监督的有效方式等，如人权理论、社会契约理论、分权制衡理论、民主法制理论等，其中的大部分已载入各国的法律文本，并规制着国家的宪政行为。

另一方面，面对现今多元的主体结构和丰富的阶层分化，法的政治职能就是运用规范的手段，把因为竞争有限资源而导致的社会冲突，控制在一个可行的法律限度之内。使国家在保障每个社会成员在共同体中均能获得基本相同的生活条件的同时，实现社会资源在宏观体系中的良性配置。在我国，就是通过人民代表大会制度的安排，使各类社会成员的意志得到充分的表达，使各种社会利益得到透明、公开、公正的反映，从而使法律成为人们行为的尺度，使正当合法的关系得以产生并顺利履行。这便是法的政治职能的目的所在。

由于法的目的在于为人类共同体创造一种社会和谐的外部关系，这种外部关系的范畴既包括人与人的关系也包括人与自然的关系。在这一视角下，政治的定位必然是在社会有序的基础上追求一种更加美好的社会理想，使其在法律政治职能方面，成为由民主价值引导下的操作模式。从这个意义上来解释法的政治职能，其实就是法的政治职能如何寓于法的公共职能，并将政治问题纳入公共职能予以处理的问题。总之，法作为社会律的表现，必然因人类自身关于政治理性的认识而得到更多的发展。

三、法的公共职能

法的公共职能是其社会作用的根本体现和基础，它既担负着造就良好社会秩序的重任，又以公共管理职能的特色，将法的其他社会职能聚于一身。法的公共职能涵盖面极其宽广，这里只能简略涉及。目前在我国，法的公共职能主要有以下几个方面：

（一）依法建立、培育和完善社会主义市场经济

如今的中国，是在社会主义特色理论的指导下，以建设和谐社会为目标，以市场经济为基础的历史时代。建立和完善市场经济是我国经济体制改革的目标，社会主义市场经济的确立意味着法律在社会资源的流动和分配中起着十分重要的作用。如，一切市场主体的平等地位和在法律范围内的交易自由，都是由法律确定的；竞争中人人必须遵纪守法，不得以不正当竞争方式侵害其他竞争者和消费者的合法权益，也是由法律加以明确的。任何一级政府都不得非法干预市场秩序，不得人为的以行政权力分割或抵消市场，限制合法竞争，限制生产生活资料按市场规律的自由流通等，均为法律公共职能的反映。

另一方面，政府对市场经济具有毋庸置疑的保驾护航作用。譬如：依法对缺乏民间投资的公共基础项目重点予以支持和建设；依法鼓励发行国债或其他

金融产品为市场经济搭桥铺路等。政府不是市场竞争的参与者，而是为市场提供一个公平竞争的平台；只有当市场失灵，出现难以解决的问题时，政府才应依法运用法律规范对市场问题进行调处；政府必须依法加强影响市场行为决策的透明化、公平化，并规范各种产品质量标准和度量衡制度，为市场主体和消费者提供及时、准确的服务。

（二）依法促进社会关系的稳定与和谐

我们改革开放的目的是解放和发展生产力，奠定人民群众的物质生活基础，争取在先进的生产力支撑下，逐步建设起和谐美满的社会基础。而满足人民群众不断提高的物质文化需要，实现他们的社会愿望，就应是法律公共职能的归宿。

首先，应运用法律来保障人们的基本生存权和物质精神方面的合法权益。如我国社会保障机制的法制建设，让低保对象和失业人群能平等享受到社会改革带来的基本利益；弥合城乡差别，依法推进农村的城镇化进程；进行医疗、养老保险等制度的建设等。

其次，在保障人的基本生存需求基础上，应通过法律高扬人类的社会责任感。如在教、科、文、卫、体等事业中逐步健全法制，使精神文明的实现及时得到法治文明的支撑。如法律以选择性规范鼓励并提倡公民从事科学研究、发明创造、技术革新……以此保护知识产权的合法利益；又如，义务教育法以强制性权利保护机制，确保每一个适龄公民都能获得社会发展所带来的人类文明最基本的知识熏陶。

（三）在可持续发展观的指导下建立健全对自然环境及其生态的法律保护机制

从根本上看，人类本身就是自然的一个物种，就是自然发展的一种必然结果，因此，人类的发展当然会受到自然规律的制约。人类只有置身于与自然万物同生共求的和谐关系中，才能与自然界一起获得共生共勉的和谐存在，才不会辜负人类“万物之灵”的称谓。因此，保护自然环境，维持生态平衡，已是现代人类整体意识的集体使命，它要求我们运用法律方法实行一种可持续的新型发展观。这种发展观不仅关注人类代际间持续延伸的利益关系，更要关注人与地球、人与自然和谐共处的永恒主题。

从法的作用的角度理解自然与人类的和谐发展，在科学技术如此发达的今天有着极其重要的意义。科学技术作为一种物质力量对人类命运来说是一把双刃剑。一方面，它可以在自然允许的限度内极大的改变人类整体的生存状态，使人们“心想事成”、“梦想成真”；另一方面，人类能够利用科学技术满足自己无穷无尽的欲望竭泽而渔，掠夺自然，最终将会给人类社会带来灭顶之灾。

当今社会，可持续发展观已成为全世界的共识，已成为人们越来越重要的活动依据。在全球化迅猛发展的趋势下，法作为一种全人类共享的知识体系，应被置于环境即生态保护的关注之中。在国内，应加快相关部门的立法，严格提高执法效力，使过度耗损自然资源，视GDP为主要发展指标的观念，转变为对自然资源的良性开发，对生态系统的有力保护上来。国际上，应以国际组织为主，加强各组织与各主权国家在相关方面的协调与合作，解决人类共同面临的环境生态难题；同时，依靠国际舆论，尽可能地要求各国确实履行自己的国际生态环保义务。

第四节 法律作用的局限性

一、“法律虚无主义”与“法律万能论”

法律以其特有的规范作用对社会生产发生着深刻的影响，正如以上所述，是当代社会经济、政治、文化发展和社会全面进步所必不可少的。由于历史的原因，当第一部《中华人民共和国宪法》制定后，我们就应该以新的宪政意识，将来之不易的民主革命成果用新的宪政制度固定下来，尽快形成中国特有的完善的法律体系。遗憾的是当时人们并没意识到建设社会主义宪政法律制度的艰巨性和复杂性，而沉浸在轰轰烈烈的群众运动之中；人们不仅没有及时消除战争年代对伪法统形成的法律仇恨心理，反而还助长或培养了法律虚无主义观念，一时间在社会主义的建设过程中使法律虚无主义倾向有所蔓延。这种既轻视法律作用，又削弱法律权威，更危害法律信仰的观念，使法律作用的发挥遭到了极大的阻碍。

我国自20世纪80年代大抓法制建设以来，尤其90年代以后日渐繁密的法规文本，似乎又给人们传递了另外一种观念，即“法律万能论”。认为，社会上的任何事情只要依靠法律什么都能解决，似乎没有法律办不到的事。特别是那种不顾法律自身的局限性，认为只要立了法，有了法律规范，就可以高枕无忧，就能够解决所有社会纠纷和矛盾冲突，甚至把法律推到事事万能的地步，这种法律万能论的看法也是十分有害的。它从另一方面损害了法律的权威，也是我们在理解法的作用过程中需要克服的不良倾向。

法律在社会中具有极为重要的功能、作用。但是，我们在充分认识法的作用的同时，也应该看到法律功能的有限性、法律资源的局限性，否则，就不能全面了解法的作用。

二、造成法律作用局限性的客观原因

（一）法只是诸多社会调整系统中的一种

法首先通过作用于人的行为，进而才作用于社会关系及社会秩序，并在相应的范围内发挥着责无旁贷的作用。同为社会调控系统的政策、纪律、道德、习惯以及宗教的作用与法就有所不同。政策和纪律在它们作用的范围常常效果较为突出，而进入法治领域效果却往往不佳，反之亦然。再如法与道德相比，道德首要的是规制人的内心和动机，而法律并不以规制人的内心活动来发生作用，因此，心理活动不能作为法律作用的对象。而法与宗教相比在发挥作用的过程中，常常采用特定的逻辑推理形式，以此形成了专门的法学实证分析模式；而宗教在发挥作用的过程中，其推理往往是一种超验的信仰，非世俗的感应。至于习惯，在本书第一章中已有详述。其他调控手段的作用不同于法律的作用，就在于它们满足了特定领域中秩序化的需要，而在这些领域，法的作用要么不适宜，要么难以发挥。譬如，涉及人们的思想、认识、信仰、感情等方面的问题，就不宜采用法律的调整。

（二）法律与千变万化的生活实践相比是相对静止的

法律对于千姿百态、不断变化的社会生活，其涵盖性和适应性不可避免地存在着一定的限度。尤其法律作为明文规定，其内容是抽象的、概括的，制定出来后不能朝令夕改，因此有相当的稳定性。从哲学的角度讲，法律一旦制定出来，它就开始落后了。而现实生活则是鲜活的、多样的，随时都处于变动之中的。因此没有一部法律能够完全预先意料到所有的现实社会生活，从而加以规范。但是我们不能因为法律不能对现实社会的变化作出及时的反应而置法律的确定性不顾。因此，立法者和司法者竭尽全力通过法律解释、自由裁量、程序阻隔等制度设计来协调这种情况。然而，我们仍然必须承认这些努力有时是徒劳的。法律规则真空的存在及其不适应性，是造成法律作用局限性的本质因素，这也是法律的稳定性与灵活性之间矛盾存在之使然，因此，法的作用在许多境况下难如人愿。

（三）法律体制的完善程度从来就是发挥法律作用的瓶颈

与法律相应的配套技术、措施、制度尚未建立、完善，或者即便建立了，尚未真正与法律融为一体的情况下，法律不可能充分发挥自己的独特功能。

法律作为国家制定或认可的社会规范体系，也需要相应的具体制度予以支持。相关制度与法律的匹配程度，往往决定了“文本上的法”能否较好地转化成“行动中的法”的基本保证。如，在相关制度的层面，法的作用的发挥往往依赖于律师公证制度、法官检察官制度、证据制度等的设计，这些制度和法律协调的程度，决定了法律作用发挥的效率和效益；而在公民自身认识层面，法治信仰、权利义务意识、承认程序正义等观念，是否和法律的要求相一致，决定了法律发挥作用的可接受程度。这些均与法律作用的有无、发挥作用的优劣、作用效果的虚实紧密相连。

三、我国法律作用局限性简析

日常生活中，以法律诉讼的方式解决纠纷的成本相对较高。由于硬性的诉讼程序的规定，当事人和参与者都必须付出大量的时间、精力和财力，导致诉讼成本对于普通民众来说过高，使得很多人视法律的救济方式为畏途，以致对法律不再有所期待。

另外，对于相同的案件，在不同的地区或不同的时间，其法律解决结果往往不一致，致使当事者难于信服。这除了执掌、适用法律的主体对法律的个案解释常常不可能一致外，还与不同层级不同角度对于法律的理解均难以完全一致有关。此外，还有许多社会体制和文化传统方面的原因，使如今的法律难以发挥其应有的作用。中国当今社会的法律制度，可以说发端于19世纪的鸦片战争之后，可称为外缘性法制现代化的典型代表。因此，现代法制对于中国人来说就是一种“舶来品”，在中国悠久的治理传统影响下，其作用的发挥也将受到相应的限制。现实生活中我们经常能看到一些以传统风俗习惯代替现行法律的事例，如在边远山村和乡土社会，结婚并不遵守婚姻法的规定等等。

另一方面，我国法律知识普及水平低，人民群众对现代法律认识不足，不能使法律得到正确地适用和遵守；法律信仰的缺失，使法律难以成为人们生活方式的有机组成部分，而一些执法和司法者自身素质及法律素养的欠缺，更加剧了这种现状的蔓延。

本章体系

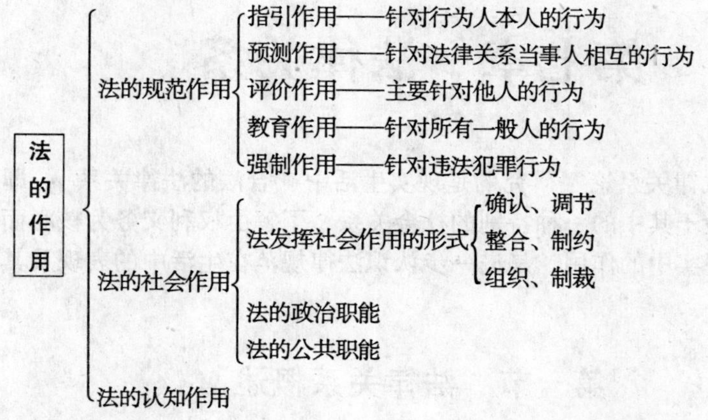

复习思考题

1. 什么是法的作用？它在法学理论上主要分为哪两类？为什么？
2. 法律规范作用主要有几种？并一一予以说明。
3. 法的社会作用主要通过什么方式影响社会并实现自己的目的？
4. 法律作用为什么会有局限性？
5. 你对法的认知作用有什么看法？

第七章 法律关系

一般的“法律关系论”研究的是现实生活中“合法的法律关系”，即人们切身生活并体验于其中的一种特别的社会关系。了解由权利义务为核心而形成的法律关系在现实中的作用，是进一步认识法律规范在生活中的表现及其实现的基本途径。

第一节 法律关系概述

法律关系理论是法学中最基本、最重要的范畴之一，要了解法是怎样通过规范作用发生社会作用的情况，欲领略法律的运作理念，就必须深入了解法律关系在法治实践中的地位及其意义。如我国学者所言“法书万卷，头绪纷繁，莫可究诘，然一言以蔽之，其所研究或所规定者，不外法律关系而已。”① 所以，法律关系理论使现代法学在社会生活中折射出了理论价值的光辉，更凸显其在法学理论中的地位。我们之所以将法律关系列为法的实施与实现的核心问题，就是因为此概念不仅代表了法律效力和法律作用的具体化、实效化；而且它还是守法、执法等得以成立并与司法有着异曲同工之效的根本性所在。

一、法律关系的概念及其构成要素

“法律关系”作为一种观念，作为一种法律技术用语在社会发展中奠定了其在法学理论中应有的重要地位。通过各种法律关系形成的法律秩序证明，社会秩序是法律关系的集成。

（一）法律关系的含义

对于法律关系概念，不同的学科有不同的表述。如在社会学意义上，法律关系被认为是社会关系的子项，与其他关系，诸如政治关系、经济关系、文化关系等共同构成了社会关系的具体内容。严格讲，此种表述不是法学上的表述；它只是对不同社会现象即各种客观事实进行了粗浅分类，并没有对法律现象进行清晰的描述；虽然它区分了法律关系与其他社会关系的不同，但却没有

① 梁慧星：《民法总论》，法律出版社1996年版，第47~49页。

表明事实关系与规范关系的不同。由于社会关系主要是人在自然规律的支配下人与人的联系，人类活动的相互联系便成了社会关系的源泉，社会关系只不过是这种联系在社会生活中各种各样的反映罢了。因此，社会关系表现了人们之间联系的一般形式与内容的关系。

再如在哲学意义上，法律关系被称为法律现象的本体说，即法律关系是法律对生活实质的直接反映，是对社会关系进行描述、评价及规范，因此，社会关系是法律关系的雏形。此种表述有极抽象的概括力，但也不是法学上的概念表达。该理论从外在社会关系出发来探讨法律关系，其着眼点在于厘清法律关系与社会关系间的关系，认为两者相对的分疏是法律关系在法学中区别于其他学科的标志。实际上，法律规范作用于法律关系而形成的特殊关系，常常与社会关系相互交融难分你我。从哲学角度对法律关系进行研究，在于辨清法律关系与社会关系的区别与联系的同时，使我们能够从法学与社会学相融合的角度，更理性地了解法律关系与社会关系的区别和联系。

在法理学意义上，法律关系是根据法律规范产生的法律主体间权利义务的关系，是一切法律规范得以实现的真实形式；即法律关系是法律规范在调整人们行为过程中形成的权利义务的关系。① 意义在于，法律关系就是对相应社会关系的规范。较为权威的理论有：“（法律关系）按通常说法是指，由法律规范确认或调整的、基于主体特定行为而产生的、具有权利义务内容的社会关系。”② 虽然在大多数场合，法律关系与社会关系具有内容上的同一性，但它们毕竟显现了不同的性质。法律关系是以法律规范为前提而产生，以权利和义务为纽带而构成，以国家意志为保障，以当事人意志而实现的特别关系。所以，法律关系是以人与人之间，以及主体与客体之间的联系性所体现的特殊形式与规范内容相结合的特别关系。法律关系论在法学理论运用上具有里程碑般的方法论意义。

法治条件下，并非所有的社会关系都能纳入法律调整框架成为法律关系，如情感友谊、宗教信仰、权威服从，以及一般的社会交往关系等。作为法律关系原型的社会关系，其内容上更为丰富多样，其形式上更加随意驳杂，难于具备法律关系的规范性及国家意志性。法学将着眼点聚焦于特定情况下的具体个案，并对它们进行规范性的调整和研究，使其所形成的法律关系更加清晰明了。

---

① 参见《法学词典》，上海辞书出版社 1985 年版，第 617 页。
② 沈宗灵：《法理学》，高等教育出版社 1994 年版，第 376 页。

（二）法律关系的特点

1. 法律性

即首先要有相应法律规范的存在。没有法律规范便无从产生法律关系，这是法律关系得以确定的前提；由于法律规范中的行为模式只是一种可能性，只有当其被兑现为现实生活中具体的权利义务时，才能形成法律关系。所以，法律关系不仅给人与人之间的联系赋予了社会性，更赋予了法律性。

2. 意志性

由于法律关系的形成和实现都要通过人的意志和意识的活动，因此它是一种体现了特别意志的社会关系。既体现了制定者的意志，又体现了当事人的意志；因为，如果没有制定者的意志，就不会有法律规范，如果没有当事人的意志，就不会形成法律关系的个案实例。有的法律关系表面上虽然没有直接通过具体当事者的意志而产生，但却基于法定的客观事实而形成，其中不仅包括了当事人的意志，而且也包括了国家的意志和社会普遍发展的意志。

3. 合法性

在一国内，法律关系本是国家法律予以保护的合法关系。在人们依法独立自主、自愿互利基础上建立起来的相互联系中，除非因某种事实而遭破坏、断裂或被危及，否则不会也不应出现惩罚性关系，即法律对被破坏、被侵害的法律关系进行修复、修整、抢救的“保护性法律关系”。换句话说，人们在法律范围内结成的所有法律关系都是合法有效的，一旦被侵害或被毁坏，法律必然出面制止或强制修复，这就是制裁和处罚的法律现象。法律的制裁和处罚决不是一般当事人依法能够建立的关系，而是由国家强制力出面对原合法关系予以保护的法律措施。

4. 现实性

法律关系是存活于现实生活中的“活法”或曰“法则”，是人们往往不可违反的生存规律，即“社会律”的反映。法治社会中只要在法律范围内，人们就能自行建立自己所需要的法律关系，因为人本来就具有社会性。在法制健全的社会里，人们将依法结成大量、多样的法律关系，同时也将依法履行、顺利交接各式各样的法律关系。由此，孕育着生机勃勃的法治社会。

5. 被制约性

法律关系内部的联结性总要受到人与人、人与物、人与自然的关系的影响和制约，因此，法律关系也总是要受来自自然、社会和生产力发展的影响和制约。这就是为什么法律关系总是调整人与物的关系并直接与社会生产方式相适应的原因；另外，法律关系也或多或少的要受到其他社会现象的影响和制约。

任何法律关系的来源都是既存的社会关系，由于法律规范的存在，才使社会关系成了特定的法律关系。法律关系由活生生的人和事产生，是具体而现实的。由于法律关系主体必须具有外在的独立性和法定的资格与能力，因此，法律关系与其他社会关系相比，具有较高的规范化和制度性特征。

（三）法律关系的构成要素

法律关系的构成必须具备特定的要素，否则不能形成法律关系。构成法律关系的要素很多，有的学者认为，在具体的法律关系个例中，如买卖关系就包括5种要素、12种关系，① 在土地占用的物权关系中也有5种要素、9种关系。然而无论什么样的法律关系均需在以下三个要素的基础上形成，并且缺一不可。

1. 具有特定的主体

没有主体的参与或不涉及特定主体，法律关系就无法形成；因为法律关系体现的是国家意志和当事人的意志，因此表现了唯有主体才有的意志性。一般而言，法律规范代表着国家意志，而法律关系则表现了该关系参加者的具体意志。

2. 存在相应的客体

法律关系客体是保证法律关系得以实现、权利主体得以满足、权利客体自身得以合法保护的要素；没有客体的法律关系其主体的利益无从实现，也无法谈及法律关系的形成。因此，法律关系客体存在与否，是法律能否获得实现的客观基础。

3. 以一定的权利义务为联结链而形成的法律内容

仅有主体和客体存在还没有形成法律关系，因为它们并没有相互“联系”，必须有一种关系将它们联结起来才能形成法律关系。这就是以一定的权利义务为联结链而形成的法律内容，没有这项内容，就不可能将彼此独立的主体和客体联结起来，更不可能形成符合法律规范的关系。所以，主体之间法律上的权利义务，或由法律规定的职权责任即权力职责，就是法律关系的内容，正因为有了它，才使一般的社会关系变成了具有法律性质的法律关系。

以上就是构成特定法律关系不可或缺的三要素，即法律关系的主体、客体及其内容。法律上的权利义务在其中的地位十分重要，是法律关系得以形成的核心和灵魂。正如学者所言，法律关系是凝聚着国家意志的法律规范作用于社会生活的过程和结果，是法律从静态到动态的转化，是法律秩序的具体存在形态，也是法的价值得以表现和实现的具体形式。②

---

① 参见蔡守秋《法律关系新论（二）——调整论关于法律关系的理论》。

② 张文显：《法学基本范畴研究》，中国政法大学出版社1993年版，第158页。

二、法律关系论的发展及其在法治建设中的意义

（一）法律关系论的源起

关于法律关系最早的观念，应源于罗马私法中“债”的概念。私权法中的债（obligatio），具有双重意义：一方是请求他人为一定给付的债权人，另一方则是因请求而为一定给付的债务人，双方的这种关系又依国家法律而得到保护，从而成为约束关系人的“法锁”（也称为法律上的锁链关系）。① 罗马法学家给债下了一个定义：“债是依国法得使他人为一定给付的法锁。”由此告诉人们，债是法律把人与人联结起来的“束缚”或“锁链”。② 人们一旦被法锁锁住，就不能任意解脱，除非通过履行、清偿（solutio）、诉讼等程序。法锁本身的作用即限制或约束，法锁显然表示的是法律的约束力。用法锁的概念来定义“债”，从而用隐喻的方式将债和约束力联系起来，这就是拉丁语中债（obligatio）的“法力”约束，即保障义务得以履行的法律拘束力。后来，人们也开始用它来表示负债人的义务，有时还指权利人享有的权利。③

19 世纪初，人们渐渐开始注重对人及社会关系的研究，“社会关系”一词成为通用术语。与之相适应，德国和法国的民法学著作中也出现了“法律关系”的概念。德国历史法学派著名代表冯·萨维尼认为：各个法律关系，就是法律规定的人与人之间的关系。其本质就是划分个人意思所能独立支配的范围，这构成了法律关系中的事实要素，即法律关系的形式。④

到 19 世纪中后期，现代意义的法理学著作开始面世，西欧大陆国家初步形成了法律关系的一般理论，由于其来源于“债”这一私权观念，所以深深打上了私法的烙印，法律关系只作为民法的概念而存在。如德国学者所言，法律关系是人与人之间的纽带；是一种自由空间，所有其他人都不得对此加以干涉。⑤ 20 世纪，大陆法系国家普遍将法律关系作为区分公法与私法的内在根据，在公法领域较少使用“法律关系”概念。

近代的英美法系国家，法律关系理论并不发达。因 19 世纪早期法律实证主义的兴起，他们通过分析法律术语，探究法律命题在逻辑上的相互关系而对

---

① 江平、米健：《罗马法基础》，中国政法大学出版社，1991 年版，第 206 页。

② ［英］梅因：《古代法》，沈景一译，商务印书馆 1959 年版，第 182 ~ 183 页。

③ 参见［意］彼德罗·彭梵得《罗马法教科书》，黄风译，中国政法大学出版社 1992 年版，第 283 页。

④ 何勤华：《西方法学史》，中国政法大学出版社 1996 年版，第 248 页。

⑤ ［德］迪特尔·梅迪库斯：《德国民法总论》，邵建东译，法律出版社 2000 年版，第 51 页。

法律制度进行剖析中，间接的论及“法律关系”，如英国的约翰·奥斯丁等学者在探讨权利义务的法律内容时，将其引入到了法理学领域。此后，美国人韦斯利·霍菲尔德在其分别发表于1913年和1917年的两篇同名论文《司法推理中应用的法律概念》中，围绕广义的权利和义务概念进行了较系统的逻辑分析，通过对“权利”及其相关概念的研究，剖析了错综复杂的由社会关系引出的法律关系问题，这才使“法律关系”一词成了法学一般概念的开始。

真正将法律关系提到法学基本范畴地位的是苏联的法学研究。20世纪中后期，前苏联法学家一直致力于法律关系及其相关的法律规范、法律秩序、法的实现等问题的研究。他们以马克思主义基本原理为指导，从哲学、法学和社会学等多个学科的角度进行考察和论证，将法律关系定位于法学基本理论，同时批判地继承了欧美国家关于法律关系的理论，用“权利义务”观念充实了“法律关系”的内容，最终形成了法理学上的概念。这使法律关系不再局限于民法即私权法的领域，使其在法学分支学科和所有法律部门都得到了广泛的重视。[①] 前苏联学者对法律关系作了较系统的阐述，认为：法律关系“已经把可能转变为现实，把应该转变为实际的领域。法律关系是社会内容和法律形式两方面的统一体。”[②]他们指出，法律关系即根据法律规范产生的，具有主体法律权利和义务的，由国家强制力所支持（保证）的人与人之间个体化的社会联系。法律关系的构成包括权利主体、客体（主体法律权利和义务所指向的，我们周围世界中的现象）和内容三个要素；并认为，权利和义务表现为法律上的可能性和必要性，而权利义务的物质内容（即我们说的权利客体）则为现实性，是法律内容的实现。[③] 另外，他们还对引起法律关系运行的法律事实和事实构成作了深入的探讨。

（二）法律关系研究在我国法治建设中的意义

在我国，法律关系论早在1949年以前就引入了法学领域，但基本上是日本、德国法律关系理论的翻版，即将法律关系论认定为民事关系的专利，基本不涉及其他部门法学问题。新中国成立后，除了政治理论外，我国法学的研究范围十分狭小，加之规范性法律文本的奇缺，很难对法律关系进行深入研究，

① 参见冉昊《法律关系的内容及其模型建立》，载《南京大学法律评论》1999年秋季号。

② ［苏］C. 雅维茨《法的一般理论——哲学和社会问题》，朱景文译，辽宁人民出版社1986年版，第179页。

③ ［苏］C. 阿列克谢耶夫：《法的一般理论》（下），法律出版社1988年版，“法律关系”一章。

致使法律关系理论与现实生活长期脱节，更不可能解释宪法、刑法、行政法等公法领域内复杂的法律现象。改革开放后，我国法学在恢复与振兴的过程中对以往的法学理论进行了由浅入深、由表及里的重新审视和整理，尤其当法制体系进一步健全后，学者们不囿于传统理论的束缚，对许多法律现象重新进行了审视与反思，在法律关系论方面取得了较大突破。

20 世纪 90 年代中期以来，我国出台了大批规范性法律文件，这不仅为如今的法治社会奠定了规范基础，而且为现实秩序中的法律关系表明了产生依据。虽然法律规范所构建的只是抽象层面的要求，但它如何与所欲调整的法律现象相结合，从而使法律关系形成我们所希望的社会秩序，就成了我国法学界需认真研究的课题。如果我们不注重在规则与现实之间应架起的理性桥梁，那么法治的理想将很难变为现实，而法律关系论的研究正是这样一座沟通法律规范与现实社会的理性桥梁。可以说，良好的法治环境，就是法律关系这种特殊社会关系由抽象转化为具体、由规范转化为人们行为即生活方式的过程。

由于法律规范中的权利和义务针对的是抽象的人及其不确定的行为，而法律关系中权利和义务则一定要由具体的人及其行为来实现，因此法律关系中的权利和义务是明确的、真实的，因此，研究法律关系理论即研究具体的法治理论。另外，法律规范对权利义务的设定总是概括的潜在的，对立法者来讲，他们面对的总是一元主体的要求，即相对统一的应该怎样做和不能怎样做的问题。而在法律关系中，其权利与义务的形式均是既定明确的，对于法律关系当事者而言，他们均是由二元主体构成，即一方的权利，需要另一方的义务来保证；其权利和义务的现实性，要求分别由两个以上的主体各自承担；所以只有通过当事者主体意志的一致性和统一性才能使法律规范与法律关系统一起来。因此，我们说法律关系是活着的法律规范，是行动中的法律。这就是法律关系论在现代法治研究中的实证性、科学性所在。换句话说，不研究法律关系，或法律关系研究不到位，法治就无从落到实处。

三、法律关系的主要分类

（一）抽象的法律关系和具体的法律关系

抽象的法律关系体现国家的意志，而具体的法律关系不仅体现国家意志，还体现当事人的意志。

抽象的法律关系如我国宪政中关于公民基本权利和义务的确认和保护状态。由于我们每一个人都生活在这种体现着国家意志的统一法律状态中，都得到了合宪性机制的一体保障和调整，平时生活中似乎感觉不到宪法规范的作用，因此，往往从法律规范角度将此称为“抽象的法律关系”，就如同在行政法中由抽象行政行为所引起的抽象法律关系基本相通一样，又如因选举法的规定而产生的选举法律关系等。

具体的法律关系一般均指由具体人（当事人）、具体事（个案事实或事例）在法律规定范围内所形成的法律关系。这在私权领域中极为普遍。如因出生而形成的每一个公民的人身权、人格权关系，因合同的订立而建立的债权债务关系，因联营、合资、合作等而产生的各自不同的经营权关系，等等。

（二）调整性法律关系和保护性法律关系

将法律关系划分为调整性法律关系和保护性法律关系，具有特别的法理学意义。因为，法律关系理论原出于私权法的领域，是民商法中的基础理论，因此，学者们往往不将其运用于公权法的范畴。这种划分打破了以往的界限，将法律关系理论延伸到宪法、刑法、行政法等公法部门中，使法律关系真正具有法学一般理论基本概念的地位。

调整性法律关系也被称为“第一性法律关系”，是基于法律的调整而形成的人与人之间合法的法律关系。如果一种法律关系在其赖以产生的法律规范制定出来之前就存在，那么它曾是以某种社会关系的形式存在着，法律规范一旦产生就将其纳入了法律上权利义务的调整之中，使原来的社会关系变成了法律关系，呈现了法律性。这就是法作用于人的行为和社会关系时，将法律规范转化为现实法律关系的基本过程——调整并予以确认通过的过程。因此，调整性法律关系一般均为守法性法律关系。

保护性法律关系即第二性法律关系，就是法律以责任或制裁的手段对被侵害的合法关系予以修复和进行保护的“第二性关系”，往往为公法法律关系。只要合法关系被破坏，保护性法律关系就将出现。可见，保护性法律关系均为公权介入，或者第三方介入进行干预而形成的法律关系，常常因违法而形成。在我国，它包括如因民事诉讼、行政复议、劳动仲裁、刑事诉讼及处罚等而形成的法律关系。一般而言，司法关系均属于保护性法律关系。

在调整性法律关系中，一般以义务来保证权利的享有和行使，而在保护性法律关系中则是由责任来保证权利的享有和行使的。因此，以法律关系是否以责任为依据来划分，便有了调整性和保护性法律关系之分。调整性法律关系即人们自由、自主、合法建立的关系，保护性法律关系则是因人们自由、自主、合法建立起来的关系被侵害、被破坏而形成法律责任和法律制裁的关系；即触犯法律规定所引起的，显现法律强制力保护性的关系。换句话说，无需承担法律责任的即调整性法律关系，因为它是合法的行使权利，顺利的履行义务的“第一性法律关系”；而因某种原因打断或侵害了合法的法律关系，需要主体承担法律责任时，即出现了国家出面进行保护的“第二性法律关系”。

（三）平权型法律关系和隶属型法律关系

按照法律主体之间的相互地位不同，法律关系被划分为平权型和隶属型法律关系。如果主体之间的地位是平等的，就是平权型法律关系，如民事、一般商事中的法律关系，否则就为隶属型法律关系。

隶属型法律关系多见于行政法律关系中。政府机关及其工作人员具有行使国家权力的职权，因此，在行政管理关系中，行政主体有权对行政相对人进行管理，行政相对人就是承担义务的一方，按法律规定他处于从属或服从管理的地位。这种法律关系中的主体地位及其权利与义务就不同于平权型法律关系。公职机关及其公职人员的职权是代表国家行使的权力，行使职权被称为执法。因此，执法关系一般而言均属于隶属型法律关系。

第二节　法律关系的主体与客体

一、法律关系主体

（一）法律关系主体的概念

法律关系主体又称权利主体，即除了自然人以外，具有法律上的人格或具有法律拟制人格的“人”，都是法律关系的主体。法律关系主体在法律涉及“人”的概念中是最抽象的，是一切法律关系中权利义务的享有者和承担者，包括具有法定权力的实行者、司掌者和责任者，都可以是法律关系的主体。

法律关系主体既可为一个法人，也可为一名自然人；即可是一国内一般的民间组织，也可是多国间结缔的公约组织，还可是国际上个人对个人、个体对国家等而形成的法律关系中的特殊主体。因此，现代社会的法律关系主体，越来越多地体现着法律上拟制的“人格组织”，即具有法律性“人格”的一切由人所组成的集体或实体。他们往往也被称为“法律实体”或“实体组织”。可见，法学上的主体论不同于哲学上的主体论，它比哲学上主体论的范围要广阔得多。

另外，在具体的法律关系中，法律关系主体又仅仅限于法律关系的当事方，而并不包括特定法律关系中的其他参与人。法律关系的参与人一般指当事人以外的，在特定法律关系中没有直接利害关系的，与特定法律关系没有权利义务联系的参与者。如代理人、证明人、鉴定人、勘验人、翻译人等等。由此可推论，因诉讼而结成的诉讼关系是较为复杂的法律关系。

（二）法律关系主体的种类

在我国，目前法律关系的主体通常是指，能够以自己的意志独立建立合法正当关系的人格主体。具体包括以下几种：

（1）自然人：即公民，农村土地承包户、个体工商户，以及合伙组织（即“两户一伙”）；还有外国人、无国籍人、多重国籍人等。

（2）法人：依我国法律的规定有国家机关，企、事业单位，依法有独立财产权的社会团体、中介机构，以及有独立核算资格的一些民间团体，以资合为特征的基金会组织等。

（3）非法人组织：如各民主党派、工、青、妇各群众组织。

（4）国家：国家除了在国外为国际公法的主体，在国内为宪政法律关系主体外，在某些活动中也可成为民事法律关系的主体。如以国家名义向社会成员所举的“公债”行为。

（三）法律关系主体的资格和能力

1. 权利能力

是指能够参加一定法律关系，依法享有权利和承担义务的主体资格，它是主体实际取得权利和承担义务的前提条件。权利能力有公民和法人的权利能力之分。

公民的一般权利能力始于出生终于死亡（主要指自然人的基本民事权利能力），是现代人作为“人”被赋予的法律资格，因此，不经合法程序不能被任意剥夺和取消。另外，特殊的权利能力是公民在特定条件下的法律资格，不具备法定条件不能取得。如宪政法律方面的选举权、罢免权、对公权力的监督权等；在行政法方面的任免权、职权、管理权等；在婚姻法上的婚姻自由权；以及合同法上的缔约权、履约权；等等。特别权利能力一般由国家依法规定而取得；有的权利能力也可由当事人在法律范围内合意而定，如缔约权、履约权等。

非自然人主体，如法人的权利能力为法人的合法资格，产生于法人的成立，终止于法人的解散和取消。

2. 行为能力

即权利主体能够通过自己的行为，取得权利和承担义务的能力，必须以权利能力为前提。行为能力不仅意味着主体能够理解自己的行为性质、行为意义和后果，而且还能够通过自己的意志，独立地实现相应的权利并承担相应的义务。自然人有权利能力并不一定有行为能力，反之亦然。

法人的权利能力和行为能力虽然有时很复杂，但一般都是一致的。如在主体资格的确认方面，有时候需要根据权利客体的实际情况而定，这在许多纠纷案中极为普遍。一般，对于主体资格的审查均属于“权利能力”问题；而对于其是否能为自主行为享有实体权利的审查，则是认定其“行为能力”的问题。这些在法律实践和司法适用上均有着不可替代的功能。

我国民法通则规定，具有完全行为能力的自然人包括两种情况：一是18周岁以上的公民是成年人，因此被视为完全行为能力人；二是已满16周岁不满18周岁的公民，以自己劳动收入为主要生活来源者即为完全行为能力人。限制行为能力人为10周岁以上不满18周岁的未成年人，他们可以进行与其年龄、智力相适应的民事活动，而其他活动则由他的法定监护人代理或代行，否则应征得监护人的同意。不满10周岁的未成年人为无行为能力人，其一切民事活动均由他的法定监护人代行；对于精神病人，不能完全辨认其行为的属于限制行为能力人，完全不能辨认其行为的属于无行为能力人。

3. 责任能力

即行为人因违法而应承担法律责任的能力，这是以行为能力为基础的一种关于法律主体能力的特殊表现形式，即行为能力在保护性法律关系中的表现。换句话说，责任能力就是在保护性法律关系中，加重行为人不利后果的承担能力，因此，没有行为能力，就不可能有“责任能力”。关于责任能力，各部门法有自己不同的规定。民法一般以是否有完全行为能力为标准而承担民事责任。法人企业的责任能力主要以财产能力为主，其他组织的责任能力常常以其所支配的社会资源为基础。

关于刑事责任能力，在我国刑法中规定，已满16周岁的人，应负刑事责任；已满14周岁不满16周岁的人犯故意杀人、故意伤害致人重伤或者死亡、强奸、抢劫、贩卖毒品、放火、爆炸、投毒罪的，属于相对刑事责任年龄，也应当负刑事责任。不满14周岁的人属于不负刑事责任的人。

二、法律关系客体

（一）法律关系客体的概念

法律关系客体又称权利客体，即法律关系主体的权利与义务所指向的对象，即能满足主体权利的事物。

法律关系的客体，一方面具有哲学客体意义上的一般属性。即它不以主体的意志为转移，具有自然的、社会的客观性，是独立于人的意识之外并能为人的意识所感知，为人类一定行为所支配的，存在于客观世界的各种各样的客观实在。另外，法律关系客体除了具有哲学意义上的客观自然性外，还必须具有社会实践性；即能纳入人类社会实践领域，为人类社会带来利益，为权利主体带来效益或价值的事物。再者，法律关系客体除了具有客观自然性、社会利益性外，它还必须具备法律性。那些虽然能被人类认识，甚至已经进入了人类社会的实践领域，并被人类掌握了相应规律的事物，一般还不能成为法律关系客体，只有那些在现实法律关系中以权利客体的形式出现的事物，才能作为法律关系客体。随着人类科学技术的日益发展，将有越来越多的新兴事物被纳入人类实践领域；这些新兴事物，也是新时代新型法律关系客体得以产生的基础。

另外，法律关系客体的范围还受到一定社会生产力发展水平及民族文化的制约和影响。因此，那些理想的、可能而潜在的、在具体法律关系中还不能及时兑现的利益，就不能作为法律关系客体。由于法律关系客体的变化，直接改变着人们的生活状态、生活品位、生存质量，因此它也随即改变着特定阶段存在着的社会秩序。如当社会还不需要计算机网络技术时，人们对网络软件和计算机程序就没有需求，网络软件及电脑程序很难成为法律关系客体，人们无需对虚拟世界的“生存”“交往”负任何责任；当网络技术还不发达时，自然不会有新浪、网易、雅虎、搜狐等网络主体，当然也不可能有它们带来的网络信息等法律客体。同样，如果在汉字表达中，不能对美国“视窗程序”及其文化精通吃透，我国也不可能有如今庞大的网民群，以及由他们创制发明的，关于网络世界大量的法律关系客体。

法律关系客体既是法律主体权利义务指向的对象，还是法律主体实现其既得利益的真实写照，为此它才被称为“权利客体”。法律关系客体所具有的法律性即它区别于其他关系客体的特殊性，即它既为实现法律的权利义务而存在，又能为法律关系主体所支配、所保护。换句话说，它除了具有能够满足法律关系主体的物质利益和精神利益所需的法律属性外，它还是权利主体可直接或间接控制及把握的对象。在一个个具体的法律关系中，权利客体满足的是一个个具体权利人的利益；而在社会层面上，权利客体满足的就是社会整体的利益，即由各式各样正当的私权利所形成的社会利益。正是在此意义上，我们说最普遍最广大，能够使最大多数人受益的权利客体就是人们所希望的“社会秩序”，即法律予以整体保护的良好文明的人类生存状态。

另外，权利客体还是衡量法律关系是否能够成立、在什么时空中能够成立的指针。因为在特定的法律关系中，权利人的权利与义务人的义务所指向的对象应该是同一的、一致的、明确的。否则，即可认定该法律关系不成立；同样，权利客体虽然是同一类，但却不是特定环境中的同类事物，那么既定的法律关系也不能成立。如甲与乙是债权债务关系，而丙与甲和乙也有债权债务关系，甲乙关系中的权利客体绝不能与甲丙或丙乙关系中的权利客体相混同，也不可随意代替。

（二）法律关系客体的不同特征

在不同的法律关系中其客体具有不同的特点。如：

第一，一个国家和一个社会最根本的法律关系客体，就是这个社会的生产生活状态及其文明安康的生存方式在以人类为中心的法律体系中，既定的“社会秩序”就是法律倾全力予以保护的权利客体；和谐社会的稳定繁荣，就是法律不断追求的客体目标。此类法律客体即现存的经济制度、政治制度以及社会文化制度，是整个社会现存及将来欲求的良好状态。具体包括社会经济财富、民主政治财富和文化精神财富，如国家统一、人民幸福、民族团结、社会兴旺，它们常常表现为每个公民生存必须获得的基本权利和广泛的自由等。如此权利客体必定需要强大的公权以及完善的公法予以保护，因此它们是公法领域中的权利客体，具有概括性和抽象性。由此类客体形成的公法关系，是人类社会存在的基础和前提。

第二，在法律允许的范围内，由每一个社会成员自愿建立的法律关系，其客体即私权领域中的权利客体

如人们在日常生活的普遍交往中比比皆是的物权、债权关系的客体，以及与人身相联系的非物质财富客体，如人格、健康、尊严，以及特定的身份等。这在特定的法律关系客体中大量存在，均表现为权利人行为所指向的物质和非物质财富，以及以行动给付的结果或状态。如权利人要求义务人完成积极行为而兑现的结果等。私法领域的权利客体一般均具有个别性和具体性。是人们在现实生活中耳濡目染，作为独立个体可以合法支配的确实利益，如民事法律关系、行政法律关系以及许多经济法律关系中所出现的权利客体均属于此类。

第三，由社会保障法律规范所结成的法律关系，是法律之所以为社会主义法律的具体体现

其中既有公法关系的权力客体，又有私法方面的权利客体。源于公权的“公共产品”即权力客体，它们均是为私法中的权利客体而出现，并为保障私权基本利益而服务的。对于公权主体而言为社会服务的目的即为客体，对于私权主体而言获得公权帮助和救济的物质或精神利益才为客体。因此，作为他们权利义务指向的对象，虽然都是同一个客体，但是站在各自的角度，同一个客体却有不同的法律性和功能性。目前还有学者将生态环境及其资源因素也纳入了此类客体之中。

第四，由于保护性法律关系表现为国家通过法律责任的方式行使权力，致使侵害法律关系的违法者接受法律制裁的情况，因此违法侵害者在法所规定的范围内向国家、社会或其他主体承担法律的责任，构成了该类关系第二性义务的内容。

为维护和修复被侵害的法律关系而设定的法律责任及其制裁的后果，就是该类关系中责任人的责任所指向的客体及其状态。因此，该类法律关系的客体，均以所有被法律保护的权利客体为前提，一旦权利客体被侵害，便产生此类法律关系，即表现为违法侵害者须遭受相应的物质或非物质利益的损失。所

以，该类关系中的“客体”也正是被破坏或被侵害的权利客体，就因法律须对它们进行强制性保护，因此才称其为“保护性法律关系”。这与刑法学中的“犯罪客体论”有共通之处。

以上是从法律客体在法律关系中的不同地位和不同性质的角度进行的分析。要更形象地了解法律关系客体，还须从它们的存在形式着手。

（三）法律关系客体的分类

将法律关系客体以其在现实社会中不同的存在形式为基础，一般分为以下几类：

1. 社会生活秩序或人的安定自如的生活状态

社会的稳定、良好的生活秩序，以及物质精神文明发展所带来的安居乐业、兴旺发达的生存状态，即国家、社会的政治、经济和精神文化状态等，这是法律关系中最根本的权利客体，如宪政法律关系和刑事法律关系中的客体。因此，国家和社会的基本经济现状、政治制度和精神文化财富即其设施就是一个国家，一个社会最基本、最一般的法律关系客体，它们常常是保护性法律关系的直接客体。如社会法律秩序、宪政体制的建立、经济社会管理秩序等，均属此客体范畴；又如法院可以根据犯罪人对这些法律关系客体不同的破坏或损害程度，依法剥夺其政治权利、人身自由和物质财富直至剥夺其生命。

2. 物即物质财富

指在法律关系中可以作为民事权利对象的物品或其他物质财富，有自然物和非自然物之分。自然物如森林、土地、水域等自然资源；也可以表现为人类体力劳动的创造物，如建筑物、机器设备、各种各样的生产生活产品等。另外，人体器官在它脱离人体后，已不是人身整体的组成部分，已不具备人身整体特有的功能。因此，人体的任何器官只要脱离了人体，就不再被认为是“人身”，而是具有完整物质属性的物，并且，作为具体法律关系客体，它只能是一种自然物。

非自然物既可以是国家、集体的财产符号，也可以是公民个人的财产标志，还可以是财产的一般表现形式，如货币，以及其他各种有价证券，如支票、汇票、存折、股票、债券等。

3. 精神财富即非物质财富

它包括以人的脑力为主的创作活动及其产品和其他与人身相关联的非财产性利益及财富。

首先指与人身相联系的非物质财富。包括公民和法人及其他社会组织的姓名或名称利益，以及其肖像、名誉和尊严，同时也包括公民的人身、人格和应有的身份状态等。这在法律权能上一般又被称为人格权、人身权和身份权。

“人身”在此即有作为法律关系客体的意义。

另外，就是指人类的智力成果。人的智力活动产品包括：科学著作、文学艺术作品、科学发明、发现、合理化建议、商标字号、计算机软件等。这些都是人们脑力活动的直接产物，因而又称为智力成果。由于这些智力成果可以为他人所直接享用，并带来潜在的利益，因此它又不同于人类生产资料和生活资料的生产行为；加之其成果的完成常常需要在时间和精力上的投入，而结果又往往很容易被他人低成本或无成本地无限制利用，因此，必须对其加以特别的法律尊重和保护，这就产生了现代法律上称之为知识产权的概念。知识产权的法律保护是目前世界各国的法律保护难题之一。

4. 人身

人即整体的人身在法律关系中也可以成为权利客体。如在收养关系中送养方和收养方所形成的权利义务，其指向的对象就是被收养人或被送养人，至于被收养人或被送养人与送养方或收养方曾经或将要形成的抚养关系，则是另外两个不同的法律关系。再如，特定条件下法律主体之间所形成的人事关系中，被调动人也是调出调入双方权利义务指向的对象，至于他与调出方和调入方曾经或将要形成的聘用或任用关系，也是另外两个不同的法律关系。另外，一般选举法律关系中的被选举人及其在当选前的候选阶段，就处于客体地位，他们此时在法律关系上的地位只能是选举人与选举机构间权利义务所指向的对象。人在现实生活中，作为法律关系客体的例子并不在少数。

整体的人即人身具有法律关系客体地位的意义，并不是对人口拐骗和人身奴役的认可，恰恰是强化了法律对“人身”这一特别客体的保护。我们知道，法律关系即正当合法建立起来的关系，是法律赋予人们自由自主权而建立起来的特别关系，而拐卖人口、奴役他人、强迫他人意志等，本来就是现今法律所禁止的，根本不可能形成法律关系的破坏行为；因此，此类现象不可能构成法律所允许的调整性法律关系，恰恰因为它破坏了国家所维护的正当关系，因而需要法律出面予以强制性处罚；由此又形成了“保护性法律关系”。所以，拐卖人口、奴役他人、强迫他人意志等所形成的违法事实，促使了保护性法律关系的产生，而保护性法律关系中的违法客体正是法律以强制力予以保护的对象，它恰恰包括了“整体的人”或者一般人的利益。

5. 行为结果

一定的法律行为结果都是满足权利人的利益和需要的，因此，只有行为的结果或由其所形成的状态，才能成为法律关系的客体，而不是行为本身。如合法的代理行为仅是代理法律关系中权利义务的内容一样，只有代理行为完毕时的结果，才是代理人和被代理之间权利义务所指向的对象。同样，收养法律关系中的抚养行为也只是其法律关系的内容，而不是抚养法律关系的客体对象；运输合同中的承运行为也是如此，只有承运行为依合同履行完成时的结果或状态，才是运输合同法律关系中满足权利人所需的客体；等等。

目前，我国法理学在“行为”是否为法律关系客体上的说法已有所改变，较为共识的表达是：“行为后果”、“国家、社会和个人的基本经济、政治和精神文化的状态”及“行为结果”等。① 在传统的民法学中，将人的行为作为法律关系客体，这反映了在社会发展过程中，各特定社会系统对人的行为及人的不同生存状态的看法。② 由于在不同的社会系统中，人即人的价值被赋予不同的理解，因此，人的行为在不同时期的哲学、法学、社会学以及经济学等方面也被赋予了各自不同的意义。

第三节　法律关系的内容

一、权利与义务的概念

法律的权利和义务是将主体与主体、主体与客体，以及客体与客体相互联结起来的枢纽。没有权利义务，主体与主体就不会有关系，主体与客体更不可能有关系。因此，它们是主体之间、主客体之间产生特定关系的核心内容。正因为有了法律上的权利义务，才使本来各自独立的主客体要素联系起来，形成有序不紊的社会生活存在状态。

（一）法律上的权利和义务

在法律关系论中，权利和义务占据核心地位，并有着特定的含义。除了私法领域内的权利义务外，公法领域的权利与义务或被称为职权与职责，一般都以法律的规定明示，并须得到国家的确认和保证。因此，权利人所享受的权利依赖于义务人所承担的义务而实现，同样，行为人希望享有权利就应当付出义务，这是法律上的权利义务不同于其他权利义务的特性。一方面，法律上的权利义务就是法律予以确认的，受到国家强制力维护和保障的制度核心；另一方面，法律上的权利和义务不是任意的，它们不仅要体现法律的规范性，还必须体现社会的现实性；并受制于一定社会生产交往方式所追求的社会自由和社会

---

① 沈宗灵主编：《法理学》，高等教育出版社 1994 年版，第 394 页；张文显主编：《法理学》，高等教育出版社 1999 年，第 117 页。

② 这里提及的“社会系统”不是指某种具体的社会制度，而是指与特定社会文明发展相适应的社会存在或社会生存状态。

责任。

近代以来，西方国家就将权利设定为法律领域里的核心予以推崇，认为“权利是私法的核心概念，同时也是对法律生活多样性的最后抽象”。因为任何一项法律关系的内容，首先就是权利，而且往往同时伴随着若干项权利。①法律义务只是附随权利的存在物，任何法律关系都是为实现某种权利而建立的，义务只不过是为实现权利而配置的一种手段。为此，现代社会将法律称为“权利本位”的法律。事实上，如果义务能够被法定的话，其“法定”的内容就是权利的范围，因此没有义务的履行，权利也只能是一种摆设。正因为这样，权利和义务才共同构成了法律关系不可替代的根本内容。

另外，权利和义务就是法律规范的核心，即行为模式的内容；它们在法律关系中是联结法律主体和权利客体的纽带，因此在各部门法的体系中也均居于核心地位。所以，我们不仅要明确法律上权利义务的概念，而且应该懂得，为什么权利义务从始至终都是贯穿于现代社会的法律关系及其法律规范体系中的核心内容？此外，还必须了解它们之间的辩证关系，以及它们在法律活动中的作用和地位。

1. 法律上的权利

法律上的权利是指法律关系的权利主体为了满足自己的利益而采取的、由义务人的法律义务所保证的价值目标的实现。其特点在于：第一，它来自于法律关系的自由建立和履行，并得到了国家的确认和保障。第二，它具有保证权利主体实现合法利益的功能。权利与利益关系密切，但权利并不等于利益，权利人为实现自己合法利益的做法即权利的功能，而合法利益则是这一功能需体现的基本内容。第三，它是与义务居于同等层次，并存在于一个统一体中的相关概念。不谈义务便无法谈权利，没有权利自然没有义务，因此，有义务的保证才能有权利的实现。第四，它能够确定法律所界定的时空效力和行为效力范围。即在此范围内，权利人为满足自己利益的行为或要求义务人从事相应义务的行为都为合法，一旦超出这一范围，则为权利人的义务，如果不予遵守则为非法或违法。

2. 法律上的义务

法律关系主体的义务人应按权利人要求从事一定行为或不得行为，并以此满足权利人所主张的利益，它是保证法律价值得以实现的必要装置。其基点在于履行义务的必要性，即义务人必须在权利人的要求下从事或不从事一定的行

---

① ［德］迪特尔·梅迪库斯：《德国民法总论》，邵建东译，法律出版社2000年版，第55、62页。

为。如果权利人的利益未能得到满足，或者义务人没有正当的履行义务，致使权利人的权利受到损害，义务人就应承担法律责任或受到国家强制力的法律制裁。同时，义务人的义务履行也有相应的效力范围，超出此范围的义务无法律效力，属于义务人的权利和自由，义务人有权拒绝在此范围之外的非法要求。

（二）法律权利的要素

当今社会，凡以现代文明自居的社会均认为自己是权利本位的社会，以示有别于以义务为本位的封建社会和西方中世纪的神权时代。因此，以“权利概念”的界定来说明社会存在的现代性便成了被现代国家、现代社会一体认同的时代文明；同时，通过对权利内容的界说来确定义务形式的存废，就成了法学界时髦的论题之一。

经济的发展必然带来相应的社会自由及其社会责任；当这些社会自由得到社会主体的理解和承认时，便可成为直接的社会权利和社会义务；由于法律规范的出现就使这些社会权利和义务套入了法律形式。在具体的法律关系中，对于一项具体权利的成立而言，它起码有五大要素必不可少：首先是应具有法律认可的相应资格；其次是必须能提出正当合法的相应主张；同时还要有其所主张的，为法律所保障的现实利益的存在；以及在法律范围内享有行为选择的自由；另外，就是权利主体具备能够享有或维护自己现实利益的权能。① 这是每一项法律权利本身必须具备的内容，甚至缺一不可。

“资格”是权利主体的基本前提，没有法定资格或没有应有资格即没有法律权利；因此，权利概念之基础即资格。如果你有资格享有某物，而因他人的作为或不作为否认你享有它，在法律上就是不正当；如果他人因你享有它而使你陷于不利或使你受难，也是不正当的，此乃“资格”应有之义。如果别人可以正当地否认你有资格享有某物，别人因你享有它而可以正当地使你陷于不利或使你遭受困扰，那么，该物就不可能是你有资格享有的东西。因此，将“资格”称做“权利”是恰如其分的。②

如果有了“资格”而将其闲置，不去使用它，则可谓之没有。因此“主张”即对资格的享有和运用；同时，所主张的利益必须要有合法地位及其真实的存在性，否则，主张不真。权利之所以必须具备“权能”的要素，就因为法律权利必须能够表现于责成他人和请求国家做出一定行为的确定性和可能性，如权利人的要求、当事人的诉权和争取仲裁权等；这是主体作出相应行为

① 参见夏勇《人权概念起源》，中国政法大学出版社 1992 年版，第 42 ~ 44 页。

② ［英］A. J. M. 米尔恩：《人的权利与人的多样性——人权哲学》，中国大百科全书出版社 1995 年版，第 111 页。

并能够得到法律保证的法律能力。

另外，“自由”也是权利主体优于义务主体所具有的精神利益的一种体现，“某人之所以有某项权利，取决于法律承认它关于某一标的物或特定关系的选择优越于他人的选择。正是法律对个人自由和选择效果的承认构成了权利观的核心。”① 由此推出：可选择的权利即自由。任何人阻止或妨碍、干扰别人履行义务即属不正当；任何人因履行法定义务而被置于不利地位的也属不正当；对权利设难、阻碍、威胁或阻止，即剥夺权利人的“自由”。居于这种限定，对于是否履行法律义务而言均无选择；而对于是否行使权利则不然，当你享有一项权利时，不是必须行使它，而是可以有多样性的选择。因为权利主体不仅有资格去做而且有资格不去做他有权做的事；对于一项接受权，权利人不仅可以接受，而且有权拒绝有权接受的东西，或在未能接受时予以默许等，这都属于权利的自由。

（三）权利和义务在法学及现实生活中的地位

1. 权利义务在法律规范、法律关系、法律责任中的意义

权利和义务是法律规范的核心，是法律关系的要旨，是法律责任予以强调的根本，同时还是各部门法学必须阐述的基本概念。权利义务在法律规范中即行为模式，在法律关系中即联结主体之间、主体与客体之间的纽带，在法律责任中即法律对行为人所要求履行的第二性义务。因此，权利义务无论在法律概念上，还是在法律生活中，抑或在法律责任机制的设置里均处于核心地位；它们如同一根红线，将气象万千、林林总总的法律现象一穿到底，形成了姿态各异、色彩缤纷的不同法律关系。

2. 权利义务在现实生活中的表现和作用

现实中的权利义务有两个方面，一是对于每项权利而言，必须存在相应的义务；二是在一般情况下，义务的履行先于权利，如果某人负有义务，或行为人欲享有权利，那么，他就必须先履行义务，同时不得对有碍他履行该项义务的事物享有权利。另外，法律上的权利具有非竞争性的优势，它意味着权利是对利益主张所能实现的现实事物，所以，法律上的利益是以普遍有效的方式给人们带来益处的东西。如“无可选择的权利”，即权利人有资格接受某物，但无资格拒绝某物。因为权利人并未被要求去积极作为，他只是待遇的受益者，别人则负有给予他此种待遇的义务。

究竟为什么要有权利？在一个共同体中，一个人只有对其伙伴成员给其应给的，得其应得的，才能成为共同体的成员。他的权利（他作为一个成员被

---

① 张文显：《法理学》，中共中央党校出版社2002年版，第115页。

授予的资格）由所有应该给他的东西组成。在没有成员就没有共同体的意义下，一个共同体是由其成员组成的；既然作为一个成员的特别之处是享有权利，那么没有权利就没有共同体。所以，享有权利是任何形式的人类社会生活的一部分，作为一个成员，就必然既享有权利又承担义务，这是成员身份的一部分。这些权利中的许多具体权利是什么，取决于个别共同体的情况，如它的生活方式、特定道德、成员身份的条件、制度与价值。但是，源于共同道德的某些权利则为一切共同体的一切成员所享有。①

二、对于权利义务不同分类的界说

学界关于权利义务的分类有各种不同的论述，将其划分为以下几种则较具有法学意义。

（一）自然的权利和义务与习惯的权利和义务

自然的权利和义务即社会利益来源的习惯和习俗，因此习惯的权利和义务绝大部分为自然的权利和义务，之所以如此，就在于它们已经是一种行为定式，是一种客观必然行为，如吃饭穿衣一样，是谁也不可违反的生存定律。其中，权利的构成规则赋予每一个共同体成员以既有遵从习惯的义务，又有获得习俗利益的权利。同时，自然的权利义务和习惯的权利义务之所以存在，完全因为它们都是现实的、现存的社会现象，是具有长期性、稳定性的社会现象。

（二）法定的权利义务与普通的权利义务

自然的、因习惯而形成的权利义务在人类社会的长期实践中被固定下来后，由于其必要性和基本性，其中有些被法律予以认可或确定，这就形成了现实生活中法定的权利和义务。在一般法律关系中，权利与义务之间相互联系的法定性突出地表现在法律关系主体的法律地位上。一般法律关系的每一个参加者都有相应的法律地位，都有针对其他参与主体的权利能力。如与公民权利能力相适应的是，所有其他权利主体都承认任何参与方的法定权利资格，哪怕他还不具备行为能力，并且具有不做出任何妨碍权利人行使权利的法定义务。法定的权利义务一般源于既定的法律规范，普通的权利和义务往往是当事人在法律范围内的自主约定，因此被称为约定的权利义务。广义上讲，约定的权利义务也是法定的权利义务。

（三）绝对的权利义务和相对的权利义务

在法律关系中，权利人为具体主体，义务人为抽象主体，从而形成的

---

① ［英］A. J. M. 米尔恩《人的权利与人的多样性——人权哲学》，中国大百科全书出版社 1995 年版，第 143、145 页。

"一人对其他一切人关系"又即为绝对的权利义务，如由所有权、人身权、人格权等形成的法律关系。而在另外有些法律关系中，无论权利人还是义务人都是具体的、既定的，如"某个人对某个人关系"中的权利与义务就是相对的权利义务。如由债权、侵权行为、行政管理等所形成的具体法律关系。绝对法律关系客体的特点是，由于这类法律关系旨在确认一定的事实关系，所以其客体往往是当时现存的物质和非物质财富。相对法律关系，由于其客体独立存在于权利人满足自己利益的行为之外，因此只有通过义务人的积极行为，权利人的利益才能得到满足。

一项法定权利可以相对于每一个人产生效力，即任何一个人都必须尊重此项权利，如所有权，这便是绝对权。绝对法律关系以权利人为了满足自己的利益为主要目的而设定，权利人自己从事某种积极行为的权利，以义务人的消极的不作为的义务所表现，即权利的行使无需其他人从事积极作为，只需他们承担消极的不作为义务——不干预即可。这种消极的法律义务本身就起着保障权利的作用，并为人们行使权利创造了条件。在我国，财产所有权、公民人身权、人民代表的法定豁免权等，都属于这种积极行为的权利；与此相应的是，其他人对此类权利承担着不得干预、不得侵犯的消极义务。权利人通过自己的行为满足自己的利益，义务人承担消极的不作为义务，其法律关系的客体表现为，权利人积极行为所指向的物质和非物质利益。

一项权利可能仅仅相对于某个特定的人产生效力，即只有特定的人才必须遵守此项权利，如请求权、债权等，这被称为相对权。在相对法律关系中，权利人请求义务人完成某种行为的权利，如"相对权"、"对人权"和义务人根据权利人的请求完成某种积极行为的义务，即权利人利益的满足需要特定义务人积极行为的配合。否则，仅靠权利人自己的行为，义务人消极不作为，则不可能实现权利人的利益。由于在相对法律关系中的权利与义务都是具体的，是权利与义务的典型的表现，因此，私权领域中的债权，公权领域中的诉权、监督权等，都属于此类权利，与它们相应的则是义务人按权利人的请求完成相应的积极行为的法律义务。

（四）保护性法律关系中体现为第二性义务的责任和有别于权利的权力

在保护性法律关系中，权利与义务被转化为以国家的名义及其强制力，要求违法者必须对违法行为承担不利后果的权力和责任的问题。由于保护性法律关系的出现，就是对损坏、破坏了的法律关系予以拯救和恢复，对原合法法律关系中的权利义务实体予以保障和修缮；因此，保护性法律关系只不过是在法律关系主体这一要素中增加了公权者或仲裁者的地位。由于国家通过强制性规范，对于不履行或没有很好履行法律义务的人予以处分，因此，在调整性法律关系中的“义务”就因义务人不履行或没有很好的履行而转变成了“第二性义务”——法律责任。

由于作为第二性义务的法律责任，是以立法者或国家的意志予以认定的，因此，在保护性法律关系中的内容不再体现为调整性法律关系中的权利和义务，而是体现为保护性关系中的职权和责任，甚至体现为权力与制裁的关系了。

三、法律上权利和义务的相互关系

（一）两者在现实中的相关关系

第一，就法律权利与义务的实质内容而言，两者是统一的。在任何法律关系中，权利人的权利都依赖于义务人所承担的义务，如果义务人不承担义务，权利人就不可能享受权利，这里，权利与义务可谓是同一行为的两个方面。如买方购买货物时的付款行为即为义务，而对卖方则是权利；又如行政机关发布行政管理命令是其权利，而对行政相对人则是义务；再如，国家对其主权范围内的矿藏享有所有权，即矿藏是国家所有权关系的客体，其他任何主体都承担了对其不可侵犯的义务。

第二，权利和义务两者相互包含，互为界限。现代文明社会，不应存在一方只享受权利而不承担义务，另一方只承担义务而不享受权利的现象。任何权利都意味着权利人在法律所允许的范围内的自由行为，而使行为不超出这个范围则是权利人的义务；同样，任何义务也都意味着义务人在法律范围内应做出的行为，而超过这个范围则属于义务人的自由。因此，权利人在行使自己权利的时候必须承担一定的义务，而义务人在履行义务时也同时享受着一定的权利，既使在具体的隶属型法律关系中主体处于不平等的地位，但是其权利也是受到一定限制，其义务也是得到相应界定的。在保护性法律关系中，国家有权对违法犯罪者实行制裁，同时又有义务使这种制裁在法定范围内予以实行；另外，违法犯罪者除必须承担法律责任外，也有权利要求国家对他的制裁不得超出法律所规定的范围，同时对于司法机关的判决有权提出上诉或申请再审的权利。

中国宪法规定：“中华人民共和国公民在行使自由和权利的时候，不得损害国家的、社会的、集体的利益和其他公民的合法的自由和权利。”这就要求公民在行使权利和自由的同时，必须履行自己所应尽的义务，不得滥用这些权利和自由，否则，公民的权利不可能得到真正的保障。

（二）两者在不同功能上的互补关系

权利和义务不仅表现为丰富的法律资源，而且它们还是一套精致的法律装置。在立法中，立法者将其视为利益和财富加以分配，因此，权利具有自由的品性，从而提供着不确定的指引；在法律实现中，权利被确定为一种激励机制，要求人们积极为之。而立法者将义务视为保障权利的装置，因此，义务不具有随意性，它只可能在权利的指使下实行，从而提供着确定的指引；在法律实施中，义务就是一种约束机制，它只能在权利人的要求下，或欲享有权利的驱使下为之。

在法律规范结构上，权利义务缺一不可；在法律关系构成中，权利和义务相互依存，互为存在条件；在社会生活的总体数量上，两者具有等量的价值联系；在法律资源的分配格局中，两者又是相互测量，互为尺度的参照系。总之，没有无义务的权利，也没有无权利的义务，它们是存在于对立统一体中的同一个事物，正因为对方的存在，己方才能得到完善。

两者在价值意义上的主辅关系——现代以权利为本位的法制中，为保障平等的权利而设定平等的义务，义务的约束是为保障权利的实现而服务的。

本章重点图解

法律关系
- 法律关系的特点与构成要素，法律关系概念的演进
- 法律关系主体——权利能力、行为能力、责任能力
- 法律关系客体——概念及其在法律生活中的意义、客体种类的划分
- 法律关系内容——权利义务的概念、权利的内容、关于权利义务的界说、权利义务的辩证关系等

复习思考题

1. 简述法律关系的概念与特征。
2. 阐述法律关系主体与客体的概念和种类。
3. 什么是权利能力、行为能力、责任能力？
4. 什么是法律上的权利和义务？它们一般分为哪几个种类？
5. 简述法律权利的构成要素。
6. 论述权利义务的相互关系。为什么说权利义务是法律的核心？

第八章　法律事实

研究法律事实，是“以事实为依据，以法律为准绳”的法学的必然要求。法律事实是把法律关系与法律规范联结起来的中枢环节，没有法律事实就不可能形成法律关系。典型的法律事实都与法律行为相关，因此，对法律行为的认识是理解法律事实与法律关系、法律规范相互联系中最基本的方面。

第一节　法律事实的概念及其特征

一、法律事实的概念

法律事实，就是引起法律关系产生、变更或消亡的具体情况和条件；也是法律规范所规定的能够引起法律后果的前提条件。一方面，法律事实就是使法律关系得以发生和演变的具体社会现象，在现实生活中，只有那些具有法律意义的事实才能够引起法律关系的变化；另一方面，法律事实又反映了法律规范作用于现实社会之后的调整状况。换句话说，以法律事实而形成的法律关系，将把原来的自然事实或社会事实纳入法治的轨道，并以法制的效力保证这些法律关系的稳定发展，使法的内在价值在现实生活中得以实现。

由于法律是人们对自然现象和社会现象共识的规范性表达，所以，法律规范涵盖了法律事实；另外，法律本身是以权利和义务为主要资源而形成的逻辑规范体系，而一切以权利和义务联系起来的法律关系，或一切以权利和义务为行为模式的法律规范，在现实生活当中都可以还原为法律事实。因此，法律事实与法律关系一样，是法学方法论的重要议题之一。正因为存在着法律事实，才存在着法律关系的产生、变更或消灭，才使法律实施具有可观察到的真实基础。人们一般将法律事实划分为以下几种情况：

（一）肯定性法律事实和否定性法律事实

按其所产生的法律后果是否有利于法律关系主体而分，可分为肯定性的法律事实和否定性的法律事实。肯定性的法律事实表明，其法律后果一定是有利于权利主体的现象，否则，则不存在肯定性的法律事实。否定性的法律事实表明，其法律后果的产生一般不存在有利于权利主体的现象，否则，则不存在否定性的法律事实。在一个正当合法的法律关系中，其法律事实均应为肯定性的；而在违法侵权现象中有些法律事实对于此主体为肯定性的，对于彼主体可能就是否定性的，反之亦然。所以，肯定性或否定性的法律事实应以具体条件和现实情况而定，并无恒定之规。

（二）一次性的法律事实和长期持续的法律事实状态

按作用时间的长短，法律事实又可分为一次性作用的事实和连续作用的事实即状态。在社会生活中，有许多法律事实都是一次性作用的，即仅仅在一个事实出现的情况下，就将它与法律后果相联系，并可形成多种不同的法律关系，如由一次地震、一个交通肇事、一种特别行为等所形成的法律关系。法律事实状态相当于一种法律秩序，它是长时间地、不间断地或必须定期存在的，并且由这种事实状态所产生的法律关系也是长期的，稳定的，不能随便取代的，如家庭成员间的抚养、特定的国籍、法定的婚姻、国与国之间的外交关系等等。

（三）单一的法律事实和多个法律事实的构成

按法律关系的形成或法律后果的产生所需要的法律事实的数量来划分，又可将法律事实分为单一的法律事实和多个足以形成法律事实的要件系统，也被称为事实构成。

单一的法律事实说明，某一法律关系的产生，某种法律后果的出现，只需有单一的法律现象即可，如一个人的出生即建立了父母与子女间法律关系的单一事实，不再需要其他事实。但有些法律关系则必须具备两个或两个以上的法律事实，在这些法律事实之间还必须形成一定的事实链系统——事实构成，也被称为“构成要件”。如在保护性法律关系中的“违法构成要件”“犯罪构成要件”等。

二、法律事实的分类

就法律事实本身来说一般可分为三类：一是自然现象，二是法律事件，三是法律行为。

（一）自然现象作为法律事实①

由于人类的生存和活动与自然世界紧密相关，许多自然现象随着人类智力的发展早已进入了人类生产生活的实践视野，因此，法律规范对于人与自然现象的关系已有较多纳入，许多不以人类意愿而出现的自然现象，往往能导致人

---

① 参见谢晖《论法律事实》，http：//www.noeye.com/by/zflw/fxlllw/325.htm——2004.12.8.

类交往中相互关系的变化。如一些自然现象的存在与否，必然导致法律关系中各种要素的演变，从而产生一些新的法律规范。例如，地震、洪水、台风、暴雨等等自然灾害，可能引起新的权利义务的产生，从而无论在私权还是公权方面都将产生新的法律关系，对此就产生了许多相应的法律规范。当然，只有与人类活动产生某种关系的自然现象才可能构成相关的法律事实。流星雨虽然是一种自然现象，但一般说来它不可能与人类活动发生直接的相关性，从而流星雨现象也就不能成为法律事实；除非其坠落地面时，直接影响了地球人的生产和生活。

在许多情况下，自然现象能否成为法律事实，还取决于人们对它的需要程度。当人类较普遍地需要某种自然现象，或者相反时，该自然现象正好又确实出现了，它就可能成为法律事实。例如，阳光的存在一般并不构成法律事实，但在楼群阻隔了人们必需的采光权的时候，阳光的存在就成了某些人的生活必需品，从而也成了一种重要的法律事实；另外，在烈日炎炎、大地干裂的现象给人类造成极度旱灾的时候，阳光又从反面影响着人类的生产和生活，从而构成了某些法律关系形成的法律事实。

可见，作为法律事实的自然现象，乃是能够引起法律关系产生、变更与消灭的一切来自于人类意志之外的客观现象，它们在现代生活的个案中常常充当着重要角色。所谓不证自明的法律事实，我们可以称其为“自然法律现象”。

（二）法律事件作为法律事实

依是否以法律关系主体的意志为转移，还可将法律事实分为法律事件和法律行为两类。

法律事件一般为社会现象，是不以法律关系主体即当事人的意志为转移而出现的社会事实，有的称为“社会事件”，例如某一婴儿的出生、某个人的自然死亡等。另外，以是否与人们的行为有关而形成的事件，又可分为绝对事件和相对事件。绝对事件一般不与人们的行为相关联，而是由某种社会原因、某些技术原因等而引起的社会现象，如某些空难或海难事件的发生，包括人的自然死亡等。相对事件则是与人们的行为有一定关系的，但它的出现在一些具体法律关系中并不以法律关系主体的意志为转移，例如某些非责任情况的医疗事故、意外事件，包括人的出生等。

社会事件尽管多因主体的公共活动或行为而引起，但是，其发生往往并不以主体的意志而转移，更不受某个或某些当事主体意志的制约。因此，它有不可抗逆的社会客观性，例如战争的爆发、社会的重组和变革、因技术革命而引发的层出不穷的新型社会现象等等，由此，都会产生新的法律事实，形成新的法律规范。如同现代社会不能阻止人的死亡却能阻止人的出生一样，许多法律事件随着社会的变迁都会出现程度不同的性质变化。

（三）法律行为作为法律事实

法律行为，应被界定为在主体正常意识的支配下，能够产生法律上权利义务关系变化的活动，即以法律关系主体的意志为转移的，能够引起具体法律后果的事实。例如：私法领域的遗嘱、结婚、立约、履约等行为；公法方面的执法、司法、签订和承认国际公约等行为。由于“行为”是人们实现生活意志的外化，所以，对于行为尤其是人类的行为就可以用客观科学的方法进行观察、分析、检验及验证。在法律问题的处理中，对于行为的认定恰恰是法律证据学中最重要的目的，通过对行为的规范调整和褒贬评价，体现法律对现实社会价值目标的独特作用。了解法律行为，主要并不在于对行为本身的解析和认识，而在于通过对法律行为的昭示，去掌握社会法律知识和解决社会纠纷的能力。

三、法律事实的特征

法律事实并不包括所有存在的事实，很多事实并未纳入也不需要纳入法律范围，为此我们必须了解法律事实与一般事实或其他事实的特性。客观性、复杂性和多元性是一切事实存在的共性，因此无论以什么形式存在的法律事实或其他事实，都具有客观复杂性和多元性。

人类社会本身就是在一种多元传统、多元文化、多元价值目标下形成的，由此也必然产生多元的社会关系和生存环境，法律事实就是此多元系统中的一种表现形式。尽管社会事实的发生往往会有人的因素的影响，但它们一旦出现，就形成了客观存在，且不会以人的喜恶而转移。一般而言，行为是人们在其正常意识支配下的外部活动，当主体意志表现为外在行为时，也就变成了客观事实。法律对支配客观行为的判断，从来就是从行为到意识，即从外部的客观现象到内在的动机审查，而不是相反的。正是所有事实存在的客观性，才使其具有千变万化的复杂性。在现实生活中，许多自然的、社会的现象，只有当它们具备如下特征时才能称为法律事实。

（一）必须与法律关系主体的现实利益有利害关联性

有些事物与人的生存息息相关，哪怕违反人的需要，它也是在现实生活中既定的法律事实；有些事物与人的生存并没有多大关系，无论人们是否需要它都存在着，自然它就不能成为法律事实。另外，即使是人们所需要的事物，只要不能为人类带来现实价值的，也不能成为法律事实，如工业革命前的阳光、空气、水等自然资源，因为那时它们并不能给欲掌控它们的人带来利润和收入，也无法因其形成法律关系，更不可能对法律关系的变更和消灭产生实际的效用。

这说明法律事实不仅取决于主体的需要，而且能为法律关系主体带来现实利益的事物，即能形成法律上权利义务效用的事物，只要它们的出现具有法律关系主体需利用的价值，就可能成为法律事实。

（二）应具有法律规范意义的规定性

法律本是人类社会需求的产物，法律事实就是这种需求搭建在客观事实基础上的规定性认识，它与主体间形成利害关系的现实关联性，便构成了法律规范的规定性，这在法律规范中往往以“前提条件”的形式对其进行了概括性的描述和规定。如《中华人民共和国合同法》第十条第一款：“当事人订立合同，有书面形式、口头形式和其他形式。”这就是对法律事实的规范性，该条第二款：“法律、行政法规规定采用书面形式的，应当采用书面形式。当事人约定采用书面形式的，应当采用书面形式。”这就是对法律事实的具体要求。

无论当事人是否需要，只要所出现的事实在法律上被给予了规范性的记载，其法律地位就毋庸置疑；这意味着只要是相关的事实，就能引起法律上权利义务的产生、变更或消灭，就会导致法律关系各要素的变化，就能形成以法律规范为前提的特别关系。可见，所谓法律事实的规定性，就是日常生活中被纳入法律规定的一切事物，因此作为法律事实必须具有法律规定性的意义。

（三）应具有法律关系任一要素的包容性

无论什么事实，只要与法律关系中某一要素相关或被其包容，才能被认定为法律事实。因此法律事实不是与法律关系主体，就是与法律关系客体或与权利义务的内容相联系，并能进入其任一要素予以体现，否则，不能认定为法律事实，这在现代社会的司法活动中十分典型。不论法官是根据法律事实决疑解纷，还是为分析法律事实去进行法律发现，以及依据个案事实去创设法源或法规等等，其都是在法律关系各要素中寻找着法律事实的踪影，并以此印证着法律事实在法律关系中不可替代的独立地位。法学上的个案分析和法律条文的规范诠释，无一不是为了验证法律事实在法律关系中的确立与否。

（四）必须具有法律意义上的证明性

法律事实的发生，总是与法律关系主体、客体及其利害关系相关联而具有法律意义的。这具体表现于法律事实对法律关系各要素的形成及其真实存在的证明力方面。从表面上看，一般与法律关系各要素相关联的事物很多，但是，深入了解后进而观之，则能察觉其中的明晰混沌、真伪虚实、远近亲疏，以及证明强弱的问题，这就需要以特别的方法，进行法律事实的确认与排除判断。对于个案事实有证明力的即法律事实，此即法律意义上的证明性，否则，便没有证明性，即不被认定为法律事实。

另外，还必须注意单一事实要件与多个事实要件所构成的法律事实证明的辩证关系。即对于法律关系的产生、改变或消亡而言，可以是一个单一的事实，也可以是多个事实；可以是某一事实中的个别因素的直接或间接的作用，也可以是这一事实的全部因素的直接或间接的作用；还可以是其他事实直接与间接的作用等等。正因如此，在司法活动中才有关于法律事实的专门学说推理，即“要件构成”之说。在普遍情况下，无论是采用法律规范思维，还是采用法律关系推敲，均需要提出“要件构成”理由，否则无论事实逻辑还是理论逻辑都不能让人信服。这个“要件”在绝大多数情况下就是指法律事实的存在及其构成条件是否充要的问题。尽管法律事实还不能构成法律关系本身，但它却是法律关系能否存在或变更的决定因素。

第二节 法律行为

在法律事实中，唯有人的行为直接受到人们意志的控制，因此，对行为的了解和研究便具有法理学及法学实践上的重大意义。从法学角度对人的行为进行探讨，不仅仅是法律事实问题，还将涉及整个法学理论的许多基本问题，所以，行为在法学中的地位十分重要。学界将现代法学誉为权利法学，就是因为权利以及为保障权利而设置的义务都是靠行为才得以实现的，为此，才有人将法学也称为行为法学；即人的行为应是法律科学的根本概念。换言之，没有行为就没有权利义务的兑现，也不可能有法律的实施和实现。研究人的行为不仅使大家能进一步了解权利义务的理念，而且能使我们进一步懂得法的作用是通过什么样的规范渠道，贯穿于现实生活中各个环节和各个层面的。

一、不同社会系统对人的行为的不同理解

在大多数场合，民法学界把人的行为理解为法律关系中权利客体的要素，因为从理论上讲，现实生活中许多法律关系不可能以“物”或“非物质财富”作为其主体的权利义务所指向的对象，于是自然而然地把“行为”归入到权利客体的范畴，这在不同的社会阶段和社会系统中是可以理解的。现代法理学站在基础理论的角度对此提出了不同的看法。

人的行为在法律关系中的地位问题，直接反映了社会发展过程中三种特定社会系统对人的行为及人的不同生存状态的要求。在不同的社会系统中，人的价值被不同的理解着，因此，人的行为在法学上也被赋予了不同的特殊意义。

当人被划分为不同等级，有尊卑贵贱之分时，“人”是作为不同的“种类”（或等级）被理解的。在这样的系统中，不同等级的行为所受到的社会控

制有着极大的差别。因为，“下层人违反了他对上层的礼节要比上层人违反了对下层的礼节性质更严重。……触犯者的阶层越高于被触犯者的阶层，他的行为就越是可以原谅。‘正如’现代社会中，小孩子对成人的无礼会受到这样或那样的处罚；而如果是成人对小孩粗鲁，一声道歉通常就足够了。”①下层人的行为作为纯粹的义务被上层人的权利所吸纳，一层层的严格等级，下层等级对上层等级完全的人身依附，这本来就属于“正常”。所以，在这样的社会系统中，绝大多数人的行为不可能有完全独立存在的条件，也无独立行使的可能，一般人的行为往往在法律系统中没有合法的资格，因此在法律关系中自然没有合理正当的地位。

当“人”被作为“类存在物”及作为全体或整体被理解时，其行为也被要求最大限度地与社会、群体相一致，否则，个人的存在及其价值可能受到干涉与威胁。个体对群体（包括全民、民族、国家或阶级的整体）的依赖，显示了个性被融于共性的基本特征。在这种社会系统中，法律关系被极大的简化，人的行为所受到的社会控制是整体多于个体，共性多于个性，一般多于特殊。在“这种制度下把每个人只看做是由国家分配的受领人，他们的房屋、食品、衣服及享乐用品都是依据具体行政行为取得。那些在受领人死亡时还没有消耗掉的东西应当归还给国家。……这样，法律行为也失去了应有的余地。这样一种制度是完全不需要法律行为的。”② 由于“人”作为法律主体的地位尚在确立之中，这时的法律关系主体体现的是“类”的地位，所以人的行为基点主要是个人服从整体，民众服从权威，其法律行为特点是：你要生存吗？那么就通过法律强迫你依赖吧。就此将人的行为只认为法律关系客体的要素之一就不言而喻了。因为在这种生存状态下，义务性或禁止性规范在法律中占主导地位，行为的选择性模式极少，任何人的行为都没有宽泛的自由，有的只是被明确了的特定模式。在社会发展中，只要人的行为还不足以达到一定辐射面和影响度，如此处理也是有其必然性的。

当“人”被作为具体的、活生生的个体被理解时，人的行为就被赋予了较大限度的自由。人与人之间自主建立，自愿变更，自行消灭的法律关系也被赋予了正当合理合法的意义，并且被法律给予有力的保护。这使每一个人都能从各自不同的角度体验到，以自己的行为或能力就可以体现“人”的较高价

① ［美］布莱克：《法律的运作行为》，唐越、苏力译，中国政法大学出版社1994年版，第42页。

② ［德］迪特尔·梅迪库司：《德国民法总论》，邵建东译，法律出版社2000年版，第141页。

值的感受。因此，法律要求每个人对自己所选择的行为及其后果都必须以自己独立的人格予以承担。在这样的社会系统中，人的行为所受到的社会控制既是相对平等的，又是极其多样的，人的行为在法律范围内成了一种名副其实的权利或自由；即便是义务性行为，也是在法律权利的保障下履行的，是名副其实地为实现法律权利或享有法定利益而实施的。所以，这时人的行为特点是，以权利享有为基础而履行义务，由自由选择与风险自担为特色。只有在这种情况下，人的行为才不可能，也不应该再为法律关系客体的要素，而应该是法律关系主体关于权利义务内容的根本载体。所以在法律关系论中，“行为”作为权利客体要素之一的情况应该改变或终止。另外，法律把一些被组织起来的“集体”或“整体”的行为概括为“法人行为”、“组织行为”及“国家行为”等，赋予它们具体的法律人格权益，其行为也体现和吸纳了其他社会系统中的合理之处，因此也是具有法律意志的具体行为。

如前所述，在前两种社会系统中，人的生存状态在形式上虽然有所对立，但在人的行为上却有一个相似的特点，就是义务性的服从和依赖，人们在个体行为方面基本没有法律意义上的自由；所以，绝大多数人的行为在这两种生存状态中要么可忽略不计，因为大家只有纵向服从的义务，要么只能作为法律关系客体，因为人们需要通过法律规范强化依赖关系。由于具体的“权利”概念没能进入整体的法律视野，“行为”就只能在法律关系客体的地位充当权利义务所指向的对象。可见，“人”作为主体的独立人格不能平等确立，那么人的行为就很难受到法律应有的重视。

二、人的行为在法律关系中的地位

（一）行为是法律权利义务的承载体

从现实生活中完全可以看到，法律关系的现实内容并不是概念上的权利与义务，而是社会主体事实上的活动及行为。所以“人的行为”在法律关系中只能是其内容的实质性要素；它除了是与权利主体须臾不可分离的内在意志的外部表示外，还是权利义务的真实承载体，是法律调整社会秩序的着眼点。法律关系作为社会关系的一种特殊表现，它的任何形式都是以人的活动和行为为基础的。在法律事实中，以人的行为引发变化的法律关系比比皆是，因此，以人的行为在法律关系中的地位和意义来判断大多数法律事实的存在，来认定法律实施的性质即结果，就成了必然。

在我国以前的许多法学教科书中，对于“行为”这一概念，一般仅将其置于法律关系论中的权利客体地位，或被定义为法律关系主体的权利义务所指向的对象之一。这使得法学理论在与实际相结合的过程中显得苍白无力，且在许多情况下难以切中时弊。古今中外一切关于法和法律的学科对于人的行为都有着界定、认定的作用，对法律行为都有其特定术语的描述和评价，其中最大的共识除了认为它是法律事实的表现形式外，就是认为它是法律关系得以出现得以发展的根本动因，而这动因就是置于权利义务之中的行为活动。因此，对“法律行为”的研究几乎是所有关于权利问题研究中最重要的内容之一。

诚然，最终决定人的行为的是特定时期的物质生活条件，这也正好说明，只有通过人的生产实践行为或物质交换行为才能引起社会关系的发展和变化；而纳入法律行为内容的，也多为人的生产实践行为和物质交换行为（如合同行为、物权行为、物资流转中的买卖行为、生产形态中的组织行为、税务、金融、经济、社会中的各种行为），及由它们引起的并建立于其上的有关国家体制的宪政行为、维护社会基本安全的刑事法律行为及保证法律秩序正常运行的行政法律行为等。如马克思所言：“只是由于踏入现实的领域，我才进入立法者支配的范围。……我的行为就是我同法律打交道的唯一领域，因为行为就是我为之要求生存权利，要求现实权利的唯一东西，而且因此我才受到现行法的支配。”① 因此，现实社会中大量的法律关系是以人的行为为条件而形成的，据此，可称其为“行为关系”；因为，法律对社会关系的调整是直接通过对“行为”的规范性调整而实现的。

（二）“行为”是法律关系的实质性内容

我们知道，法律规范的核心就是权利义务，而这只是对权利义务的静态规定；“法律规范中所包含的法律关系模式，应该实现并转变为被具体化了的人的活动（及行为）”，② 只有这样法律规范才能被激活。换言之，只有通过法律事实尤其是人的行为，静态的法律规范才能变成动态的法律关系，立法者的目的才能变成现实。从这个意义上看，法律行为可谓动态的法律规范，而法律规范则是静态的对法律行为的规定。法律规范以权利义务为内容，正是其规范功能的显现；而法律关系以人的行为为法律实现的纽带，正是其社会功能的反映。

在私法自治及意思自治的法律传统中，个人及“社会人”的行为在其中起着决定性作用；而在宪政或行政法律关系中，集体或机构“人”的行为在其中的作用也不言自明。民法学一直以来认为，在债的法律关系中，“债”是

① ［德］卡·马克思：《评普鲁士最近的书报检查令》，《马克思恩格斯全集》第1卷，人民出版社1956年版，第16～17页。

② ［苏］H.C.雅维茨：《法的一般理论》，朱景文译，孙国化校，辽宁人民出版社1986年版，第181页。括号内为引者注。

特指当事人之间请求特定行为的民事法律关系，即债权人的权利只有通过债务人的行为才能实现；所以，债的给付行为就是法律关系的权利客体。如运输合同中承运人的行为，代理合同中代理人的行为，担保合同中担保人的行为等等。笔者认为，作为权利人，他所要求的是行为的结果，而不是行为过程的状态。因为，只有义务人完成其行为所产生的结果，才能够满足权利人的利益要求，权利人对义务人行为过程的关心，也只是为了敦促行为结果的正常出现。所以，法律行为就是由法律关系主体发出，体现法律关系内容的，联结法律关系客体的关键因素。

法律对社会的调整及欲达到的目标，被人们称为“法律秩序”，这里的“秩序”不是别的，就是人的行为的有序化状态，就是人群及其行为链关系的稳定化和现实化的现状。这是通过法律调整干预人的一系列行为之后才会出现或才得以出现的。所以，法律无论是作用于社会生产力及其物质生活条件，还是作用于其他现实社会关系，都得通过人的行为；即使有法律关系的主体——人，而没有人的鲜活行为，任何法律关系都只能是虚无；哪怕不以人的意志为转移而出现的法律事件，如果没有人的行为参与，也将无任何法律意义。可以想象，在现代社会中越来越多的大量复杂的法律行为，尤其是系列行为，大多可以说是自然人以外的法律主体实施的。因此，法学对法律行为研究的对象除了自然人的行为外，还应着眼于非自然人之外的法律主体的行为。

如上所述，在当今社会，行为应是法律关系的直接内容，而不应是法律关系的客体种类。如凯尔森所言：“一项义务如果不是一个人按照某种方式行为的义务，就不是一项法律义务……一项权利如果不含有必须由某种人的行动表现出来的权力、职权或能力，就不是一项法律权利。如果义务、责任和权利不涉及人的行为，那么它们就是空洞的公式。”① 人的行为只有形成了行为后果时，形成了秩序化的状态和稳定的社会结果后，才可归为法律关系客体的范围。另外，法律规定的某些行为方式，如“作为”与“不作为”也是针对特定客体或特定事物的，而不是为了行为而行为的。作为与不作为都是因为法律要求的某种职权、权利和某种责任、义务针对某些客体对象而言的，行为本身不可能是针对客体对象的客体。

三、“人的行为”作为法律关系客体的逻辑悖论

在大量现实生活中，“成员之间权利与义务的定义是由具有接近均衡的谈判力量的当事人经过讨价还价而达成的自愿协议……当某一方当事人并不自由

① ［美］汉斯·凯尔森：《国际法原理》，华夏出版社 1989 年版，第 80 页。

或处于不平等的地位时，一旦确定了双方的权利义务，最终的协议就可能是强加于弱方头上的义务。”① 成员之间权利与义务的对等关系，均为行为所呈现，这种观念也可移至宪政法律关系中来解释，列宁正是在这种意义上阐述宪政行为的：“宪法的实质在于：国家的一切基本法律和关于选举代议机关的选举权以及代议机关的权限等等的法律，都表现了阶级斗争中各种力量的实际对比关系。”宪法在特定社会无非是阶级力量实际对比关系的表现。② 因此，人的行为在宪政法律关系中是其主体希望出现某种社会秩序和生活状态的作为，而主体所希望的社会秩序和生活状态的出现，才是宪政法律关系的客体。这样的理论也可以推论到刑法及其他部门法学中。

作为法律关系客体的行为结果主要的有两种：一是物化结果，即人的行为（劳动）凝结于一定的过程，产生出一定的物化产品或营建物，如房屋、道路、桥梁等；另一种是非物化结果，即人的行为并没有转化为物化实体，而仅表现为一定的行为系列，并由此产生出权利人所期望的效果。例如，当完成一定行为后，权利人获得了某种精神享受，如增长了见识、培养了能力等；或获得了物质利益，如运输义务的完成，权利人希望的正常结果出现等。另外，“作为”和“不作为”都是以特定事物为对象的行为，如果将其作为法律关系客体，不就把权利义务的对象指向了权利义务自身了吗？所以，行为不能等同于法律关系客体，而只能是法律关系的内容。

以往的一般理论很少对此深入探究，只让其他部门法学，如民法学或刑法学按自已的需要各自为政的予以表述，致使“行为”概念在理论体系中难于自圆其说。如认为，行为或法律行为在法学中仅是一个内涵浅显，外延较窄的具体概念，这与“行为”在人类社会中应有的“法律地位”或“法学地位”是十分不相符的。近年来，虽然有的法理学教科书将“行为”在法律关系客体中予以排除，并增加了“行为结果”和“秩序状态”的客体种类③。但因对“人的行为”在法学中应定位于何种地位没有较透彻的研究，难以形成逻辑说服力。正因如此，虽然各部门法学及法律法规所描述和规定的绝大部分是人的行为现象，体现的是人类行为纳入法律轨道后的规则状态，但是，在法学

① ［英］彼得·斯坦、约翰·香德：《西方社会的法律价值》，中国公安大学出版社1990年版，第32页。

② 《列宁全集》第15卷，第309页。转引自吴杰主编《宪法教程》，法律出版社1987年版，第15页。

③ 参见沈宗灵主编《法理学》，高等教育出版社1994年版，关于法律关系客体的章节。

基础理论上却很少以“行为”作为逻辑基本概念进行分析研究的，就更谈不上对法律事实进行进一步理论的剖析了。现代的德国民法总论虽然没有将法律行为明确为法律关系的内容，但却将“法律行为”作为与“权利主体”和“权利客体”相提并论的基本概念予以考量，并对法律行为的特征、分类及结构等进行了概述，甚至认为在具体事实中，法律行为比“权利主体”和“权利客体”都更为重要。①

由上述分析可以得出这样的结论，“人的行为”在法律事实中是个中坚问题，对此，学界均有共识，即只有能够满足权利人的合法权利，并使其权利得以实现的作为和不作为的行为结果及其状态，才是法律关系的客体。当行为在持续中还没有达到权利人所期望的目的时，以及正在进行中的行为还不能满足权利主体的正当利益时，行为过程本身仅仅只是法律关系运行中的传送带，不可能以任何间断的行为作为权利人所希望的结果状态。因此，只要能满足权利人所期望的结局或状态还未出现，行为本身就只能是法律关系的内容。

第三节　法律行为及其分类

我国改革开放以来，尤其在市场经济条件下，人们的生活方式及生存状态都有了极大的变化，体现了“人”的个性化，行为的特殊性包含于普遍性，人的价值一般性反映在其愿望的具体性之中。“人的行为”在法律事实中的地位和作用，昭示了整个社会对“人的行为”关注程度的提高。同时，只有及时认清时代变化的规律，重新理解“人”的价值及其行为在历史范畴中的演化，才能正确的意识到行为在人的生存状态中的意义，从而认识到它在法律事实及法律关系中应有的地位。“行为”在法律规范中的作用，在法律原理中的意义，以及在法律实施及法律实现中的地位等，都可以说明法律行为的发展与筛选是时代对法学界提出的一个新型课题。

一、法律行为的概念及特征

人类行为随着社会的变化与发展，呈现出形式迥异的历史烙印及庞杂多样、千姿百态的情况，如今，只有当某些社会行为被纳入法律关系时，现行法才将其在现实社会中的存在情况，以法律规范前提条件的形式予以规定。因此，不是所有的人类行为都能冠以社会行为，也不是所有的社会行为都能变成

① 参见［德］迪特尔·梅迪库司《德国民法总论》，邵建东译，法律出版社2000年版的全书结构。

法律行为的。只有当主体的行为具有一定的社会法律意义时，才能被纳入法律行为的范围。

法律行为，即指具有法律上的权利资格和行为能力的主体所做出的外部表示，这种表示还必须是能产生法律后果，能够引起法律关系产生、变更或消亡的，人的有意识的外在活动。法律行为之所以能产生法律后果，就是因为行为人本来就想使这种后果发生，并且把这一意愿表达了出来。法律行为之所以能引起法律关系的演变，就是因为它作为既成事实已经使原有的法律关系受到了更改或重组。换言之，不能引起法律后果即不能使法律关系发生演变的行为就不是法律行为。

美国人布莱克在他的《法律的行为》中指出，“行为是现实的可变方面。每个事物，生物或非生物、分子、有机体、行星或人，都在行为。”① 虽然关于行为的概念十分宽泛，但是均可适用于人类社会。人的行为是社会的万花筒，通过它，我们可以了解到法律事实不同方面的诸多信息；同时，它也是直接反映人类各种民族、不同组织、各色人等品行、意志、素养、资质如何的外部事由。

一般意义上的“法律行为”，应是各部门法中关于行为现象的高度抽象，即各部门法的宪政法律行为、民事法律行为、行政法律行为、诉讼法律行为等以及各类法律行为，如合法行为、违法行为、犯罪行为等最上位的法学概念。其含义为：所谓法律行为，就是人们所实施的、能够发生法律效力、产生一定法律效果的行为。它包括合法行为与违法行为、（意思）表示行为与非表示行为（事实行为）、积极行为（作为）与消极行为（不作为）。②

法律行为作为法律事实须具有以下特征：

（一）法律性

法律行为是行为人在法律规定和法律调整范围内，受法律保护的行为。即无论私权还是公权行为，只要是法律支持和保障的行为，就应该是法律行为。所谓法律支持和保障的行为，即在法律范围内产生的合法行为。现代社会在法治条件下，大量法律行为均发生在私权领域，并被称为“法律自由行为”，这往往由权利意愿予以体现。公权领域的法律行为源于对社会利益的保护理念，并被称为“法律保护行为”，这往往由权力职责予以体现。无论是出于权利意愿还是出于权力职责的行为，它们都是被包容在既定法律之中的行为。

---

① 转引自沈宗灵《现代西方法理学》，北京大学出版社 1992 年版，第 378 页。

② 张文显主编：《法理学》，高等教育出版社 1999 年版，第 101 页。

（二）意志性

法律行为均是受到人们以清醒明白意志控制的行为，因此是人们有目的、有意识的活动。无论立法、司法、执法及守法活动，都是人们明确需要的，具体做出的法律行为。只不过有的是抽象的，有的是具体的法律行为。我们说，法律规范体现的是国家即立法者的抽象意志，法律关系体现的则是行为人即当事人的具体意志；这就是说无论是凝结在法律规范中的国家意志，还是表现于法律关系中的当事人意志，它们都是法律行为得以表达的前提。没有表达或不能表达这两种意志的行为，就不能算法律行为。

（三）价值取向性

法律行为均是法律关系主体为了满足一定的利益需要而做出的，反映了行为人对某种价值追求的行为。例如：国家为了社会的发展和稳定，为了人民的幸福和安宁，做出制定相应的宪法和法律的行为；政府为了实现宪法和法律所拟定的目标，做出严格依法办事，执法为民的行为；法人组织为了自身的利益，无论是法人整体还是法人成员的利益，所进行的自由合法行为；每个公民为了自己、他人或社会其他成员的利益，所选择的积极守法行为。……总之，法律行为均是为特定价值服务的，体现着社会善恶标准的行为。

以上三点缺一不可。虽然意志性和价值取向性是一般正常行为都应具备的因素，而法律性是法律行为必不可少的区别于其他行为的要素，但是，法律行为必定要以意志性和价值取向性为内容，否则，法律行为即为虚无。

二、法律行为的分类

法律行为作为社会行为的一种特别表现，不仅既有社会行为的基本特征，而且具有自己专门的法律特性，因此按照不同的标准可以有多种分类。法律行为既是权利义务的物质载体，即法律关系内容的直接承担者，又是法律事实的特别记录，即在法律事实中直接以人的意志为前提的事实反映。我们主要以法律行为在法律关系中的地位，及其在法律事实中的特性为据，将其主要分为如下几种。

（一）合法行为和违法行为

在以往的相关研究中多局限于对自然人行为的分析，即首先仅着眼于有责任能力的公民的行为，似乎只把“作为”与“不作为”固定为一切法律行为的行使方式，于是乎只有以违法行为为研究对象，才能阐明法律行为及法律事实问题。其次，对于大量的合法行为反而较少予以理睬，那些由自然人以外的法律主体所涉及的法律关系及所确立的行为模式，以及法律还未来得及规定但需尽快纳入法律视野的行为，要么很少涉及，要么视而不见。谈到行为，除了违法行为，就是犯罪行为，即自然人的社会危害行为。毫无疑问，这样的理论在现实生活中是非常狭隘的。

按法律行为与法律规范的要求是否一致，可将其分为合法行为和违法行为。

1. 合法行为

合法行为包括守法行为，即能产生行为人所预期的法律后果，并能形成调整性法律关系的行为。换言之，就是以此行为而形成的法律关系，不仅符合既定的法律规范，而且能给行为人带来合法利益，并已经受到或正在受到法律规范调整的事实。合法行为即法律支持、提倡和保护的行为。

在法学上之所以将绝大多数法律事实称为合法行为，就是因为绝大多数法律关系均是受其主体意志的指使，通过其主体自己的行为而形成，并能够促使法律关系演变的合法活动。在此意义上，法治条件下的人民均生活在各式各样的合法行为之中，生活在千变万化的法律关系之中。合法行为不仅要求行为的内容和形式与法律规范相一致，而且要求行为的价值取向和目标利益也应与法律的原则及精神相一致。因此有益于社会或至少无害于社会与他人的行为，才是法律所支持的合法行为。

合法行为依行为人在从事该类行为时，是否以达到某一有利法律后果为目的，又可分为两类：

第一类，以产生某种有利后果为目的的法律行为，如订立合同关系的民事行为、形成社会管理的执法行为、进行诉讼处理的司法行为，以及在法律范围内积极守法的自由行为等等。现实社会中大量出现的均为此类合法行为。

第二类，是否产生某种有利后果不以行为人的意愿而转移的法律行为，即法律后果的出现不以行为人对该后果的意志为转移，如抢救公共财产或他人财物的行为，扶老携幼、尽责守信的行为，见义勇为、直言不讳的行为，为了公众利益勇于甘担风险的行为等等。这类合法行为不仅是法律规范保障的，而且应该是法律精神提倡的。

由于合法行为是与法律要求相一致的行为，而法律所支持的又是与社会价值取向相一致的行为，因此，合法行为必须包括不以法律利益为一己之利而追求的法律行为；还应囊括不计法律后果为他人和社会利益而做出的高尚的道义行为！

2. 违法行为

违法行为包括犯罪行为，即指不能也不应产生行为人所预期的法律后果，不可能形成调整性法律关系的行为。换言之，即因为此类行为不符合既定的法律规范，因而不仅不能给行为人带来合法利益，而且还应当受到或必须受到法律追究的行为。违法行为即法律反对、杜绝和追究的行为，由其所引发的只能是保护性法律关系。

在中国人的观念中，违法行为更应该是法律事实，因为它本来就是在法律允许的范围之外所实施的，以违法手段所形成的，并损坏了原有法律关系和法律秩序的行为，因此更应受到法律的惩处。正是在此意义上，法治社会中的国家机构就是为对付各式各样的违法行为而设置的，而法律规范就是将违法行为阻挡在正常法律关系之外的法律之墙。对于犯罪行为不仅需要法律的明确认定，而且需要设立专门机构予以严肃整饬，以此，把被违法犯罪行为损害的法律秩序或法律关系恢复到原有的法律原则及法律规范的要求之内。因而刑法就是使个人利益和社会利益一致的一个方法，这就是刑法创造的理由。①

依行为人在从事该行为时，是否以追求某一损害性后果为目的，违法行为也可分为两类：

一类，以故意追求某种损害结果为目的，主观恶性较严重者。故意即明知自己的行为会发生危害社会或他人的结果，并且希望或放任这种结果发生。如某些侵权犯罪行为、越权或滥用的执法行为、违反程序法规定的司法行为等等。现实生活中，这种违法行为在法律行为中只占极少部分。对于有责任能力者的违法行为，在我国的“民法通则”中也将其称之为无效行为，即从一开始就不具有法律效力，而且是绝对无效、始终无效的行为。

另一类，不以故意追求某种损害结果为目的，但是，因为行为人的过失而产生的某种具有损害后果的行为。过失即应预见自己的行为可能发生危害结果，因为疏忽大意而没有预见，或已经预见而轻信能够避免，以致发生危害社会或他人的结果。即损害结果的出现不是行为人所希望的，但是，却是行为人的行为所导致的。对于具有完全行为能力的主体而言，其违法行为就是承担法律责任的事实依据。

以往的法学理论对违法行为的关注，对合法行为及非自然人主体行为的忽视，使现实生活中的人们很难认识合法行为的度量和质量，在其行使权利欲依法办事时，不易得到较好的参照和引导，这不能不说是法律行为理论在法学体系中没有找到应有位置而导致的，因此，对于合法行为的研讨应该是法治社会的主题。

（二）依法有据的自由行为和无法可依的事实行为

在市场经济的大潮下，一些法人团体，甚至政府机关及其公职人员和绝大多数公民一样，都是愿意严格依法行事的。但是，对如何守法，如何行为才既

---

① ［英］罗素：《西方哲学史》（下），马元德译，商务印书馆1986年版，第329页。

能很好地维护自己的权益，又能符合法律的要求较为茫然。加之他们认为的许多合理合法行为常常不能得到认同和鼓励，反而遭到鄙视和唾弃；许多破坏法律的行为没有受到追究和制裁，甚至被效仿和学习；还有一些规避法律的行为赢得了赞许和支持。的确，现实中许多与现代法治文明相抵触的行为不能得到合理合法的纠正，究其原因莫不是因对法律行为的认识失当所至。而在法律范围内的自由行为是法律主体须首先明确的。

按行为是否具有法律的依据，可将其分为依法有据的自由行为和无法可依的事实行为。

1. 依法有据的自由行为

即行为的出现在法律上有较明确的规定，是法律赋以当事人自由权利，并予以认可或保护的行为。因此也可称为以法律规范为依据的行为，从严格的意义上讲，它是名副其实的文明行为。相对之，违法犯罪恰恰是阻碍了这种文明的行为，是违背和破坏法律的行为。因此，无论是法律规范的适用，还是法律关系的形成，以及法治目标的选择，或法律价值的确定等，均应以是否保障和支持了依法有据的自由行为为归宿。

例如，在法律范围内的意思表示行为就是典型的法律自由行为，因为意思表示的发出及其效力一般由行为人自由行使，无论他怎样行为，只要在法律范围内，法律均给以明确的保护和支持。如只要表意人完成了意思生效的行为，意思表示即成立等。因此，依法有据的自由行为是法治秩序达到一定程度的社会境界。

2. 无法可依的事实行为

即行为的出现在法律上一时没有明确的规定，而当事人的行为又是合情合理的，并应予以认可或保护的。许多正当行为，并不是说要有法律的明确规定才受到保护，而是说只要被侵害就应受到保护。这本是法治的根本理念。然而，在社会经济转型过程中，许多正当行为常常得不到认同或公正的待遇，这是一个不争的事实。甚至一些主体依法办事反而大大提高了守法成本，而某些并不具备资格的“主体”，却大大降低了违法“投入”。这里既有法律制定修改的问题，也有因现实社会发展迅速法律还来不及规范等问题，但是却不能因此放弃公正的事实行为而言其他。许多事实行为即非法律上意思表示的行为，常常是“无法可依”的行为，却常常是公共道德所支持的行为。

（三）合法的损害行为和主体失格行为

有一类行为被称为合法的损害行为，由于它与社会价值取向存在有着密切的关系，因此，这类行为虽然在结果上造成了对法律所保护的社会关系即法律客体的侵犯，但行为人在主观上并没有过错。如因自然现象事实，使当事人不能如期履约或“违约”；如出现因“紧急避险”行为而产生的损坏情况。另外，如刑法上的“正当防卫”行为等，都属于此类。它们往往是法律事件引起的法律行为。

另外，如无行为能力人、限制行为能力人的有害行为；因社会动荡而产生的不可抗力，如战争等政治原因所造成的社会危害行为。这类客观上有危害后果，而又不是法律合格主体所为的行为，不能与主体合格且主观上有过错的危害行为相混淆。

综上所述，法律行为决定着法律这一特别社会现象的存在状态和存在方式。因此，研究法律事实，尤其研究法律行为的视野，是以广泛的合法行为为基础，还是仅限于违法犯罪行为的范围，是法学理论界在方法论方面必须予以慎重考虑的。

第四节　法律事实与法律关系

法律关系的演变，是指法律关系的产生、变更和消亡。法律事实是法律关系发生变化的必要条件，在法律规范确定的情况下，法律事实就是引起法律关系演变的唯一条件。所以，引起法律关系演变的条件，以法律规范本身和法律事实的存在为前提。

一、法律关系演变必须具备的条件

（一）抽象条件和具体条件

使法律关系产生、变更和消亡的必备条件有两方面：抽象条件——法律规范的存在，具体条件——法律事实的存在，一般称为“个案事实”。法律规范中的“前提条件、法律后果”体现着国家所认定，并予以保护或予以取消的事实状态即国家的意志效力，因此是抽象的、潜在的；而法律关系中的“主体、客体”却直接显现着当事者的现实关系及其实际效力，所以必定是真实的、鲜活的。法律规范中的“行为模式”反映了潜在的可能性，是国家意志的规范指导，而法律关系中的权利义务则表现了日常生活中的现实性，是当事人参与时自己意志的体现。

1. 法律规范的存在即法律关系的法律依据

例如，我国民法通则第六十七条规定：“代理人知道被委托代理的事项违法仍然进行代理活动的，或者被代理人知道代理人的代理行为违法不表示反对的，由被代理人和代理人负连带责任。”这里，“代理人知道被委托代理的事项违法仍然进行代理活动的”行为，以及“被代理人知道代理人的代理行为违法不表示反对的”行为，是法律明确的前提条件，其后果由他们共同负责，这是法律明确规定的法律后果。然而规范只是预警，事实还不具在，因此称它为“抽象条件”。再如，我国刑法关于人身权保护的二百三十二条规定：“故意杀人的，处死刑、无期徒刑或者十年以上有期徒刑；情节较轻的，处三年以上十年以下有期徒刑。”这是一个关于保护性法律关系的规则。

该条有程度不同的两个前提条件（抽象事实）：∥故意杀人的∥，∥情节较轻的∥；据此也就有两种差异较大的法律后果，即：◇处死刑、无期徒刑或者十年以上有期徒刑◇和◇处三年以上十年以下有期徒刑◇。该规则的行为模式当然是“严禁非法故意杀人”。其所体现的法律原则是：任何人不得随意剥夺他人的生命权。该条的社会价值为：保护最基本的社会秩序和人们安全生活的状态。

2. 法律事实的存在即法律关系的事实依据

法律关系是基于法律事实的出现而呈现的一个个具体的权利义务关系。在法律规范产生之前，这些关系体现为基于一定社会事实而产生的人与人之间的事实关系。但法律规范只是主体间权利和义务关系的一般模式，还不是现实的法律关系本身。只有在作为法律规定事实出现时，法律关系才具备了产生、变更和消亡的直接现实条件。所以说，法律事实是法律规范规定的，能够引起法律关系产生、变更和消亡的客观现实。如一旦有如上述民法通则第六十七条明确规定的行为出现，便带来了原代理法律关系的变化，在其行为事实上适用该条法律后果的责任认定就是必然。因此，包括事件和行为法律事实即法律关系产生、变更和消灭的事实依据。

法律事实内在本质上属于社会事实，它只是被法律加以规定的，具有法律意义的事实。从法律规则构成来看，其本身就是对社会关系的确认、抽象和概括的产物，是社会关系的规范形式。所以说，法律关系根据法律规范产生，法律规范是法律关系的抽象，是对纳入法律范围的某一类社会关系的法律表达。如前述，无论我国刑法二百三十二条规定表达得如何明确，它也只是抽象的规则。若要使其得到应用，就必须有具体事实或具体条件出现，法律家们一般将具体事实称为“个案事实”。

研究法律关系与法律事实的区别和联系，有助于我们深入理解法律在现实社会中的运用。

首先是出现了法律规范中所假定的情况（即前提条件），权利主体的存在是法律关系得以产生的首要事实，而社会事实或自然事实则是法律关系能够形成的客观条件。特定的法律关系只有在法律规定的权利义务在现实生活中具体形成时，并与客观条件相符的情况下才能够产生。

当然，有相应的权利主体和客体，即权利义务的承担者及对象，本来就是构成法律关系的事实要件。

（二）法律规范、法律事实、法律关系三者的联系

以我国刑法第二百三十二条规则为例，将其与相应的法律事实印证后所形成的法律关系图解和分析：

法律规则	前提条件—事实假设	行为模式	法律后果	规范和性质
我国《刑法》第二百三十二条原文	//故意杀人的//，或//情节较轻的//	严禁非法故意杀人（原文并没具体写出）	（处死刑、无期徒刑或者十年以上有期徒刑）；或（处三年以上十年以下有期徒刑）	对人身权的保护性法条，义务性规则
法律关系	主体的现实状态	法律关系的内容	法律关系客体	保护性法律关系法律事实
三者的契合	法律行为	违反了法定义务	危害了他人的生命	侵犯了依法被保护的权利客体

从法律的角度看，法律关系是使法律规范具体化的目的，是使法律规范在现实生活中获得实现鲜活形式的表现。只有通过法律关系，法律规范这种应然的东西才可转化为实然的社会法律秩序。法律关系是法在社会生活中最初的形态，法律的实现就是法律关系履行的存在。正因为有法律关系的存在，才使法能够在活生生的现实生活中得以运作、实施和生效，即法律关系不仅是法律实施的中心环节、法治实践的根本环节，尤其是立法规划的基本环节。对法律规范、法律事实和法律关系的研究，对于我国法治建设及其和谐社会的建立具有重要的理论和实践意义。

法的实施就是使法律规范的要求在社会生活中获得实现的活动，原则上是一种过程，是由纸面上的法（law in paper）——法律规范，向现实生活中的法（law in reality）——法律关系的转化；即由规范中行为模式的可能性向关系中权利义务的享有和履行的转化，是由人类对法律的认知向法的现实的转化。这个转化过程是一种动态的治理，不是静止的套用。由于法律规范本身具有高度抽象的概然性，其对权利与义务的规定只能是观念形态，因而只有在具体法律事实发生的前提下，法律规范中那种处于应然状态的权利义务（行为

模式）才有可能通过法律事实转变为现实生活中法律关系具体的权利和义务，也才可以此起到对人们生活调整的作用。所以说，法律关系是法律在社会生活中实现或兑现的途径和方式。因此，法律规范应该是逻辑上完整，现实中具有普遍约束力和国家强制力的高度文明发达的行为准则。其内在属性构成了法律的整体统一性，并体现着法律对人类社会进行规范的目的。

另外，构成一定法律关系的事实要件，一般是法律规范中所涉及的“前提条件”，即法律事实论中的自然事实、法律事件、法律行为。法律事实和法律关系有时体现为纯粹的原因和结果之间的关系。可见，法律规范——法律事实——法律关系，即此三者普遍联系的公式；其中，法律事实作为中介是不可没有，不可任意捏造的真实！社会的存在决定着法律的选择，而法律的选择只有作用于既存的事实时，才具有真正的法律意义，否则，法律规范永远是躺在书本上的东西，要么永远不可能被激活，要么被肆意激活而滥用。因此，法律规范——通过法律事实——与法律关系相联结，充分显现了法律事实作为法律规范的激活剂，是使之与法律关系接轨的，不可替代的联结点。

二、法律事实引起法律关系的演变

由法律事实带来的任何因素的变化，都将涉及法律关系中的任何要素，即无论权利义务、权利主体或客体，它们的任何变化都源于法律事实，都是因法律事实的变化而变化的。构成一定法律关系的事实要件，一般均是法律规范中所涉及的“前提条件”，这在法律关系论中就称为“法律事实”。法律事实在社会生活中又以法律行为最典型、最普遍，因此，法律行为就成了既是法律规范规制的对象，又是法律主体之所以结成法律关系的法结，同时，还是引起法律关系产生、演变的灵魂。所以，法律行为不仅是法律事实的突出表现，而且还是法律关系得以演化的“心结”。

由法律事实引起法律关系演变的情况大致可以归纳为：

（一）法律关系的产生

如取得对某项财产的所有权、订立了合同并生效、取得高校入学资格或职业资格的入学或执业、财产继承等。这里所说的法律关系产生，是指新的法律关系的出现，并不指法律关系中某个要素的形成或出现。

（二）法律关系的变更

如由于企业兼并，造成原有法律关系主体的变更；又如补充合同条款，引起权利义务的变化；由于未成年子女成年，造成父母与子女之间法律关系客体的变更；等等。因此，法律关系的变更，指法律关系三要素中某些要素的改变，不指原有法律关系的整体改变。

（三）法律关系的消灭

如由于某人调动工作，他与原工作单位的劳动、聘用等法律关系就消灭了；又如由于买方支付价款，卖方交付货物，原有的买卖法律关系也消失了。所以，法律关系的消灭或消失，是整体的法律关系的消失，不是原有法律关系中的某要素的消失。

本章图解

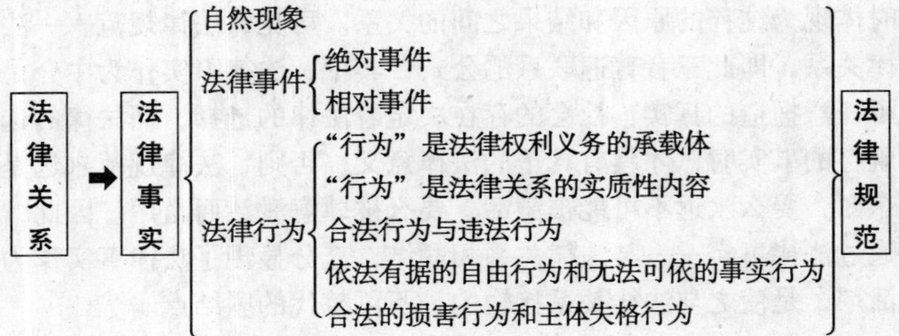

复习思考题

1. 什么是法律事实及其种类？
2. 说明法律事实与一般事实的区别与联系。
3. 试述人的行为在法律关系中的意义。
4. 什么是法律行为？人的行为与法律权利义务的关系如何？
5. 试述法律行为在法学中的地位。
6. 简述法律关系、法律规范与法律事实的关系，并举例说明。
7. 论述法律关系产生、变更和消灭的条件。

第九章　法律责任

法律关系和法律事实，研究的主要是以调整性法律关系为基础的“合法法律关系”，这里则以保护性法律关系所揭示的因“违法”或法律规定应承担的法律责任为着眼点进行阐述，进而巩固法律关系论的知识。

第一节　守法与违法

一、守法

（一）守法的概念

守法，意味着法律关系主体依照法律的规定，行使权利和权力，履行义务和职责的活动，它是法律实施与实现的最根本、最主要的形式之一，严格依法办事是起码的守法表现。

现实生活中从人类行为的角度而言，法律关系的合法建立、正当履行和正常存在，均为守法或严格依法办事的结果。因此，守法一般为法律关系得以建立、得以顺利履行、得以正常实现的过程。这意味着，除了所有法律主体的一般守法行为外，更为重要的是执法守法、司法守法、宪政守法等各方面公权者的守法行为；另外，守法还分为消极守法和积极守法等。

消极守法，最形象的描述就是“听话”，听法律的话，听上级的话，听禁止性、义务性规范的话，演绎之即听一切有权者的话。虽然消极守法是“守法”的必然要求，也是法治的必要表现，但却不是现代社会所提倡的法治文明的要求。因为如此守法，是专制社会最为常见的，也是独断专权者最为喜欢的“守法”。现代社会的法治文明所倡导的，是以积极守法为价值取向的现代守法意识。

积极守法，较贴切的表达为“尊法”，即尊重法律权威，尊重法律权利，尊重人民的意志，忠实于国家的职责；表现于在法律范围内积极建立正当自由的法律关系，并能真实地履行它、顺利地结清它，这就是一般的积极守法。对于一般主体来说，积极守法所带来的社会法律秩序，使每一个人都能生活在由自己自主自愿建立的法律关系之中，人们可以按照自己的意愿，在法律容许的范围内自由地履行它，正常地实现它。简而言之，积极守法就是法律无明文禁止的即为自由和权利。对此，我们只要略微了解一下如今的法律财产制度和合同制度就足以说明个中的原由。

对于公权主体来说，积极守法则意味着在尽忠职守的基础上，敬重人民的权力，严格依法执政、为民忠诚执法。这种积极守法包括了消极守法的正当意义，由此常被百姓们誉为“第二种忠诚”。假如没有这种积极守法，就不会有现代社会的法治，从而也不会有大家所期盼的繁荣稳定的社会生活。因此，只有积极守法才是现代社会所力争和倡导的，现代民心所向往的法律、法治观。

（二）积极守法是建立和谐社会信用机制的基础

现代法制需要对人们的行为及其能力作出区分和评价。如对他们所具有的各种能力，包括各种才能、技能和智能的区分；再一个就是对法律主体各种能力所具有的品行优劣的法律评价，包括对品质和实力的认定等。一个人，包括一切法律关系主体，如果具有好的品行，人们就能对他产生足够的信用度，相信他能够积极依法律行事，并向他人和社会负责，从而使其技能、智能和才能得到成分的发挥；一个人或一个法人组织若是劣迹斑斑，人们就无法相信他能在法律范围内积极行事，其在法外滋事的结果使其信用度为零，因此，他们的行为必然被社会淘汰。积极守法的标准就是在这类区分和评价中如何建立信用机制的标准。也正是在这类区分和评价制度中，积极守法的观念才会被社会广泛地汲取和采纳。

正如义务和利益有时冲突，有时和谐一样，积极守法就是积极行使权利，认真履行义务，并在履行法律义务中获得合法的利益。一种特定的积极守法行为就能成就一种特定的诚信机制，出现了多种积极守法行为就能建立相应的诚信体制，由此，显现在各种和谐的社会行为之中，成为现代法治行为所呈现的良好状态。一种特定的违法恶习则与此相反，它通常以不负责任的恶意规避法律、背信弃义为积极选择，是建立和谐社会的最大妨碍和损害。因此，是否守法、是否积极守法，一定是对一个法律主体的行为所表现出来的各个方面是否具有诚信理念的评价。其中与法律规范相关的那些品行与素质，就是该主体社会信用方面的基础。要具有积极守法的品行，首先就应该能够自觉按照既定的法律原则和规则行事，在保障自己和他人及社会合法利益的同时，自愿遵守相关的其他社会规则，而不管相反的诱惑有多大。从这点来讲，“守法”与“守德”就有了十分密切的联系。

（三）守法对于中国人而言就是“守德”

“守法”在传统的西方人看来就是守住自然法的精神，守住永恒法的意志，守住理性法的善义。而对于中国人而言，“守法”则是守住德性，守住人心，即守住仁爱之心和好生之德。正如“义务”一词，无论在法律或者道德之中都有相通的意义，都是一个关键性概念一样，在法律或道德中“义务”都是必须的，其共同的意义就在于，如果某事是正确的正当的就应该去做它。就是说不管你愿意与否，只要面临正当或正义之事，都应该尽力而为，因为做这事无论在道德上还是法律上都是正确的；也许做这些事在法律或道德上对行为人并没有直接的利益，但如果你负有义务，就一定要去做。无论是道德义务还是法律义务，对于人来说都无从选择，这本是守法的根基！

守法，尤其积极守法是一种人格力量的显现，是一种人格魅力所在。如同西欧社会不讲《圣经》就不会有正常有序的社会生活一样，在中国，不讲道德也就不会有任何正常安稳的日常生活；可见，法律的正常遵守，在西方社会是建立在基督教文化基础之上的，而在中国则是建立在德治文化基础之上的。因此，无论中外，守法就是一种美德。如果守德是一种优秀品行的话，那么守法则体现了一种高品质的生活；因为遵守道德一般被认为是完善个体的素养，而遵守法律才是提升社会的生存价值。在道德中最基本的因素是自制、自律；在法律中其至高境界是自治、自尊。守法的优质性虽然在逻辑上有别于守德方面的道德优越性，但只有优质的守法才能让优越的才能和技能为社会服务。因此，培养各种积极守法的美德，训练各种积极守法的能力，并将它们付诸实践，这是我国目前法治条件下一项基本的任务。

在任何国家或社会，都存在着其成员有义务据以行事的各种原则，存在着他们都有义务遵守的各项规定。这既是守法的依据，也是守德的前提。虽然各种法律、原则、规则都会在不尽的发展中有所变化，甚至在各个地方的规定会不太一样，但是守法的多样性对于“守德”来说也是很重要的。只要有人类社会存在的地方，不管其具体形式如何，都必定有其共同的法律原则，以及法律和道德互通的基础。可以想见，一个社会如果只知守法不知守德，将会是怎样的情形；一个社会如果只依法而缺德，又是怎样的境遇。反之亦然。从法律关系论的角度讲，依法建立起来的法律关系，只有以德为信所谓诚实守信，才能得到高质量的履行。

在人类共同体中，守法是社会生活所设计的一种事物。尤其在飞速发展的现代社会，一个法律主体其在成长中，在变成一个共同体成员的过程中，首先必须成为一个道德主体，并在此过程中，能够明白他担负的种种责任和义务，当他知道了其中必须的法律义务时，他才能成为法律主体。作为社会成员享有法律权利的基本资格，就是具有守法的行为和能力，也即良好的德行和作为。有着德治传统的中国人不可能完全废弃自己悠久的传统，哪怕在现代社会，也不可能只守法而不敬德！

二、违法

（一）违法的概念

在现实的法治生活中，一旦法律关系遭到破坏或侵害，即产生既定法律关系的保护措施，由此形成的关系，被法理学者称为“保护性法律关系”。换句话说，就是因违法行为或危害事实而产生的、旨在恢复被破坏的权利和秩序而形成的法律关系。① 正是在此意义上，才形成了不同法律部门在各自范围内各自保护的、被侵害、被破坏、被践踏了的法律关系客体。可见，许多情况下，违法就是对法律关系的顺利履行造成了障碍，使法律调整的合法正当关系陷于危及的行为，从而形成该法律关系被破坏、断裂的事实。

通俗地讲，违法就是指违反了法律规定，有危害社会的行为，包括超越法律允许的范围，不认真履行法定义务和法律职责，或滥用法律赋予的权利和职权，造成了一定危害事实的，就是违法。违法一般均构成相应的法律责任，但并不是所有的法律责任都是由违法而形成。因此，违法的构成不能等同于法律责任的构成，因为，违法只是带来法律责任的一种情况，并不是所有法律责任都因违法而产生。

在中华文明五千年的漫长发展过程中，中国人曾建立起以礼制为社会规范的形式和以德治为社会规范的价值诉求，从而形成一种中华民族独特的社会治理的模式。如果把违法的含义定义为对他人、社会和国家利益的破坏和侵犯的话，那么这种扰乱和破坏生活秩序的行为就可能存在于社会生活的任何层面，而无所谓该社会形态中某种调整方式是不是主要的社会治理机制了。对于传统的中国人而言，冲破“礼制”，违反德治，也应该是现代人所认为的违反法治，即“违法”。

在汉语语境中，人们对于违法的理解，首先是一种居于人之本性从恶的体现。这与西方人从“原罪论”的角度出发而形成的“法治”如出一辙。这种理解把违法行为与人的德性紧密地联系在一起，希望使人能通过内在道德品质的修养，尽其所能的遵守各种社会规范，尤其是具有法定规律的法则，以此来达到和谐社会的目的。因此，这种内在的逻辑使中国人倾向于把所有的社会现实都伦理化，泛道德化。这反映在中国人把违法视同于败坏道德就不言而喻了。也就是说，违法不仅破坏了法律上的要求，也败坏了社会意义上的道德规范，还背叛了自身信念上的道德理想。

---

① 张文显主编：《法理学》，高等教育出版社、北京大学出版社 2003 年版，第 133 页。

这种理解，在社会关系相对简单明了的社会结构中是十分有效的。如今的中国，社会结构日趋分化，有的日趋简单，有的日趋复杂。日趋简单未必就是退化或保守，如以法律程序解决问题，就是将复杂的事情简单化、公式化，甚至符号化。而日趋复杂也未必就是文明与现代化，如千丝万缕的瓜葛，千变万化的利益群体，千头万绪的事态变迁等。但是，由于当今许多社会行为的作出，对于多数人来说已难保证是纯粹主观方面的决定，所以在继承伦理法的基础上，也应用开放的心态理解人的行为，甚至理解和宽容人性的瑕疵，真正做到规范行事，依法依理的评判。

（二）违法的构成

是否违法，在法学上需要特定的事实和条件才能予以确认，这些事实和条件就被称为"违法构成的要件"。因此，违法的构成，就是形成违法的事实要件充分、确凿。一般的违法构成要件由违法的主体要件（责任能力）、主观要件（行为人的过错）、客观要件（行为的违法性）、客体要件（行为的社会危害性或危害结果）及因果关系（行为与损害之间的必然联系）五个方面构成。

1. 违法的主体要件——与"责任能力"相关

这是认定是否有"违法责任人"的存在问题，如果有，它将涉及责任人的权利能力、行为能力、责任年龄，以及是否为特别主体、是否为合法法人及合法成立的团体或组织等问题。其意义在于杜绝诬告陷害、代人受过、罚不当过、冤枉他人，避免真正的当事者逍遥法外或遗漏违法过错人的情况出现。例如，在刑法中有"间接正犯"的理论，就是指利用无刑事责任能力的人从事犯罪行为的人。在这种情况下，刑事责任的承担与刑事责任能力之间形成了一种紧密的逻辑联系，为的就是实现刑罚的公正性，既不能对不满足刑事责任能力法定要求的人进行处罚，又不能遗漏应负刑事责任的实际犯罪人。

2. 违法的主观要件——与"责任大小"相关

这是认定行为人在行为时其主观上的过错程度问题。"过错"是指行为人行为时故意或过失的心理状态，是衡量某一行为是否构成违法的重要条件，涉及行为人的意志、对行为的认知和行为时特定的精神状态等方面。如果行为主体有故意或过失，就构成了主观上的过错，即违法的主观要件形成。其意义在于，追究主体法律责任或让其承担不利的法律后果，均建立在一定的社会发展及其法律价值取向之上。

法律就其调整对象而言，主要是针对人的行为。但是，现代的社会学理论早已证明：任何行为都不是纯粹机械的可以直接客观描述而不需要主观解释的人对外界的反应，而是在一定目的或心理状态下做出和被理解的现象。违法的主观要件在这种理论背景下被提出和强调，其最基本的出发点在于对人的自由最大限度的尊重和珍视。如果一个有违反行为的人其主观心态是不自由的——这既包括针对他人行为的不利状态也包括受无法预见事件影响的不利状态，那么以故意或过失作为法律评价，自然无法纳入责任承担的过程中进行考虑，以此追究其法律责任就会失去公平。因此，在法律条文和法学理论中，我们可以看到很多类似的规定，如民法中的欺诈、胁迫会导致民事法律行为无效（见民法通则第五十八条）；刑法中的对胁从犯减轻或者免除处罚的规定（见刑法第二十八条），等等。

3. 违法的客观要件——与“法律关系的内容”即权利义务直接相关

这是指是否出现过行为人意志指使下的违法行为，换句话说，就是否是受法律关系主体的意志支配而作出的外部行为，如果是就构成了违法的客观要件。其中包括作为和不作为的行为。其意义在于，法律调整或惩罚的对象是针对行为人有意识的外部行为，而不针对其内在的心理或思想活动。仅有人的内在心理或者思想活动还不可能形成法律关系，因此它与现实的法律关系没有丝毫关联，只有将这种心理或者思想活动转化为行动，才能出现法律关系，也才能被纳入违法的评价系统中予以认定。

4. 违法的客体要件——与法律所保护的“法律关系客体”的正当存在及其状态相关

这是指是否出现了破坏法律所保护的“社会秩序”，即正常的经济、政治、文化等社会关系的结果；是否有毁害、侵犯法律权利客体的现象；是否因没有正当履行法定义务而造成了对权利客体的错误认识或侵害，并使其失灭、污染、损毁或丧失应有的价值等等。其在刑法学上是指是否存在社会危害结果，在民法学上主要指是否危及权利人的合法权益，在行政法学上就是指是否破坏了国家的社会管理秩序等。其意义在于，通过法律对社会利益和权利客体的强制性保护，以维护国家所希望的法律秩序的正常运行。

可以说，任何调整性法律关系转变为保护性法律关系，都是因为某一法律关系客体遭到了危及或破坏，需要由国家出面行使法律强制力进行恢复的结果。如果不存在对调整性法律关系的破坏，那么就不应该认为需要国家强制力的介入。这一方面是出于对社会自发秩序的尊重，另一方面也是出于对国家强制力能更有效运行的考虑。

5. 因果关系——与“法律事实”的存在直接相关

这是对贯穿于整个案件事实的真实的逻辑揭示，就是指行为人的行为与损害结果是否有直接或间接的联系。如果以上四个要件都已具备，也还应从是否有因果关系上进行认定，使事实构成形成相应的关系链，为提供真实的、相互关联的法律证据打下基础。其意义在于，真实的显示因违法行为而打破或损坏的社会结果它们之间的必然联系。因果关系将真切的体现法律的意志性和客观规律性的统一。法律在选取哪些因果关系应被纳入违法的评价体系时，往往也选择了需要保护的社会关系。

第二节　法律责任

一、关于法律责任的不同理论

西方法学家在研究法律责任时，就法律责任的本质问题提出过许多不同的观点。其中，影响较大的有三种，即道义责任论、社会责任论和规范责任论。

（一）道义责任论

以伦理学上的自由意志论为理论基础，假定人的意志是自由的，人有控制自己行为的能力，有自觉行为和自由选择行为的能力，因此推定：违法者应该对出于自己自由意志所作出的违法行为负责，同时应受到道义上的责难。所以，对违法者的道义责难就是法律责任的本质所在。

如英国人米尔恩认为，有九项道德原则为社会生活本身所必不可少。即：行善、尊重人的生命、公正、伙伴关系、社会责任、不受专横干涉、诚实的行为、礼貌和儿童福利……共同道德和特殊道德的区别，使共同体这个概念的各种含义与道德多样性的事实协调了起来。道德是原则、规则和美德的统一体，作为共同体成员，他们被要求按照原则行事，遵守规则并将美德付诸实践。因此承认这些要求是他们作为共同体成员应尽的义务。……某些美德与共同道德的各个原则相联系：公正无私与公平待遇相联系；同情与伙伴关系相联系；正直和忠诚与诚实行为相联系；严格、坚韧和慈爱与儿童福利相联系。“社会责任”和“礼貌”既是美德又是原则。① 因此，诚实的行为，自觉接受道义的责难，是道义责任论的核心所在。它禁止任何种类的不诚实，并要求信守诺言以及在所有的事务和工作中保持正直。若以此作为普遍责任的基础，足见道义责任的要求之高，不是一般成员能够普遍接受的。

（二）社会责任论

以哲学上的客观决定论为理论基础，假定一切事物（包括人的行为）都有其规律性、必然性和因果制约性。由此推定，违法行为的发生就不是纯粹由行为者的自由意志能决定的，而是由客观条件决定的，因而只能根据行为人的

---

① ［英］A. J. M. 米尔恩：《人的权利与人的多样性——人权哲学》，中国大百科全书出版社1995年版，第57、75页。

行为环境和行为的社会危险性来确定法律责任的有无与轻重。之所以要确定并强制履行法律责任，一方面是为了维护社会秩序和社会的存在，另一方面就是为了使违法者尽快适应社会生活，或使其再度社会化，这才是法律责任的本质。

作为共同体的国家、社会或某个社区、某个法人组织的成员，每一个人对其他的成员都负有责任。他不仅要使共同体的利益优先于自我的利益，而且要竭尽所能做那些有助于增进共同体利益的事情。假如没有那些按照社会责任原则而行事的必要约束，共同体的利益就会在很大程度上因此付之东流。社会责任并非要求人们放弃对自我利益的追求，但却要求他们必须用与共同体利益相一致的方式去追求。这些同样也适应于共同体内部不同的利益集团和不同局部利益需要的情况。因此，社会责任论希望每一个成员都有义务使共同体的利益优先于他个人的自我利益。行为人在特定的行为环境中，只有行为的社会危险性才是其承担法律责任的根据。认为对共同体中任何成员行动自由的任何干预，都必须被证明是正当的，否则，“专横的干预”被认为是不正当的，因此将没有任何效力。社会责任论以客观原因为责任基础，过于放宽了对行为人主观方面的要求，降低了行为人承担社会风险的力度。

（三）规范责任论

以法律所体现的社会价值观为理论基础，将法律设定为有权机关用于指引、评价、预测人们行为的基本规范。对于符合法律规范的行为予以肯定（或赞许），对于违反法律规范的行为则持否定（或防范）的态度，以此教育人们树立正确的社会责任观。所谓规范责任论，就是将行为人应负的责任规范化。无论是道义责任的要求，还是社会责任的原则，以致有些既不可能承担道义责任，也不可能承担客观责任的行为也纳入其中，以明确、公正、公开的规范为基础，体现了一视同仁的制度性要求。因此，只有规范责任论，才使社会和责任的承担者能够公平合理地分担社会风险。

法律科学就是以规范责任为中心，由此建立起了自己的责任认定、责任追究和责任处理等制度的。规范责任的运作原则和操作形式，均较完整的体现在法律责任的认定与归结的理论之中。这种责任论的基础，是法律规范的价值诉求与社会评价结果的综合体现。因此，只有规范责任论才是对于人们行为的规范性评价及其承担法律责任的本质。

在以上三种关于责任性质的讨论中，规范责任论是综合了其他理论的较全面的说法。它不仅是法学界研究法律责任的基本出发点，而且还将前两种责任理论的优点纳入了自己的理论范畴。

二、法律责任的概念和特征

（一）法律责任的概念

现代汉语中，责任一词有三个彼此相关联的意义：一是分内应做的事，如尽忠职守、身份责任、尽职尽责等，即每个人应具有的角色义务；二是特定的人对特定的事所负有的特定责任，如保证责任、举证责任、遗嘱委托责任等，这些也被称为“积极义务”；三是由于没作好分内之事，或没能履行好应尽的义务，因而应承担的责任。换句话说，就是在原有应尽义务的基础上外加的义务。法律责任与第三点有相通之处，或者说，法律责任包含了第三点的内容。

与上述“责任”概念的第三种含义相比较，法律责任与其不同的是，除了没能履行好应尽的义务而出现的违法行为、违约行为，需承担的法律责任外，在特定条件下即便是已履行了法定义务，但是，按法律规定还应承担的特别责任。即由特定的法律事实所引起的，对于损害结果予以赔偿、补偿或按法律规定应接受的惩罚和应承担的不利后果。

例如《中华人民共和国民法通则》第一百零六条第三款规定，“没有过错，但法律规定应当承担民事责任的，应当承担民事责任。”换句话说，法律责任既是国家对违反法定义务、超越法定职权或滥用法律权利的行为人所作的否定性评价；也是因自由意志支配下的行为所引起的合乎逻辑的法律后果；同时，还是特定社会存在的对法律责任价值目标的明确要求。在这里，法律责任就是以“道义责任”为基础，以“社会责任”为内容，以国家意志为评判标准而形成的“规范责任”。即法律责任，就是由国家强制责任人作出一定行为或不作一定行为，并要求其对受到侵害或损害的合法利益和法定权利予以补偿和救济，恢复被破坏了的法律关系和法律秩序的一种手段。

法学界从不同的角度出发，对法律责任这一概念提出了诸多不同的见解。如有：义务说、后果说、责任能力说、处罚说等。就“义务说”而言，法律责任即“由于侵犯法定权利或违反法定义务而引起的、由国家专门机关认定并归结于法律关系的有责主体的、带有直接强制性的义务，亦即由于违反第一性法定义务而招致的第二性义务”。① “后果说”认为，法律责任就是带来了某种法律后果，尤其强调了这种后果的不利性。沈宗灵先生认为，法律责任意味着有违法行为或违约行为，也即未履行合同义务或法定义务，或仅因法律规定，而应承受某种不利的法律后果。② “责任能力说”是道义责任论的翻版，

---

① 张文显：《法学基本范畴研究》，中国政法大学出版社1993年版，第187页。

② 沈宗灵主编：《法理学》，高等教育出版社1994年版，第404页。

其合理性在于说明了法律责任的道义基础，使法律责任建立在一种人文主义的价值理念之上。而“处罚说”则直接将法律责任定义为法律的“处罚”或“惩罚”，突出了法律责任就是一种惩罚性制裁的性质；如果将其理解为，因违法必然导致公权力的强制性处理，无疑是正确的，但是，惩罚或制裁与法律责任毕竟不是一回事。

上述前三种说法，虽然不能以偏概全，但都表达了法律责任概念中的内容。对此，我们将从法律责任的特征入手深入了解。另外，除以上几种通说之外，吴玉章先生的观点比较有特色。他认为法律责任并不是一个与义务、权力、制裁或惩罚同等层次的概念，而是这些相邻概念的连接枢纽。因此，法律责任在其中是一种过滤性的连接，是在人权和自由的价值追求下，使人们在从法律规范到法律事实这个建构法律关系的过程中，增加更多的考量因素，从而克服只考虑法律规范的共性而忽略案件个性适用模式的机械性做法。①

（二）法律责任的特征②

法律责任论是规范责任论的典型代表，它与道义责任（自由意志论）、社会责任（客观条件论）的最重要的区别就是，承担法律责任的前提即是否有法律规范的存在，尽管具体原因可能各有不同。因为一旦法律责任不能顺利承担或履行，就需要国家专门机关予以裁断，在法治社会中，专门机关予以裁断的依据只能是法律规范而非其他。归纳之，法律责任主要有以下特征：

第一，法律责任是个动态的概念，遵循了从立法、守法、执法、司法到法律监督整个过程循环往复的动态运行的规律。在立法和守法的权利义务范围内，行为人的行为都属正当的，只有超出了这个范围才会出现法律责任。而执法、司法，包括法律监督，就是在人的行为超出了这个范围时，国家法律所显示的意志力。

第二，法律责任涵盖了规范责任的全部构成要素，如法律义务、责任的归结性和法律负担等，以致能够建立一个客观、公正、精致的法律责任体制。为人们认识、了解规范责任提供了普遍一致的行为模式：即解决一个法律主体的责任问题，首先应确认是否存在危害事实及危害的程度，然后再考虑这一危害结果的发生依法律风险公平分担的原则，是否具有可归责性，如果有，责任应归于谁等。只有在如此基本的过程中，才能确定责任主体应承受的责任。

第三，法律责任从具体的当事方主体到国家规范两方面表明了该定义。一

① 参见刘作翔主编《法理学》法律责任部分，社会科学文献出版社2005年版。

② 本节受刘作翔、龚向和《法律责任的概念分析》一文（见《法学》1997年第10期）的启发，提出了不同见解。

方面，法律责任是法律关系当事方在法律义务以外，没有理由拒绝的，应当承受的合理负担；另一方面，法律责任是根据社会价值判断的正当性可证成的，由专门国家机关规定的，依法可运用国家强制力强加于有责主体的负担。

第四，把法律责任最终归结为一种负担，更具有客观实在性。正如我国台湾学者所言："责任者，义务人违反其义务（包括行使权利应遵守之义务）时，在法律上应有之负担也。"① 这种"负担说"相当于"第二性义务"说。因此有必要对法律责任与法律义务的联系与区别作一了解。

（三）法律责任与法律义务的联系与区别

由于无义务就无责任，因此，法律责任与法律的权利义务有着密切的关系。它们既能构成法律规范中的行为模式和法律后果，也能形成法律关系中的根本内容；同时，就因为两者的存在，才使法律规范中的前提条件有的放矢，才能将法律关系中的主体和客体联结起来；无论法律责任还是法律义务，都是以法律事实形式，宣告法律关系的变更、产生与消灭的。正因如此，我们往往把它们混为一谈，因而了解法律义务与法律责任的区别，在现实中就显得极为重要了。

首先，与义务和责任相互关联的概念分别是权利与权力，即与义务概念相对应的是权利，与责任概念相对应的则是权力。其次，法律义务是当为，法律责任不仅是当为而且是必为，即履行义务一般是为获取权利而出于自愿的，非强制的；而承担责任既是应当的又是必须的，责任人的意愿不影响责任的承担。再次，法律义务产生拘束力，法律责任产生强制力；义务一般都是人们为了法律权利愿意履行的一种自我约束，因此，义务的领域容不得强制力的干预，而责任则基于履行义务的不完善而产生，因而具有强制性；也因为这种强制性，才把法律责任与法律义务区别开来。②

因此，第一性义务即与权利相配置的义务，第二性义务即以权力或职权为基础所形成的责任。具有国家强制性，是法律责任即"第二性义务"较之"第一性义务"的典型区别。法律责任的履行由国家强制力保证，正如国家强制力有时是作为威慑力隐蔽于法律实施的幕后一样，在法律责任的履行中，国家强制力只有在必要时，在责任人不愿自觉承担或不能主动履行时才会出现。

三、法律责任的种类

法律责任的种类在各国不同的社会传统中会有所不同，但如今均可归纳为

---

① 李肇伟：《法理学》，台湾中兴大学1979年第四版，第305页。

② 刘作翔、龚向和：《法律责任的概念分析》，刊于《法学》1997年第10期。

以下类型：

(一) 违宪责任

即宪政主体（具备宪政资格的主体）没能在宪法部门的规范内依法活动而引起的法律责任。其形式如弹劾、罢免宪政体制中的相关人员和机构，审查、撤销违反宪法的规定及其行为等。

例如我国立法法第八十七条规定："法律、行政法规、地方性法规、自治条例和单行条例、规章有下列情形之一的，由有关机关依照本法八十八条规定的权限予以改变或者撤销：（一）超越权限的；（二）下位法违反上位法规定的；（三）规章之间对同一事项的规定不一致，经裁决应当改变或者撤销一方的规定的；（四）规章的规定被认为不适当，应当予以改变或者撤销的；（五）违背法定程序的。"

(二) 法律行政责任

即因违反行政法或因行政法的规定而应承担的法律责任。这是一种伴随着社会法治化进程的发展而出现的公法责任，其中又分为多种不同的形式：

1. 行为责任

这是行政责任中数量最多的责任形式，对行政主体撤销违法的行政行为、责成履行职务或职责、吊销法人的营业执照、停业整顿等均属此列。如《中华人民共和国行政诉讼法》第五十四条规定，具体行政行为有下列情形之一的，法院应判决撤销或者部分撤销，并可以判决被告重新作出具体行政行为：①主要证据不足的；②适用法律、法规错误的；③违反法定程序的；④超越职权的；⑤滥用职权的。如果被告不履行或者拖延履行法定职责的，判决其在一定期限内履行。

又如现行的《中华人民共和国公司法》第一百九十九条规定："违反本法规定，虚报注册资本、提交虚假材料或者采取其他欺诈手段隐瞒重要事实取得公司登记的，由公司登记机关责令改正……情节严重的，撤销公司登记或者吊销营业执照。"

2. 精神责任

其在行政法律责任中所占的比重明显高于其他法律责任，如行政管理内部的通报批评以示警戒、承认错误以观后效等，例如《中华人民共和国公务员法》第一百零三条规定："机关因错误的具体人事处理对公务员造成名誉损害的，应当赔礼道歉、恢复名誉、消除影响；造成经济损失的，应当依法给予赔偿。"这里的"赔礼道歉、恢复名誉、消除影响"就是承担精神责任的形式。另外，还有行政管理外部的处分等。

3. 职务责任

是国家机关按照行政隶属关系给予有违法失职行为的国家机关及其公职人员，或企事业单位依法给予违反劳动纪律、操作规程以及其他违法乱纪行为的工作人员的责任处理。如《中华人民共和国行政处罚法》第五十九条规定，“行政机关使用或者损毁扣押的财物，对当事人造成损失的，应当依法予以赔偿，对直接负责的主管人员和其他直接责任人员依法给予行政处分。”对具体人员的行政处分一般有：警告、记过、记大过、留职查看、降级和撤职，等等。

4. 财产责任

多为针对行政主体外部，对行政相对人进行管理的责任形式。如：罚款、赔偿损失、没收非法所得等。例如《中华人民共和国公司法》第二百零八条规定：“承担资产评估、验资或者验证的机构提供虚假材料的，由公司登记机关没收违法所得，处以违法所得一倍以上五倍以下的罚款……”

（三）民事责任

主要是一种平等主体间的法律救济责任，多为财产责任形式。一般有：因违约行为（或不履行法律义务）而产生的违约责任；由民事违法行为，即侵权行为产生的一般侵权责任；以及由法律规定所产生的特殊侵权责任。民事责任有多种责任方式，中国的民法通则第一百三十四条中就规定：“承担民事责任的方式主要有：（一）停止侵害；（二）排除妨碍；（三）消除危险；（四）返还财产；（五）恢复原状；（六）修理、重作、更换；（七）赔偿损失；（八）支付违约金；（九）消除影响、恢复名誉；（十）赔礼道歉。”并且，“以上承担民事责任的方式，可以单独适用，也可以合并适用。”

（四）刑事责任

即指行为人因其犯罪行为所必须承受的，由专门司法机关代表国家所确定的否定性法律后果。由于国家把刑事犯罪看做是对国家最为重要的法律关系的破坏和对公共利益最极端的蔑视，所以刑事责任是所有法律责任中最严重的一种。它既不允许司法机关之外的任何人或者其他国家机关来追究，也不允许司法机关不受法律约束的随意追究。

这里所说的刑事责任，其着眼点为专门司法机关对刑事犯罪的责任认定与评判，它不能等同于刑事制裁。由于刑事制裁是刑事责任的最终结果，因此，刑事责任和刑事制裁是两个不同的概念。

第三节 归责与免责

一、法律的归结及其原则

(一) 法律责任的认定与归结

法律责任的认定和归结简称为“法律的归责”,指因违法、违约行为,或依法律规定需承担的责任,并由专门机构依法对此进行判断、认定、追究、处理,或减免责任的活动。不同的责任认定,由不同的法定职权机构进行。“归责活动”是对于各种具体案件的可归责事由(责任基础)所进行的一般性抽象,由此抽象出同类行为共同的责任基础。如将我国侵权行为法的责任基础抽象为过错责任和无过错责任等。由于归责活动所解决的是责任的根据、基础或标准问题,具有统帅其他规范责任的作用,因此,专门机关的归责活动就必然具有重要的理论意义。

法律的归责活动与法律责任有着密切的联系,它解决的是法律责任的确定、轻重程度、承担形式以及由谁来承担等问题,体现了法律对不同行为的不同要求,以及行为人应承担的不同法律风险。归责的目的就是要充分发挥法律责任的价值功用,使所保护的法律关系得以发展和完善,使被破坏了的法律关系得以补救或恢复。

(二) 法律的归责原则

法律责任的归结原则主要有:责任法定、责任自负、责任平等、责任相称及程序保障等原则。

1. 责任法定

是指法律关系中的权利义务是在法律范围内,由法律主体自由、自主、自觉建立起来的关系,因此,与权利为主配置的义务,只是实现权利的一种装置,如果放弃权利就意味着不用履行义务,因此,在法律关系中与权利相匹配的义务不需要法定,它本来就是权利主体自由选择和履行的自主领域。相比之下,法律责任作为第二性义务,即因没能履行好第一性义务而形成的责任就必须是法定的明确的。因此,在法律上责任法定是归责原则的必然基础,其他原则都以此为出发点。

2. 责任自负

俗话为“一人做事一人担”。作为法律关系的主体,无论其是自然人、法人、社会团体还是国家或行政机关,他们都应以自己的名义独立行使其权利或权力,履行其义务或职责。在“调整性法律关系”中,义务往往是行为人自己履行，但是为了建立更加灵活的法律关系，获得高效履行义务的法律结果，义务是可以被代理或被转让的。而在“保护性法律关系”中，作为违反第一性义务的责任的出现，责任人必须自己直接承担应有的责任，否则就会由公权主体强制履行，以恢复被破坏的“调整性法律关系”。所以法律责任不可替代不可放弃，更不能转嫁到其他主体身上。否则即不能恢复社会关系的原貌，更有可能损害他人的权利，造成更多法律关系的破坏。

3. 责任平等

这是宪法平等原则在法律实施和法律实现中的具体体现。无论是考量责任的大小、追究责任的程度，还是实现责任的形式，只要因同一类事实而产生的同一类责任，就应一视同仁的予以认定，平等对待。不能因责任主体的社会地位、职业情况等客观原因而“以貌取人”“以权治事”。为了保障国家强制力行使的公正性，“责任平等”针对类似的情况，必须安排同样的法律责任。责任平等表达的是一种对行为的平等判断，即类似的行为不问其实施者是何人，都按照法律的规定给予同样的待遇。

4. 责任相称

是指责罚相当、责任相应。即在需要使用国家强制力追究行为人责任的时候，对责任人所承担的责任应责当其过，不能畸重畸轻，责不当罚。因为这常常是对责任人进行某种程度的限制或加重其实体负担，往往使责任人居于不利的境地。之所以需要强制的责任负担，就在于它是使法律关系尽快恢复正常的一种保护性手段，缺少这种强制的保护性法律关系，法律就不会有约束力，更不会有权威性。所以法律责任的归责，必须是在恢复正常法律关系的必要限度内才不会造成混乱。我们不能混淆责任性质，对应追究民事责任的行为给予刑事责任的认定；也不能对应追究刑事责任的行为给予如治安处罚性质的行政责任的处理；否则将自毁长城，陷正常的社会秩序于混乱的境地。

5. 程序保障

归责，是一项严肃的法律活动，面对法律主体实体权利的重新安排，程序的保障极为重要。因为程序作为限制公权力合理、合法行使的必要保障，必然在归责的过程中起到了保障责任人免受国家机关及其工作人员不法侵害的作用。这种原则在司法诉讼中体现得最为充分，其中又以刑事诉讼最为典型。可以说司法诉讼是国家机关进行法律归责最重要的形式，在整个过程中，诉讼权利的保障、非法证据的排除、法官地位的中立等等，都对归责过程进行了科学的程序验证。

总之，归责活动应该使法律事实和法律规范通过正当的法律程序，在法律责任的归结上获得统一。

二、法律的主要归责形式

历史上，在法律归责活动的发展和完善的过程中，形成了几种主要的认定和责任归属的形式。即：过错责任、无过错责任、严格责任（大陆法系称为“过错推定责任”）与公平责任等。在我国，不否认“公平责任”形式，并在归责原则的主导下主要实行以下几种归责方式：

（一）过错责任

指行为人在实施行为时的某种应受责备的心理状态。过错责任是一种基于意思自治和道义责任的归责形式。在如今的现代社会，对一般侵权行为都普遍适用过错责任，这种主观归责形式以“有过错方有责任”“无过错即无责任”为基础，将行为人行为时的主观心理状态作为确定和追究责任的依据。过错表现为行为人主观上的故意或过失两种情形。

法律确立过错责任有三个方面的理论依据：以道义责任为基础，法律调整应尊重行为人的意志自由，法律规范应成为昭示道德观念的手段；以社会责任为目的，法律保障应起到教育和预防的作用，使客观环境中的有害行为得到抑制；以规范责任为手段，法律责任应当尽量公正透明，一断以法。在多数情况下，有过错方承担责任，过错大小决定责任之轻重，这是法律公平正义观的必然要求。另外，过错责任形式还有为人们确定行为规范标准的积极作用。如中国的民法通则第一百零六条第二款的规定：公民、法人由于过错侵害国家的、集体的财产，侵害他人财产、人身的，应当承担民事责任。

（二）严格责任

即大陆法系的“过错推定责任”，是指一种比过错责任标准更加严格的责任标准，即不论责任人是否有过错，如果发生了应该避免的损害事实就要承担责任。但它存在某些有限的对责任的抗辩，因此它不同于绝对责任，即无过错责任。

过错推定理论的出现，是工业社会发展的需要，是对工业事故造成的损害需扩大法律救济面的一种法律措施。其基本方法就是在推定加害人有过错的情况下，实现举证责任的倒置——由加害人证明自己没有过错。如果加害人不证明或不能证明自己不存在过错，则认定其有过错并承担相应的法律责任；如果加害人能够证明自己没有过错则不承担法律责任。所以过错推定形式的出现，使法律对于受害人的保护向前推进了一步，在特定情况下，它比由受害人证明加害人的过错显然更有利于社会的前进和发展。但是，它毕竟不如无过错责任那样，根本不考虑加害人的过错来得简捷明了。因此，过错推定无论作为一种民法理论还是作为一个法律制度，它都具有过渡的性质，具有自身不可克服的局限。也有人认为过错推定是适用过错责任形式的一种方法而不是一种独立的归责情况。它与一般过错责任的不同就在于：过错推定实行的是举证责任倒置。中国的民法通则第一百二十五条："在公共场所、道旁或者通道上挖坑、修缮安装地下设施等，没有设置明显标志和采取安全措施造成他人损害的，施工人应当承担民事责任……"第一百二十六条："建筑物或者其他设施以及建筑物上的搁置物、悬挂物发生倒塌、脱落、坠落造成他人损害的，它的所有人或者管理人应当承担民事责任，但能够证明自己没有过错的除外……"就是关于严格责任的体现。

（三）无过错责任

也可称为"客观加责责任"，是指在法律有特别规定的情况下，以已发生的损害结果为判断标准，无过错的行为人也要承担法律责任的一种归责形式。即行为人是否有行为，或其行为与损害结果之间是否存在外部联系，都可不作为归责依据，只要有法律规定，就应承担法律责任。

《中华人民共和国民法通则》第一百零六条第三款就确立了该原则："没有过错，但法律规定应当承担民事责任的，应当承担民事责任。"这种责任归结基本不存在抗辩因素，也不属于公平责任形式。适用无过错责任时，并不一定所有的行为人都没有过错，只是法律预先就把责任加到了责任人身上，而并不考虑责任人有无过错；只有能够证明损害是由受害方故意造成时，方可不承担法律责任，这在中国的民法通则中有较多规定。如其第一百二十一条："国家机关或者国家机关工作人员在执行职务中，侵犯公民、法人的合法权益造成损害的，应当承担民事责任"；第一百二十二条："因产品质量不合格造成他人财产、人身损害的，产品制造者、销售者应当依法承担民事责任……"第一百二十七条："饲养的动物造成他人损害的，动物饲养人或者管理人应当承担民事责任；由于受害人的过错造成损害的，动物饲养人或者管理人不承担民事责任……"等等。

一般情况下，承担法律责任应首先遵循过错原则，但在有些情况下，尤其随着高度危险性行业的发展，随时有可能给他人造成损害时，如果只坚持过错原则，受害人往往得不到应有的法律救济和补偿。在我国和其他许多国家的相关立法中，特别是对从事高度危险性业务，对他人造成损害，即使没有过错，也要承担民事赔偿责任。这就是所谓"无过错责任"的适用。

（四）公平责任

即不以行为人的主观心理状态的过错来确定法律责任，而是依据社会的公平和谐原则以及社会共同生活准则等要求来确定责任。适用公平责任的前提是致害人、受害人以及第三人对损害的发生均无过错，且又不属于无过错责任形式的范围。另外，依过错责任，这些人又不应承担法律责任，但由遭受损害的无辜受害者来承担责任显然有失公平。只有在这样的情况下才适用公平责任归责。因此，中国的民法通则第一百三十二条规定，"当事人对造成损害都没有过错，可以根据实际情况，由当事人分担民事责任"。这就是我国民法理论上所称的公平责任规定。

一般认为公平责任具体适用情形有三种，如最高法院关于民法通则的司法解释第一百五十五条："因堆放物品倒塌造成他人损害的，如果当事人均无过错，应当根据公平原则酌情处理。"第一百五十六条："因紧急避险造成他人损失的，如果险情是由自然原因引起，行为人采取的措施又无不当，则行为人不承担民事责任。受害人要求补偿的，可以责令受益人适当补偿"。第一百五十七条："当事人对造成损害均无过错，但一方是在为对方的利益或者共同的利益进行活动的过程中受损害的，可以责令对方或者受益人给予一定的经济补偿。"

传统的风险理论认为，归责认定主要在侵权法中予以运用，然而，实践中它们均可适用于多种不同的法律部门领域。只不过，过错责任调整一般损害赔偿的法律关系，无过错责任调整的是特殊侵权损害赔偿责任的归属问题，而公平责任则解决和补救过错责任和无过错责任在适用中所造成的空白。

三、法律责任的减轻与免除

（一）"免责"的概念与事由

一般而言，免责并不是没有责任，而是本来应该承担责任的，由于根据法律规定出现了一些事由，从而免去了当事人应负的一定或全部的责任。之所以需要法律责任，本来就是法律出于尊重人权，尊重个人自由的考虑，在此基础上又加入了免责的概念，就进一步完善了法律的人本主义精神，加强了法律在调控社会矛盾时的科学性；同时，也增加了法律评价类似行为不同之处的考量维度，使其能在实际中更加细致和准确地区分行为在不同情况下的不同结果，因此增强了法律的公信度。

在考察免责的事由时，需要注意的是它们首先是法定的，并且在法律条文中有清楚的表达，说明立法者在制定相关法律时对此问题的慎重认识和考虑。法律责任的严肃性要求即不能被随意追究，也不能被任意免除。这也决定了有些免责事由往往需要通过法院的诉讼程序来认定，需要相应的国家机关来保障。

归于免责事由的法律规定可列举如下：

1. 不诉免责

可见中国刑法第三十七条、刑事诉讼法第十五条和民法通则第一百三十七条的规定。

2. 因时效届满而免责

如中国刑法第八十七条规定：法定最高刑为五年有期徒刑的，经过五年；为五年以上不满十年的，经过十年；为十年以上的，经过十五年；为无期徒刑或死刑的，经过二十年可不再追诉。即刑事诉讼法第十五条所说的“犯罪已过追诉时效期限”的情况，以及民法通则第一百三十五条关于一般民事诉讼时效期间为2年的规定。

3. 因正当防卫和紧急避险而免责

主要以中国刑法第二十条、第二十一条和民法通则第一百二十八条、第一百二十九条的内容为明确的法律规定。

4. 因权利放弃而责任豁免

即因权利人主动放弃权利或在法定期限内经提醒后没有行使权利的，权利视为放弃或消灭，因此，责任人的责任予以豁免或自然免责。如中国现行合同法第九十五条规定：“法律规定或者当事人约定解除权行使期限，期限届满当事人不行使的，该权利消灭。”“法律没有规定或者当事人没有约定解除权行使期限，经对方催告后在合理期限内不行使的，该权利消灭。”

5. 由不可抗力带来的客观免责

如中国刑法第十六条规定：“行为在客观上虽然造成了损害结果，但是不是出于故意或者过失，而是由于不能抗拒或者不能预见的原因所引起的，不是犯罪。”因此，因行为人的行为造成的损害应免除刑事责任。又如中国民法通则第一百零七条规定：“因不可抗力不能履行合同或者造成他人损害的，不承担民事责任，法律另有规定的除外。”

6. 由自助或补救形成的免责

在损害结果发生前后，只要行为人主动地采取了适当的补救措施，或自觉地进行了适当修复的，也可依法免除相应责任。如《中华人民共和国行政处罚法》第二十七条第二款规定：“违法行为轻微并及时纠正，没有造成危害后果的，不予行政处罚。”就属于这种情况。

（二）责任的减轻与从轻

责任的减轻和从轻是指在追究法律责任的过程中出现的，使认定的法律责任低于法定责任或者在法定责任幅度内课以较轻责任的情况。

法律责任的减轻与从轻不同于免责事由之处在于，其首先认可的是法律责任的存在和不可免除性，只是为了更好地使法律责任与客观事实和违法结果相匹配而设置的措施。就法律的适用过程来看，能够清楚地看出两者的区别：有没有免责事由往往是定性过程中予以考虑的，而有没有责任减轻或从轻的事由则往往是经过定性后，在定责、量刑的过程中进行考虑的。就是说，有没有免责事由往往与行为人的行为是不是与既定时空中的损害事实相联系，而有没有责任的减轻或从轻事由则往往与追究多大的法律责任为宜相联系。如《中华人民共和国行政处罚法》第二十七条规定，“当事人有下列情形之一的，应当依法从轻或者减轻行政处罚：（一）主动消除或者减轻违法行为危害后果的；（二）受他人胁迫有违法行为的；（三）配合行政机关查处违法行为有立功表现的；（四）其他依法从轻或者减轻行政处罚的。”

相对于法律对免责事由的慎重规定，责任的减轻和从轻事由会显得有更灵活的自由裁量权，虽然两者都可能由有权者在适用和执法过程中予以归结和认定。譬如在审理刑事个案中，责任的减轻和从轻事由既有法律已经规定的情况，理论上称为“法定从轻和减轻情节”，也有法官结合案件事实作出个案处理的情况，理论上称为“酌定从轻和减轻情节”。因此，我们很难完全列举出所有从轻和减轻事由，只能大致列举法律规定的酌定情节。如刑事责任中：防卫过当（刑法第二十条第二款）、避险过当（刑法二十一条第二款）、因自首和立功的（刑法第六十七条和第六十八条第一款）；还有因受害人过错的（民法通则第一百三十一条）、残疾人等特殊人员违法犯罪的减轻和从轻（刑法第十八和十九条、治安管理处罚法第十三和十四条）等等。

第四节　法律制裁

一、法律制裁的概念

法律制裁，是由特定的国家机关对违法者依其法律责任而实施的强制性惩罚措施，是在法律责任的基础上由专门机关强制实行的加重性不利后果。法律责任和法律制裁有着天然的联系，一般而言，除非有法律规定，否则没有违法行为就不可能被追究法律责任，因此也就谈不到法律制裁。法律制裁既以确定违法犯罪行为为前提，又以强制性追究法律责任为后果。两者之间有着密切的逻辑联系，在追究法律责任时，视违法情节和危害结果及其程度，作为判定责任的性质和轻重的依据，只有当法律责任必须由司法机关或专门机关出面才可实行时，法律责任才被转化为法律制裁。

换句话说，法律制裁与法律责任的关系是法律责任是法律制裁的前提，法律制裁是法律责任的结果或体现。承担法律责任不等于受到法律制裁，有法律责任不等于有法律制裁，只有当事人靠自己不能承担或不愿承担法律责任时，才可由专门机关动用法律制裁的手段。

二、法律制裁的功能及其意义

法律制裁的功能，也是对正当合法的法律关系的补救、恢复，是用最强硬的手段即惩罚与剥夺的方式，强行修复和弥补被破坏和侵害了的法律关系，并防患于未然。法律制裁在法律作用的功能中居于特殊的地位。一般来讲，法律义务涉及的是当事人之间的行为，法律责任则涉及了当事人以外的其他主体的行为，而法律制裁更是关系社会的行为。就法律义务、法律责任和法律制裁三者的功能来说，它们在各自的层次上发挥着自己不可代替的作用，并且是依次逐步加重行为人法律负担的专门概念。

简单概括之：在“合法性法律关系”即调整性法律关系中，只存在法律的权利和义务，当不当行使法律权利侵害了他人和社会时，当没能按照法律规定或合同约定履行义务时，当法律有特殊规定时，此种法律关系就被破坏或侵害了，社会秩序面临出现混乱的可能。这时，就需要国家强制力发挥作用，出面予以干预，以诉讼或仲裁等方式，对这些被破坏被侵害的法律关系进行保护或整合，从而形成了以公权形式介入的法律关系，即“保护性法律关系”。此时，法律责任作为国家意志力的内容，将当事人的行为和由此结成的法律关系进行修整和复原，以期使社会秩序正常稳定的发展。然而，法律责任体现的是国家意志力，其强制性还是潜在的、幕后的，只有当责任者对其所负的法律责任置若罔闻、拒不履行，或不能履行时，才须以法律制裁的形式，对法律责任的承担者予以国家强制力的惩处。这时，我们会发现，法律制裁要比法律责任严厉得多，因为法律制裁除了要体现法律责任的强制力，恢复或拯救原有的或将要有的法律关系，还要就行为人怠于承担法律责任而引起藐视国家法律及其尊严的违法行为进行评价。

为什么违法侵权或违约，或仅因法律的规定，就要使当事人承担法律责任？这是法律的目的所在。法律要求人们在追求自己利益的同时尊重他人利益，并共同维护和促进社会利益、国家利益和集体利益。法律责任的目的就在于：通过使当事人承担不利的第二性义务，才能保障第一性义务和权利、权力得以生效，从而实现法律的价值。法律制裁的目的又是建立在法律责任基础上的惩罚、救济、预防来实现法律价值的。

三、法律制裁的种类

由于实施主体不同，法律制裁一般可以分为两大类：

（一）司法制裁

司法制裁，即由国家司法机关对违法行为所实施的惩罚性强制措施。其中又可分为以下几种：

1. 刑事制裁

即国家对于违反刑法的犯罪者依其应承担的刑事责任实施的刑罚，中国刑罚分为主刑和附加刑。主刑的种类为：管制，拘役，有期徒刑，无期徒刑，死刑。附加刑的种类为：罚金，剥夺政治权利，没收财产。附加刑也可以独立使用。

2. 民事制裁

即法院通过民事审判，按照民事方面的法律规定，对违法当事人依归责原则给予的民事责任的制裁。民事制裁的方法是多种多样的，如《中华人民共和国民法通则》第一百三十四条第三款规定："人民法院审理民事案件，除适用上述规定外，还可以予以训诫、责令具结悔过，收缴进行非法活动的财物和非法所得，并可以依照法律规定处以罚款、拘留。"又如我国"消费者权益保护法"第四十九条中就有"双倍赔偿"的规定；等等。

3. 司法诉讼制裁

即在刑事、民事等审判活动中，国家专门机关依法对责任人实行的诉讼强制措施。如刑事诉讼法第六十一条规定，公安机关对于现行犯或者重大嫌疑分子，有规定情形之一的可以先行拘留；在刑事诉讼中由专门机关采取的取保候审、监视居住、逮捕等均为刑事诉讼制裁。民事诉讼中的强制措施在民事诉讼法第十章中有明确规定。如第一百零一条第二款：人民法院对违反法庭规则的人，可以予以训诫，责令退出法庭或者予以罚款、拘留。该条第三款：人民法院对哄闹、冲击法庭，侮辱、诽谤、威胁、殴打审判人员，严重扰乱法庭秩序的人，依法追究刑事责任；情节较轻的，予以罚款、拘留。

（二）行政制裁

行政制裁也是一种法律制裁，是指由国家行政机关对行政相对人，因其违反有关行政法规所实施的强制性制裁。根据行政违法的程度，实施行政制裁的主体和承受制裁主体的不同，以及制裁方法的不同，行政制裁又可以分为以下几种：

1. 行政处罚

是国家特定的行政机关给予犯有违法行为而尚不构成刑事处罚的公民和法人的一种制裁。例如，《中华人民共和国行政处罚法》第五十一条规定，"当事人逾期不履行行政处罚决定的，作出行政处罚决定的行政机关可以采取下列措施：（一）到期不缴纳罚款的，每日按罚款数额的百分之三加处罚款；（二）根据法律规定，将查封、扣押的财物拍卖或者将冻结的存款划拨抵缴罚款；（三）申请人民法院强制执行。"

2. 经济处罚

即财产处罚。即根据行政法律和法规，对遭受行政制裁的人实行的财产方面的没收或剥夺等。制裁对象主要是行政主体外部的行政相对人。

3. 人身处罚

这是行政主体针对在社会管理中自然人所进行的较为严重的一种制裁。如：行政拘留等限制人身自由的形式。例如《中华人民共和国治安管理处罚法》第三十条规定，"违反国家规定，制造、买卖、储存、运输、邮寄、携带、使用、提供、处置爆炸性、毒害性、放射性、腐蚀性物质或者传染病病原体等危险物质的，处十日以上十五日以下拘留；情节较轻的，处五日以上十日以下拘留。"

4. 没籍处理

这是一种剥夺身份权的处罚形式。在我国，最典型的莫过于在城乡户口制度管理十分严厉的时期，取消某人的"商品粮"身份，将其押送到遥远之处自生自灭。没籍处理的处罚方式现在已很少使用。

本章图解

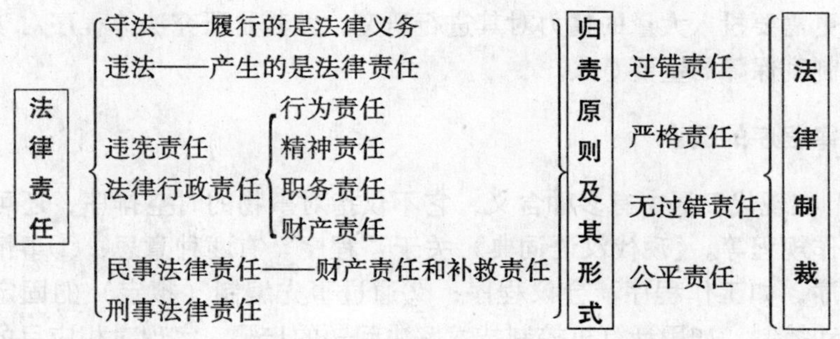

复习思考题

1. 守法、违法的概念，违法构成及其条件。
2. 法律责任的概念及其与法律义务的区别和联系。
3. 试述法律归则原则及其主要形式。
4. 简述法律上免责的法定要件或事由。
5. 法律制裁的种类有哪些？其与法律责任的关系是什么？

第十章　法律程序

法律程序是法律关系较为集中，较为典型的反映。法律素养的培育，在法律程序的活动中最为直接。树立程序观念，懂得程序在法律实践中的功能和意义，不仅是对法律技术的掌握，而且有助于我们进一步理解现实生活中的法律及其运作，并可尽快地看清社会中的法律现象及解决纠纷的途径。

第一节　法律程序释义

法律程序在法律调整中是与实体法律同等重要的法律形式，是现代法治追求的重要价值，它不但有服务于实体法的功能，更具有独特的价值取向和价值追求。由于中国传统法文化重实体轻程序的倾向，使我们在迈入现代法治社会的过程中，更需要投入大量的精力对其进行研究，尤其是研究法律程序对于法的实现及其制度保障的重要意义。

一、法律程序的概念

“程序”在现代汉语中有多种含义，它不仅指对事物的时空排序，还可以指机器的操作规程等。《现代汉语词典》关于“程序”有两种意思：①事情进行的先后次序，如工作程序、会议程序；②通过事先编制（拟定）的固定方式实现的自动控制。如用计算机控制技术解决问题的步骤，实现对相应目的的控制过程就是实现预期目的程序控制的典型。在一般意义上，“程序”被理解为程式、次序，反映了人类行为的有序性、计划性，并直接与行为的无序性、盲目性相对立。一般而言，“程序”是人们在长期实践中，经过多次重复验证后，对特定客观规律的认识和确定。

由于人们的部分行为及其所形成的相应关系，通过法律法规的形式被固定和认可，并获得了全社会的尊重，由此产生了相应的法律程序，如立法程序、执法程序、选举、任免程序、诉讼程序等。法律程序的规范不仅仅限定在专门的程序性法典中，也常常出现在其他法律文本中，平时我们所说的程序法，是关于程序规范的一些集中具体的表达。可以说，法律程序就是指依法律规定的顺序和方式，结成特定的法律关系，以从事相应的法律事务，如作出某种法律认定、决定及对法律现象进行判定的行为和过程，其中以司法程序最为典型。因为司法程序不仅仅是时间的先后、审理过程的排序，而且还是根据事先拟定的空间步骤，包括了许多特定控制过程的特别秩序。正是这个原因，法律程序在狭义上往往被理解为诉讼程序，程序法则常常被限定于用做诉讼的法律。

对于法律程序的概念，国内学者有不同的说法，如认为“程序，从法律学角度，主要体现为按照一定的顺序、方式和手续来做出决定的相互关系”；①认为“从法学角度来分析，程序是从事法律行为作出某种决定的过程、方式和关系”；② 认为“法律程序是指规定法律主体作具体决定的地位和关系，具体要求法律主体在从事法律行为时必须遵循一定的过程和方式”；③ 等等。从这些关于法律程序的表达中可以看出，对于法律程序，时间就是其特定的过程，空间就是其既定方式和关系的组合。换句话说，法律程序就是由特定的法律关系构成，依照法律规范，处理法律实务的表现形式，是人们在达成共识的基础上对法律行为的一种统一的安排。所以，程序法中所展现出来的法律关系更为复杂、更具典型性。

笔者认为，法律程序即按照法律规定，作出某种法律判断、法律决定、法律决策以及进行法律选择的程式、方法、步骤等必须经过的过程；它具有强烈的时空性和相对的完整性。典型的法律现象都是时间、空间及行为过程的集合与统一。因此，法律程序就是由多重法律关系链所构成的法律行为的有序性表现。如，在司法程序中，管辖、时效、送达、回避、上诉、再审等一般性程序，就是听证、辩论、陈述、审理等实质性程序的制度保障；前者是通过遵守法律程序，使各方程序权利得以实施的特殊手段，后者是通过既定统一的程序，使各方实体权利得以实现的法定保障。

法律程序不但为实现正义目标而设，更为正义目标须以正当的手段才能实现而设。观念上的法律价值，可以说，就是被法律程序具体化了的，人人都看得见的“形式正义”。当进入法律程序时，不但有实现正义的目标愿望，更有以正当的手段实现正当目的的客观本质要求。

在中国，因为自古以来的礼教文化及儒家“人性善”观念的影响，民间较为重视主观动机以及内在道德的约束，往往不太在意程序及行为方式对法律结果的影响，认为程序只起辅助作用，关键是能否达到所希望的目的，因此，法律程序问题在很长一段时间内没有得到重视。改革开放后，在现代市场经济

① 季卫东著：《法治秩序的构建》，中国政法大学出版社1999年版，第12页。

② 公丕祥主编：《法理学》，复旦大学出版社2002年版，第219页。

③ 葛洪义主编：《法理学》，中国人民大学出版社2003年版，第151页。

条件下，迫于现代法治的需要，人们才开始加强了对法律程序的研究。

二、法律程序的特征

法律程序相对于法律实体，具有其基本特性。程序规范是否科学，直接由程序设计是否符合客观规律，是否符合公平正义及其取得社会效益的程度来决定，而法律程序鲜明的特性，如时空性、专门性和强硬性、公开性和平等性、特殊规范性等，就是其程序科学性的具体表现。

（一）法律程序的时空性

法律程序尤其强调时间的明确性、阶段性，它首先就是在特定的时间开始，在既定的时间结束的。其中，又分为不同的阶段。一般而言，法定的阶段顺序是不得随意改动的。如立法程序中，法案的审议不可能随意放到提案程序之前，或表决程序之后；司法程序在庭审中，不可能把举证程序放到辩论程序之后，在刑事诉讼中，更不可能把法院审理放到审查起诉之前；行政执法程序也有其不同的时序性，往往会因行政主体违反特定的法律程序，给社会及行政相对人的利益带来不应有的损失。

除了实践性外，法律程序还要求空间条件的完整性，即法律程序在事实上的关联性。具体言之，就是法律关系主体之间的行为是否形成了法律上的权利义务及其职权责任的关系，如果形成，自然具有法律程序的空间性。如行政执法程序中，行政主体与行政管理相对方所建立的行政程序执法关系；司法诉讼程序中，审判者与诉讼参与人之间由诉讼行为形成的诉讼法律关系；等等。因此，法律程序的现实，就是在既定的时空中，形成特定法律关系的集合与集中。

（二）法律程序的专门性和强硬性

法律程序常常有自己专门的仪式性，如需在专门的场合，使用特定的术语即法律语言，以及陈设鲜明的徽标器物，这在司法诉讼程序中最为突出。如专门的法庭布置和设施，法官的法袍和法锤，以及法官的专用通道等，英美法系诉讼中的相关人员还需佩戴特定的假发或发套。这些极为形式化的要求，都使法律程序的运行彰显出为了实体目的所需的专门手段和方式，不仅使诉讼程序具有自己的独特性，而且更使其显示了法律的庄严和神圣。专门性所体现的仪式性，还是法律程序必不可少的空间性要求。

法律程序的专门性还表现在它的强硬性之中。我们都知道，一个立法程序的不可重复性和个案司法程序的不应延迟性，都是法律程序坚不可摧的表现。就司法诉讼程序的“时效制度”而言，严格依法办事，超过一天就是一天，有时甚至超过一小时也是超过。只要超过法定时效，法律规定的程序权利马上消失，同时，实体权利也难以保障，你再有资格，也因时效已过，法定权利消灭而需承担不利后果。这对于较少程序传统的中国百姓来讲，确实不易理解，并强化了他们所认为的，法不恶不强硬就难以为法的观念。

（三）法律程序的公开性和平等性

法律程序的公开性包括：法律主体在特定场合的法律行为一律公开；对于事实真实性判断产生影响的法律根据应向当事人或社会公开；法律决策和法律评判结果要向大众即社会公开；保证参与法律程序各方的公信度和透明度。为此，法律程序往往涉及媒体报道、当事人的参与、公众的旁听与舆论评价等其他社会现象。另外，在一些特别情况下，法律程序的公开是相对的，如涉及个人隐私、商业秘密和国家机密的法律程序，依法不予公开，但是，其结果一般也要求公开。

法律程序的公开性的目的是杜绝人们的恣意妄为，防止有权者专横擅断，尽量弥补因程序缺陷而带来的损失。在封建专制社会，法律活动基本是封闭的，统治者利用这种程序的封闭性实行独裁的专断统治，滋生偏私与枉法是其常态。近代以来，将公开审判原则作为社会革命的口号提出，既保证了诉讼程序的公正，又使法律程序得到了彻底的更新，同时也体现了司法程序民主化的根本要求。

法律程序的平等性不仅表现在一视同仁，同类问题同样处理的过程中，而且表现在“法律面前，人人平等”的法律地位和法律资格上。如司法程序中尤其以当事人双方平等的法律地位为典型，意味着原、被告在诉讼程序中受到机会平等的无差别对待，这可谓法律程序史上的一大进步。无论中国或西欧，历史上均有对法律特权的规定，如欧洲社会，以身份高低判定证人证言的证明力，规定男优于女，宗教人士优于世俗人士等，体现了法律程序的不公平，不开化。由近代资产阶级首倡的法律公正，开始推出文明社会的法律程序，使平等原则成为衡量法律程序公正与否的尺度。

（四）法律程序的特殊规范性

说到“法言法语”，其最突出的效用往往就在法律程序当中。由于法律程序是法律得以实施和实现的具体而典型的过程，因此，它也是展示法律素养和法律技术的独特过程，是需要各种简洁明了的概念，表达法律程序本身的含义及其内在价值的过程。为此，法律者运用许多特别概念，规定了法律程序的特殊表达方式，人们可以根据这些规范概念，主动地去把握，去完成相关的法律程序。如立法过程中的“一读”、“二读”程序；执法过程中的“检查”、“核查”及“复议”程序；司法审判中的“一审”、“二审”及“再审”程序。另外，在这些程序中还设计了许多更为具体的程序规范，如司法诉讼中的起诉、撤诉、举证等规范程序；行政复议中的申请、听证、裁决等程序规范。

在不同的程序阶段都有不同的程序规范，不同的程序规范对不同的法律关系主体就有着不同的权利义务要求。人们往往就是通过程序行为对法律关系中的实体权利和义务，实现其分配和再分配的；人们也是从这些不同程序的运行和对比中，去了解判断法律规范的科学与否，去评判法律行为的合法与否的。

三、法律程序的沿革与种类

（一）法律程序的沿革

法律程序中的程序正义观念，根植于古罗马时代的自然正义理论，其基础是古希腊传统的自然法思想，罗马人将自然正义作为社会正义的一种标准，使用于法律之中。为了实现自然法的正义观，西方社会在近代逐渐确立了法律正当程序的基本要求。

英国大法官、法学家科克将源于自然正义的法律观，即程序正义的法律起源定格于1215年的英国《自由大宪章》第三十九条。该条规定："除依国内法律之外，任何自由民皆不得被扣留（逮捕）、监禁、没收财产、剥夺法律保护权，或被流放，及加以任何其他损害。"由此，程序正义也被人们普遍称为"正当的法律程序"。最早明确提到"正当法律程序"这一用语的是1354年英国国王爱德华三世颁布的第28号令第三章的规定："任何人，无论其财产状况和社会地位如何，未经法律正当程序的讯问，皆不得剥夺其土地或地产，不得被扣留、监禁、剥夺继承权，或处以死刑。"① 在英国14世纪以后的法律文献中，将正当程序作为宪政原则被反复提及和表达，从而形成了英国主要的宪法性原则。

后来这一用语被传到美国，1791年美国人将正当法律程序与"不得自证其罪"等，固定在其宪法第五修正案之中。77年以后，南北战争结束后的第三年，即1868年7月28日，美国国会又颁布了第十四条修正案，其第一款特别重申："……无论何州，不得制定或施行剥夺合众国公民之特权或特免的法律；未经法律的正当程序，不得剥夺任何人的生命、自由和财产。"由此，将正当程序原则再次以宪法形式，适用于联邦南北各州，并再塑正当程序的宪法地位。可见，正当法律程序在美国的法制中，不是一个可有可无的规定，而是一项基本的，不可撼动的宪政性原则。

"正当法律程序"在英美法律中这种至高性地位，被现代文明各国所关

---

① ［美］爱德华·S. 考文：《美国宪法的"高级法"背景》，强世功译，三联书店1996年版，112页注［24］。

注，尤其从英国普通法中延伸出来的，体现着自然正义精髓的两项基本要求，成了实行程序正义的基本保证。这两个基本要求是：第一，任何人不得在与自己有关的案件中居中裁判充任法官；第二，必须给予当事人各方充分的机会进行辩驳并陈述自己的理由。20世纪60年代以来，英美学者对传统的“自然正义”和“正当程序”进行了反思，其中有关法律程序价值的问题又逐渐引起了人们的重视。尤其自然正义原则作为最主要的程序保证，在英美法系的长期实践和运用中，影响了20世纪以来许多国家关于程序法的制定，并形成了一项得到国际共识的法律原则。

《联合国宪章》和联合国大会于1948年12月10日通过的《世界人权宣言》在重申了基本人权、人格尊严价值的基础上，后来的两项人权国际公约，即《公民权利和政治权利国际公约》和《经济、社会、文化权利国际公约》都特别确认：人人有资格享受这些文书中所载的一切权利和自由的观念，不因种族、肤色、性别、语言、宗教、政治或其他见解、国籍或社会身份、财产、出生等而有任何区别。其中不仅透射着自然正义的影响，而且将程序正当的理念置于其中。如联合国《世界人权宣言》第九条：“任何人不得被加以任意逮捕、拘禁或放逐。”第十条规定：“人人完全平等地有权由一个独立而无偏倚的法庭进行公正的和公开的审讯，以确定他的权利和义务并判定对他提出的任何刑事指控”。而《公民权利和政治权利国际公约》的第三部分，则是对以上程序正义的进一步细化，要求各国恪守其中宗旨和原则以及其他公认的国际法原则和国际关系准则。由此，将“正当的法律程序”确认为国际社会人权保障的基本机制，并受到现代国家的普遍尊重。

基于《世界人权宣言》宣称的人人生而平等自由，在尊严和权利上一律平等，人人有资格享有该宣言所载的没有任何区分的权利和自由，致使各国在订立国际条约时都要重申人权和人格尊严的价值，都表示了为促成更广泛的社会进步的信念，将正当法律程序作为国际法依据，作为衡量成员国法律程序对人权保障的情况。因此，法律正当程序对世界各国的程序法都产生了重大的影响。

（二）法律程序的种类

法律程序的种类是根据一定的标准和原则对程序性法律进行的划分。如：

按照法律行为的目的不同，可将法律程序划分为选举程序、立法程序、行政程序、司法程序、监督程序和一般的法律行为程序。

按照法律关系主体的不同，可以划分为公法程序和私法程序。公法程序是以为一方或双方主体为而参与的法律程序，一般体现为社会管理型、执法隶属型和居中裁决型的法律程序，如行政法律程序、司法审判程序和法律监督程序等。私法程序是指，法律关系双方的主体均是个人、法人或社会组织，是他们行使权利履行义务时所进行的程序，均体现为平等主体之间处理私权范围内法律关系的必要程序，如合同的订立、协议的生效和履约的程序、财产继承的程序等。

按照法律关系主体对法律程序性规范有无选择性为标准，又可分为刚性程序和柔性程序。刚性程序是指，法律程序对主体的行为及其方式已具有明确和肯定的规定，不允许任何人以任何方式予以改变或违反，否则，将影响其法律行为的效力。在这种程序下，法律关系主体不可能，也不应该对既定的法律程序有所选择，如司法审判程序等。柔性程序是指，人们在进行一定的法律行为时，可以自行确定或选择法律所保护和所允许的行为及其方式，而这种行为及其方式都是具有特定法律效力保障的程序，如立遗嘱、订立遗赠协议等。

现实生活中，法律程序的分类极其繁细，然而，人们最为关注的就是正当法律程序的建立，以及其与非正当法律程序的区别。正像有恶法和良法之分一样，法律程序的设定也存在善恶与优劣之分，如果法律程序设定得不科学，不实用，可能就会形成恶法、劣法，这主要是根据法律程序是否能反映特定主体的价值需要，以及是否以能达到满足这种价值需要的理性要求为取向。

第二节　法律程序的功能和价值

研究法律程序就须了解其内在的社会价值，而这些内在价值就是由正当程序所表达的社会价值取向。

法律程序本身就是过程，但它是为了实现一定法律结果的既定行为和行为选择过程。由于过程和结果的统一性要求在实现过程正义的同时，也要求实现结果的正义或实体的正义，因此，这是一种理想的状态。在法律实践中，对于程序正义和实体正义的选择，无论学术界还是实践运用中都常常出现争论。程序工具主义认为，实现实体正义是首要目的，为此，程序正义是可以忽略的；程序本位主义则侧重于程序的过程价值，认为，实现程序正义是首要目的，为此，实体正义是可以被放在次要位置的。其实回顾人类的历史，最早的公正主要的都只是一种程序公正，按照美国人庞德的话说，“程序是法治的核心，是法治从法律形态到现实形态的必不可少的环节”。① 正如任何史实都是历史的

① ［美］R. 庞德：《通过法律的社会控制》，商务印书馆1984年版，第22页。

过程一样，任何法律的实现也是程序的历史，在这个意义上，法律的进化史就是法律程序的发达史。因此，法律程序这种技术，需要不断的改进才可以达到人们期望的程序正义，需要不断的发展才可以实现人们期望的实体正义理想。无论是程序本位主义还是程序工具主义，都只是对程序价值的一面之词。人们正是在对程序优劣的历史性选择中，追寻和完善着正当法律程序的文明与发达，并使其发挥最大功效的。

一、正当法律程序的功能

功能即事物本身的能力和功效，是事物发挥有益作用的表现。在法律程序方面，不同的具体的法律程序就具有不同的程序功能。正当法律程序是我们追求的目标，也是人们对所有法律程序的共同要求。

（一）正当法律程序是提供人们解决纠纷的有效方式

正当程序本身的一贯性和稳定性，为人们息纷止争设定了较为合理的依据，是以和平、协作方式解决纷争使社会达到基本和谐的主要基础。由于正当法律程序给人们相对确定的方式和途径去表达自己合法的意志，去实现自己希望达到的目的，因此，能唤起人们对法律观念的共识，使人们在进行一定的法律行为前就可预测到这个行为的法律后果，从而主动将冲突和矛盾杜绝在萌芽之中。由于正当法律程序的及时性和终结性被大家所共识，并能确保在确定时间内出现相对确定的结果，在使纠纷解决的同时，又能使结果得到当事人彼此的认可。因此，正当的法律程序能为产生纠纷的人们指明方向，使人们以得到普遍共识的途径达到和谐共处的目的，从而实现和保障社会权利和公民合法权利的享有。

（二）正当的法律程序可以约束权力的恣意妄为

国家权力是人类社会行为秩序化的必要力量，是个人为寻求强大力量保护的产物。在现代法治的条件下，国家权力及其政府权力均应依法受到法律的严格制约。权力的行使是公权主体一系列的行为活动过程，只有在法律程序之中，才容易实现对其有效的控制。如法治国家依法定程序就规定了权力行使的目的，确定了权力行使的范围，通过对权力行使的阶段划分对权力实行相互制衡。如中国改革开放以来，在行政实体控权功能不断缩减的今天，行政程序的控权功能必将大幅度提升。在对权力寻求有效运行中，人们越来越依赖于正当程序的控权功能，越来越期望于法律程序的平衡与完善。

由于没有监督的权力容易被滥用的不争事实，使正当法律程序对权力的约束势在必行。依国外法治的经验，法律本身的制度性品格，能在良性限权的运行中达到程序运用的较好结果，使权力有可能达到良好的平衡和牵制，从而保持社会与国家、公民与政府之间的平衡与协调。所以，实践中法律程序能够有效防止或杜绝有权者的恣意行为，在引导权力良性行使方面，在控制公权力非法方面，法律程序有着其他程序不可比拟的优点。正当法律程序能够规制公权力对私权主体的服务及其与社会交往的限度，使国家公权力与个人权利和社会权利之间形成一种合法的屏障，从而防止权力的专断和妄为。

（三）正当法律程序更容易保证人们合法权利的实现

如何实施与保障人的自由合法行为，是正当法律程序欲达到的目的。如法律适用就是对抽象规则与具体行为的认同过程，其必须依赖于正当法律程序的保证。实体法规定了实体权利，而只有通过程序才是实体权利能够实现的形式。可见，程序规范是让每个合法主体都能以统一合法的方式去实现自己实体权利的正当途径。现代社会的法律程序是人们根据确定的时间顺序和空间关系的需要而设定的，也是人类社会自然生存需要的“社会律”的反映。

另外，正当法律程序还是一种重要的权利补救措施，它可以通过义务对滥用权利的行为进行约束，从而保障权利人合法权利的实现。难怪英美国家的人们相信，只要你遵守程序，你就能获得正义；只要你正确地选择了程序，你就会获得被公正对待的结果。因此，他们有信奉“程序重于实体”的传统。

二、正当法律程序的价值

（一）正当法律程序是实现权利平等和人格尊严的前提

首先，正当的法律程序就是保证“法律面前，人人平等”这一法治社会根本原则的落实，就是用同样的规则处理同样的事情，用正当的过程去实现平等的权利。通过正当程序的既定安排，使不同的人不会因为对正义理解的不同而放弃程序，相反，他们却能够因统一的程序而获得共识，并以此达到他们的目的。所以，正当程序本身就是抵御人们滥用权利的一剂良药。另外，正当法律程序的制定，不只是为人们提供一条大家认同的途径，更是为了实现最终的社会正义，是一种不断寻找更符合正义要求的过程。

尊严是人作为人特有的价值，体现着每个人都拥有被尊重的权利。合理的程序，能够保证人们在法律活动中自如地选择行为方式，从而在意志、人身和人格上受到应有的尊重；科学的程序，能为人们参与法律活动提供机会，并在发生矛盾和争执时，又可以一种规范的沟通方式予以解决。正当的法律程序既给予人们普遍的自由，又限制人们滥用自由，同时还尊重了人们的知情权、参与权和自由表达权。

（二）适当的法律程序是实现法律效益的保证

这里说的法律效益，不单指追求程序成本投入的最低化和社会效益的最大化，这是要求在民主、公正的前提下能提高社会资源的利用率。程序公正的及时性和终结性，可以提高法律的社会效益。及时性就是要求行为人按照法律程序规定的时间行为，使特定时段的结果及时出现；终结性则是要求对于某一事物，利害关系人的意愿在法定程序的时限内均有一个确定的结果，并且对此结果的出现既不应推延，也不能否定。正当法律程序对这两者的诉求可以说是提高法律社会效益的技术性保障。如现在很多中国人都熟悉的一个美国的程序性警告："你有权保持沉默，你现在所说的每一句话都可能成为对你不利的证据。"① 这就是美国法律中规定的，在对嫌疑人采取行动前，必须对其进行权利声明的特别程序，即有名的"米兰达规则"。它是一个法律程序的设定，也是一个程序效益的表达。众所周知，司法实体的不公，也许只是个案正义的泯灭；而法律程序的不公，则会成为整个司法制度正义的丧失，更不用再谈什么法律效益了。因此，法律程序的适当与否，不只是单纯的程序形式问题，而是正义形式的效益价值是否得到尊重的问题，也是法律程序能否为普遍的实体正义提供权威性保障的问题。

（三）法律程序是由法律行为构成的特别秩序

法律程序本来就是众多法律关系的反映，许多法律关系又是法律行为引发的结果。由于法律本来就针对人的行为进行指引、评价、制约和预测，没有行为，人就不可能与法律打交道，就因为有行为，人才受到现行法律的支配。因此，为了人们的法律活动而设计的程序规范，就成了一连串特定法律行为的依据，其中包括了所有法律主体行为在内的程序规范。因此，法律程序就是法律行为的特别过程，就是法律活动的既定秩序。国家欲保障社会有一个良好的秩序，实现人们对于稳定安宁生活的渴望，保障经济的繁荣发展，都需要法律程序予以保障。理性的程序通过理智的决定过程，不仅维持了法律关系的稳定性和法律行为的规范性，而且维护了权利义务的连续性，使人们对法律程序的安排产生了安全感，并相信它所能带来的公正结果，能达到相应的社会和谐。

（四）正当的法律程序有利于社会法治精神的培育

现代法治在一个社会的实现，最根本的途径就是全体社会成员对法治过程的参与，并在参与中感受、思考和理解法治的精神。正当的法律程序可培育人

① 余定宇著：《寻找法律的印记——从古埃及到美利坚》，法律出版社2004年版，第193页。

们在实现程序正义的参与过程中，争取实现其实体权利的意识，从而用看得见的程序形式，使大家体会到法律的公正和神圣。正当法律程序也因此被称为“看得见的正义”。法律的权威就是通过专门的，甚至是强制的法律正当程序而显现其自身价值的，人们对于法治的敬意和信心也是由此产生并形成的。法律制度要建立的是一个相对稳定的社会秩序，而社会有序化的基本要义又在于人们相互交往行为的诚实性、有序性、条理性，使交往行为形成繁而不乱，杂而有序的特定法律关系。因此，正当法律程序在法治社会中的各个层面均需明确的定位。

三、正当法律程序对于中国现代法治建设的意义

法律程序在西方300多年的法治进程中起着重要的作用，是其现代法治得以完善的主要动力。由于法律程序不仅能够促进实体价值目标的实现，而且还有其自身正义要求的内在价值，因此成为现代国家法制建设的基本内容和治度性基石。就中国的法治建设而言，法律程序在其中的意义尤为重要。

（一）正当法律程序在宪政制度中的作用

“宪政”一词源于西方，指以宪法为依据的民主政治机制。现代法治中，宪政就是指依照合法限权原则进行民主政治的运作，因此是法治的根本标志。然而，要保证宪政制度的顺利运行和实现，必须从程序上建立一套保证各个国家机关能够依法行使权力的法律机制，正当的法律程序就是保证其追求宪政科学合理的有效方式。由于法律程序的形式品质，使其不仅能为普通法律的实现铺垫道路，而且也能为宪政法律的实现铺设坦途。开放而科学的正当程序可以使人们普遍的参与竞选和选举，不仅使人们能在法律行为的选择中受到熏陶，而且能使其树立起宪政民主的意识，培育全社会科学理性的宪政理念。正当法律程序的追求，将构建起宪政法制的途径；宪政程序通过发扬民主、制约权力，又将充实法律程序的内容。

（二）正当法律程序有利于市民社会和市场经济的培育与发展

众所周知，现代市民社会是法治社会的基础，是现代法治存在和发展的土壤。相比较之下，要在中国传统的“乡土社会”中实现现代法治是不可想象的。现代法治的历史发展，在发达国家选择了以市民社会为基础的存在形式，其中的很多理念和运作模式，都较集中地体现在法律的正当程序之中。如在处理社会成员的权利和国家权力的行使上，在处理社会成员相互之间的关系上，在界定不同经济交往主体的地位上，既定的法律程序作为相互交涉对话的制度性工具，可以在理性对话和必要妥协的基础上寻求社会的平衡与和谐，为个人与社会，社会与国家间的交涉构筑专门的法律途径；在社会成员的整体参与

中，促进“国家—社会”良性互动关系的形成。现代法律程序的规范性引导，大多都是在市民社会中产生的，因此其效力也只有在市民社会中才更为突出。参与法律程序的过程，就是现代民主与法治理念的熏陶过程，也是传统社会向现代社会转型的过程。

另外，市民社会以市场经济为经济运行方式，在市场经济中积聚着巨大的自由空间，这就需要相应的机制保障市场主体的合法选择、公平竞争及科学决策；使他们能够自如地运用程序机制，自主地订立契约、正当地履行承诺，在意思自治的基础上，将权利自由和社会责任自觉地结合起来；法律程序使他们在平等参与的基础上将自由选择与社会效应联系在了一起。如果没有法律程序，市场运行和契约运作都得不到保障，市场经济和市民社会都将退出历史舞台。

（三）正当程序对整合社会多元文化的重要意义

现代法律的价值之一即自由，意志自由则是其中最重要的内容，由于意志自由，往往导致人们对价值追求的多样化，从而导致文化需求的多元性。法律程序本身的正当性均来源于人们的认同和承认，也就是说，法律程序只有得到不同文化的承认，得到不同意志的认同，才能证明自己的正当性。而社会发展中常常需要通过程序正义来弥合多元文化的价值冲突，从而打破宗教、哲学、民族传统等方面的隔阂，可见其意义之重大。例如，中国传统文化与西方文化有着极大的不同，但是，在我们向西方法律文化学习的过程中，区分了公法和私法领域，并在公权方面通过民主程序来决策，在私权方面则通过权利义务程序来选择，实际中取得了突出效果。在不同文化、不同价值取向之间，通过对正当程序的共识，完全能够达成必要的谅解和宽容。可见，随着多元文化的发展及多元化程度的提高，科学合理的正当程序将会发挥越来越重要的作用。

（四）正当法律程序对于现今中国社会的特殊意义

很多学者在面对法律时都会说，中国有着“重实体，轻程序”的法律传统，但是这并不代表中国历史上没有程序性法律。由于中国古代的法律民刑不分，实体和程序相混，形成了诸法合体，程序寓于实体的观念。人们是在研究和学习西方文化的过程中，才渐渐了解了法律程序的意义，领悟了正当程序的重要性，因此，程序法制建设在中国才有了很大的发展。如民事诉讼、刑事诉讼和行政诉讼三大诉讼法的实施，又如立法法、仲裁法、行政处罚法、行政复议法、行政许可法等以程序内容为主的法律的制定与完善，使我国已具备了程序法制的基本条件。然而，在我们走向现代法治社会的进程中，仍存在着较大的差距，程序法律及其正当性理念在法治建设中将带给我们更加深刻的启迪。

第三节　程序正当与实体保障

美国黑人领袖马丁·路德·金说过，“手段代表了在形成之中的理想和在进行之中的目的，人们无法通过邪恶的手段来达到美好的目的，因为手段是种子，目的是树”。① 在法律中“手段”就是法律程序，“目的”就是人们要实现的社会正义。在法律的运行过程中，既要遵循程序的正义，也要实现实体的正义，两者缺一不可。

一、正当法律程序对实体权利的保障

正当法律程序除了对程序正义的诉求外，最根本的就是对实体正义的追求。换句话说，法律程序的正当性，就是在保障程序权利的同时，保证争取实体正义的实现。因此，正当程序不仅仅为程序正义而设，从根本上讲是为实体正义而设的。如果把实体权利的内容分为三个层次：一是实体法上规定的权利，二是人们决定这些实体权利的意志与目的，三是决定人们意志与利益的现实社会条件。那么毫无疑问，法律程序不仅责无旁贷地要为它们服务，而且还要受到这三个层次不同的制约。

（一）正当法律程序要受实体权利的约束

正当法律程序给予人们实现其权利义务的合法途径，无论是合法法律关系的建立，还是因其遭到破坏后需要保护性法律关系的救济，正当的法律程序都将给人们以明确具体的指引。在实体法的实施和实现中，任何当事人都可以根据不同的程序对法律主体的权利和义务进行评判，同时根据这种评判，把实体法规定的权利置于程序的保护过程中，从而使原来抽象的实体权利在程序运行中得到兑现即具体的实现，使实体正义在现实生活中得以复原。所以，程序上权利义务的一步步实现，可以说，也就是实体上权利义务的一步步兑现，使纸上的权利不再是人们想象中的奢望。

例如，在法律诉讼程序中，司法诉讼的时效要求包括时序和时限两个方面。时序是诉讼行为的先后顺序，时限即诉讼期间的法定限制。设计它们都是为了及时、正确、合法地保护权利人利益。由于立法者对诉讼行为的规范与规制，时效就成了诉讼法上的重要制度。从诉讼程序的空间要求看，它既包括立法者对诉讼行为方式的要求，也包括司法者对诉讼关系的空间要求；根据不同的诉讼理念，诉讼当事人也必须服从相应的诉讼要求。诉讼程序通过对主体权

① 林达：《历史深处的忧虑——近距离看美国》，三联书店 1997 年版，第 49 页。

利义务的评判，以及对各主体之间的相互关系的审定，直接涉及当事人实体权利的实现。

（二）正当法律程序要受决定实体内容的意志与利益的约束

中国民众对法律程序的印象首先源于诉讼程序。以诉讼程序为例，关于诉讼技术、诉讼关系及诉讼行为的规范，都是由立法者根据一定的价值取向创设的。立法者在创制和设计诉讼规范的时候，基于什么样的价值取向，与这个社会的历史传统和民族文化息息相关，是法律程序体现什么意志，代表什么利益的根本问题。形式公正对于诉讼程序尤为重要，而实体公正才是诉讼程序的灵魂。如果说，形式公正和诉讼效率是诉讼的基本价值或首选价值的话，那么，决定实体内容的意志与利益就是其最高价值。

这一层面的实体内容一般以道德伦理、物质基础和公共政策等予以体现，它们是决定实体权利义务的思想来源，是人们对于实体正义的期盼。因为对道德伦理的要求，人们更关注于程序是否冤枉了好人，是否惩罚了罪恶打击了犯罪；因为物质基础的现实情况，人们更需要与之相宜的运行程序，如是否在程序中保证了每个人的合法权利的行使，是否实现了人们法定义务的完成等等。由于精神层面会影响人们的具体行为及行为的各个方面，因此，需要相对一致的程序予以体现。而实体正义就需要通过对程序规则的严格遵守，通过程序正义的逐步实现去取得最终的实体正义，因此，有“程序法是实体法的生命形式”之说。

（三）正当法律程序受到社会经济条件的约束

程序规范在这个层面直接受到社会经济条件的制约，这也是所有进入法律程序者必须要考虑与斟酌的实体内容。在伦理上的分析需要道德的支撑，而在经济利益上的权衡则是人类生存的本能，正是基于利益的需求，人们在交往中往往都会进行利益的取舍。在现代市场经济条件下，能够计算利弊得失的人被称为相对理性人，现代法律程序就是在这种理性人的需求中得到发展和运用的。再正当的法律程序，也都要接受现实社会经济条件的制约；人们可以自由选择是否进入法律程序，但是，却不可以任意选择所生活的社会经济条件；法律及其程序只是提供主体在交往中权衡利弊的行动准则，而社会经济条件则是实体利益的根本体现。

二、正确看待程序法与实体法的关系

我们知道实体法与程序法是法律制度中分别追求着实体正义和程序正义的两个组成部分，当两者相一致时才能达到法律追求的至善目标。两者之间有一种既对立又统一的辩证关系。

首先，我们要看到两者之间相互制约的关系。程序正义要求执法、司法者严格依照程序法的规定行事，使其结果必须出自于合法的程序。从这个意义上讲，程序正义的要求就制约着某些实体正义的实现。另一方面，程序正义既要保护合法者的利益，使无辜者免受法律追究，同时也要正确评判行为人的行为，尤其要行使打击犯罪分子的职责。如果由于程序上的不合理设置，导致违法者没有受到法律的正当追究，甚至使罪大恶极者逍遥法外，妨碍了实体正义的实现，那么不合理的程序规定就需进行修正。所以，在实体正义受到制约的同时，程序规则也受到了实体正义的制约和置疑。

再者，我们还要看到实体正义和程序正义之间互为前提、相互依存、相互渗透、相互转化的各个方面。一方面，任何程序规定，总是基于解决一定的实体矛盾所需而创设的；另一方面，任何实体结果的出现，无不依赖于一定的程序规则，所以，程序规范往往决定了实体结果本身。因此，实体和程序之间，是彼此依存、互为前提和因果的。

此外，实体正义和程序正义之间是彼此渗透、相互转化的。如英国历史上，常常采取令状形式来解决诉讼及纠纷；而罗马人则以诉权形式受理诉讼以解决纠纷。① 由于案件性质不同，所采取的令状形式、诉权形式也不同，但是，它们都有时代赋予的适应性和灵活性。随着社会的发展，社会关系日益复杂，纠纷的发生也呈现多样性和复杂化。于是在新的纠纷和原有的诉讼形式不相适应时，为寻求新纠纷的解决，自然产生新的诉讼形式。由于诉讼形式的不断创制演变，就形成了新的法律规范或新的权利形式的创设，程序法也就在此过程中慢慢从实体法中分离出来，但是程序法中有的内容还会在实体法中予以规定，实体法的内容也会表现在程序法中。比如在现代公司法、银行法等法律、法规中，实体规定和程序规定更是合而为一，难分彼此。由此可见法律程序的概念——在许多情况下，程序法和实体法是彼此渗透和相互交融的。

① 谢晖：《论法律程序的实践价值》（下），《北京行政学院学报》2005 年第 2 期，第 51 页。

本章图解

- 法律程序
  - 法律程序的特征
    - 时空性
    - 专门性和强硬性
    - 公开性和平等性
    - 特殊规范性
  - 法律程序的种类如：选举程序、立法程序、行政程序、司法程序、法律监督程序等
  - 法律程序的功能
    - 提供人们解决纠纷的有效方式
    - 约束和杜绝权力的恣意妄为
    - 保证人们合法权利的实现
  - 法律程序的价值
    - 是实现权利平等和人格尊严的前提
    - 是法治社会实现法律实体权利的保证
    - 以法律行为构成的人们所希望的社会秩序
    - 有利于对现代法治精神的培育

复习思考题

1. 怎样理解法律程序的概念?
2. 试述正当法律程序的功能和意义。
3. 简述法律程序与实体正义的关系。

第三编 法律的发展论——社会变迁中的法和法律

第十一章　法律的历史与发展

第一节　法律的形成

一、关于法起源的争论

“法产生于何时?”一直是学界争论不休的问题，基于这一问题的三种假设，直接导致了关于法起源的三种不同的理解。第一种假设认为：法是一种产生在人类社会之前的存在现象，典型的代表即自然法学派，认为法并不以人类社会的存在为基础，却是人类的最高理性，其自然而生，不受制于任何人类的意愿，法仅指良法。第二种假设认为：法是文明社会的产物，基于国家的制定和认可，通过国家强制力保证实施，因此法即法律，包括了良法和恶法。第三种假设则认为：法与人类社会共始终，既先于人定法又高于人定法而存在，这是法人类学界通过对现今仍存在于世界各地的氏族社会的田野调查得出的，“原始社会即存在法”的结论，因此，无所谓良法与恶法。

对于推动法律发展的原因，有学者概括为以下几种：①精神解释，如认为法律是法哲学发展的产物。②基于人口爆炸而导致的资源短缺枯竭的解释。③因社会契约而形成的政治解释。④由社会管理需要而出现的解释。⑤社会连带关系的解释。⑥选择所需要的解释，如认为选择是理解法律地位和作用的最重要的一环。⑦经济生产的解释，认为法律是生产、分配、交换的需要。⑧阶级的解释，即阶级镇压的需要使原始习惯变质为法律。① 这些解释都从不同角度说明了法律之所以产生的某种原因，具有一定启发性。

我国理论界在传统上，长期将法与国家紧密地结合在一起，“法起源于国家”的理论常常居于不可撼动的地位。该理论认为：任何社会都需要一定的社会组织和社会规范，因此，随着私有制、阶级和国家的产生，当原始氏族内部的调控系统不足以解决氏族社会的矛盾时，作为阶级矛盾不可调和的产物，法律便应运而生了。由于将法律定义为是国家强制力为后盾保证实施的特别规

① 参见周永坤《法理——全球视野》，法律出版社2002年版，第480~481页。

范，因此国家的出现成了法律得以形成的标志。也因为此，得出了“原始社会没有法律”的结论。随着我国改革开放浪潮的涌动，学术界出现了“学术争鸣”的景象，一部分学者仍然坚守传统理论的阵营，而另一部分学者则开始对法和法律的产生进行了反思，对我国传统的法律起源观提出了质疑。他们认为，依传统理论一般会有以下不足：

（一）因从“阶级斗争”的定式思维出发往往误读了马克思、恩格斯关于法律发展史的论述

如：恩格斯1872年在其著作《论住宅问题》中较早地阐述了法起源的规律：“在社会发展的某个很早的阶段，产生了这样一种需要：把每天重复的生产、分配和交换产品的行为用一个共同规则概括起来，设法使个人服从生产和交换的一般条件。这个规则首先表现为习惯，后来便成为法律。随着法律的产生，就必然产生出以维护法律为职责的机关——公共权力，即国家。在社会的进一步发展的过程中，法律便发展成或多或少广泛的立法。”① 马克思在其《资本论》中论述道：只要作为经济基础的关系不断产生，“随着时间的推移，取得了有规则的和有秩序的形式，这种情况就会自然产生；并且，这种规则和秩序本身，对任何……取得社会的固定性和独立性的生产方式来说，是一个必不可少的要素。这种规则和秩序，正好是一种生产方式的社会固定形式……如果一种生产方式持续一个时期，那么，它就会作为习惯和传统固定下来，最后被作为文明的法律加以神圣化。”②

这两段经典论述早已表明，在人类历史发展的过程中，法基于生产方式的出现而出现，而不是基于非经济因素的原因而出现；只要生产方式的固定形式能够在社会中持续，那么就终将变成文明的法律；法或法律的产生都是一种自然的过程。这样的理念贯穿于马克思、恩格斯的整个理论体系之中。法作为一种日常规则本来与国家、阶级并无多大联系，恰恰是人们忘记了其产生的客观经济原因，将阶级和国家出现的结果说成是法产生的原因，并倒因为果而形成的假设。

（二）由于缺乏足够的实证材料支撑，因此不符合法人类学等学科研究所揭示的社会历史状况

法人类学家们以自己的研究方式，走遍了美洲、非洲、大洋洲、亚洲、南太平洋诸群岛和极地内有人烟的地方，并将狩猎、游牧和农耕等不同生活环境中各种原生态下的原始社会作为考察对象，通过深入细致的田野调查得出了较

---

① 《马克思恩格斯选集》第二卷，人民出版社1972年版，第538～539页。

② 马克思：《资本论》第三卷，人民出版社1975年版，第894页。

为科学的结论：法不仅仅是法律，法律也不应仅仅局限于成文法的范围，原始社会就有解决纠纷的各种机制，既有实体规定也有相应的程序性规则，因此，原始社会或早期人类并非没有法，只是没有成文法意义上的法律制度和法律文化。法社会学或法人类学在一系列研究成果的基础上最大的发现就是，一切人类社会都有其特定的法或法律制度。

例如，英国著名学者马林诺夫斯基在其著作《初民社会的犯罪与习俗》中，以新几内亚特罗布里恩岛的居民为调查对象，通过观察他们在日常生活中的"法律行为"来刻画原始居民生活中的法律与秩序的图景。他从经济因素入手，指出：在日常的生产活动中并不存在所谓原始共产主义因素，而是有非常明确的产权安排，这样的安排都是在互惠的基础上进行的；互惠将法律与个人利益紧密地联系在一起，形成了一种存在于各种社会关系中有效的强制力；因此，互惠关系是整个社会结构的基础，每个人对他人的要求都根据确定的原则，融于对等互惠所提供的链条之中。这样的独特视角告诉我们，国家权力并不是法律得以有效运行的唯一或根本的力量，互惠、共利等也是法律效力的来源，是特定情况下法律得以实现的强制力形式。

（三）由于将法和法律混为一谈，理论脱离实际，与一般现实生活即客观社会规律不相符

传统论者往往将法和法律相等同，加之中国刑法传统文化的渲染使人们的法律观更趋狭窄。表面看，法律以人的意志形式存在着，但这种意志决不是凭空的毫无根据的想象，而是源于现实存在的"社会律"。正如商品生产受制于价格规律，商品交换受制于供求关系一样，体现在人类权益变动过程中的"交往规律"，才形成了关于法律意志的来源。任何人的意志包括国家意志，都将受到这些规律的制约。所以，法律只是反映现实中各种社会关系的某种形式上的意志关系，而法才是法律得以成为体系的内在力，即社会律。

在社会的发展中，法的实质即当事人之间进行交易或联系的正当性，"这种交易是从生产关系中作为自然结果产生出来的。这种交易作为当事人的意志行为，作为他们的共同意志的表示，作为可以由国家强加给立约双方的契约，表现在法律形式上，这些法律形式作为单纯的形式，是不能决定这个内容本身的。……这个内容，只要与生产方式相适应，相一致，就是正义的；只要与生产方式相矛盾，就是非正义的"，① 只是这种正义与非正义的情况后来被法律予以了固定而已。

综上不难发现，学界关于法起源争论的焦点，即"原始社会有无法律"

① 马克思：《资本论》第三卷，人民出版社1975年版，第379页。

的问题。其实，两者并无实质上的分歧，只是对法的定义标准不一致所致。持“原始社会有法律”的学者一般也承认原始社会与阶级社会的法律在本质上有所不同；坚持“原始社会没有法律”的学者同样也承认原始社会有自己的行为规范，只是这种行为规范不具有阶级社会的性质，故不能称之为法律。前者对法律的宽泛解释，易把道德、宗教、习惯等所具有的强制性与国家组织的强制性相混同，从而难以说明法律产生的过程；后者则认为道德、宗教、习惯等调控方式与法律有诸多区别，只有将它们严格区分，才能洞悉法律起源的轨迹。客观地看，正是由于对法律扩大性的理解才打破了长期以来在法的观念方面只存在一家之说的局面，法律多元化提供了研究的不同视角，推动了法学研究向多元化方向的发展。所以，无论在同一问题上有多大的分歧，均有共识的基础。在此，我们将法和法律予以区分，为厘清法在文明时代的出现和存在形式，只以“法律的产生”为脉络进行讨论。

二、法律的产生

（一）原始社会的社会组织及其规范

在漫长的史前文化中，原始先民历经了蒙昧、野蛮和文明时代三个重要时期。蒙昧时期是一个纯粹以采集天然产物为生的时代，其中新石器时代即属于其高级阶段。到了野蛮时期，原始人类学会了畜牧业和农业，掌握了靠劳动可以增加天然食物的方法，他们发明了制陶术，驯养家畜，种植谷物，由于掌握了制铁冶炼技术，发明了文字，人类才开始了向文明时代的过渡。

氏族，是原始人群生活组织的细胞，是原始部落联盟的最小生产单位。以血缘关系为纽带结成的氏族集团，作为原始社会的组织形式，也许在蒙昧时期就产生了，野蛮时期之初它达到了全盛。由于个人无法依靠自身的劳动而生存，因此，每个人无论在情感上还是行动上都须无条件地、自觉地服从氏族组织及其神圣不可侵犯的氏族习惯。从广义上讲，氏族习惯即属于“法”的范畴之一。

氏族习惯，是人们在长期的社会生产和共同生活中，经过不断重复和积累而形成的共信共行的行为标准，在规制较为简单的社会关系中表现得游刃有余，因此其自身的强制力无须特殊机构行使。由于生产力极其落后，财产为氏族成员所共有，人们没有贫富之分，生活中地位平等，一切重大事件均由全体氏族成员讨论决定，氏族首领通常是在生产活动中脱颖而出的优秀者，并无特权。对此，人们赞叹道：“这种十分单纯质朴的氏族制度是一种多么美好的制度啊！没有军队、宪兵和警察，没有贵族、国王、总督、地方官和法官，没有监狱，没有诉讼，而一切都是有条有理的。一切争端和纠纷，都由当事人全体即氏族或部落来解决，或者由各个氏族相互解决……在大多数情况下，历来的习俗就把一切调整好了”。① 可以说，氏族社会的存在其根本原因就在于具有独特意义的规范——氏族习惯的存在。

（二）原始社会后期的大分工引发的社会变革

第一次社会大分工是畜牧业和农业的分离，由此产生了第一次社会大分裂，父权制代替了母权制。这时，因为生产方式的改变，出现了多样化的生产，如种植谷物、豆类植物和水果及植物油的生产等。在如此多样的生产劳动面前，个人的力量再次显得微不足道，于是手工业和农业的第二次大分工出现了，它的制度性成果就是个体家庭永久地代替了氏族组织。耕地起初是暂时的，后来便永久地归各个家庭使用，结果个体家庭开始成为社会生产生活的基本细胞。另一方面，由于金属工具的制造提高了劳动生产率，吸收新的劳动力成了一种强烈的愿望，而把战争的俘虏变成奴隶便是提供劳动力的最好途径。以掠夺财富而发动战争使战士成了经常性的职业，战争又强化了军事首长的权力，使其后继者逐渐转向世袭制，从而奠定了世袭王权和世袭贵族的基础。氏族制度就这样从一个自由处理自己事务的组织，转变为掠夺和压迫邻人，旨在统治和欺压人民的机关。人类就是在这样的背景下，开始走入了文明时代的门槛。

文明时代在巩固前两次分工的基础上发生的第三次社会大分工，是产业与商业的分离，它具有决定性意义，它导致了直接以交换为目的的商品生产，而伴之而来的贸易，使劳动力的价值越发凸现。商人使生产者免除交换的辛劳和风险，将商品远销海内外而获利，从而取得了生产的领导权。当商业控制了大量的货币后，就开启了货币借贷的漫漫旅程。此外，财产私有权确立，土地成了可以买卖和抵押的商品。于是因货币、高利贷、土地所有权和抵押制的产生，才催生了一系列成文法的产生。

面对如此剧烈的社会变革，氏族社会早已无力回天，由分工而产生的利益集团不再为氏族及其成员所组成，社会陷入了不可解决的自我矛盾之中。为了使利益互相冲突的阶级或集团不至于在无谓的斗争中把自己和社会消灭，就需要一种形式上凌驾于社会之上的力量把冲突保持在秩序的范围之内，这种从社会中产生又居于社会之上并且日益同社会脱离的力量，就是国家。② 国家取代氏族后设立了特殊的公共权力，为了维持这种权力的有效运转，启用新的社会规范势在必行，这种新规范被人们冠以“法律”的名目。与氏族习惯一样，

① 《马克思恩格斯选集》第4卷，人民出版社1972年版，第92~93页。

② 参阅《马克思恩格斯选集》第4卷，人民出版社1972年版，第166页。

法律也是法的另外一种表现形式。为适应新型社会及其关系的发展，它逐渐形成以保护私有财产为中心的规则和秩序，法或法权也不同形式地转变成了“法律”。

综上，我们不难发现，法不是偶然出现的，而是人类社会从来就有的，法律才是从氏族制度的废墟里走出来的，是在国家的伴随下产生的。揭开了法律的这层面纱，我们就知道，法是法律的内在规定性，法律即法的正确或错误的不同表现形式，法律的产生使人类在学会更好地驾驭自然的同时，也能更清楚地知道如何规制自己。由此，法律的产生不仅仅是古代社会的问题，它直接关系到现代社会现行法的产生问题。

三、法律产生的一般规律

一切法律都经历了由萌芽到形成的过程。虽然不同民族，不同国家发展的特殊性使其过程显得愈加复杂，普遍而言，但凡法律形成，都有共同规律可循。

(一) 从习惯到习惯法，再到成文法的过程

从上述关于法律产生的描述中我们可以知道，习惯是社会成员日常生活的抽象，它以自然的方式自发地形成和演变着，当这种习惯变得普遍不可违反时，它就成了习惯法。学者称这一现象为“习惯的让位”。① 无论过去或现代，习惯法都直接地反映了法的内在规定性。由于生产生活方式的发展和变化，有些习惯法已不能完全适应变化了的社会需求，这时居于主导地位的利益集团就需要新的社会规范，于是习惯法将为成文法所代替。我们认为，习惯法和成文法都属于法律。法律从不成文到成文，大体沿着纠纷→判决→惯例→习惯法→成文法的路线演进，这是一个漫长而复杂的渐进过程。因此，法律的最终形成并非一步到位，它总要经历一个由量变到部分质变，再到完全质变的过程。

(二) 从个别调整到一般调整的过程

任何法律萌芽之初，大多是针对个别行为而出现的个别性调整。其优点在于具体且针对性强；缺点在于带有一定偶然性和任意性，其不确定性和难以预见性不能形成普遍、稳定的统一秩序。随着某种社会关系和人的行为发展为经常的普遍现象，偶然的个别行为演变成经常性的一般行为，个别调整便逐渐发展成对同类人的同类行为所进行的经常、反复适用的共同规则，这就是规范性调整。规范性调整把人的行为类型化、制度化为一般调整，构成了特定的调整机制。其优点在于：为处理同类行为和社会关系中的人们提供普遍、明确、稳

---

① ［美］埃尔曼：《比较法律文化》，三联书店，1990年版，第47页。

定的行为模式，使人们相对摆脱了偶然性和任意性，促成并巩固了社会生活的有序化、合理化，从而有利于形成稳定的，人们所希望的社会秩序。规范性调整是最终形成法律的关键环节，没有规范性调整即没有法律。

（三）从多种调控手段浑然一体到各自相对独立的过程

习惯或禁忌是文明法律的培养基，其本身常常集各种社会规范于一体，除了风俗、道德、宗教、纪律等多重控制方式外其中也包括了法，或许它们本身就是法，相互间并无明显界限。随着文明的推进，社会管理经验的积累，不同的调控手段渐渐有了不同程度的区别，并开始从混沌中走向了独立。所以说，法律的形成过程实质上是日益脱离习惯、宗教、禁忌等规范而成为独立的社会规范体系的过程。当然这种分离或分化在不同的社会中，其过程也不完全相同，历史上也从来没有达到完全纯粹的状态。

所以，社会控制的主要手段就是道德、宗教和法律，在开始时，这些东西是没有什么区别的。人们通常使用同一个词来表达宗教礼仪、伦理习惯、调整关系的传统方式，所有这一切都被看做一个整体。英国学者沃克也认为："人类社会早期发展阶段，调整人们相互关系的习惯、宗教教条、禁忌以及具有强制力的道德信条等行为规范之间，没有多少区别。因此，作为特定的社会共同体日常生活的标准，法律与道德有着共同的起源。"①

（四）法律产生的基本标志

将法和法律加以区分后，法律的产生自然有了以下较为统一的标志：

1. 国家的出现

直到目前为止，国家和法律的存在，可以说就是同一事物的两个不同方面。国家的出现使法律得到了国家强制力的保证，使得那些与"新的社会结构"相一致的关系和行为有了规范性的支撑。因此，国家和法律密不可分。

2. 权利和义务的分离

在原始人群中权利义务如同吃饭睡觉一样，没有任何差别，在他们看来，这种问题的提出既荒谬也无意义。随着社会的发展，人们的自然联系纽带消失，为了得到独立和行为自由等，才产生了权利和义务的分离。加之商品交换的频繁出现，权利和义务的分享或承担需要由形式上独立自主的主体来实现，为此，法律即应运而生。

3. 诉讼和审判的出现

原始社会内部的纷争主要由部落、氏族来解决的，不需要诉讼和审判。当生产力的发展使社会矛盾和冲突大大增加，且具有明显的阶级对抗性时，对日

① ［英］M. 沃克编著：《牛津法律大辞典》，光明日报出版社1988年版，第521页。

趋尖锐化复杂化的社会冲突，审判成为解决纠纷最主要、最有权威的法定形式。于是，运用国家权力解决社会冲突的诉讼方式的确立，便是法律形成的标志。

第二节　法律的历史类型

一、法律的历史类型概述

(一) 法律历史类型的含义

法律的历史类型也称为法的历史类型，被认为是马克思主义关于法律分类的一个特别概念。其依据是：法律所据以产生的经济基础不同，所予以体现的利益主体不同，所赖以生存的社会制度不同，其法律的宏观分类就不同。与此相对应的是西方学者关于“法系”的宏观分类概念。

将人类历史上存在过的以及现实中依然存在着的法律，按照其阶级本质和经济基础的不同所作的基本分类。划分法的历史类型的标准或依据，主要是看法建立在什么样的经济基础之上，反映什么样的阶级意志并由什么性质的国家所制定。凡是建立在相同的经济基础之上、具有相同的本质并由同一性质的国家所制定的法律，便属于同一历史类型。

(二) 法律历史类型的划分

辩证唯物主义认为，事物的发展有质变和量变的阶段。量变是事物在数量上的变化，质变是事物根本性质的变化。事物的发展要经过由量变到质变，又由质变到量变的过程。量变中包含着部分质变，质变中包含着量的扩张。这一观点也可以运用于我们对法的历史发展规律的理解。如法的量变——法律的出现与独立门户。

法律的量变是法的非本质性变化，在社会经济基础和国家性质不变的前提下，法律的内容或效力的变化，通常表现为法律的立、改、废等形式。法律的质变是法的本质性变化，指由于社会经济基础和国家上层建筑等发生根本性的变化而引起一种新的法律取代旧的法律类型的变化，表现为法律历史类型的更替。由此，便引出人类历史上可划分为奴隶制法、封建性法、资本主义法。历史类型的更替，即法的质变——法律类型的更替。

依照后来关于马克思主义的说法，人类社会迄今为止出现过五种社会形态，即原始社会、奴隶社会、封建社会、资本主义社会和社会主义社会。除原始社会没有阶级和国家，因而也没有作为国家意志体现的法律外，与另四种社会经济形态以及其不同阶级本质的国家相联系，依次出现了四种不同历史类型的法律，即奴隶制法、封建制法、资本主义的法和社会主义的法。

（三）从法律历史类型的出现看法律与原始习惯的区别

由于人类最初的法律脱胎于原始氏族规范，因而与原始规范有着源流的联系；由于生产力的发展才促使氏族组织演变为国家，氏族规范演变为法律。① 也就是说，法律与原始习惯有着亲缘关系，而法律的第一个历史类型就是奴隶制法，因此，我们有必要对法律和原始习惯的区别有所了解。

1. 表现为两者的产生方式和表达方式都不同

原始习惯是原始人类在日常的生产生活中自发形成的，伴随着自然的方式发展演变着；而法律则是因为出现了国家，经由国家之手认定或创制的。因此，原始习惯表现为思想观念的外化，以行为活动传授；而法律则主要由明确的成文法予以表达。

2. 两者所记载的社会内容不尽相同

原始习惯以较低下的生产方式为基础，反映的主要是氏族部落内部的平等关系和自然生成的血缘联系；而法律则是在生产力发展的基础上，呈现出凌驾于社会之上的规范体系，尤其在阶级社会中或较高的生产方式形态下，其反映的政治、经济、文化等复杂的内外联系，是原始习惯所不能比拟的。

3. 两者的功能和实施方式不同

虽然它们都具有社会规范的调整职能，但是，原始习惯维护的是氏族社会的共同利益及内部成员间的平等秩序，是处理小型社会和相对简单的社会关系的规范，因此，它通常依靠的是氏族内部的凝聚力和依传统形成的“属人主义”强制力得以实施的；而法律则要维护整个社会内外部的既定秩序，需处理较为庞杂、广泛的社会关系，在阶级社会中主要是维护占统治地位的利益集团的利益，因此它必须以“属地主义”为原则，依靠国家政权的强制力予以实施。

4. 两者存在的目的不同

原始习惯主要从氏族部落的公共利益出发，以集体生活为保证，因此，基本不强调权利，尤其是个体的权利，往往以个体服从整体为目的；而法律在形式上则凸现出个体利益的要求，以权利义务的分配为己任，因此，要么强调有权者的权力高于一切，使无权者服从之，要么以个体利益为本位，在形式上予以保障之，希望达到理想的社会环境。

总之，自从法律历史类型的出现，便划开了法律与原始社会规范的根本界限，从此，法律从诸多的原始规范中独立了出来，走上了独立面世的道路。

---

① 参见徐显明主编《法理学教程》，中国政法大学出版社1994年版，第69页。

二、法律历史类型更替的原因和规律

(一) 由社会基本矛盾运动推动的更替是最基本的原因

社会在特定时期的生产关系和生产力之间、上层建筑和经济基础之间的矛盾，构成了社会运动的基本动力。这个基本矛盾贯穿于整个人类社会之中，决定着一种社会制度向另一种社会制度的转化。社会基本矛盾的运动推动着社会不断地从低级向高级以及合理的方向发展，推动着新旧社会的更替，法律作为上层建筑的重要组成部分，自然要随着社会的更替而更替。

(二) 借助社会革命作为法律历史类型更替的契机

依照传统理论的说法，法律类型的更替，不是自发实现的，也不可能以和平的方式实现，而是通过社会革命来实现的。这是因为代表着旧的生产关系的阶级，为维护其利益不会心甘情愿地退出历史舞台，他们总是千方百计地凭借着所掌握的国家机器，扼杀、阻碍新的生产关系的诞生和发展，极力维护旧的生产关系和包括法律在内的上层建筑。在这种情况下，代表社会发展要求的先进阶级必须通过革命，推翻旧的国家政权，建立新的国家政权，以新的法律取代旧的法律。如奴隶制法、封建制法、资本主义法，随着社会的发展，后者代替前者依次变革的历史现象，这是不以人的意志为转移的客观必然规律。

(三) 法律历史类型更替的基本形式

第一，社会革命所形成的历史类型的更替，不一定能带来法律全新的质变，但是能形成法律的大量的量变。是否能带来法律全新的质变，要看社会基本矛盾运动是否达到了应变的质点。

第二，随着生产力的发展和生产关系的更替而更新，是法律历史类型更替的根本，一般只有在生产关系变更以后才会发生。按理，生产关系的变革对社会主义类型的法代替旧的历史类型的法起着决定性作用。社会主义法律替代旧的历史类型的法律，应该是新时代法律历史类型的根本性变革，这不是一蹴而就的，而是需要长时间的酝酿和积累，需要集人类历史上的一切智慧才可形成的，因而只有具备了相应的客观条件和主观条件时，才有可能发生并取得成功。

第三，社会主义类型的法律代替原来历史类型的法律，除了质的变化外，在方式上也有其特殊性。社会革命只是法律历史类型更替的基本途径之一。社会基本矛盾运动推动着法律历史类型的更替，除了通过社会革命外，还可以通过社会改革或改良等途径来实现。其中一般也包括产业革命、科技革命和观念变革的兴起等基本形式。

三、两种不同法律的历史类型及其特点

（一）奴隶制法律及其基本特点

奴隶社会是人类走出原始社会的野蛮时代，进入文明时代的第一个社会形态，奴隶社会的法律就成了人类历史上最早出现的私有制即剥削性质的法律。在世界各大古老的文明区域，最早出现的国家和法律在性质上都可以说是奴隶制的。尼罗河流域的古埃及法律虽然没有流传下来，但人类考古的成果使我们仍然能够看到许多遗迹。两河流域的古巴比伦王国曾经是一个十分强大的奴隶制国家，公元前18世纪出现的《汉谟拉比法典》已成为人们学习和认识东方奴隶制法律的范本之一。① 古印度和古中国都曾有过自己的奴隶制法律，特别是中国夏、商、周的法律现已得到越来越多的认识和研究，其中不乏奴隶制的痕迹。要说世界范围内的奴隶制法律，数西方的古希腊和古罗马更为闻名。古希腊以城邦政治为代表，是一种理性的奴隶制法律。古罗马经过了不同的发展阶段，从早期的《十二表法》可以看出，其债务奴隶制的表现十分突出；以《查士丁尼国法大全》为代表，虽然对现代西方和世界法律的发展都产生了极其深远的影响，但是，其中关于"人法"的部分，其奴隶制法的特点仍昭然若揭。奴隶制法的出现和消亡在时间上各有不同，最早出现在大约公元前3 000年前，消亡较晚的是罗马法，以公元476年西罗马的灭亡为标志，西欧奴隶制社会被封建制社会所代替。

不同的历史地理环境和社会文化因素使世界各地的奴隶制法律存在着很多差异，但也有一些共同特征：第一，确认奴隶制生产关系和奴隶主阶级在经济、政治、思想上占统治地位的合法性，否认奴隶的法律人格，确认奴隶主对奴隶的人身完全占有；第二，刑罚手段极其野蛮残酷，带有极大的任意性；第三，公开反映和维护奴隶主阶级的特权地位；第四，保留了原始社会的某些习惯残余。

（二）封建制法律及其基本特点

封建制法律是继奴隶制社会之后又一种剥削阶级类型的法律，从东方的中国、日本到印度、伊斯兰地区，从欧洲大陆到英伦三岛，从地中海沿岸到非洲的某些地区，历史上的封建化成为人类社会一种很普遍的现象，自然，封建制法律也广泛地存在于各个地区。封建制法律经历的时间也很漫长，但在各地的发展既不均衡也不相同。在古代亚洲尤其在中国，有着两千伍百多年的，体制尤其"精致"的封建社会；相对于古希腊古罗马奴隶制法律的发达，封建制

---

① 参见林榕年主编《外国法制史新编》，群众出版社1996年版，第109～116页。

法律在欧洲大陆出现较晚，以西罗马灭亡始至公元14世纪文艺复兴时期，一般不到一千年的历史。因此，西欧的封建制法律与中国相比有极大的不同。

首先，在维护君权方面，西欧封建制法律以上帝的意志为所伺从，世俗王权并无至上地位；而中国封建制法律则以世俗皇权至高无上，君权有毋庸置疑的权威。

其次，在法律渊源方面，由于西欧封建制度，即中世纪时期，较突出的特点是基督教教会和世俗王权二元统治的社会；其中后期到文艺复兴时期，又是教权高于王权，因此，其教会法高于世俗法。教会法和日耳曼习惯法是其主要的法律渊源。教会法作为制定法，受到了基督教《圣经》的严格约束，《圣经》是其封建法律渊源的重要部分。另外还有基督教公会决议和教会法规集教皇敕令等。而中国的封建社会从来没有出现过教权与皇权的二元统治，其法律渊源主要是世俗统治者制定的法规法典，以及皇帝敕令、手谕，等等。

再者，法律文化方面，在中西方的封建制时期奠定了完全不同的法律理念。中国主要是在儒学礼教指导下形成的宗法等级法律观，而西方则是在基督教文化的熏陶中建立起来的封建神学法律观。因此中国人视法律为维护礼教道德之利器，西方人则视法律为上帝无所不能的永恒权力；中国人视法律为苛刑暴政，西方人则认为无法律即无天日，法律是上苍赐予人类的上方宝剑；再加之经济发展方面的诸多不同，等等，致使中西方在封建法制方面形成了各异的发展轨迹。

不过，各地区代表封建制法律水准的一些著名法典及著述大多都流传了下来，如中国唐代的唐律和《唐律疏议》、印度的《摩奴法典》、伊斯兰地区的《古兰经》和“圣训”、欧洲的《萨利克法典》、俄罗斯的《罗斯真理》等。由于受到各种地理、历史和社会条件的影响，各地的封建制法律各具特色，诸如中国是伦理型的，伊斯兰和印度则是宗教型的，欧洲则是世俗法和宗教法并存，同时世俗法深受宗教神学的影响和控制。

尽管如此，封建制法律也有其共同特点：一是义务本位，大多数人无自由可言。二是公开确认和维护封建专制，如西方神的意志高于一切，就我国而言君主可以言立法、以言废法；三是维护统治阶级对农民或隶农人身的不完全占有制；四是维护封建的人身依附关系和等级森严的特权制度；五是司法野蛮擅断，刑罚严酷。

第三节　近现代资本主义的法律制度

一、近代资本主义法律及其基本特点

根据历史学的划分，资本主义国家经历了资本主义形成和巩固时期、自由资本主义时期和垄断资本主义时期三个阶段。我们将垄断资本主义时期以前的资本主义社会称为近代资本主义，将垄断资本主义及以后的时期称为现代资本主义。近、现代资本主义的法律虽然具有许多相同的基本特点，但是在法治原则及其具体特征上却有着极大的差异。

由于社会内部的运动，导致资本主义法律在封建社会晚期陆续出现。17至18世纪，欧洲相继爆发了资产阶级革命，在革命中资产阶级及城市平民以自由、平等、博爱等为口号，以建立共和国为旗帜，反对封建专制。当资产阶级取得胜利夺取政权之后，资本主义法律就作为又一个历史类型的法制在其完成社会革命的国家先后出现。如英国在“光荣革命”后建立的君主立宪制，法国在“巴士底大劫狱”后建立的“民主共和制”，北美在“独立战争”后建立的美利坚合众国联邦共和制等。

资本主义法律与近代社会的“工业革命”一样，对资本主义社会的建立和发展都起到了巨大的推动作用。与奴隶制法和封建制法的形成有所不同，资本主义法的出现可以说是市民商人的首创，它一改“守土的农民”和“游猎的牧民”之所为，以资本和商品的输出及殖民扩张，赢得了资本主义法制的发展，在形式上不再确认对任何人身的占有，而是以法律形式上的平等，满足了人们对自由平等理想的追求。

由于历史、文化传统上的不同，资本主义法形成了两大体系，一是源于罗马法的民法法系。一是建立在英国普通法基础上的英美法系；世界上推行资本主义制度的法律，都可以归到资本主义法律的历史类型之下，它覆盖了当今世界一个很广泛的地区。从法律的内容和技术上来说，资本主义法律是对以前所有法律的巨大进步和超越。经过300多年的发展，它对资本、商品的生产和市场经济的调整，已经发展到即使经过专门学习和训练的人也能够完全掌握的程度。这一方面说明了社会关系复杂化和法律化的深入，另一方面也是人类法律进步的表现。①

资本主义法律在确立和发展中，首先遵循了一系列近代社会的法治原则。

---

①　参见张中秋等著《法理学》，南京大学出版社2001年版，第52～56页。

这些原则主要是：第一，私有财产神圣不可侵犯的原则；第二，契约自由原则；第三，法律面前，人人平等的原则；第四，维护资产阶级政权及其代议制政府的法治原则；等等。这一时期的法治原则除了在宪政领域确立了分权制衡的宪政制度，在刑法领域推行了罪刑法定、无罪推定等原则外，最突出的法治现象便表现在私法领域之中。这也说明，资本主义法的立身之本除了宪政领域外，最重要的就是私权领域内法治的建立和完善。

公法、私法的划分和公权力、私权利的区别本是罗马法的传统。地处欧洲大陆的法国秉承了这一传统，1804 年在私法法域中制定了不朽的《法国民法典》(即《拿破仑法典》)。法国资产阶级大革命的胜利曾照亮了西欧世界，以法国为代表的资本主义国家也完成了人类法律观的一次重大转变，即从前资本主义社会的“义务本位”转变成了“个人权利本位”，《法国民法典》就是在这一理念下的巅峰之作。

该法典中关于财产关系的基本原则，如：私权绝对，就体现在该法典第五百四十四条之中。该条规定：“所有权是对物有绝对无限制的使用、收益和处分的权利。但法令所禁止的使用不在此限。”该法典中的契约自由，过错责任的归责原则等理念，无不彰显着私法对个人权利的终极人文关怀，洋溢着脱离封建社会不久后在西欧社会出现的自由的气息。该法典本着权利本位、人格平等、意思自治的人文精神，拒绝各种形式的干预和强制，尤其是来自公权方面的干扰。如孟德斯鸠所言，“在民法的慈母般的眼里，每一个个人就是整个的国家”,① 便是这种情绪的经典表达。

在经济领域，自由竞争占据了统治地位，资产阶级将英国古典经济学家亚当·斯密的“看不见的手”即“市场之手”的理论，作为指导国家经济发展的重要纲领。在这个纲领指引下，资产阶级要求自己的国家和法律在经济领域采取“自由放任”的政策，主张对于市场干预越少的政府就是好政府，“好政府”扮演的是一个消极的“守夜人”的角色。因此，法律在经济领域的作用主要是保障私有财产的安全，它不仅为自由经济的运行铺平道路，为各种法律关系（如合同、债务等）提供公认的准则，而且还在其他法律中制定了关于解决财产纠纷的规则。这也推动了以经济自由为特征的民法的进一步发展。

可以通过一则美国 18 世纪的案例②，深入观察近代资本主义法治的原则

① ［法］孟德斯鸠：《论法的精神》(下)，张雁深译，商务印书馆 1963 年版，第 211 页。

② 舒国滢主编：《法理学阶梯》，清华大学出版社 2006 年版，第 223 页。

及其特征。

在美国新罕布什尔州，有一所颇有名气的私立学院，叫达特茅斯学院(Dartmouth College)。它是根据1769年英王颁发的特许状建立的。根据这一特许状，学院建立了用于募捐的信托基金，设立了管理学院的董事会，它有权补充董事名额，选任院长。当学院第二任院长惠洛克因故被董事会辞退后，他却到州议会控告学院董事会挪用学校基金资助乡村传教活动，浪费学校公款，干涉学校教学。他认为学院的有些行为足以造成毁约，要求州议会为他恢复名誉和地位。1816年，州议会通过了一项改变达特茅斯学院性质的决定。这项法律修改了学院原来的特许状，把学院改为公立大学，由州长和州政府选派的监事会管理。达特茅斯学院于是向州法院控告州政府擅改法律，未经正当程序剥夺了他们的财产权，破坏了具有契约效力的特许状，损害了他们被宪法保护的契约权利，要求法律宣布州议会通过的决定无效。新罕布什尔州法院判决原告败诉。学院董事会又将案子上诉到联邦最高法院，经过联邦法院审理，最终判决达特茅斯学院胜诉。其理由有三：

第一，既然学院是私人团体，州议会就不能干涉学院所拥有的绝对权利，特别是其财产和管理权；

第二，不允许损害州与学院之间的最初的契约义务，只要法人的行为或特许状是州与私人团体间的契约，它就免受立法机关的干涉；

第三，在宪法面前以及诉讼过程中，立法机构和政府并不享有超越私人或私有组织的权利。

这一著名案例突出表现了近代资本主义法律对个人私权的保障和庇护，阻止公权力对私权利的肆意侵害，制约公权力的滥用。同时，强调了“契约自由”及“法律面前，人人平等”的观念。可见，这一系列法律原则都是建立在个人主义或权利本位思想基础上的。这种个人主义或权利本位，体现了这样一种近代资本主义法律的哲学观念，即个人是社会的最主要的主体，个人利益之相加即构成社会利益，个人在为自己利益从事活动的同时，就是为社会作贡献，所以，只要个人自主、自立就可以达到理想的社会自治或自治的有序社会。而个人的自主、自立又依赖于人所应有的一系列权利，包括生命、自由和财产等等。故此，国家所要做的事情就是为个人自主和自由在法律规则下进行立法并加以保障。在这一思潮下，近代资本主义国家的法律无一不是以个人(包括自然人、法人、非法人组织）为社会基本主体，以彰显以权利为要旨来进行制度设计。不仅私法如此，公法也以权利为本位，其设定的目的也在于保护私权利，如各国的宪法都无一例外地宣布：私有财产神圣不可侵犯。个人权利的优先性和国家主要承担消极的保障义务，这构成了近代西方法治国家的共同特色。①

另一方面，我们也应看到，早期资本主义法的历史类型也是及其残酷无情的，如在英国由传统社会向近现代社会转型的早期，普遍出现的由“羊吃人”的圈地运动带来的血腥法律；由于工厂劳动力的需求，对失地农民生存权的危害和剥夺等，这些在当时资本主义原始积累时期的其他欧美国家也曾普遍出现过。因此，早期的资本主义法律在性质上与前两种剥削阶级法律的历史类型并没有什么不同，它所体现的仍然是在政治上、经济上占统治地位的少数人的意志，它所维护的仍然是其赖以存在的资本主义剥削制度。只是随着人类社会政治经济的发展，随着不同民族历史文化的融合，并由此掀开的人类全球化的运动，才使现代资本主义法律有了极大的改变和革新。这是我们对资本主义法律最根本的认识，也是马克思主义关于法的历史类型分类论的重要观点。

总之，资本主义法制与前资本主义的法制相比，它在历史上的确是一个巨大的进步；而现代的资本主义法经过几百年的锻铸，已发展成为后续国家甚至社会主义国家在进行法制和法治建设中一个不可多得的重要参照。

二、现代资本主义法治原则的演进

19 世纪末 20 世纪初，随着资本主义发展到垄断阶段（现代资本主义时期），西方社会的政治、经济和文化领域都发生了一系列深刻的变化。这些变化反映在法律上，除了宪政法制的一些变化外，就是社会法治原则的演进和现代化。以社会法治原则的变化为基础，西方国家在法律方面出现了以下的变化：

（一）鼎立“社会本位”的利益原则

在近代资本主义时期，与整个社会历史背景相适应，西方法律制度从整体上讲都建立在以个人权利为本位的基础之上。如前所述，权利本位的哲学是个人利益之相加即构成社会利益，只要个人自主、自立，就可以达到理想的社会自治。然而，它所代表的仅仅是一种社会理想，是对社会的一种理想化概念设计。实际上，合乎个体利益的，并不一定合乎社会利益。

以垄断为例，高额的垄断利润满足了垄断者的个体利益却极大地破坏了社会经济的和谐与发展。因此，现代资本经济条件下，为了避免垄断和竞争所造成的无政府状态，缓和垄断资产阶级与中小资产阶级的矛盾，巩固政权，面对新的历史境况，西方法制的价值基础由个人本位开始向着社会本位演进。渐渐

① 卓泽渊主编：《法理学》，法律出版社 2000 年版，第 437 页。

地，在立法、执法和司法实践中，首先考虑的不再是个人自由和权利的绝对性，而是以社会整体利益的和谐为指针，对法律中通行的私有财产神圣、绝对契约自由、过错责任等原则加以修改，使之更符合社会正义的要求。如从绝对契约自由到相对契约自由原则的修订，对过错责任补充以无过错责任的弥补，合理限制对私有财产的滥用和浪费使用等。1919 年德国的《魏玛宪法》第 153 条规定："所有权受宪法之所保障。其内容与限制，以法律规定之。"同时，"所有权利义务，其使用应同时为公共福利服务。"可见，私权绝对在法律上已不再公开标榜，而个人权利的享用和行使却与社会责任相联系，逐渐体现了法律社会化的精神。当然，"强调社会整体利益，鼓吹义务本位，并不意味着资本主义法律制度真的放弃了权利本位的价值观，而恢复了封建社会的义务本位"，① 而它只是对个人主义、权利本位施加了一定限制。

在经济领域，19 世纪末，国家不再是只扮演"守夜人"的角色，不再只是承担一种消极的保障义务，而是进入了积极参与、适度干预、有效调控社会经济生活的领域。这一时期，各资本主义国家加强经济管理的法律相继出台。如美国国会于 1890 年通过的《谢尔曼法案》（即《保护贸易与商业以免非法限制和垄断法》）被公认为现代反垄断法的鼻祖。德国也在 1919 年，直接以经济法命名颁布了《煤炭经济法》和《钾盐经济法》。

（二）第三法域（即社会法）的产生

将法律划分为公法和私法两大法域，不仅是民法法系国家长期以来适用的一种法的分类，而且也是普通法系在学理上早已接受的观念。一般认为，宪法、行政法和刑法属于公法领域，而民法、商法则属于私法领域。但随着法律所调整的现代社会关系的复杂化，涌现出了一些新的部门法，如经济法、环境法、社会保障法等，很难将它们归入到公法还是私法领域中，这使得传统法律体系中严格奉行的公法和公法的二元格局被打破，一种介于公法和私法规范之间的第三法域——社会法应运而生。

正如本书第四章第三节中"法的特殊分类"所言，现代国家的"社会法"作为法律的一种新的分类形式，它与公、私法的分类不仅平分秋色，而且已成三足鼎立之势。社会法恰恰鼎立起了社会本位的法治理念，将保障社会整体的公众利益作为自己的主要内容；如把可以在人们自治基础上实施的某些公法规范"私法化"，或将某些必须以公权力正当干预的私权利"公法化"；将许多相关的新型法律规范纳入到社会法的体系之中，从而形成了劳动法、社会保障法、环境资源保护法等新型的法律部门。

---

① 张文显著：《二十世纪西方法哲学思潮研究》，法律出版社 2006 年版，第 92 页。

（三）从关注形式公正向关心实质公正的转变①

如果说近代资本主义法律制度关注的是形式公正，着重强调法律在形式上的权利义务相一致。那么，现代资本主义法律制度则在向注重实质公正转化。如消费者权益保护法、劳动法的制定等，在形式上都呈现出一种向弱势群体一边倒的倾向，它们或是只规定“消费者的权利”及“经营者的义务”，或是只规定“资方的责任”及“劳方的权利”；却未作反向的权利义务的规定。表面上，这似乎不公平。而事实上，正因为体现了消费者和劳动者在现实中处于劣势，需要法律注重保护的地位，因此，反而显现了法律正义的品格。这类倡导保护占社会多数的弱者、机会均等、人人平等享有社会进步成果等思想，不仅是现代资本主义法律的演进方向，而且也是现代社会主义法律应有的价值取向，其本身就是社会主义得以存在的内在规则性。正如日本学者在评论经济法的价值所阐述的那样：现代私法保障的在形式上的自由和平等，却在现实中对经济上，社会地位上的弱者带来了不自由和不平等；因此，作为以禁止垄断为中心而产生的经济法，就具有纠正这种不自由和不平等的使命，从而实现实际中的自由和平等。②

总之，现代资本主义法与近代资本主义法已有许多重大的区别，主要归纳为：①私有财产神圣不可侵犯的原则受到了挑战；②早期“契约自由”的精神已经有所改变；③从个人本位向社会本位的转变，如社会保障事业的法制化，法律化；以法律手段保护各种自然资源的良性使用和增值等；④解决社会纠纷的法治功能不断地多样化、完善化。

三、现代法治国家及国际社会的新动向

（一）多元化纠纷解决机制的建立

近代资本主义法治在司法领域建立的可以说是一种诉讼中心主义的纠纷解决模式，这便导致了现实中所谓法治国家出现了“诉讼爆炸”的现象。大概在20世纪60年代，西方发达国家掀起了一场“非诉讼”解决纠纷机制的热潮。替代性纠纷解决机制即Alternative Dispute Resolution（缩写为ADR）的出现，就是这一潮流的硕果。这一概念源于美国，原来是指20世纪后期逐步发展起来的各种诉讼外纠纷解决的方式，现已引申为对世界各国普遍存

① 参见［美］R．M．昂格尔著《现代社会中的法律》，吴玉章、周汉华译，译林出版社2001年版，第187页。

② 参见周昫《反垄断法新论》，中国政法大学出版社2006年版，第21页。

在的，民事诉讼制度以外的非诉讼纠纷解决程序或机制的总称。[①] 现代社会中，人们愈来愈多地运用调解或仲裁裁决方式，而这可以减少因法律的僵化性质而导致的一些弊端，如典型的对抗诉讼所表现出来的“要么全胜，要么全败”和“胜诉方全得”的观念。[②] 这样的非诉讼纠纷解决机制有效地分担了司法和诉讼的压力，提供了更符合情理，追求实质争议的个案解决方法，有助于改善司法的价值，因此，被认为是一种与正式司法程序相辅相成的辅助性司法机制。

（二）超国家法律的产生

近代资本主义时期，按法律的生成和适用的范围不同，都将法律划分为国内法和国际法两大类型，而西方超国家法律的出现却打破了此原有的格局。超国家法（Supra – national Law）是指超国家的组织又是非国际组织所生成的法律。当今的超国家法律主要指欧洲联盟的法律体系，其前身是欧洲共同体的法律。这种超国家法，既不同于国内法，也不同于原来的国际法，是一种崭新的法律形态。从生成方式上看，对超国家法的生成起主导作用的是超国家的组织，如欧洲会议、欧洲委员会和代表成员国的理事会；而不是像国际法的生成那样，起主导作用的是国家。[③] 就适用的范围和主体来看，超国家法对其中主权国家的自然人、法人和国家，如同国内法一样具有直接适用性，并产生直接效力；而非像国际法那样，其效力主要及于国家。但超国家法律对其成员国来讲，它毕竟不是国内法，而是外部的，具有国际法律特性的法。在欧盟国家，超国家法律无论在实践还是理论中都已是既存的现实。

（三）可持续发展法制的提出

可持续发展理论，是基于现代工业文明造成的负面效应——对生态平衡的破坏，对自然资源的过度开发及浪费，以及人口爆炸所引发的全球性问题而提出来的。从世界环境与发展委员会 1987 年发布的《我们共同的未来》的研究报告看，可持续发展的核心思想是：既满足当代人的需要，又不对后代人满足其需要的能力构成危害。在 1992 年联合国环境与发展大会上，可持续发展的概念及构想得到了全世界 100 多个国家的认同，成为国际社会环境和发展领域的主流。

---

① 范愉：《非诉讼调解制度》，载郭星华、陆益龙等著《法律和社会——社会学和法学的视角》，中国人民大学出版社 2004 年版，第 123 页。

② ［美］E．博登海默：《法理学——法律哲学与法律方法》，邓正来译，中国政法大学出版社 2004 年修订版，第 423 页。

③ 参见周永坤《法理学——全球视野》，法律出版社 2000 年版，第 72 ~ 73 页。

受其影响，可持续发展法，既包括全新的法律内容，如循环经济法、清洁生产法、生态保护法等，也涉及对传统法律部门的全面而深刻的调整。它们呈现出与传统法律许多不同的特点，如：可持续发展的法律在内容上展现了生态性的要求；强调人类活动的整体协调性，在调整社会关系方面需要顾及的代际性；在调整方式上以预防优先为首选等。① 随着可持续发展法制的提出，进而在法律观念上倡导生态中心主义，实现社会本位向生态本位的转变，从当代公正向代际公正的转变。与此同时，一些国家和地区特别是发达国家也展开了可持续发展法律的法制实践。

本章图解

- 法律发展历史概要
  - 法律的产生
  - 法律产生的一般规律
    - 从习惯到习惯法，再到成文法的过程
    - 从个别调整到一般调整的过程
    - 从多种调控手段浑然一体到各自相对独立的过程
    - 法律产生的基本标志
      - 国家的出现、权利和义务的分离、诉讼和审判的出现
  - 法律的历史类型
    - 奴隶制社会的法律
    - 封建制社会的法律
    - 资本主义社会的法律
  - 近代资本主义法律的特征
    - 私有财产神圣不可侵犯的原则
    - 契约自由，个人利益本位原则
    - 法律面前，人人平等原则
    - 维护资产阶级政权及其代议制政府的法治原则
  - 现代资本主义法律的演变
    - 鼎立“社会本位”的利益原则
    - 第三法域（即社会法）的产生
    - 从关注形式公正向关心实质公正的转变

复习思考题

1. 原始社会的氏族习惯与法律规范主要有哪些不同？
2. 试述法律产生的一般规律。
3. 法律产生的基本标志是什么？

---

① 参见刘金国、蒋立山主编《新编法理学》，中国政法大学出版社 2006 年版，第 354 页。

4. 什么是法的历史类型？为什么说法的历史类型是马克思主义对法律分类的专门概念？

5. 简述资本主义法的基本特点以及20世纪以来的演变。

第十二章　西方两大法系

人类社会法律的不同存在形式，被学者们以“法系”的概念予以了区分。了解“法系”的概念，了解与中国传统文化不尽相同的法律分类体制及其成因和特点，对于我们认识当代各国法律制度的形成与发展极为有益。

第一节　法系的概念

一、法系概念的由来及含义

“法系”是西方法学家最先使用的概念，是在对各国法律制度的历史传统和现实状况进行比较研究的过程中形成的概念，因此，它是比较法学的基本概念。

19 世纪以来，随着经济和科学技术的迅猛发展以及国际经济、政治、文化交流的急剧增加，产生了对不同国家和不同地区的法律制度进行比较研究以增进相互了解和互相借鉴的客观需要，同时也为了减少不同民族及不同传统之间相互碰撞相互冲突的几率，需要人们对各种不同的法律制度有相应的认识。由于世界上为数众多的国家都有各自不同的法律及其传统，这就需要借助类型理论，把具有共同特征和历史传统的法律及其制度归为一类，并将其作为一个整体去分析研究，从而有利于增进不同法律文化和法律传统的了解，促进相互间的包容、借鉴和发展。于是，人们启用了“法系”这一概念。

当代世界，有不计其数的各种法律类型，但却因可以分属于数目有限的各个法系，而不必拘泥于每一种法律的具体细节，只需阐述与其相关的法系及其一般特征即可。法系这一概念的提出就是运用较为科学简练的方法，回答了是否可以将世界上众多国家和不同地区的不同法律传统、法律体制、法律存在样式等进行分类，并予以概括描述的复杂问题。因此，依照什么标准去分类，按照什么原则才能更好地把漫无头绪的人类社会法律进行科学划分，进而对某些具有代表性的法律秩序、社会治理方法进行研究，这是人们提炼“法系”这一概念的初衷，为此，“法系”也成了比较法学的核心理念。

法系，也被称为法族（即法的家族）、法圈、法的谱系、法律样式、法律集团等，在英文中的表达也有多种，如 Legal genealogy、Legal group、Legal family、Legal culture、Legal system 等，其中 Legal system 还可以译为法律制度或法律体系。可见，对于法系的定义并无统一之说，但一般而言，均是学者们根据各地区各国反映出来的法律特点、历史传统及其文化传承的不同，所作的关于法律分类学方面的一个宏观概念。

我们可以将“法系”理解为若干国家或特定地区的、具有某种共同历史传统及共同外部特征的法律样式的总称；也即按照法律的历史传统及其外部特征的不同，对历史和现实中存在的，各种具有相同传统的法律制度所作的分类。

二、“法系”的一般特征

如上所述，凡是具有某些共同特征和历史传统的，有着同一源流关系的法律，就属于同一法系。由此可见，“法系”是跨越国界的对法律现象进行综合描述的最大概念。因此，法系与国内法的体制及其分类既有联系又有区别，尤其在全球化的浪朝下，其区别在法学上的意义是主要的，是必须强调的。

法系一般具有以下特征：

（一）法系是具有共同历史传统和外部特征的同类法律的总称

一般而论，法系是学者们依据各种法律所具有的不同历史传统和外部特征为标准，对迄今为止种类繁多的人类社会不同的法律制度所进行的一种分类。凡具有共同的历史传统及相同的法律存在样式的，就构成了同一个法系。例如，“民法法系”通常是指以罗马法的历史传统为基础，以及在此基础上所形成的，具有相同外部特征的所有各国各地区法律的总称；而“普通法法系”则通常是指以英国自中世纪以来的判例法传统为基础，以及在此基础上所形成的，具有相同外部特征的所有各国各地区法律的总称。

（二）法系一般为若干国家或特定区域内同类法律的总称

既然法系是根据不同国家和地区的法律传统及其外部特征的不同，将具有共同法律传承和外部存在样式的若干国家和地区的法律归为一个法律家族的现象，那么，它就不是专指一个国家或以国家界限为限的某一种法律制度。因而，法系就是具有某种共同的法律文化传统，以及包容了受此法律文化传统影响的，并在此基础上形成的，具有共同操作、运作特征的若干国家和特定地区的法律体制现象。因此，法系是超越了国家和地区界限的某一共同法律的概念。

（三）法系与其他相近概念的主要区别

由于法系是站在国际社会的角度，对法律的分析、研究和运用的概念工具，因此，要正确的把握其含义，就必须将“法系”同我们已经较为熟悉的法律体系、法制体系、法学体系、法的历史类型等概念加以区别。否则，将会混淆内国法与外国法的界限，阻碍各国或民族间的法律交往。

在第一编关于“法律体系与法的宏观分类”一章中，对于法律体系、法制体系和法学体系等概念的含义和区别均作了阐述。尤其是法律体系和法制体系，它们虽然在字面上与法系有相近之处，却具有严格的区别，因为它们一般均指一个国家内部的法律体系及其机制的建构，并由一个国家内的现行法律规范和现实法律体制所构成。目前，无论“法律体系”还是“法制体系”，在对法律现象的描述方面，以及对法律认识的表达方面，它们与法系均不可能是同一个层次上的概念。

另外，关于“法的历史类型”即“法律的历史类型”，如前章所述，这是与特定的社会形态，与法律存在的特定性质相关联的概念。它是依据法律所赖以建立的社会经济基础，及其所体现的国家意志的性质不同，而对不同社会制度下的法律性质所做的分类；与法系不同，“法的历史类型”是一种纵向的，因社会生产力的发展而不可逆转，不应兑现的，关于法律分类形式的概念表达。也正是从这个意义上讲，“法的历史类型”与“法系”才是同等层次上的概念，是马克思主义法学关于法律宏观分类学的一个贡献。与法系相比，法律的历史类型虽然也不以一个国家或某一国内的法律为限，但是，它更注重社会发展方面的经济基础和法律的阶级本质的因素，而法系注重的则是法文化的历史传统和法律存在的形式特征。

三、法系的分类简介

由于人们对法律文化传统理解的不同，法学家划分世界法系的标准就不同。如日本学者穗积陈重（1856～1926）就将其谓之“法族”，把世界不同法系分为“印度法族、中国法族、回回法族、英国法族、罗马法族”，由此首倡法律五大族之说。① 穗积陈重的分类，“比同时代的一些比较法学家的分类，更普遍的反映了这个世界法律的多样性，对东西方文明和法律给予同等的重视，这更加符合比较法学的根本精神”。② 又如，美国学者威格摩尔的代表性著作《世界法系概览》中具体将世界各国的法律分为16个法系，分别为：古

① 俞荣根、龙大轩、吕志兴：《中国传统法学论述——基于国学视角》，北京大学出版社2005年版，第17页。

② 潘汉典：《论世界法律体系分类的若干问题》，载《比较法学的新动向》（1993年），第199～201页。

代埃及法系、古代美索不达米亚法系（巴比伦法系）、希伯来法系、中华法系、印度法系、古希腊法系、古罗马法系、日本法系、伊斯兰法系、凯尔特法系、斯拉夫法系、日耳曼法系、海事法系、教会法系、大陆法系、英美法系。学术界一般也认为，比较法学宏伟而庞大的学科体系就是在此书中完成的，因此，《世界法系概览》也是现代比较法学的奠基之作。

第二次世界大战以后，法国学者 R. 达维德和德国学者 K. 茨威格特对世界法律的划分比较引人注目。

达维德的分类法较有意思，他以法律形式及其技术为标准，对东西方不同地区的法律加以区分。由于他认为，以苏联为代表的社会主义法律形式与西欧大陆法有着直接的渊源关系，因此将社会主义法排在大陆法系之后，并将其列为西方法系之一。如他将西方法系分为罗马—日耳曼法系、苏维埃社会主义法系、英美的普通法法系；其次是伊斯兰法系、印度法系，而将中国法系和日本法系列为“其他法律结构和社会秩序”一编中的远东法，然后是非洲东南部各国及马尔加什等岛国的各种“法律”。① 可见，他认为 20 世纪在世界上占主要地位的就是三大法系，即罗马—日耳曼法系、普通法法系、社会主义法系，别的都被他归为“其他法系”的范畴。

茨威格特在他的著作《比较法总论》中首先说明了“阿尔曼戎、诺尔德和沃尔夫将世界上的法律制度分为七个法系的分法，是迄今发展的学说中最具有说服力的”。② 这七个法系分别是：法国法系、日耳曼法系、斯堪的纳维亚法系、英吉利法系、俄罗斯法系、伊斯兰法系和印度法系。茨威格特在此基础上做了稍微的改动，把他认为世界较大的法系分为罗马法系、德意志法系、北欧法系、普通法法系、社会主义法系、远东法系、伊斯兰法系和印度法系。

“法系”概念的产生，并不是其自然成熟后从天而降的产物，而是经历了亿万人民千百年来的艰辛实践和痛苦探索才得以概括出来的术语。西方学者认为，有的法系已经中断或不值得一提，比如中华法系，由于它和现代中国现行的，所谓国家的法律截然不同，因而被认为是已经消失了的“法律现象”，无论怎么划分，中华法系均为例外或边缘一类，因此不必纳入主流之中予以评说。而以罗马—日耳曼法为传统的法典法系和以英国普通法为传统的英美法系，则是当今世界占据主导地位的两大法系，它们都是资本主义经济关系的产物，并对现代世界各国的法律制度都有着重大的影响。因此，对于这两大法系

① ［法］Rena. David：*Major Legal Systems in the World Today*，1978。

② ［德］K. 茨威格特，H. 克茨著：《比较法总论》，潘汉典、米健、高鸿钧、贺卫方译，法律出版社 2002 年版，第 102 页。

的知识，是现代人尤其是法律学人必须学习和理解的。如今，很多国家都以法律移植或法律借鉴的方式，学习和发展着这两大法系的传统，中国也不例外。

第二节 西方两大法系的成因

一、民法法系

民法法系是西方发达国家长期以来所形成的最具代表性的法系之一，是西方历史上最为悠久，影响最为广泛的一种法律传统。

（一）民法法系的概念

在《牛津法律大辞典》中对“民法法系”做了如下的释义：“主要是在西罗马帝国废墟上出现，在西欧国家中发展起来的法律制度的总称，来自罗马法的概念和原则对它有强烈影响”。[①] 由此可以看到，罗马法并没有随着罗马帝国的崩溃而消失，而是在罗马曾经统治过的欧洲大陆地区，长期以某种方式继承或存在着，并且影响了近现代许多国家法律制度的建立和完善。

民法法系，又称大陆法系、罗马法法系、法典法系、罗马—日耳曼法系等。民法法系是说，其大多数法典主要以私权法领域的法律规范为主而形成，而民法又是私权法的典型代表，因此称为“民法法系”。“罗马法系”就是指以罗马法的传统为基础而继承下来的法律样式。“大陆法系”的“大陆”指的是欧洲大陆，也是这一法系的发源地，实际上是站在英美法系立场上的评说，即欧洲大陆各国，虽然其法律制度有所差异，但是它们都是欧陆国家，都有着共同的大陆法的传统。“法典法系”即意味着，这一法系的国家其法律制度主要以法典文本为表现形式，以成文法典为运作根据，因此称为“法典法系”。罗马—日耳曼法系可以说，是指起源于古代罗马法并自中世纪起，在西欧各国以日尔曼习惯法为先导而形成的欧陆各国法律，都同属于同一家的法律谱系。

以上称谓，均从不同方面较为完整地说明了民法法系的概念。归之，民法法系就是指以古代罗马法为传统，在西欧大陆各国以法典文本为基础而形成的，尤其以《法国民法典》和《德国民法典》为代表的法律制度，以及其他在这种法律制度影响下的国家和地区法律制度的总称。

（二）民法法系的形成过程

无论哪种法系，之所以能发展到今天，都是历尽人间诸多艰辛探索的结

---

① ［英］戴维·沃克：《牛津法律大辞典》，李双元等译，法律出版社2003年版，第204页。

果，民法法系的形成就极为典型，它的源起可以追溯到公元前5世纪古罗马法的产生，以及至近代西方罗马法复兴时，长达20个世纪的历史过程。因此，除中华法系外，民法法系所依赖的历史传统可以说是最长的。由于欧洲大陆是民法法系的源起和成型之地，因此，对民法法系的历史发展及其描述也应集中于此。

1. 古罗马法

古罗马是由台伯河岸一块冲积平原上的村落发展而来的，原始居民为拉丁人，由于不知疲倦的向外扩展和征服，在近10个世纪内他们的疆土已包括了几乎全部的已知世界。在罗马人不断扩张的历史进程中却为后世的法律文明作出了巨大的贡献。罗马法制的沿革可分为三个阶段：共和时期、帝政前期和帝政后期。

虽然在共和国前期的罗马王政时期，也有罗马法的存在，但是，一般以公元前450年共和国早期制定的《十二表法》为起点，成为罗马成文法的最早表达形式。这是包括十二表（章）内容的简要而粗略的法律典章，其中主要是程序性的执行、实施和遵守的规定，如在法典中有：原告传被告出庭，如被告拒绝，原告可邀请第三者作证，强制前往。如今，《十二表法》本身并没有被保存下来，但我们通过其他历史典籍了解了它的绝大部分内容，并知道以后的罗马法都以此为起始。罗马人正是在对此法释义的基础上，营造了共和时代的法制氛围和法律精神。帝政前期，罗马社会培养了一大批法律职业家，出现了标志着西方法律科学开端的《法学阶梯》，这使我们能看到，罗马法学家对实体法较早的抽象概括，即他们创造性地将社会法则当做一个具有内在逻辑联系整体的开篇。罗马法学家以盖尤斯（约130~180）、乌尔比安（约170~228）、帕比尼安（约140~212）、保罗（约222年去世）、莫迪斯第乌斯（约244年去世）这五人最为有名。

公元初期的几个世纪众多的罗马法学家的活动，为帝政后期大规模的、成系统的法典编纂活动奠定了扎实的基础，特别在东罗马帝国的查士丁尼（Justinianus，483~565）时代，法典编纂活动更是把罗马法推向了顶峰。① 查士丁尼在位时期完成了《查士丁尼法典》《法学阶梯》和《学说汇纂》，后人又将查士丁尼在位时后30年中所颁布的律令，特别是他为编纂以上三部罗马法典籍所发布的诏令汇集为《新律》。至12世纪，这四个部分被人们统称为《国

① 东罗马皇帝查士丁尼于527~565年在位。他于528年组织审订编撰罗马法，534年颁布了《学说汇纂》和《法学阶梯》，535年重新公布了《查士丁尼法典》，加上后人编的《新律》，即如今被人们普遍作为流传至今的“罗马法”的主要文本。

法大全》（一译《民法大全》），即后世集罗马法之大成的传世之作。

2. 罗马法学的复兴

所谓罗马法学的复兴，一开始主要是指对《国法大全》整体，特别是对其中最重要的部分，即被称为古典罗马法学宝库的《学说汇编》进行学术上的再探讨；随着复兴程度的发展，罗马法的理念、方法、原则和概念逐一的进入了各国的法律实践领域。

在查士丁尼《国法大全》沉睡了500多年后，公元11世纪，人们在意大利的比萨城发现了《学说汇纂》的手稿原本，① 这对罗马法的复兴提供了一个重要条件。在12世纪时，波伦那市是意大利人建立的100多个城市共和国之一，被后人称为"法律明灯"的伊纳留斯（Irnerius，1055～1130），就是第一个在这里就《查士丁尼法典》和《学说汇纂》开设讲座的人。他的热情和雄辩鼓舞了一批又一批青年，在以后的一个世纪中，成千上万来自欧洲各地的学生来到波伦那学习法律，并且组织了"学习中心"——欧洲第一所具有近代意义的大学。伊纳留斯和他的追随者们在《国法大全》上仔细的加上注释或解释，因此被称为注释法学派。他们出版的书中采用了以《国法大全》条文为中心，周围辅以块状注释的形式，从欧洲各地来的求学者把学到的知识带回本国，并且开始在大学里讲授罗马法课程。由此，对查士丁尼《国法大全》的注释研究成为一门纯粹的法律学科，这是欧洲大学推动罗马法学复兴的第一阶段。

第二阶段是以被称为"法律之王"的巴尔多鲁（1314～1357）为代表的评论法学派，针对社会现实问题和司法实践，对《国法大全》进行扩张性解释的阶段，他们将其成果带进了法庭，使其法律实践学说占据学术统治地位长达两个世纪之久。西欧和北欧的学生回国后，在本国继续对罗马法进行研究，在西班牙、法国、德国和荷兰等国也涌现了许多法律院校。罗马法也在实践中不断适应于新的社会环境，并渐渐成为当地一般法被接受。但是，罗马法作为"一般法"仅仅是第二位的，实践中，成千上万的司法领域，在适用上还是地方习惯法优先于这种一般法。

第三阶段是以法国人居亚斯（1522～1590）为代表的人文主义法学派，重新阐释除《国法大全》外，包括其以前存在的诸多原本在内的罗马法。这一阶段为法学进入近代社会作出了较大贡献，使人文主义法学成为早期一支不可替代的，向封建神学政治论开战的劲旅。并在近现代西方法学理念的形成过程中具有不可替代的作用。

① 何勤华：《西方法学史》，中国政法大学出版社1996年版，第63页。

罗马法学的复兴意味着从注释法学派起，法学家们使用的法律术语、规范分类，及其范畴和概念，都成了欧洲大陆后来所有法学家进行法律研究的专门用语和统一概念。罗马法的复兴不仅是法制史上的一件大事，也是整个世界史上的一件大事；也就是说，曾经是罗马人所用的法律，在沉寂了八九百年后，又被普及到除英国以外的整个欧洲地区，并在各国得到了重新的采用；由罗马法所承载的法律精神，不仅对西欧中世纪中后期的历史带来了巨大影响，而且对后来世界历史的发展也产生了深远的影响。

3. 民法法系的出现与形成

罗马法复兴时期，新的生产方式、商业模式和贸易发展，以及银行业的产生与复兴的古罗马法相结合，在现实中很快就促成了商业和金融交易行为中的规则，也就是"商人法"的产生。"行会、商人联合会就建立了他们自己的法律规则和法庭。商人法庭制定出不拘形式的规则和简便程序。这些规则和程序实际可行、公正，并以商业惯例为基础。……最后，'商人法'成为国际的、跨越政治界限而被普遍接受的商业规范。"① 这种"商人法"后来实际构成了大陆法系商法以及现代国际贸易法、海商法的主要内容。就是在这样的过程中古老的罗马法原则被引入到日耳曼法和封建习惯法中，并开始逐渐转变为欧洲大陆的实在法，而这个过程就是靠评论法学家推进的。

17～18世纪，欧洲各国都在理性、人权、社会契约、自然法等旗帜下掀起了革命，指导这场革命运动的学说为古典自然法学。也正是这一学说，形成了鼎立于西方两大法系之中共同的法律观念、法治原则和法律制度；并与近代资本主义革命一起，对罗马法在欧洲大陆各国的本国化、民族化，即对民法法系的形成打上了深刻的烙印。因为这场波澜壮阔的革命所带来的结果，使将编纂成熟的法典尽快运用于实践，解决社会现实问题成为保障和巩固革命果实最实用的方法。

法国大革命后，1804年，最具民法法系意义的法典《法国民法典》终于出世，其中，将罗马私法精神同古典自然法学说中民事权利平等、财产神圣不可侵犯、合同自由等近代资本主义民法基本原理巧妙地结合在一起。"在编纂完成后，它迅速被翻译成几乎所有国家的文字。

欧洲其他吸收罗马法的国家都紧随这股风潮，它们面临的任务也是共同的——废除千余部地方习惯法典……并使它们与罗马普通法相互融合，形成独立

① ［英］格伦敦、戈登、奥萨魁：《比较法律传统》，米健、贺卫方、高鸿钧译，中国政法大学出版社1993年版，第17页。

的罗马法体系。”① 因此，欧洲大陆19世纪，在法律生活方面，进行了一场声势浩大的“法典编纂”运动，19世纪末产生的《德国民法典》就是这一运动的杰出成果之一，作为民法法系的另一亮点，成了后续各国争相模仿的榜样。由此，民法法系即已形成。

二、普通法法系

普通法法系是和以罗马法为基础的民法法系相对称的另一法律家族的谱系，是以英伦三岛为发源地，是由殖民主义传播到其他地区的主要法系之一。

（一）普通法法系的概念

普通法法系中的“普通法”，与汉语中“普通法”的含义差别极大，换句话说，它不是汉语语意的含义，而是法学学科中具有专属意义的法律术语。因此，它不是在国内法中与“根本法”相对称的“普通法”，而是以11世纪诺曼人入侵英国后所逐步形成的法律样式，即判例法。这一点需特别注意。

普通法法系，亦称英国法系、海洋法系、英美法系和判例法法系，是以英国中世纪的法律至资本主义时期的法律为传统，产生和发展起来的各国和地区法律制度的统称。其不像民法法系那样固守罗马法的形式传统即编纂法典，而以注重通过司法个案遵循先例的形式，广泛吸取原日耳曼法和当地习惯法以及罗马法和教会法的原则和思想，逐步形成的。

由于该法系产生于英国，因此叫做“英国法系”。由于英国是个岛国，它又主要是通过海洋向其他地区传播的，因为殖民主义影响，如今，一些群岛国家均实行该法系，因此，称它为“海洋法系”。另外，此法系传统上一贯以法院判例作为法的主要表现形式，因此，也被称为“判例法法系”。

在现代，普通法法系是以英国法和美国法为两大支系，又因为美国人的发展和运用，对其在世界上的影响力增色不少，因此，被称为“英美法系”。然而，“普通法法系”则是该法系的正规称谓，它的形成历史虽然没有民法法系悠久，但是，如同英语在当代世界上的重要地位一样，它同样有着重要的地位，并且像英语一样，被越来越多的其他国家和其他民族广泛的借鉴和传播着。

（二）普通法法系的形成

英国这个在历史上曾被多个民族屡次侵略的岛国，在法律方面却形成了自己独有的传统，并在当今世界独占一席地位，这是古代的任何民族都未能料到

① ［美］约翰·H. 威格摩尔著：《世界法系概览》（下），何勤华、李秀清、郭光东等译，上海人民出版社2001年版，第880页。

的。认识普通法法系的历史过程，实际上就是了解英国法律的发展过程，就是了解英美社会法律文化的成长过程。因为，这个法系所具有的特点、风格和异文化的优势，对于有着同样文化异质的东方文明来说，更使相互形成了极大的吸引力。

1. 普通法的产生

一般认为，所谓“普通法”在英国的形成，是以11世纪诺曼人征服英国，从政治上统一英国这一事件为起始点的，英国法学家通常也将英国普通法的起源追溯至诺曼人的登陆。此前的英国，实行的是以各地习惯为主的盎格鲁撒克逊人的习惯法，这些习惯法分散而不成形，对英国以后的发展基本没有什么作用；同时，教会法和罗马法在当时也有一定影响。1066年诺曼公爵入侵英国，他成为第一位在英国的最高统治者——威廉一世（1066～1087年在位），并建立了统一的中央政权。

由于诺曼人天生的习惯于在所有方面尊奉法律，尤其在立法和司法方面，因此在他们征服英国之后，几乎每座修道院都拥有自己的法律顾问。这当然与威廉一世希望建立一个强有力的中央集权制封建国家的愿望相关。1085年为了便于计算税收，威廉一世下令对全国土地进行勘测登记，就是要将英国每一亩土地都直接或间接的归属于他——国家唯一的最高统治者。在他以后的两个世纪中，出现了两位和他一样推崇集权的继任者——亨利二世（1154～1189年在位）和爱德华一世（1272～1307年在位），他们通过一系列立法，结束了英国存在无数独立男爵领地司法管辖权的历史。这两位国王和他们的顾问，通过司法集权和统一立法，领先欧洲大陆6个世纪实现了普通法的普遍管辖。①12～13世纪，诺曼人创建了三个王室高等司法机关，即财务法院、普通诉讼法院和御座法院。它们作为中央级的法院，可以对各地直接受领主或主教控制的法院实行严格监督，并以英王的名义行使司法权，有权撤销地方法院的判决，因此其所适用的法律高于地方法院所适用的惯例法。亨利二世统治期间开始采用陪审制，这一制度的推行为诉讼程序中的抗辩制提供了条件。在王权逐渐加强的情况下，英王派员到全国各地巡回审理案件，并建立了一批普通法法院。这些法院根据英王敕令、诺曼人的习惯，或参照各地习俗进行判决，在此基础上逐步形成了一套通行于全国的普通法，即为以后普通法法系的产生奠定了基本法律渊源的“普通法”。

普通法产生的另一个历史背景就是“令状制度”的发展。所谓令状，在

---

① ［美］约翰·H. 威格摩尔著：《世界法系概览》（下），何勤华、李秀清、郭光东等译，上海人民出版社2001年版，第910页。

《牛津法律大辞典》中的解释是“成文的命令和批准令”。当时，令状是指国王给有关官吏、法官或治安法官的命令，其中包括对有关争议问题的简明指示，命令接受令状者将被告传唤到法院，并在当事人到庭的情况下解决纠纷。这种令状是皇家最高官员即首席司法官以国王的名义签发的，在签发此种令状时他不需要审理被告，并由原告支付手续费。① 令状有不同的种类，选择了不同的令状就意味着要开始不同的诉讼程序，因此，令状的选择也成了较为专业的工作。由于在原告申请令状的过程中，许多控告内容的程序是相似的，所以令状文本也就被标准化、统一化了。直到13和14世纪，种类繁多的令状数量仍不断地增加，被以半官方的形式收集起来编为“令状登记册”，并在法律实务者中广泛流传。1285年的《威斯敏斯特第二号条例》曾试图限制大法官签订新的令状，其规定，如果控告的事实与一项令状所根据的事实情节属于“同类案件”，则准许大法官及下属签发新的令状，而有争议和有疑问的情况下，则应将问题提交给下届议会决定。② 这就意味着当令状确定之后，在此令状之下，所有前例的判决就可作为当前案例法律处理的基本依据。

正是在这个时期，判例法作为普通法的操作和发展方式得以确立，使全国统一的、通用的“普通法”进一步完善。对于法官而言，前例中的实体规则和程序规则都要遵守，并对所使用的法律规则做出一致的理性注释，这就是英国形成判例法传统最根本的原因之一。虽然，现在令状制度已经消失，但是判例法却成了普通法法系独特的重要特征。正如英国著名法制史学家梅特兰所说：“我们已埋葬了（中世纪）民事诉讼形式，但它们从坟墓中统治着我们。”③

根据判例法，包含在某一判决书中的法律原则不仅适用于该案，而且往往作为一种先例，为以后法院办理同类案件必须遵循的准则，即“遵循先例”的原则。按照这一原则，现在的英美法系国家，上级法院，尤其是最高法院的判决对下级所属法院均具有拘束力。

2. 衡平法的兴起

衡平法是普通法法系的又一重要法律渊源，即英国法律传统中与“普通法”相对称的一种法律体制，意即权衡公平的法律机制。衡平法从15～16世

---

① ［德］K. 茨威格特、H. 克茨：《比较法总论》，潘汉典、米健、高鸿钧、贺卫方译，法律出版社2002年版，第276页。

② ［德］K. 茨威格特、H. 克茨：《比较法总论》，潘汉典、米健、高鸿钧、贺卫方译，法律出版社2002年版，第278页。

③ 转引自沈宗灵《比较法总论》，北京大学出版社1987年版，第109页。

纪开始出现，并长期与普通法平行发展，直到今天，在美国也不失其应有的地位。

当普通法发展到14世纪，皇家法院的诉讼程序在许多方面都过于原始并充满了形式主义，可适用的法律也变得僵硬和残缺不全；加之社会经济的发展，出现了许多前所未有的案件，原先的普通法及其诉讼程式已不可能处理这些案件。在这种情况下，根据英国法律传统，案件在没有先例可以遵循、得不到普通法法院公平处理时，最终可以向国王提出申诉，由王室顾问、大法官根据公平原则加以裁决。于是，人们向英王及其咨询机构枢密院以至国会提出申请，要求其采取特殊的补救措施，以主持正义。英王把这些申请交给了他的最高行政官员即大法官代为处理。1474年，大法官第一次以自己的名义做出了案件的判决，自此以后，这种不需经普通法法院而是由大法官做出的特殊审理，就被称为衡平案件。此后，这种由大法官在某种程度上根据自己认为合适的方式处理案件所形成的判例，发展到16世纪前后，就逐渐形成了一种与普通法并行的衡平法则，并产生了与普通法法院并行的衡平法院，即大法官法院。① 从1529年托马斯·莫尔作为第一任世俗大法官担任此职后，衡平法依照普通法发展了自己的一套规则和学说，并且固定下来，而且它还发展了很多救济措施，弥补了普通法过于原始的诉讼制度。16世纪，随着衡平法的产生，普通法和衡平法也发生了冲突，这种冲突其实是资本主义萌芽和封建君主专制的冲突。

普通法和衡平法这两种法律机制在历史上常有矛盾和冲突，但是，其主要方面还是互相弥补、相互协调，因此形成了该法系特有的两种法律制度并行的，别具一格的传统。19世纪，为了简化司法程序，英国议会1873年通过的《最高法院审判法》于1875年生效后，对英国司法机构作了重大调整，将普通法法院和衡平法法院合二为一，并明确在普通法与衡平法相抵触时，以衡平法的规范为准。

英国兴起的衡平法和商法都不同程度的吸收了罗马法，但是英国法却独立于罗马法的发展，这是由多方面原因造成的。首先，英国是一个与大陆完全隔离的岛国，它的人民和风俗习惯趋于统一。其次，英国的法律传统与欧洲大陆不同，欧洲大陆的法律是通过对古罗马法的长期研究与实践形成的，而英国的法律则是依靠具体的司法判决建立的。再者，由于西欧大陆在中世纪中后期处于割据的状态，没有统一的法律机制，《查士丁尼国法大全》的发现，才为他们提供了一个制定法律的统一理论依据。而英国由于其有统一的法律观念，较

---

① 参见沈宗灵《比较法总论》，北京大学出版社1987年版，第173~174页。

早就有自己的法律教育存在，有相当数量法律职业者从事专门的研究和教学。同时，凭着强烈的爱国主义法律教育传统，当罗马法重新在欧洲大陆广泛传播时，他们并没有受到根本的影响。① 16 世纪，首席大法官——爱德华 · 科克爵士与法国著名法学家霍特曼进行了一场关于《土地法论》的书面辩论，并最终抵制了罗马法的入侵。当然，其他方面的因素，如中央集权的君主专制、英国法院的管辖权制度等，使英国没有像其他欧洲国家一样实行罗马法的传统，而是发展出了自己独特的法律制度。

3. 法学家对英国法改革的影响

在 18 ~ 19 世纪，英国历史上出现了两位最负盛名的法学家——布莱克斯通和边沁。他们的著作和法律思想无论是对英国法还是整个普通法法系都发生了重大影响。

布莱克斯通（1723 ~ 1780），曾担任过律师，后又成为牛津大学的教授，在英国历史上第一次开设了英国法课程，他的《英国法释义》为他赢得了巨大声誉。该书就是以其讲义为基础写成的，内容包括了私法、程序法、宪法、刑法等。他在历史上首次以清晰和简单易懂的方式，对英国判例法中的那些粗糙原始和杂乱无章的判例进行了编排和整理，并且对英国法的历史发展做了论述。本书因为其简单易懂可以使受过教育的外行人士也能像法律职业者那样了解英国法，因此，“很快就风行世界，包括英国的各个殖民地。《英国法释义》在美国受到极大的欢迎，在《独立宣言》发布前，仅仅在北美殖民地就卖出了2 500册，这些殖民地已完全做好准备接受英国法，在这里，没有法律学院，没有法律教学的系统方法。”②

另一位重要的法学家边沁（1748 ~ 1832），是著名的哲学家和伦理学家，功利主义法学的代表人，被称做英国“改革时代”的知识界代言人。虽然，在他呼吁将普通法全面法典化时并没有多少人响应，但是 19 世纪下半叶，英国许多专门法规的制定就归功于边沁及其学派——改良主义的建议；这些特别制定法改变了英国法院的结构和民事诉讼程序，并在较小的程度上改变了实体法。而民事诉讼程序的改革则是 1873 年的《司法法》对诸种诉讼制度的废除，即消除了令状制。

---

① 15 世纪，王室法院首席大法官福特斯库写了《英国法赞美论》一书，唤起了人们的爱国热情，并且指出了大陆法体系的缺陷。

② 参见［美］约翰 · H. 威格摩尔《世界法系概览》（下），何勤华、李秀清、郭光东等译，上海人民出版社 2001 版，第 934 页。

4. 英国的特例——苏格兰

早在1292年，英格兰的国王爱德华一世战败了苏格兰人，从而取得了整个岛的控制权，仅在数年后，苏格兰就重获独立，并且与法国——英格兰的敌国联盟。由于这个联盟，苏格兰便接受了欧洲大陆的文化，法律也受到法国的影响，并接受了罗马法。在17世纪之前苏格兰法律就是地方习惯法、苏格兰制定法、罗马法及自然法学说几种成分十分独特的混合。①在1707年，这两个国家实现了合并，两者都不再是独立的王国而组成了"大不列颠联合王国"。这以后苏格兰仍基本保持着原貌，但是在拿破仑战争时，苏格兰与欧洲大陆的联系就被打断了，而也就是在这个时期，法国的民法典使其成为世界关注的中心。19世纪初期，苏格兰法受到了英格兰普通法的强烈影响，上议院的一些判决已将许多普通法不成文的规定输入到苏格兰法中。在司法领域，苏格兰的法官和律师也经常求助于英格兰的判例和教科书。但是，苏格兰至今仍试图在私法核心领域保持其独立性。这里提到苏格兰，是因为其是英国法传统和大陆法传统的共生并存的特例，对于研究当代的法系优点的结合有很大的价值。

第三节　两大法系的特点及对世界的影响

一、两大法系的特点

当今世界上最有影响力的法系，可以说就是民法法系和普通法法系，它们几乎把目前世界上绝大多数国家法律制度的形式都囊括了。由于其形成的历史条件、环境的不同，它们在形式上呈现出了各自不同的特点，了解这些不同的特点，有利于我们认识西方法律文化的发展及不同法律的存在样式，从而取长补短，扩大眼界，为建立和完善国家的法律制度，更好地与国际社会接轨。

（一）民法法系的特点

1. 制定法是其主要的法律渊源

制定法，即成体系的法典文本在民法法系中占有重要的地位，甚至是其唯一的法律渊源。通常在既定的宪政法律或相关的法律中，具体明确地规定制定法的法律渊源地位。从该法系发展的历史中我们可以看出，法典的编纂在其形成过程中起到了非常重要的作用，因此在民法法系中，从部门法的名称到等级效力，从制定机关到解释机构等，在法律表现形式上都显现了逻辑清晰、结构

---

① ［德］K. 茨威格特、H. 克茨：《比较法总论》，潘汉典、米健、高鸿钧、贺卫方译，法律出版社2002版，第300页。

严谨、概念确切等特征。

2. 审理案件以职权主义诉讼方式为主

法官通过讯问当事人，根据所查明的事实作出判决。法官有责任也有权力了解他想知道的事实证据，法官依靠当事人查清事实，但不受当事人提供证据的限制。在传统的民法法系国家中，法官处于诉讼主导地位，庭审中突出法官的职能，多数程序均由审判者主动开启。这在审判形式上称为“职权主义诉讼”。由法官和陪审员共同组成法庭（合议庭）进行审理；没有陪审团的设置。判决书制作得比较简明扼要，一般遵循大前提、小前提、结论的论证方式，判决书最后署名均为某某法院。

3. 以对私权利的保护形成法律主干体系

在法律的宏观分类方面，民法法系按照罗马法的传统，将法律分为公法和私法两大类。由于在罗马法的传承中，私法规范比公法规范发达得多，因此，这种分类方法的理论与实践为后世法律家和法学家所赞誉，被称为罗马人为人类留下的法律文化瑰宝。尤其他为社会权利即个人权利的保障所提供的理论基础，具有划时代的意义。在民法法系中，以私权利保护为中心而形成的法律体系，是西方发达国家法治建国的基础，特别是法国和德国的民法典的制定，为后续国家提供了现代国家法律体系的样榜。

4. 法学家具有重要的地位

在整个民法法系的形成过程中，法学家起到了重要的作用，其学说和观念被融入到了法典的制定与适用之中。在大陆法系国家，法律被看成是根据正义观念而被人们公认的关于权利义务的学说体系；其中的许多基本原则，直接就源于大学里法学家们的辩论和讲授。如中世纪的注释法学派，评论法学派，17世纪古典自然法学派的理论，以及德国的学说汇纂派的理论，都对大陆法系的形成与发展起到了重要作用。如今的德国最为典型，“法院大多这样做，即把一个案子的档案送给有名望的大学（海尔大学、格列菲斯沃尔特大学、耶拿大学）的法律系，以便为作出恰当的判决取得咨询。”① 因而，大陆法系的法律又被人们称为“法学家法”。

5. 演绎型的法律思维方式

自从古希腊的亚里士多德研究演绎法以来，这种推理方式经由斯多葛学派传给古罗马法学家并运用于罗马法中，中世纪的经院哲学家们对此更是乐此不疲。近现代社会科学主义的观念让人们认为，一切知识都应由客观公理推论而

---

① ［澳］维拉曼特著：《法律导引》，张智仁、周伟文译，上海人民出版社2003年版，第87页。

来，理性主义的普及，进一步发展了演绎法。这在法律中的表现就是，首先确立起一般的规定，然后根据一般规定，寻找适用于现实案件的处理办法。因此，在适用法律时，法官首先考虑的是成文法典的依据，比较强调根据已有的规定和原则“寻找”出具体的标准，以此强调法律规范本身的合理性，要求一切法律活动都必须建立在国家制定法的基础之上。

（二）普通法法系的特点

1. 以判例法为主的法律渊源

判例法，即在司法判决中形成的，具有普遍法律效力的具体原则和规则。英美法系国家的法律渊源，传统上就是由这些判例法所构成，而制定法的地位从来都低于判例法。一般而言，判例法就是上级法院的判决，或者说一个判决中所含的法律原则或规则，对其他法院（包括本院）以后同类案件的审判都具有作为一种先例的约束力或说服力，其基础是“遵循先例”原则。要注意的是遵循的不是先例本身，而是从先例中总结提炼出来的法律规则和原则，而判例法作为法律渊源，包括了普通法和衡平法。不管是高度集中要求下产生的普通法还是后来出现的与它抗衡的衡平法，都表现了逐案处理的特点，但是它又不是随心所欲的，而是基于公平正义的观念对相同案件做出的相同处理。

2. 审理案件实行抗辩式的诉讼程序

英国对于程序法的起源和发展作出了极大的贡献，并且发展成了英美法系注重程序的法律传统。即指以司法救济为出发点而设计运行的一套法律体系，在这个体系中，法律更关心人们如何一步步的实现具体权利并进行义务的分配。“重程序”最典型的法律重要特征就是实行对抗式的诉讼制度，又称“当事人主义”或“抗辩式诉讼”制。其特点就是，在诉讼过程中主要程序均由当事人开启，法官职权不突出，一般情况下，法官不能干涉证据调查或扩大证据调查范围，当事人双方及其代理人通过法庭辩论和询问证人证明事实，最终由陪审团对事实加以判断。由于判决的推理方式是从以往案例和有关制定法中归纳出一般原则后得出适用于本案的结论，因此，判决书一般都很长，多的长达几百页可达数十万字；判决书最后不是由法院署名，而是由法官个人署名；如果共同审理的法官发生意见分歧，则以多数意见为判决结果，并记录在案。

3. 对财产信托的合理设计

英美法的一个重要特征是其实务操作性，而信托制度的设计则是其中重要的表现。信托制是一种代人理财的法律机制，实质上就是一种关于财产转移与管理的制度设计与安排。信托制将着眼点置于对法律关系客体及受益人利益保护方面，对现代社会的法制发展具有非同一般的意义。现在，许多人将信托制作为一种投资工具，信托品种的创新也在不断进行，出现对世界现代信托制度影响很大的单位信托等新型信托。

4. 法官在法制中的作用

在普通法法系国家，虽然理论上讲法官并不享有创制法律的权力，只能宣示或发现寓于先例中的法律。但在实践中，当没有先例可循时，法官可以创造先例，从而发展先例的规则。这实际上就是创制和发展法律的过程。“遵循先例”是英美法系中法律至上理念的传统典型。由于判例法产生于法官的判决，是法官从判决中揭示出来的法律原则和法律规则，因此也被人们称为“法官法”。可见法官在普通法法系中的地位及其法制中的重要作用。

5. 归纳式思维和类比推理的法律思维方式

在普通法法系中注重“经验”的作用，善于从个别的案件中抽象、总结出一般性的、可以适用于普遍相同情况的规则，并且再从一般类推到相同类别中。把从一个个个案中抽取出来的原则归纳为一般标准的方法就是所谓“归纳法”。而在个案适用的推理方面遵循先例的做法就是“类比推理”，这在英美法系的形成过程中比比皆是。面对个案，普通法法系的法官首先是研究以前类似案件的判决，并从中抽出适用于眼前案件的审判原则，然后依此对个案作出判决。这也是英美法系与大陆法系在法律推理方面的重大区别。

两大法系虽有自己的特点，但是它们都以自己的制度为核心，以其法治目标为基础。进入20世纪后，随着经济的全球化发展，世界法律也朝着区域化、一体化方向延伸，两大法系之间相互交流不断加强，相互借鉴、相互汲取的程度和深度不断加大和深化，因而差别逐渐缩小，呈现为相互靠拢、相互融合的趋势。但是，由于其历史渊源和传统，它们不可能在短时间内发生根本变化。

二、两大法系对世界的影响

（一）民法法系的影响

1.《法国民法典》的影响

从1803年3月15日到1804年3月30日，《法国民法典》陆续分章以单行法的形式公布完毕后，形成了一部完整的法典，共计2 283条。由于拿破仑亲自主持并直接领导了这一编纂工作，因此也被称为《拿破仑法典》，加之法国革命对世界各国尤其是欧陆各国产生了极为深刻的影响，作为革命成果的《法国民法典》也相应地成了最有影响、备受效法的法典，此后，欧洲各国纷纷仿效。又因法国、西班牙、葡萄牙、荷兰诸国的殖民征服，使其影响力不仅仅在欧洲，而且扩及到了亚洲、非洲和中、南美洲。如非洲的埃塞俄比亚、南非、津巴布韦等；亚洲的日本、泰国、土耳其等；还有加拿大的魁北克省，美国的路易斯安那州以及英国的苏格兰等地，这些国家和地区都受到了《法国民法典》的影响，并接受了其法典的模式。

由于《法国民法典》的立法技术高于以往的法律，因此，也成了其得以迅速传播的原因。它以简明确切的法律语言，对资本社会下的民事法律关系作了全面、清晰的法律规定，因而能在较长时间内，最大限度的反映近现代社会人们对于法律的需求和依赖。

2.《德国民法典》的影响

于1896年制定、1900年生效的，总共有2 385条的《德国民法典》（另附施行法218条），是《法国民法典》颁布后出现的影响最大、制定技术最高的民法典。它的制定虽然也受到了《法国民法典》的强烈影响，但两者相隔近一个世纪，因此在民事法律制典方面，《德国民法典》有许多新特点和新发展。尤其它是在资本主义开始进入成熟阶段时的产物，在内容上超出了自由资本主义时期法律原则的范围，更适应了新的社会需求，在结构和风格上也就与《法国民法典》存在显著的不同。后来的瑞士、奥地利、日本、泰国和中华民国时期的民法典，都是对其参照制定的结果。

（二）普通法法系的影响

从普通法法系的历史发展过程中，可以了解它分别影响着不同的国家或地区，从现今它在地域的分布上就可以看出其对世界的广泛影响。如以前英国殖民地、附属国为主的国家和地区为例有：加拿大、爱尔兰、澳大利亚、新西兰、印度、巴基斯坦、孟加拉国、缅甸、马来西亚、新加坡、加纳、尼日利亚、肯尼亚、乌干达、坦桑尼亚、中国香港等等；用是否使用英语为国家正式语言来识别普通法法系的覆盖面，这也是一个简单有效的方法。

19世纪以前，英国法主要是以英国的判例法即普通法和衡平法为代表的。但是，自19世纪以来，制定法开始成为普通法法系一个新的法律渊源，制定法在现代英国国会立法中大量增加。这种情况使整个普通法法系的影响力在东方文化地区有所提高。

受普通法法系影响最早的国家是印度，但是，以该法系为蓝本建国的则是美国。虽然早期美国移民大多数为国家遗弃的“流民”，美国独立后，许多州也曾一度希望实行以罗马法传统为主的法律，但是，终因文化血缘的关系，美国绝大部分州都恢复了英国法的传统，反而成了对普通法法系贡献最大的国家。在美国国力不断增强的过程中，普通法法系中所携带的以个案概括原则的顺势求真，以限权制衡为主的民主宪政，以个人本位为着眼点的权利自由等现代气息，成了一股强劲的人类文明，对东方世界，对“远东”法律的影响直到今天仍然在持续。譬如，二战以后的日本接受了美国法律的熏陶后，在短短数十年就形成了集中华法系、大陆法系、英美法系三者为一体的特别法律制度。该法系甚至对具有悠久文明的中华民族也形成了越来越大的影响，如今，中国在司法审判改革中以民事诉讼为代表，所推行的“抗辩制”就是其中的典型。

三、两大法系的靠拢与趋同

如前所述，进入20世纪，两大法系存在着不断靠拢和相互趋同的现象，因此，它们两者间的相互影响也是值得一提的。

自19世纪初以来的前半个世纪中，法国法律占有领导地位，许多欧洲大陆国家以及拉美国家一般以1804年的《法国民法典》作为范本。当时可以说民法法系的势力是最强大的，它统辖了世界人口的六分之一。同时，英国的普通法随着英国殖民主义的扩展，也被适用于世界上的许多国家和地区，但是，英国法律并未像民法法系那样，让有制定法传统的国家那样容易理解，这除了英国法必须以武力强加于它的殖民地外，还因其操作难度问题。而将《法国民法典》运用于本国领土，除了在个别国家或地区（如比利时）是拿破仑强行实施之外，在其他国家和地区一般是当地自愿接受的。

在19世纪后期至20世纪初，西方法律的领导地位渐渐转向了德国。与法国不同，德国法律的领导地位并不是依靠德国所制定和实施的《德国民法典》，而主要是借助于德国法学家的学术成果，即通称为“学说汇纂派”的思想。以萨维尼（1797～1861）为首的德国历史法学派曾着重以罗马法学家的《学说汇纂》为研究中心，企图将其材料全面构建成一个和谐的体系，他们特别强调系统性、抽象性和逻辑性。因此，在研究法律概念、法律原理、法律的分类和体系中，他们通过形式逻辑乃至辩证逻辑的方法进行推理，从而演绎和辨析出更为普遍、更具概括力的法律概念和法律原则。虽然这种研究法律的方法，有时忽视了与现实生活的联系，因而被后世讥笑为“概念法学”或“机械法学”，但是，德国“学说汇纂派”的理论在19世纪后期对德国以及包括英美国家在内的其他许多法学家都发生了重大的影响。到20世纪30年代，随着西方法学界对“概念法学”的批判，特别是法西斯主义在德国的兴起，德国在法律上的领导地位迅速衰落。

二战后，美国作为最有实力的国家取得了法律的领导地位，并广泛地影响了许多国家的立法和司法，以美国法律及其判例为模式进行教学和职业训练的不计其数，各国官员频繁地到美国访问，法学者们也纷纷去美国讲学或进修，青年学者更是争着去美国攻读法学学位。

美国法对民法法系国家的影响主要有：司法审查制、联邦“管理洲际商业权”、公民权和政治权等。

司法审查制也称“违宪审查权”，即美国联邦最高法院有权审查国会制定的法律是否符合联邦宪法，这不是一般意义上的宪法解释权，而是确定法院专有的宪政地位及其关于宪法的实施和发展权。联邦管理“洲际商业”的权力，对1957年法、德、意等六国在罗马签订成立欧洲共同体条约（罗马条约）的影响，其中第八十五条规定成员国之间的贸易关系就仿照美国宪法管理洲际商业的条款。至于公民权和政治权，则由诸多法规予以体现，如反种族歧视法、关于“隐私权”法、反“性骚扰”法、产品责任—消费者保护法、信托财产法、破产法、税法，诉讼程序法，以及判例教学法，法律学说（特别是法律经济分析以及批判法学运动等，都已成了欧美70年代以来法律思想中的热点）。

在英美法系的发展过程中，民法法系也对其产生了不少影响，特别是在边沁的功利主义法学中，其学派赋予立法即制定法典的重要地位，他们坚信立法可以使法律获得确定性，并且可以简明易懂。这种观点刚好符合了英国当时的商业利益，因此英国制定了数部特定商业领域的全面性法律。然而，为了保持其法律传统，这些并不是为了某种法律的法典化，而只是“有条理地重述普通法法院所发展起来的现行规则。”① 但是，现在的英美法系国家，其成文法的数量也在不断的增加。

两大法系的法律样式从表面上看是不同的，但其中却蕴藏着一种真实的法律制度共同体。它们都是具有悠久的法律自治、法律至上传统，以及特定法律职业化集团特征的西方法系，因此在现代国际社会交流机会日益增多的背景下，两者之间相互学习借鉴是不争的事实，同时也是给两大法系通过在治理效果和效率方面的竞争中，提供了更好的发展或完善本法系的机会。另外，两大法系还创制了跨国界、超国家、大范围的高层次法律实体，即国与国之间，区域间或国际社会上的法律实体或法律规则，欧洲共同体的法律和联合国宪章等就是很好的例子。

① ［德］K. 茨威格特、H. 克茨：《比较法总论》，潘汉典、米健、高鸿钧、贺卫方译，法律出版社2002年版，第300页。

本章图解

两大法系
- 民法法系
  - 罗马法法系
  - 大陆法系
  - 法典法系
  - 罗马—日耳曼法系
- 民法法系及特征
  - 制定法是其主要的法律渊源
  - 采取职权主义诉讼方式
  - 以私权利的保护为法律主干体系
  - 法学家的解释具有重要法律地位
- 普通法法系
  - 亦称英国法系
  - 海洋法系
  - 英美法系
  - 判例法法系
- 普通法法系及特征
  - 以判例法为主的法律渊源
  - 实行抗辩式的诉讼程序
  - 对财产信托的合理设计制度
  - 案件中的归纳思维和类比推理
  - 使法官具有较高的法律地位
- 相互融合及对世界的影响

复习思考题

1. 什么是法系？法系的概念在认识法律现象上有什么作用？
2. 简述西方两大法系的概念及其主要区别。
3. 为什么民法法系被称为“罗马—日耳曼法系”？
4. 简述衡平法和普通法在英国法律发展中的作用。
5. 西方两大法系对我国和世界各国主要影响有哪些？

第十三章　中华法系

“中华法系”是中国历史上长期存在着的一种法律形态。梁启超（1873～1929）是中国最早使用“法系”一词的学者，在《中国法理学发达史论》中他以赞叹的口吻评论道：“近世法学者称世界四法系，而吾国与居一焉。其余诸法系，或发生于我，而久已中绝；或今方盛行，而导源甚近。然则我之法系，其最足以自豪于世界也。”① 的确，中华法系有着十分悠久的历史，绵延时间之长、影响力之大均在世界首屈一指，无人可比。

第一节　中华法系的成因

一、中华法系的源流——“礼”与“法”的相通

现在学界通说认为，中国最初的“礼”是原始部落习俗中的祭祀活动。进入文明社会，特别是国家产生以后，带有原始宗教色彩的礼俗开始了分化，一部分淡化了宗教色彩后成为普通民众的生活习惯；另一部分，逐渐上升为国家占统治地位的政治、军事、宗教、文化制度的内容，成为礼制。② 夏商时，礼制具有普遍的意义，但祭祀仍是礼制的主要表现形式，礼制仍带有浓郁的宗教色彩。

西周时期对前代的思想文化进行了整理，在礼制中注入理性与人道的因素，并完成了对“天”的改造，带来了礼制发展的兴盛期。周公旦（约生活于公元前11世纪）摄政时，主持进行了大规模的立法制礼活动，他通过“制礼作乐”，建立起了一套典章礼仪制度与宗法等级秩序。在西周由于礼治维护着宗法等级制度，使分封制中的政治机制能够稳定运行，因此，礼治就如同现代的法治一样承担了教化民众德性、规范百姓行为、保持社会安定的基本任务。

---

①　范中信选编：《梁启超法学文集》之《法理学发达史》，中国政法大学出版社2004年版，第69页。

②　韩星：《先秦儒法源流述论》，中国社会科学出版社2004年版，第22页。

君王贵为天之子，具有至高无上的统治地位；天子与诸侯贵族之间的关系通过宗法礼制来维系，他们之间既有深厚的血缘联系，又存在贵贱有别的等级秩序，即分封制下的等级秩序，所谓理想和谐的制度政体。确立宗法等级制，有效的调节了统治阶级的内部关系，这是“礼”的一项重要内容。同时，分封制和宗法等级制又是礼制存在的经济基础和社会基础。将血缘关系作为国家结构中一个重要组成部分，是中华法系的一个突出特点。因此，宗法家族是社会的基本单位，“亲亲”和“尊尊”是礼制的根本精神。由于“礼”在发展中逐渐摆脱了宗教色彩，向社会规则和自然理性演进，成为中国传统法文化的一大进步，使中国文化走上了自然崇拜的道路，避免了像欧洲中世纪神权一统天下那样的历程。

“为国以礼”成为一项基本政治制度，礼制规范成为政治生活中的主要准则，是中华法系中固有的一个古老的组成部分。礼制对以后的封建王朝建章立制，形成了深远的影响。如群臣对君王有朝觐之礼，群臣之间行朝聘之礼，祭祀活动须遵循宗庙之礼，家族内外有亲疏之礼；甚至农夫耕地，工匠制器，都会有一套“耕作之礼”、“制器之礼”。可见，礼制既有法律程序也有法律实体的意义；“礼”在许多情况下，都有判断是非曲直的权威性作用。很难想象，中国古代没有“礼”会是一幅什么样的情景。

中华法系中的礼制，其内容无所不包，上至天文历法，下至百姓生活，涉及政治、经济、军事、教育、行政、司法、宗教、祭祀、家庭、道德等各个方面。如《礼记·典礼》云：“道德仁义，非礼不成；教训正俗，非礼不备；分争辩讼，非礼不决；君臣、上下、父子、兄弟，非礼不定；宦学事师，非礼不亲；班朝治军，莅官行法，非礼威严不行；祈祷祭祀，供给鬼神，非礼不诚不庄。”由于崇“礼”是上至国家事务下到个人行为的基本规范，在社会生活的各个方面礼无所不包，因此，礼制作为国家的基本制度，它要求君王天子“以德配天”，以天的威严来制约天子和权贵们的行为，由此也节制着天子与诸侯、天子与臣子、官吏与百姓、强权者与民众的关系。

后人评价礼制时或者说礼是西周社会的根本之法，制礼是西周的一项重要的立法活动。[①] 或者说，我国古代将礼与法视为同一物，礼者即规律本族之法；将礼制写于竹帛之上，便可为一种成文之法。[②] 这些评语都极为贴切。

春秋战国之际，出现了“礼崩乐坏”的情况。人们在对礼乐文化的反思

---

① 胡留元、冯卓慧：《夏商西周法制史》，商务印书馆2006年版，第336页。

② 梁启超：《论中国成文法编制之沿革得失》，《梁启超法学文集》，中国政法大学出版社2000年版，第115页。

中，逐渐出现了中国法律思想史上两个重要的学术派别：儒家和法家。儒家的理想是行“仁政”，即要求如尧舜一样的圣贤之治，因而重视礼治。他们认为“礼也者，合于天时，设于地财，顺于鬼神，合于人心，理万物者也”。① 意即礼符合天时，配合地利，顺应鬼神，符合人心，能使万物各明其理，因此主张法律的制定要以“礼”为原则。《荀子·劝学》言：“礼者，法之大分而类之纲纪也。”也就是说，礼是指导法律之纲要。法家出于新兴地主阶级的利益考虑，要求废除宗法贵族的世袭制，加强君主集权，因此，不讲“礼”而重“法”，认为法是国之权衡，凡事“一断于法”等等，主张以法治国，并影响了后世封建法律的制定。

需要提及的是，中国古代法家所主张的“法”与现代人所说的“法”不是一回事。前者是以“赏刑”为主要内容的单纯规范或准则，以维护君主集权制为其首要任务，② 因此视法为典型的统治工具；后者则以公平和正义为价值追求，以保障人们的合法权利为主要目标，因此将法视为至高的人类信仰。如果以现代意义上的“法”来衡量中国古代的法，那么，就不仅包含了“礼”与“法”的内容，而且也包括了“德”与“刑”的全部规范。遗憾的是，近现代以来在中国法学史的研究中，人们几乎都简单地以“刑”代“法”，或以“律”代“法”，将中华法系中的根本法、常规法的“礼”逐出了“法”的视线，从而对中华法系中许多颇具法律意义的内容进行了曲解式的阐释。

二、中华法系的根基——“礼”与“刑”的融通

探寻中华法系的源流，有一种不容忽视的概念，即“礼”与“刑”。可以说，古代中国的法均由礼和刑两部分组成，即中国传统法的源头有两个，一是早期的部落战争，它导致了“刑”的出现，以军事首长的权威为后盾的法是后世刑律的起源；二就是源于祭祀的“礼”。③

从中国上古历史看来，“法”确与“刑”紧密相关。传说中的三皇五帝时代，部族争战连绵不断，刑即在长期征伐过程中逐渐成形。《国语·鲁语》载，“大刑用甲兵，其次用斧钺，中刑用刀锯，其次用钻凿，薄刑用鞭扑，以威民也。古大者陈之原野，小者致之市朝。”其中，“甲兵”指战争，“斧钺”为斩刑，“刀锯”即刖刑，“钻凿”为膑刑和黥刑，“鞭扑”指笞仗刑。而上

---

① 《礼记·礼器》。

② 参见俞荣根、龙大轩、吕志兴《中国传统法学论述——基于国学视角》，北京大学出版社2005年版，第117页。

③ 马小红：《礼与法：法的历史连接》，北京大学出版社2004年版，第96页。

古"五刑"都起源于"大刑"（甲兵），即战争。

产生于宗教祭祀风俗的礼，原与刑是彼此独立的。梁启超先生也说，中国最先的成文法似乎分成了对内、对外两个部分，一个是对内适用的礼，一个是对外适用的刑。① 此后随着部族在战争中走向融合，礼与刑对内、对外的界限也开始逐渐消除，趋于互相混融的状态。"礼逐渐带上了规范性、强迫性，接近今天人们所说的法规；刑则不光是用甲兵、斧钺来对付异族，也发明一些新刑罚来施之内部。"② 但礼与刑毕竟还不是一回事，《尚书·皋陶谟》说："天秩有礼，自我五礼有庸哉……天讨有罪，五刑五用哉。"③ 足见礼与刑各自处于国家治理中的不同地位。顺天理，则礼有大用，否则，逆天有罪，你再有刑也无用。

上古之刑是后世刑律的起源，中国封建社会均主张礼刑并用，所谓"出礼入刑"、"寓刑于礼"。礼如前述，是一个庞杂的无所不包的社会政治文化体系，是古代中国主要的治国方略，在一般生活中，当礼不能调节时才以刑治之。礼中某些涉及根本政治制度或重要内容的，经国家认可后即可为刑。如《礼记·王制》就有一段记述了经国家认可为刑法的礼："山川神祇有不举祭者为不敬，不敬者，君削以地；宗庙有不顺者为不孝，不孝者君绌（黜）以爵；变礼易乐者为不从，不从者君流之；革制度衣服者为畔（叛），畔者君讨。"意谓，不祭祀山川神灵的人为不敬，君王就要削减他的封地；宗庙排列及其祭祀，如果不按排列顺序的就是不孝，君王就要降低他的爵位；随便更改礼乐之规的就是不从，对此君王将给予流放驱逐的处罚；擅自变革制度服饰的就是反叛，将遭到讨伐。此被《唐律疏议》称为"周公寓刑于礼"。

礼与刑同存并用，相互影响，礼治的精神融入了刑中，刑典中的某些内容又可上升为礼制，这便为中华法系的形成融通了基础。"礼"作为大法是基本原则，是根本指导，因此，礼制既定，较少有修改的必要；"刑"作为具体规范是立法的重心，是后来成文法的主导倾向，于是，刑法无常，往往需要修缮规制。自商鞅改法为律以来，刑律就一直是最主要的法律形式，并成了后来中华法系的显性传统，长期以来代表了中国传统法律的功能。于是，刑罚即法，刑法即法制的观念，使中华法系无完善体系，无文化韵律，一时之间成了定

① 范中信选编：《论中国成文法编制之得失》，载于《梁启超法学文集》，中国政法大学出版社2004年版，第126页。

② 韩星：《先秦儒法源流述论》，中国社会科学出版社2004年版，第34页。

③ 句中的"五刑"为不定数；"五礼"也不同于西周时期的礼，可解释为，上天规定的人与人之间尊卑等次的礼节。

论。近代以来中国法文化受到怀疑、批判与否定，这也是其主要原因。用现代人的眼光看，中国古代纯粹是无法无天的专制社会，中国几千年的文明都是在“刑治”之下出现的，因此，中国法史中几乎没什么文明可言，在中国法律中根本谈不上“继承”二字。

然而，中华法系的历史并非如此，在两千多年的历程中，既有精华，也有糟粕。礼为主导，刑为护卫，礼刑出人，互为接力，两者从不可能特立独行。正如已故学者王伯琦先生所言，“礼是全部的社会规范，同时亦是准则法，刑法是致此准则与实现的方法，全是技术法。”① 可见，按现代西方人的观念，中国真正的法之意，绝大部分在“礼”之中。

三、中华法系的确立——“德”与“刑”和“礼”的融通

在中华法系之源的“礼制”中有许多道德标准，其价值取向不仅为历代统治者所谨记，也为广大民众所承袭。早在周人解释夏商灭亡的原因时，就认为因夏桀和殷纣的无德和滥制，使之不能再继受天命，因此天命不保。故要求天子王臣们“以德配天”、“敬天保民”，对社稷施以“德”治。因此，西周“制礼”中的一个重要指导思想就是贤德之治。在此基础上，便有了“慎罚”的主张。这在法律制度上突出地表现为：

第一，如《尚书·康诰》要求的，应对犯罪进行具体分析，区别故意（非眚）、过失（眚）、偶犯（非终）、累犯（惟终）而给予不同的处罚，对因认识错误而发生的过失犯罪行为将从宽处理。

第二，反对族诛连坐，主张罪止一人。

第三，反对滥罚无辜，重视教化，罪疑从“轻”。②

第四，对幼弱、老耄、蠢愚之人犯罪予以赦免，即《周礼·秋官·司刺》中的“三赦”制度。

第五，要求法官在作出判决之前，需要征询群臣、群吏和民众的意见，即《周礼·秋官·小司寇》中的“三刺”制度。

中国古代素来认为，天有道，只会把天命交给有“德”的人去把握，因此，若要长久保有天命，就必须以“德”维护之；而要有“德”，又必须获得天下民众的支持，否则气数之短如秦朝之陨落，不可复得。因此，只有以“德”为法，“敬德保民”，才能挥斥天下。可见，“德”的理念在中国古代很早就成了限权制衡的特别装置，成了中华法系得以确立的法宝，同时，也是中

① 王伯琦：《近代法律思潮与中国固有文化》，清华大学出版社2005年版，第12页。

② 《尚书·吕刑》中说：“五刑之疑有赦，五罚之疑有赦。”

华法系能在民间立两千年而不亡的内力所在。因此，可以说“德治”与法制的融通，是中华法系沃土成荫的根本。

自秦始皇统一六国，建立起了统一的中央集权制国家后，“法治”居身而上，一度独占鳌头。当时的秦制秦法不可不谓精湛，因此秦在政治上采用了先秦法家“以法治国”① 的学说，以后的汉律也以秦律为参酌。然而，由于对趋于“刑”的“法”过度追捧，以及在此思想指导下的专制政策，使秦王朝历15年仅二世而亡。继之而起的西汉不得不吸取秦的教训，在体制上虽然沿用秦制，但已逐步趋于宽缓。汉初，以清静无为的黄老学说为治国的指导思想，实行无为而治、与民休息的方针，汉高祖至汉景帝（前156~前141年在位）时的许多当权人物都是黄老学说的信奉者和推崇者。汉文帝（前179~前157年在位）时废除肉刑，出现了历史上值得称道的“文景之治”。“汉承秦制”主要的就是对秦律的吸收，汉以后，又带来了德、礼、法的大融合。汉武帝“独尊儒术”，使儒家思想在政治层面上占据了主导地位，而法家的理论却也并未退出政治舞台，它藏而不露，成为统治权术中的一股力量，铸成了“礼法并用”、“德主刑辅”这一中华法系的主要特征，成了历代统治者沿袭而治的施政方针。

西汉的董仲舒（前179~前104）是西汉时期维护专制皇权新儒学的开创者。他以儒学为主，集法、道、阴阳五行各家之说为一体，兼收殷周敬天、重德、保民等各种思想，以“天人合一”的君权天授说为核心，使汉武帝（前140~87年在位）对其格外青睐。董仲舒一方面要求天子秉承天意治理天下；另一方面认为整个封建制度皆顺天意而产生，即“王道之三纲，可求于天”，“君臣父子夫妇之义，皆取诸阴阳之道。”② 以此被神话了的皇权和封建制度，迎合了君主专制统治的需要，为儒学的新发展创造了政治条件。

在儒家学说被“独尊”后，为了使其进一步巩固，董仲舒采取了“春秋决狱”的方式把儒家的道德原则、道义信念等引入了判案断狱的领域，继之又通过“春秋决事比”（相当于现在的判例法）的方式，把儒家的道德理念引入了建章立制（立法）的范围，从而开启了中华法系影响深远的历史进程。这便是董仲舒在中华法系发展过程中的另一贡献——引礼入律，用儒家思想奠定起中华法系的理论地位。他把儒家经义直接运用于决狱断案之中，史称“春秋决狱”。就是说，在遇到法律无明文规定或虽有规定，但有碍纲常伦理

① 这里的“以法治国”，更贴切的说法应为“以刑治国”，因此，与今天的“依法治国”意思截然不同。

② 《春秋繁露·基义》。

的疑难案件时，就以儒家经典，特别是春秋经义中所载的古老判例和儒家所倡导的价值原则予以裁断；并作《春秋决狱》二百三十二事，作为法官断案的依据之一。而且，董仲舒继承了孔孟的“为政以德”，主张“德主刑辅”的思想，并把德、刑关系与道家阴阳调和论联系起来，给刑罚披上了神秘色彩。说天道的精神表现为阴阳运行，阳为主阴为辅，阳主德阴主刑。

董仲舒儒法思想的提出，标志着中华法系的理论即中国正统法律思想的形成。汉武帝“罢黜百家”“独尊儒术”后，儒学被确立为正宗学术，逐渐成为国家立制建章、断讼决狱的指导原则。这种情况直至清代也没有大的改变。

第二节　中华法系的发展与衰落

一、中华法系的发展

（一）律学的兴起、发展与中华法系

自秦朝开始形成了以“律”为主要形式的制定法制度，随之出现了以“律”为研究对象的学问。此为中华法系得以发展传播锤炼的理论基础。

秦尚法，“以吏为师”，“以法为教”，学习律法并向百姓宣传解释律法是官员们的一项主要职责，因此“律”学在当时虽无其名却有其实。西汉至东汉这段历史时期，儒学的兴起使儒生们走上了通经入仕的道路，进而出现了一批研究儒家经义和汉律的学者，一改早期律学只对法律的概念、名词、术语和条文含义进行注解的面貌，“法律注释学”随之出现，因此汉代是“律学”的形成时期。① 律学家用儒家经义来解释法条，使经过注释的法律条文得以实施和运用；法律条文向儒家经义靠拢，儒家伦理道德开始成为中国社会立掌法制的指导原则。所以说，律学的发展过程，也就是以礼义道德精神指导法律制定、实施的礼法合一的过程，在这个过程中法律思想与法律制度均获得了新的发展。三国、两晋、南北朝以后，礼法结合进一步发展，出现了大规模的引礼入律活动。如魏明帝（227～239 年在位）在制定《魏律》时，以《周礼》

---

① 参见俞荣根、龙大轩、吕志兴《中国传统法学论述——基于国学视角》，北京大学出版社 2005 年版，第 144～146 页。

“八辟”[①] 制度为依据，正式规定了“八议”[②] 制度。《北齐律》首次规定“重罪十条”不予赎免，后为隋《开皇律》改为“十恶”[③] 制度。

唐代承袭和发展了礼法并用的传统思想，把封建伦理道德的精神和政治法律的统治结合起来，使得法律“一准乎礼”，真正实现了礼与法的统一。立法上唐仍以儒家礼法之学为指导思想，《唐律疏议》的开篇疏文就明确宣布：“德礼为政教之本，刑罚为政教之用”，它集律学之大成并使法律解释学在唐代得到了新的发展，形成了一门新兴的“唐律学”。唐初统治者重视立法，高宗李治制定《永徽律疏》及其他法令，其后又命律学家利用阐释、分析、考证、对比等方法对律典、律文、疏议等都进行全面研究并予以疏解。《永徽律疏》的制定在唐朝是官吏适用法律的指导，更重要的是，通过注疏阐明了中国古代法理学的理论，推动了中华法系学说的进展。后人给予其很高的评价，说，正是因为有了注疏，才使《唐律》得以完整地保存下来，使其影响惠及后世，远被中外，直接促进了中华法系的形成。[④]

后来的宋元明清之律及其律学虽有所变动，但《唐律》奠定的基础已无可撼动。可以说，无论《唐律》还是唐代律学，其所体现的中华法系精髓，东至日本，南括东南亚诸国，都受到了极其深刻的影响。如同罗马人的《国法大全》为后世所称誉一样，唐代律学及其律章典籍，也是中华法系留给后人的瑰宝。由汉至清，中华法系一脉相承的典型特征是既隆礼又重法，以“礼”为总的指导原则，寓于“法”之中，“法”则体现着“礼”的精神；同时还锤炼出了一套寓于礼法，独出于中华法系的道德规范及伦理规则。

事物的发展都是一分为二的，唐朝对礼义的推崇如同秦代对法的信奉一样不可避免地带来了负面影响。处于对礼教的迷信，礼教被奉为亘古不变之理，

---

① 《周礼·秋官·小司寇》，“以八辟丽邦法，附刑罚：一曰议亲之辟，二曰议故之辟，三曰议贤之辟，四曰议能之辟，五曰议功之辟，六曰议贵之叛离，七曰议勤之辟，八曰议宾之辟。”杨天宇撰：《周礼译注》，上海古籍出版社2004年版，解释为，用八种议罪法附以王国的八法来减罪，一是对王的亲族的议罪法，二是对王的故旧的议罪法，三是廉吏的议罪法，四是对有道艺者的议罪法，五是对有大功勋者的议罪法，六是对地位尊贵者的议罪法，七是对勤劳国事者的议罪法，八是对国宾的议罪法。

② 八议为亲（皇亲国戚）、故（皇帝故旧）、贤（贤人君子）、能（有大才干者）、功（功勋卓著者）、贵（贵族、官僚）、勤（勤于政事者）、宾（前朝皇室后代被奉为国宾者）。即这八种人犯罪适用刑罚时予以优待。

③ “重罪十条”和“十恶”，都是危害皇权统治和封建纲常礼教的行为，犯此罪者不在“八议”范围之内。

④ 怀效锋主编：《中国法制史》，中国政法大学出版社1998年版，第142页。

僵化的礼教在此后的时代里成为束缚人们思想、阻碍社会进步的绊脚石。这也是自宋代以后，中国社会变革格外艰难，发展格外缓慢的一个原因。①

（二）宋明“理学”与明清启蒙思想对中华法系的影响

宋明时代是中华法系发展的又一次转折期。随着生产力的发展和科学技术的进步，以往法律制度中某些公开的神学唯心论渐渐被较为隐蔽的思辨哲学所取代，宋明理学就是这一时期应运而生的新理论。它深化了传统法学的理论研究，把儒学从旧式的精神枷锁中解放出来，使之哲理化，提出了理、天理、心、信、人欲等观点。朱熹（1130～1200）是宋明理学的代表人物之一。他以“理”与“气”的哲学范畴为基点，提出了“圣人代天而理物”的“天理君权说”，把封建君权推向更加神圣的位置。

在对待传统“德”与“刑”的关系上，朱熹认为，德、礼、政、刑都是封建统治的方法，都统一于封建伦理道德，因此，“德”与“礼”为治国的根本，是主要的方法；“政”与“刑”为治国的工具，处于辅助地位。在人性论上，他主“理同气异”说。认为人是“理”与“气”的结合物，除圣人外，一般人既有源于“天理”的“天命之性”，即封建道德伦理观，又有源于“气禀”的“气质之笥”，即人的感情物欲，其中暗藏着为恶的可能性。每个人的“气禀”有“浅、深、厚、薄”之别，接受和保持“天理”的程度就不同。因此，他提出法律是天理在人间的再现，立法和执法的目的在于“存天理，灭人欲”，进而提倡“以严为本而以宽济之”的司法原则。致使中华法系的重心开始背离对外部行为予以约束，而移向了以内在道德动机为主要判断标准的唯心主义。明朝的王阳明（1472～1528），以其“心学”观念，使中华法系的理论基础向主观唯心论更进了一步，致使封建礼教对人民的钳制更甚。

由于宋明“理学”与当时的经济发展趋势不相吻合，明末清初，思想文化领域出现了一批启蒙思想者，法律方面主要以黄宗羲（1610～1695）、王夫之（1619～1692）、顾炎武（1613～1682）等人的理论最为突出。他们的思想都包含着对封建君主专制制度和整个封建礼教的批判，提出了具有近代民主与法治精神的为天下人而立、保护天下人共同利益的“天下之法”的理论。可以说这是自春秋战国之后，中国法律思想又一次由内至外的自我更新，无疑地加速了中华法系中封建思想的消解过程，在我国的法律文化史上留下了不可磨灭的一笔。但由于传统观念的根深蒂固，新的思想难于为社会所接受。加之汪洋大海般仍以各种各样方式维护自给自足生产方式的小农经济，工商业的发展踯躅不前，传统社会制度并未受到根本影响。另外，启蒙思想家本身也深受时

① 马小红：《礼与法：法的历史连接》，北京大学出版社2004年版，第158页。

代的束缚，存在难以克服的弱点，因此这场思想启蒙运动对当时的中华法系不可能造成大的触动。

二、中华法系的衰落

（一）学术一统带来的僵化

中华法系在本质上是一种伦理法，其初衷是通过道德教化促使人们追求更高、更理想的生活目标，使社会处于和谐自律之中，因此，欲以伦理规范建立自己的价值体系。然而，这需要不断的冲击和改造，需要多元文化的碰撞和融合。中华法系在后来的发展中没有具备这样的条件，因此必然走向衰落。

上古时期的中国，由中原地区、燕山南北、黄河上游、长江中下游、四川盆地等地的民族形成了不同区域的文化，在不同文化的交流碰撞中逐渐形成发展出了灿烂的中华文明。西周建国后施行的文化包容政策和分封制又为多元文化格局的存续创造了客观条件，带来了春秋战国之际百家争鸣、百花齐放的繁荣局面。继之而后的秦朝，政治的统一为“书同文，车同轨”局面的出现创造了稳定的外部环境。统治阶级积极寻求维持统一良方的时候，很自然地在思想文化领域实行文化专制政策。

西汉时期儒家思想中包含着文化一统观念，在儒家积极提倡道德教育的背景下，道德礼义通过教化深入民心的同时，被确立为说一不二的封建正统，获得了政治上得天独厚的优待。两千年来，在儒家思想支配下的中华法系，其基本内容和根本原理均未受到什么重大冲击，更没有什么重大的改变和突破。任何理论观念，当它发展到极致时就常常预示着即将到来的衰败。几千年来，涵盖中华法系正统思想的封建文化未发生过本质的变化，这虽然有利于封建政治的稳定，但整个文化体系也犹如一潭死水，越往后越失去了先秦时期的活力。中华法系的理论基础，随着唐代的繁荣昌盛的消失，自然也逐渐走入没落。而宋明理学的出现，虽为其发展增添了几分色彩，但是却无力挽回衰落的局面。

（二）宗法家族的存在对中华法系的意义

宋代以后，中华法系发展缓慢的另一个重要原因就是，以宗法家族为社会基本单位的存在形式，长期以来发挥着巨大而深远的影响。

一方面，国家依靠宗法家族的势力保障着中华法系的实现，另一方面，这种情况又大大延缓了中华法系的发展。尤其是正统儒家的经典伦理，通过道德教化的形式深入民心，逐渐被民间社会固定下来后，道德礼义通过宗法家族的传递，成为中华法系的核心内容。因此，千百年来宗法家族在独尊儒家思想的支配下所形成的中华法系，其根本原理及其基本精神没有重大的改变和突破。当德治被当作治国的根本方略在民间深深的扎下根以后，凡遇到纠纷需要解决时，人们自然而然地，首先诉诸于宗法家族的权威，希望得到血缘家族的认可；其次才是诉求于外界公权力的裁决。这在现实中大大强化了中华法系的社会基础，时至今日，在中国广大的乡土社会仍然留存着其浓厚的余威。

以中国社会宗法家族血缘纽带为基础，用两千年时间构建起来的中华法系，其中的道德精神、团体意识和早已注入人们心目中的“法度”，是任何明文规定的法律都难以比拟的。在现代人看来，虽然德性、品行均不可为法律，也不可为有权力者强制性的保留或驱逐，但是，每个时代特有的精神风貌都会以其道德品行与其法律原则和法律精神相沟通，这正是中华法系现象为现代人所应深思的。

（三）西方强势文明的侵入打断了中华法系的延续

1840 年鸦片战争爆发，使中国外有列强的侵扰，内有农民起义的抗争，中国自此陷于从来没有过的内外交困的境遇之中，经历着春秋战国以来的又一次大变革。这对中华法系的延续是致命的冲击。列强们用炮火轰开中国国门的同时，也带来了当时西方先进的科学技术和与中国传统文化截然不同的思想文化。林则徐（1785 ~ 1850）、魏源（1794 ~ 1857）、龚自珍（1792 ~ 1841）等人率先主张引入西方学术文化，以期“师夷之长技以制夷”，致使封建统治阶级内部分化出两个阵营：抱残守缺的洋务派，主张君主立宪的改良派。

洋务派以“中学为体，西学为用”为指导向西方学习，变法图强。其“西学为用”在法律方面的内容就是通过改革法制，主要是刑狱，博采西方各国的法律，为中国撰矿律、商律及交涉刑律，以协调中外资本的利益。这在当时确实起到了一些积极作用，但改革严格遵循“中学为体”原则，使基本制度不能发生变革，因此洋务派的变法运动不可能真正触及社会的症结。虽然如此，以中华法系为正宗的封建法制，开始受到来自社会各个层面的冲击和质疑，应该说，中华法系的衰落就此开始。

同时期的改良派的思想倾向于西方资本主义制度，代表人物严复（1854 ~ 1921）、康有为（1858 ~ 1927）、梁启超等人更是旗帜鲜明地提出反对封建君主专制，立宪法、设议院、开国会，掀起了维新变法运动。在变革起义的浪潮中，以慈禧为首的顽固派最终不得不假借改良派的主张，预备立宪，并于 1908 年颁布《钦定宪法大纲》，确定预备立宪期限为九年。

在 1901 年至 1911 年大量的修律活动过程中，形成了以沈家本（1840 ~ 1913）、杨度（1847 ~ 1931）等为代表，倡导尊重人权，废除礼教的“法理派”；及以劳乃宣（1843 ~ 1921）为首，坚持以礼教为主，要求凡属礼教的内容都必须写进新型法律之中的“礼教派”。他们之间的论战以“法理派”的退让而告终。然而沈家本等人为化合中西法律文化，奠定法律的改革拉开了序幕，推动了中国法制文明的进程。这次修律的成果主要有：第一，1911 年颁布了中国历史上第一部近代意义上的专门刑法典——《大清新刑律》。第二，起草了《大清商律草案》和《大清民律草案》《大清民事诉讼律草案》《大清刑事诉讼律草案》。第三，制定了《大理院编制法》《各级审判厅试办章程》《法院编制法》。

在清末修律活动中，聘请了一批外国专家参与法律的制定工作，无形中从根本上动摇了中华法系的根基。虽然，在法典内容上呈现出封建专制传统与西方资本主义法最新成果的奇怪混合，但是，在法典编撰体例上，从此改变了中华法系的“礼”为主导，“德法相通”“诸法合体”的传统，从外域文明中搬来了现代法制的现成体系，形成了中国现代法律体系的雏形。修律打破了中华法系数千年来的传统，迈出了中国法律近代化可贵的一步。①

（四）自身的弊端使中华法系不得不退出历史舞台

在西方列强的政治军事入侵下，中国国内掀起了一次又一次的改革图新、变法图强的运动，研究外国法律成为政府的一项新事业。随着社会各个群体对西方法制研究的日益深入，人们发现，只有借欧美各国的法系加以补救改正，才能使中国法律起死回生。② 中华法系由于自身难以自拔的弊端，在疾风骤雨式的社会变革中屡遭重创。尤其是以五四运动为代表的新文化运动的兴起，一时之间，国家频频立法，并且在更深的程度上引进和传播了西方近现代先进的法律学说和法律制度，对中国法制的近代化进程起到了前所未有的推动作用。

辛亥革命推翻了中国两千多年的封建帝制，资产阶级革命派明确倡导民主共和及宪政制度。于 1912 年 3 月 11 日公布的《中华民国临时约法》，在中国历史上第一次以宪政法律的形式宣告了中华法系的整体失效，肯定了民主共和制度和民族自由原则，在中国人民面前第一次树立起了“民主”“共和”的形象。孙中山先生提出民族、民权、民生的“三民主义”立法精神后，在对西方三权分立的宪政原则的改造中，他结合中国实际又提出了“五权分立”的立宪制度，就此，中华法系在国家政权的层面上退出了历史舞台。

欧美法系的侵入，打破了中华法系自成一体的历史格局，中国人逐渐引进了文明先进的法理思想和法律运用学说；西方关于“人权”思想的输入，使中国人根深蒂固的等级意识得到了扭转，欧美自由民主的新鲜气息，使中国长期禁锢的思想得到了淋漓尽致的释放。随着西方社会从“个人本位”向“社会本位”演进的法治发展，其现代法治精神的提升和社会整体意识的觉醒，

① 参见武树臣《中国法律思想史》，法律出版社 2004 年版，第 317 页。

② 参见杨鸿烈《中国法律思想史》（下），商务印书馆 1998 年版，第 306 页。

使西方两大法系也在不断的碰撞中得到了滋养。在世界法律精神发生着重大变化的今天，尤其现代法制与中华法系千百年来凝练出来的集体（社会）意识，崇尚道义、礼仪之邦的和合一统观念相融合，也许这将掀开中华法系的新纪元。

第三节 中华法系的主要特征

一、"德治"与"法治"的对立与调和

（一）人性善、恶论是"德治"与"法治"的不同基础

西周源于"以德配天"的认识提出"德治"的治国方略时，并未提及人性问题，但在中国思想史上，凡提倡"德治"者多主性善论，而主张"法治"者一般为性恶论。

孔子在《论语·阳货》中说："性相近也，习相远也。"意为，人与生俱来的素质相差无几，是因后天生活环境的不同，才有了差别。孟子（约前390～前305）明确提出"人性善"的观点，认为后天的环境对人性塑造有极大的作用；人天性善，如果放弃后天的学习，善良的本性就会被磨灭，及至违法犯罪。在人生观方面，儒家提倡重德轻利，孟子曾借"鱼"与"熊掌"难于兼得来喻诫人们，当道德与利益不可兼得时要毫不犹豫地选择道德。然而，他们也看到追求物质利益的合理性，承认人们对利的合理追求。儒家特别重视道德教化的作用，主张只有当道德教化失效时，才可动用刑罚。

战国末年的荀况（约前340～前245）提出了与"性善论"相对的"性恶论"。他说人生而好利恶害，需要后天加以教育，所谓"人之性恶，其善者伪也。"在礼义法度的起源上，他认为，出于战胜自然的生存需要，人类组成了社会；同时，因为人性是自私的，为了防止纷争，才导致国家、道德、法律的产生。因此，改造人性，治理社会，道德、法律是并重的。荀子开创了"隆礼重法"一派，在正统中独树一帜。

法家从性恶论的基础出发，提出法治的主张，并对儒家的德治提出了非难。认为，无论尧舜似的圣者，还是桀纣般的暴君，都千世难出一人，而需治理的则是居于两者之间的绝大多数中人，所以"抱法处势则治，背法去势则乱。"① 他们更清楚地看到了社会的现状和发展趋势，认识到私有观念的现实及其发展意义，在法家看来"趋利避害"是人们根深蒂固的本性，"定分止

① 《韩非子·难势》。

争”是法律的起因，为制止人们争权夺利而定。所以主张，治理天下唯有以法律的赏罚才行之有效；定分止争，可使人放弃非分之想，规范人们的言行而使社会安定；运用赏与罚，“民信其赏，则事功成；信其罚，则奸无端。”①

（二）“明德慎刑”使“德治”与“法治”相调和

在周人“以德配天”的基础上，孔子提出了“仁者爱人”的“仁”学，孟子又将此上升为了“仁政”论。其宗旨都是要求统治者“怀保小民”“敬德保民”。这后来铸成了中华法系悠久的内力，认为社会治理的好坏主要取决于掌权者、统治者的德行。所以，主张“明德慎刑”，像尧舜一样的圣贤治国，所谓“唯仁者宜在高位”。因为，“按照儒家‘内圣外王’的逻辑，政治哲学不过是人生哲学的延伸而已，对一个从政的人来说，他在人生上的‘求善’必然外化为政治上的‘德治’。”② 明确了中华法系中的“德治”主要是对治国者、有权者、在位者的限权之治。

虽然提倡法治的法家认为，只要任法而治，不管君主贤明与否，是否有德可言，但是，也要遵循“不淫意于法之外，不为惠于法之内”③ 的操守，否则也难实现天下大治。可见，法家提倡的“法治”，也是需要“德治”保证的。法家并不绝对地否定道德礼义，如管仲把礼义廉耻比做国之四围；《韩非子·忠孝》也云，“臣事君，子事父，妻事夫。三者顺则天下治，三者逆则天下乱。”他们主要是反对世卿世禄的宗法世袭制，而要求选用官吏也要举贤善能。

德治与法治，首先在荀子处得到了统一，荀子认为“法不能独立，类不能自行。得其人则存，失其人则亡。”④ 强调了有德之贤在法律运作中的地位不可缺失。西汉以后，统治者更注重“法”与“德”的结合。这在法律实践活动中就表现为“成文法”与“判例法”相结合而产生的“混合法”，这也成了中华法系的主要法体。“中国的‘混合法’既不同于西方的大陆法（成文法），又不同于英美法（判例法），它以兼具两者的长处而别具一格。”因此，“当社会稳定时，‘成文法’起支配地位；当社会生活发展加快，原有法典明显不适用时，则‘判例法’（表现为故事、决事比、断例、判例等）起支配地位。而判例又常常被法典所吸收。”⑤

---

①《商君书·修权》。

② 崔永东：《中西法律文化比较》，北京大学出版社2004年版，第107页。

③《管子·明法》。

④《荀子·君道》。

⑤ 武树臣：《中国法律思想史》，法律出版社2004年版，第197页。

二、"礼治"与"法治"的辅助与统一

"礼"如前所述，在古代中国社会中曾起到基本法律的作用，从国家事务到日常生活，从天道自然及人伦交往，无所不包。在先秦诸子百家论战中，儒家信奉"自然法"，认为自然法高于人定法，因此根据自然所制定的"礼"是最大的法。《礼记·乐记》云："礼也者，理之不可易者也……礼者，天地之序也……大礼与天地同节。"由于其理想政体是贵贱有别、尊卑有序的宗法贵族政体，故而主张"圣人以礼示之，故天下国家可得而正也……故治国不以礼，犹无耜而耕也……是故礼者，君之大柄也。"① 要求用礼的精神和原则来指导国家社稷，严格维护"君君、臣臣、父父、子子"的等级名分，反对僭礼、越礼的行为，所谓"非礼勿视，非礼勿听，非礼勿言，非礼勿动。"

在礼与法的关系上，儒家以"礼治"为主，"法治"为辅。从维护宗法礼制出发，他们认为"父为子隐，子为父隐"直在其中，因为这有利于宗法家族的和睦。但如果涉及统治阶级的根本利益，又当严格执法。《左传·昭公十四年》载，叔向之弟叔鱼贪赃枉法，叔向力主"杀之以正刑书"。孔子对此很是赞许，说："治国制刑，不隐于亲"，是"古之遗直也"。这些思想在后世封建立法中被演义为"亲属相容隐"和"十恶不赦"的内容。

由于等级制度的需要，"礼治"与"法治"的实施范围也各有界限，正所谓"礼不下庶人，刑不上大夫。"《荀子·富国》曰："由士以上，则必以体乐节之；众庶百姓，则必以法数制之。"对此，梁启超解释说，"刑不上大夫者，刑即广义之刑，谓法也……士以上即贵族，众庶即平民也。其权利义务，皆沟燃悬殊，于是以礼治刑治（法治）严区别止。"② 这就成为封建社会公开不平等的特权法产生的理论基础。如《魏律》中的"八议"制度，《北魏律》与《陈律》中的"官当"制度。③ 在此，礼治和法治又如并驾齐驱的同胞兄弟，一出俱出，一损俱损。

法律的实施打破了"礼不下庶人，刑不上大夫"的传统。东周列国相继进行的与经济有关的改革，体现了新兴地主阶级积极要求用法律的手段保护改革成果，确认财产的私有，相应的带来了法治的发展。法律源于"定分止争"的观点正是这种反映。由于法家重法治，要求以法为一切行为的准则，因此商

① 《礼记·礼运》。

② 范中信选编：《梁启超法学文集》之《法理学发达史》，中国政法大学出版社2004年版，第108~109页。

③ "官当"是封建社会允许官吏以官职爵位折抵徒罪的特权制度。

鞅（约前390～前338）提出了“壹刑论”的主张：“所谓壹刑者，刑无等级。自卿相将军以至大夫庶人，有不从王令、犯国禁、乱上制者，罪死不赦。”①

西汉以后，“礼治”与“法治”逐渐融合，以宗法家族为社会细胞的生存状态，是“礼治”得以一贯到底的坚实基础；而官僚集权体制的固若金汤，则必须以“法治”为“疏而不漏”的一体保障；法律条文向儒家经义靠拢，儒家伦理道德成为中国社会立掌法制的指导原则，由此，将两者结合在了一起。此后，经东汉至唐的“据经注律”“纳礼入法”的“礼法合一”过程，使“礼”与“法”的结合日臻完善，在唐代标志着中华法系的鼎盛时期。

三、“德”与“刑”相辅佐

怀着“德治”的主张和基于“人性善”的理念，儒家一方面并不否认刑罚的暴力作用，主张“政宽则民慢，慢则纠之以猛。猛则民残，残则施之以宽。宽以济猛，猛以济宽，政是以和。”② 伴随魏晋时期引礼入律之风，中华法系在唐代被定位为“德礼为政教之本，刑罚为政教之用。”由于力主建立一个以宗法礼制为核心的“仁者爱人”的和谐社会，人人重德轻利，谦让温和，民间更以“无讼”为价值取向，以“厌讼”为光耀门庭之举。这种观念在以后的中国民间社会根深蒂固。

认为人之本性趋利避害、重利轻德的法家尚于“信赏必罚”，以致特别崇尚刑罚的暴力作用，并延伸出“以刑去刑”的理论，所谓“德生于刑”，轻罪重判可以起到威慑作用，从而“不刑而民善”。集法家之大成的韩非（约前280～前233）也主张“厚赏重罚”。从“信赏必罚”出发，反对赦罪和减免刑罚。这对于树立法律的权威，推行当时的法治有一定的积极意义。

在中华法系中，“德”与“刑”一开始就相伴而生。董仲舒把“德”与“刑”的关系纳入阴阳调和论中，并赋予了新的内容。《汉书·董仲舒传》云：“王者欲有所为，宜求其端于天。天道之大者在阴阳，阳为德，阴为刑；刑主杀而德主生。阴常居大冬，而积于空虚不用之处。以此任德不任刑也。”他的这一“德主刑辅”论，一方面，给刑罚披上了神秘的面纱——阴主刑，刑处于德的辅助地位，但又不可或缺。这也奠定了清朝“热审”和“秋审”③ 制

① 《商君书·赏刑》。

② 《左传·昭公二十年》。

③ 热审：即于每年小满后十日至立秋前一日，由大理寺官员会同各道御史及刑部，共同承办对发生在京师的笞杖刑案件进行重审的制度。秋审：即每年秋天举行的死刑复审制度。

度的理论基础。另一方面，把德治推向了另一高度，使“德为主”的理论长存于封建社会，并经历朝历代的发展，至今仍发挥着一定的作用。它要求慎刑恤狱，体现在法律制度中有死刑三复奏、五复奏制度和九卿会审制等；它在某种程度上也对专制统治起到了制衡作用，体现了中华法系重视道德教化，以道德礼义来整合社会关系的特点；它所倡导的“德治”的价值取向在社会中不乏优秀之处，可以说，中国礼仪之邦的形象与此不无关系。

“德治”与“法治”、“礼治”与“法治”、“德”与“刑”这三组关系，即中华法系的核心，礼治是古代中国社会的根基，是其“生命”之本；德治是礼治的基本要求，是其“生命”之源；法治则是政治的内里，是实现礼治的保障，是国家机器运转的清道夫。因此，中国社会是一个政治上倡导“德治”，生活中实行礼、法合治的“礼法”社会；中华法系即“德”“礼”“法”相结合的法律文化体系。

中华法系源远流长，博大精深，其影响波及东亚和东南亚诸国，向外域传扬。19世纪中期以来，在外力的作用下，中国社会迅速向现代迈进，一个半世纪以来，我们越来越习惯于用外来的语言阐释自己的历史，越来越与曾经生于斯、成于斯的中华法系传统背道而驰，却少有对其进行去粗取精、去伪存真、由表及里、由虚入实的考量和审视。尽管现代法治已然成为中国的流行话语，但迄今为止，我们无论在学理上或实践中对法律的阐释及运作，都常常以翻译的西方概念和原理予以叙述和表达，“究其原因，一因西方法治先行，经验厚积，且学术经年，易成文化强势；二因法治乃人类共求之物，人类社会共通之理，故先知先述、多知多述者遂居语言优势；三因吾国近代灾难深重，学人难以从容梳理故旧，接应西学，且多患‘文化失语症’，不能用自己的语言讲述与自己有关的事情。”① 以致我们成了生活在套着西方概念外衣之下的中国人。

应该说，原来曾经优秀的传统文化非但不是我们前进的基石，反而成了一个包袱。为此，我们更需尽快梳理故旧，明了东西方顺理处事的不同方式，对中华法系给以更多的关注。

---

① 夏勇：《法治源流——东方与西方》，社会科学文献出版社2004年版，第50页。

本章图解

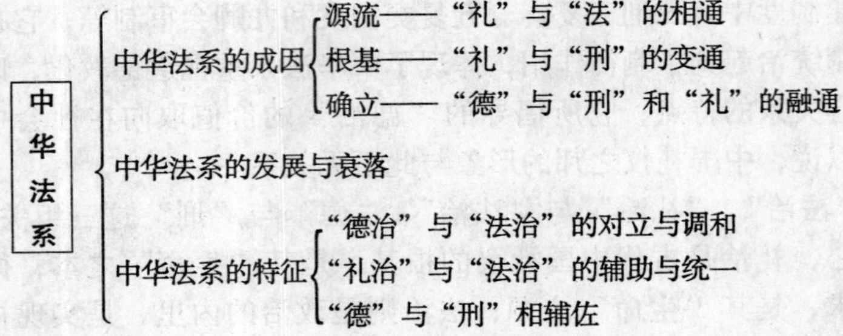

复习思考题

1. 简述中华法系的形成及其主要原因。
2. 中华法系中“礼”和“法”是什么概念？其相互间有哪些主要关系？
3. 中华法系的特征主要是什么？
4. “德治”在中华法系中有什么地位？

第十四章　法律现代化的必要进程

理解法律在人类社会中的演进和发展，深入认识不同法的历史类型及法系间的借鉴、承袭和相互融合，是了解各种法系对如今中国法治的影响及现代化改造所必须认识的。

第一节　法律的继承

一、法律继承的概念

“法律继承”即“法的继承性”问题，我国法学界早在20世纪50年代中期就对此展开了热烈讨论，但不幸的是这一讨论开展后不久，反右运动便在全国兴起，许多认为法律有继承性的学者都受到了批判，从此，法律的继承性问题便成为法学研究的禁区，直到改革开放以后，才再次成为法学研究的重要课题。现在，中国法学界已形成了共识，即肯定了法律具有继承性。绝大多数学者都认为在新旧法律之间存在着多种继承关系，并研究了关于法律继承性问题的意义、内容、理论根据以及如何继承等诸多问题，从而为我们继承和发扬优秀法律文化传统奠定了坚实的理论基础，并对我国法制现代化的实践产生了重要的影响。

什么是法律的继承性？有的学者认为，“法的继承这一概念，其含义是十分简单的，只不过是指：任何新类型法的产生都必定对原有法的某些因素加以吸收和借鉴。”① 另一些学者则认为，“所谓法的继承性就是指不同历史类型的法律之间的延续、相继、继受，一般表现为旧法（原有法）对新法（现行法）的影响和新法对旧法的承接、继受或借鉴。”② 在我们看来，法律的继承性并不是对原有法律的原封不动的，盲目的继承，而是指新法在否定旧法固有的阶级本质和整体效力的前提下，有选择地批判吸收旧法中的合理因素，并赋予其新的属性和功能，使之成为新法体系中的有机组成部分。

---

① 张文显主编：《法的一般理论》，辽宁大学出版社1988年版，第149页。

② 沈宗灵主编：《法理学》，高等教育出版社1994年版，第91页。

法律继承性具有如下特征：

第一，时间的先后顺序性。法律继承是法律发展中的一种重要形式，它是在法律发展过程中新法对先前旧法中的合理因素的吸收、借鉴和完善，体现了新旧两种法律制度在时间上的先后顺序。

第二，辩证的否定性与理性的选择性。新法对旧法的继承不是一种盲目的全盘的继承，而首先是在否定基础上的继承，但这种否定并不是一种完全的抛弃，而是否定之中有肯定，即否定旧法固有的阶级本质和整体效力，而肯定旧法中所包含的有利于法律发展的合理因素。在对旧法进行批判的基础上，理性的选择旧法中所包含的合理因素，使之能融入新的法律体系，充分发挥其应有的作用，以促进法律的发展。这就是所谓新法制对旧法制的“扬弃”。

二、法律继承性的理论根据

（一）法律继承性的哲学根据

法律的继承主要反映了具有时间先后顺序的新法对旧法的辩证否定过程，是在否定基础上的肯定。按照唯物辩证法的观点，否定不是简单的说不，或宣布某一事物不存在，或用任何一种方法把它消灭。以辩证法的观点，新法对旧法的否定是新事物代替旧事物的过程，是对旧法的辩证否定过程，是在保留其积极因素基础上的否定，是一种法律的发展形式。任何新事物不可能彻底的抛弃旧事物的一切因素，而总是在旧事物所取得的原来成就的基础之上进一步的发展。从这个意义上来说，否定既是事物发展的环节，又是事物联系的环节。

法律的继承则是新法代替旧法过程中使法律得到进一步发展，是新法在高于旧法的基础上，形成了新法与旧法联系的纽带。因而没有新法对旧法的继承就没有法律由低级向高级的发展，就割断了法律在其发展过程中新法与旧法的联系纽带，从而人类法律的发展就不可能构成连续不断的由低级向高级发展的运动长链。由此可见，唯物辩证法的辩证否定观，是法律继承的哲学基础。

（二）法律继承性的社会根据

社会生活条件的历史延续性，以及由它所决定的社会发展的连续性是法律继承的社会基础。马克思曾经指出“人们自己创造自己的历史，但是他们并不是随心所欲地创造，并不是在他们自己选定的条件下创造，而是在直接碰到的，既定的、从过去继承下来的条件下创造。”而一切先辈们的传统，会像梦魇一样纠缠着活人的头脑。① 因为“历史每一阶段都遇到有一定的物质结果、

① ［德］卡尔·马克思：《路易·波拿巴的雾月十八日》，见《马克思恩格斯选集》第一卷，人民出版社1975年5月版，第603页。

一定数量生产力总和，人和自然以及人与人之间在历史上形成的关系，都遇到有前一代传给后一代的大量生产力、资金和环境，尽管一方面这些生产力、资金和环境为新的一代所改变，但另一方面，它们也预先规定新的一代的生活条件，使它得到一定的发展和具有特殊的性质。"① 因此，我们无法选择我们生存于其中的社会生活条件，我们也不可能彻底地与旧法决裂，因为法律既是反映社会生活条件的规则，又是一种难以割裂和打断的社会生活方式。

（三）法律继承性的现实经济根据

无论任何社会的法律，都是据于其经济结构之上的制度建构，虽然法律一旦形成就具有相对的独立性，并由此巩固其经济关系乃至反作用于生产力，但是，任何经济关系及其生产力都不可能断代而生，孤独而行，它一定是不可脱离原来经济基础之上的继承和发展。因此，法律作为为特定经济结构服务的制度，它的产生与发展也取决于社会存在的经济结构、经济条件的继承性。在这个前提下，承认法律具有自己的发展规律，有相对的独立性，也不能排除社会经济的继承性和承接性。另外，法律的相对独立性也是社会意识相对独立性的体现。所谓社会意识的相对独立性，是指社会意识反映社会存在的同时，还具有自己的能动性和独特的发展规律性。因此，相同的社会经济基础必然产生相同性质的法律，不同的社会经济基础也能承袭不同社会的法律，这已是不争的事实。

（四）法律继承性的法学根据

法律的相对独立性决定了它必然要在吸收前人的法律实践成果上，批判地继承前人的法律实践和法律思维经验，特别是那些正确地反映了社会关系发展规律的法律规范、法律概念和法律技术，才能得到继续发展，从而推动自己向更高的阶段迈进。如西方发达国家关于法典的编纂、法律程序的设定、法律规范的研究、法律机制的配置等，其中既有对前人的继承，又有相互的承袭；有的甚至被其他民族及其异文化所借鉴和吸收，并且影响着其以后的法制建设。中国现代的法制建设就相当典型。

三、法律继承的主要内容

所谓法律继承的内容是指，在承认法律有继承性的基础上，再讨论继承什么，怎么继承的问题，因此，称为“法律的继承”，即对旧法中的哪些因素、哪些范畴能够继承、借鉴和学习的问题。对于这个问题，需要我们首先将法律的执行功能和法律中所体现的人类关于法律的知识进行区分。人类关于法律的知识属于继承之例，因为知识是中性的，可以为不同形态的社会所用。其次，新

① 《马克思恩格斯全集》第三卷，人民出版社1960年12月版，第43页。

法要继承旧法的哪些内容，这取决于新法对社会关系调整的客观需要以及当时社会的经济、政治和文化等条件的许可，同时也受到法律主体的价值观念、目标追求等主观因素的影响。概括的讲，法律继承的内容主要有以下几方面：

（一）反映市场经济规律的法律原则和法律规范

市场经济没有姓资姓社的问题，同样，反映市场经济一般规律的经济制度和价值规律也就具有普适性，从中提取的法律原则和法律规范自然也具有普适性。在现代社会，如何有效地利用价值规律配置资源是所有国家都必须解决的问题。而将有关市场主体、市场要素、市场行为、市场调控、国内市场与国际市场的联系等进行相应的法律规定，是现代人类社会的共识。在这方面，西方国家的法律已有比较完备的规定，我们完全可以继承和借鉴。

（二）有关权力制约和人权保障的法律原则和法律规范

权力制约是任何一个民主政治国家都面临的问题，民主是政治权利运行的文明方式，资产阶级率先提倡民主，由此，在宪政立法体制上建立了诸如代议制、选举制、权力划分和权力制衡制；在社会管理体制上设定了权力的行使程序、执法程序、对公民各类权利予以保障的规定，以及国家赔偿制度等法律。这些制度和法律规定中大多反映了人类社会的共同要求，是现代社会主义国家在实行民主政治时理所当然需向其学习的。另外，关于公民基本人权的保障是现代公法关注的基本价值，虽然由资本主义首先提出，但是，要具有发达的人权保障体系，还需全人类的共同努力。

（三）有关社会控制的纯技术的法律规范

任何一种法律制度都或多或少的体现了一个民族一个国家对社会的管理能力和管理技术，因此，在不同的社会控制和反映社会整体利益的过程中，均有人类社会共通的纯技术规范。如中国古代的调解制度、御史制度、科举制度等，以及现代社会的有关交通、环保、卫生、资源、人口、水利、城建的法律规定，均被不同的国家和社会继受和发展了。

（四）法律的概念、范畴、术语和法律技术

法律的概念、范畴、术语，这些都是人们在长期的法律实践活动过程中，形成法律现实的主观反映和理性概括，是将现实抽象为它们的共同特征而形成的权威性范畴。一个国家在建立自己的法律制度时，总是要有选择地利用这些概念、范畴和术语。否则，法律就无法建构，法律文化就无法形成和传播。法律技术是制定、执行、解释和适用法律规范的方法和技巧的总称。法律技术充分体现了法律为制度化调整社会关系，安排人们行为的调整体系的工具性特质，在很大程度上体现了法律调整过程的一般规律，是人类长期的法律智慧和经验的结晶，因而，法律的概念、范畴、术语和法律技术应是全人类所共有的法律知识，任何国家都可以根据需要有选择地继承和利用。

四、法律继承的方式

法律的继承方式是指实现法律继承的基本途径，也就是旧法中的内容和要素是如何为新法所接受所继承的。在法律的继承过程中，国家作为法律继承的中介，发挥着决定性的作用。也就是说，没有专门的国家机关有目的的活动，并以法律的形式予以认可，则旧法中的法律即使再有价值也不能纳入到新的法律体系之中，更不可能获得一体遵循的法律效力。从国家的角度看，法律的继承方式主要有以下两种：

（一）宣布废除旧法，但对旧法的某些原则、规则和制度加以继承，使之成为新法体系的有机组成部分

这种法律的继承方式是与政权更迭中革命的方式相适应的。这种方式的前提条件是通过剧烈的暴力革命推翻旧的统治政权，建立新的政权，从而彻底打碎旧的国家体系，包括法律体系。在西方历史上较为典型的是法国资产阶级革命。在法国，因革命与过去的传统完全决裂，它扫除了封建制度最后的遗迹。但这并不是说法国资产阶级的法律是在与旧法完全绝缘的情况下产生的。恰恰相反，法国资产阶级在掌握政权后，一方面，宣布废除旧法，另一方面又在创制新法的过程中，以旧法为基础，大量吸收旧法的内容和形式。如法国 1804 年的《拿破仑法典》，它从体例结构到规范内容都是以古代罗马法为基础，同时吸收了曾经在法国封建社会北部地区实行的习惯法的某些内容。

我国在建立新中国法律体系的过程中，并未在否定旧法的同时，理性地选择中国传统法中合理的因素加以批判的吸收和借鉴。中共中央于 1949 年 2 月 22 日发布《中共中央关于废除国民党〈六法全书〉与确定解放区司法原则的指示》（以下简称〈指示〉）正式宣布，在人民民主专政的政权下，国民党的《六法全书》应该废除，人民的司法工作不能再以国民党的《六法全书》作为依据，而应该以人民的新的法律为依据。1949 年 10 月，作为临时宪法的《中国人民政治协商会议共同纲领》（简称《共同纲领》）的实施，在全国范围内最终废除了《六法全书》。《共同纲领》第十七条规定：废除国民党反动政府一切压迫人民的法律、法令和司法制度，制定保护人民的法律、法令，建立人民司法制度。尽管《指示》和《共同纲领》废除的是国民政府的法律汇编，但是，我们在废除国民政府《六法全书》的时候，我们连“六法全书”中所包含的全部有关法律文明的知识，以及晚清以来至国民政府时期一些有关法律的现代化成果也给废除了。取而代之的是大量模仿苏联的法律发展模式和法律制度。当然，“苏联法有其积极的一面，但苏联法中过分意识形态化的表述、

高度集权的体制、忽视公民人权保护的机制也在我国法律中流传。改革开放以来，我们的历次改革都离不开简政放权、保护公民的权利、行政相对人的参与等等。我们已经和正在为我们过去效法苏联的亦步亦趋付出代价。”①

（二）对旧法不全面废除，只是剔除与新的社会生活条件和统治阶级利益格格不入或不相协调的那部分旧法

这种方式与通过改良的途径实现社会形态更替的社会进步方式相适应，这种方式不宣布旧法被彻底废除，而是通过渐进的方法，国家明确宣布旧法中反映旧的统治阶级的阶级本质的一部分废除而国家没有明确宣布废除旧法的某一方面的内容，这部分内容便被继承下来，然后再加入体现新的统治阶级利益的法律，从而实现对旧法的改造形成新的法律体系。这种关于法律继承方式的典型是英国，因为英国资产阶级革命是以资产阶级与封建贵族相互妥协让步而告终的。

第二节 法律的移植

一、法律移植概述

在《现代汉语词典》中，“移植”一词被解释为“（1）把播种在苗床或秧田里的幼苗连土拔起或连土掘起种在田地里；（2）将有机体的一部分组织或器官补在同一机体或另一机体的缺陷部分，使它逐渐长好。”② 从中我们可以看到第一种含义是针对植物的，是指整体移植；第二种含义是针对人或其他动物的，是指部分移植。在法律的发展过程中，大多只存在部分移植的问题和实际状况。所以，这里的“移植”一词，与第二种含义较为相近。有机体的部分组织或器官具有移植与法律移植的相似性，即凡移入部分均涉及与原有部分的融合问题。

法律的移植是指一个国家或地区引进和使用同时代其他国家或地区的部分法律，作为自己法律的有机组成部分，从而弥补其法律和法制缺陷的过程。法律的移植与法律的继承都是法律发展的具体形式和途径，与法律的继承相比，法律的移植又有诸多不同：首先，法律的移植是同时代不同国家法律之间的引进、输入、使用，而法律的继承则是有时间先后关系的法律之间，即新法对旧法的继承；其次，法律的移植对象只能是非本国或非本区域的法律，而法律的

① 李龙主编：《法理学》，人民法院出版社、中国社会科学院出版社2003年版，第113页。

② 《现代汉语词典》，商务印书馆2002年增补本，第1485页。

继承对象则既可以是本国或本区域的旧法也可以是非本国或非本区域的旧法；再次，法律的移植可能把非本国或非本区域的一部分法律的内容和形式作为一个整体一并引进、输入、使用，而法律的继承则既可以将某些旧法的内容和形式一并继承，也可以把旧法的内容和形式分开来继承。

在西方，对法律的移植问题一直有两派相互对立的观点。一派以英国比较法学家奥·卡恩·弗罗因德（O. Kahn Freund）为代表，其沿用孟德斯鸠的观点："为某一国人民而制定的法律，应该是非常适合于该国的人民的，所以如果一个国家的法律竟能适合于另外一个国家的话，那只是非常凑巧的事。"① 他对法的移植持悲观态度，认为应警惕法律移植的误用。而以英国苏格兰的法制史专家阿兰·沃森（Alan Watson）为代表的另一派则认为，法律移植简便易行，历史并未证明法律移植的悲观论，而且在不了解移植来源国的社会政治、经济等情况下也能实现移植，因为法律规则通常不是专门为特定社会设计的。

我国一些学者对法律移植的看法也沿用了这两种理论。但是，持这两种相互对立观点的中外学者都不从根本上否认法律移植的意义。我们认为，既不应该过分夸大法律移植的作用，也不应该否认法律移植的必要性和重要性。在当今世界，即使社会制度和经济文化发展水平相差很大的国家，也往往会遇到相同或相似的社会问题，故应引进和使用其他国家在处理类似问题上的法律手段，包括对某些法律条文的直接移植。相反，如果一切从头搞起，关起门来搞代价甚高的法律试验，那将不利于一国的法制现代化，是不经济也是不科学的。在这样一个经济全球化的时代讨论法律能否能移植已经没有意义，并且历史已经以事实证明了法的移植不仅可能而且必要。

古代巴比伦的《汉穆拉比法典》中的大量内容涉及商务、物价、关税和各种契约，堪称古代商法之最，也是古代世界商法之源，由巴比伦商人将它带到了地中海诸国，其后的地中海法制有一部分即以巴比伦法律为楷模的。② 在东方，我们的邻邦日本是法律移植的典型代表，中世纪的日本在全面移植了当时唐朝的法律基础上，建立了贯穿于日本封建社会始终的"法令制度"，从而促使日本由奴隶制向封建制的转换。在明治时代，它又以法国刑法典和刑事诉讼法典为蓝本，制定了1882年的日本刑法典和刑事诉讼法典；而其1898年的民法典又移植了德国的契约法、侵权行为法和物权法的内容。第二次世界大战后，日本又开始移植美国的法律，特别是在宪法、婚姻家庭法、诉讼法和反垄

---

① ［法］孟德斯鸠著：《论法的精神》（上），张雁深译，商务印书馆1961年版，第6页。

② 徐永康主编：《法理学》，上海人民出版社2003年版，第141页。

断法等方面引进和使用了美国同类法律中的相关内容，从而加速了日本法律制度民主化和现代化进程。近代以来日本发生的巨大变化是举世公认的，这不仅证明了其法律移植的成功性，也证明了法律移植对于一个正在迈向法制现代化的国家，对其前进和发展的必要性。

二、法律移植的必然性和必要性

（一）各国社会经济发展的不平衡以及由此带来的法律发展的不平衡性，是产生法律移植的根本原因

任何时代各国文明的发展都不可能是同步的，它总是存在先进与不先进、文明与落后的区分。如同其他文明的发展一样，法律文明的发展程度也总是受制于各国的社会经济发展状况，而各国的经济发展状况往往是存在差距的。这种由经济发展的差距所带来的法律发展的差距使得法律在各个不同国家间的移植成为必需和可能。法律发展水平低的国家要加快本国法制文明进程，使自身不至于在世界法制发展的大潮中显得过分落伍，甚至被淘汰。为实现法律传统的现代转型以及法律制度的更新，并以此推进社会改革和经济发展，就必须对法律发展水平高的国家或地区的法律进行引进和使用，促进移植国的法制文明进程，为其法制摆脱落后状况甚至赶超先进国家提供可能，并以此为基础促进本国经济和社会的发展。

（二）市场经济的客观规律和基本特征使法律的移植具有必要又有可行性

在实行市场经济的社会中，其有关资源配置、生产管理、市场调节、环境保护、社会保障等经济社会性法律规范，都可以被看做具有人类社会共通性的法律规范。因为在发展市场经济的过程中，人们都面临同样的问题，需要制定同样的法律来进行调整。尽管在不同社会制度下市场经济会有一些不同的特点，但它运行的基本规律，如价值规律、供求规律等都是相同的，这都决定了一个国家在建构自己的市场经济法律体系和制定市场经济法律的过程中，不可避免地要引进和使用其他国家的成功经验。对于中国来说，目前实行的社会主义市场经济是一项全新的事业，对于如何建构中国的社会主义市场经济法律体制，如何进行社会主义法治还缺乏经验，而西方国家在经过几百年的发展后已形成相对成熟的市场机制，并积累了许多市场管理方面的成功经验，值得我们学习。如果我们能够成功地移植那些他们用于调节现代社会经济关系的法律、法规，以及与国际市场相联系的法律规定，对于促成我国社会主义市场经济下法律体制的建立，减少在实践中探索与尝试的成本，将具有重要意义。

（三）法律移植是法制现代化的客观需要

当代的中国法制正处于转型阶段，中国的社会主义现代化就是在特定的时

间和空间条件下进行的一场法制变革，推动这场变革的主要动力，来自于当代中国社会的内部存在的，并处于变化状态中的经济、政治和文化观念的变革，来自于社会主义市场经济和民主政治建设的强大合力。发展和完善目前的社会主义市场经济，建立与之相适应的，并有中国特色的现代法律体制，是一个艰巨的历史使命。要求我们“必须大胆吸收和借鉴人类社会创造的一切文明成果，吸收和借鉴当今世界各国包括资本主义发达国家的一切反映现代化生产规律的先进经营方式、管理方式。”① 将那些先进的、发达的现代法律移植到中国社会，根据中国的具体情况，通过与中国固有的法律进行同化、整合，使之成为具有中国特色的社会主义法律体系的有机组成部分，从而推进我国法制现代化的进程。

（四）法律移植是法律发展国际化的客观要求

法律发展的国际化是当代世界法律现代化进程中一个十分突出的时代趋势，它是一种法律文化的传播与交流的历史过程。现代各主权国家的法律都蕴涵着世界法律文明进步中共同的法律准则，加之 20 世纪以来众多的国际法条约被越来越多的国家所接受和实施，使各国的法律制度在某些方面有了彼此接近乃至融合的可能，已经形成了一个相互依存，相互联结的国际性的法律发展趋势。② 商品经济的全球化，使国与国之间的经济联系日趋紧密，构成了当代的世界经济秩序。现代市场经济的大发展及科学技术的进步促进了社会发展的全球意识，使调整各个民族或民族的法律也走向趋同。这种法律的趋同化，是指不同国家的法律随着社会需要的发展，在国际交往日益发展基础上逐渐相互吸收、相互渗透，从而趋于接近甚至趋于一致的现象。③ 这种现象表现为各主权国家不断的参加为整个人类利益而进行的立法活动，并增强了法律文明的交往与传播。作为法律文明交往与传播的特殊方式的法律移植，在客观上促进了人类法律文化的交流与沟通，进而在一定程度上推动了法律发展的国际化趋势。因此，法律移植也是法律发展国际化所需要的。

三、法律移植的方法步骤分析

法律移植的方法与步骤直接关系到法律移植的成败。如果移植的步骤科

① 《邓小平文选》第三卷，人民出版社 1993 年版，第 375 页。

② 参阅公丕祥著《法制现代化的理论逻辑》，中国政法大学出版社 1999 年版，第 365 页。

③ 李双元：《21 世纪国际社会法律发展基本趋势的展望》，湖南师范大学学报 1995 年第 1 期。

学、适当，法律移植就会成功，反之，就会失败，甚至适得其反。那么，成功的法律移植需要采取何种方法步骤呢？

第一，找出被移植国（移入国）法律所存在的不足或缺陷，以便对症下药。一个国家之所以进行法律的移植，是因为该国存在自己的法律制度内在需求和内在供给的不足，否则，它就不会进行移植。进行法律的移植，首先必须了解自己的国情，弄清内在需求是什么？内在供应不足体现在什么领域？亦即找出移植他国法律的根本原因所在。若要成功地解决这些问题，就必须对被移植国的法律现状、法律环境、法律基础进行一次全面彻底的调查研究。然后，将被移植国的法律制度与世界上先进的法律制度进行比较。通过比较，找出差距或不足，确定问题症结所在，使法律移植做到有的放矢。

第二，比较筛选被移植的法律。张文显先生认为："法律意义上的'移植'是以供体（被移植的法律）和受体（接受移植的法律）之间存在着共同性，即受同一规律的支配、互不排斥、可互相接纳为前提的。"① 事实也正是如此，如果欲避免或减少不同质地载体间的移植术后的过敏性的"排斥反应"，就必须尽力寻找与受体具有相同质地的供体，即寻找与移植国具有相同或相似法律环境的法律制度、法律规则、法律条文。选择移植对象，必须将本国的法律制度与世界各先进国家的法律制度进行宏观与微观的比较、历史文化的比较、功能比较与综合的比较。然后，在比较的基础上精心筛选，被选择的移植对象应具备如下的品质：①被移植国法律具有先进性，即"该国法律在理念上具有超前性、法律内容上具有合理性、法律形式具有科学性。也就是说，该法律的内容集中体现了法律所应追求的社会价值，并对各种社会价值作出了有益而恰当的衡平，符合社会的发展规律，适应社会发展的需要。还有，该法律采用的结构、语言等形式，不仅能反应其内容而且明确、具体、稳定、简洁。"② ②被移植国法律适合移植国实际情况，移植必须要从一国的客观实际出发，把是否符合一个国家和民众的利益作为借鉴国外立法经验的评判标准。任何一个国家的法律往往都植根于自己特殊的社会文化的土壤之中。所以一般来说，一个国家的法律天然的就适用于另外一个国家的情况十分罕见，因此，在法律移植的过程中，必须要结合一国的实际情况，不能超越一国法制发展的水平，超越民众对立法接受的心理底线。否则，即使移植过来，也只能是写在纸上的法律，不可能起到应有的作用。

第三，将被移植的法律从供体中分离。任何一个法律制度、法律规则、法

---

① 张文显著：《马克思主义法理学》，长春吉林大学出版社 1993 年版，第 94 页。

② 埃尔曼著：《比较法律文化》，贺卫方、高鸿钧译，三联书店 1990 年版，第 78 页。

律条文、法律概念都不可能是孤立存在的，它们与相关的法律制度、法律规则、法律条文以及非法律因素都有着千丝万缕的联系。对不利于移植对象完善的因素，要在分析其联系的途径与方法之后，将其抛弃，以便在移植之后不再重蹈旧辙，对有利于移植对象发展完善的因素，应在分析其联系的途径与方法之后，将其改造，以便在移植之后，予以引进和使用。

第四，把被移植的法律移入被移植国法律体系，并使其与被移植国相关法律进行衔接。这一步骤在法律的移植过程中很关键，一方面要选好连接点，即需要法律移植的法律领域，另一方面要做好该法律领域的净化工作，营造一个适宜移植对象发育成长的良好环境。如相关法律理论的研究与传播，申政武先生在总结日本移植外国法的经验和教训时说："如果没有深入的理论研究做先导，法律的移植不可能成功"。① 法律移植应该是"吻合移植"才能保证法律的连续性，也才能保证法律移植对象的有效性与应用性。如果在植入过程中存在疏忽大意或接错了连接点，或携带了不应移植的因素，或遗漏了应移植的相关因素，法律移植终将会失败。

第五，使被移植的法律本土化。被移植的法律毕竟是来源于被移植国法律外的其他国家的法律，而任何不同的法律制度又都有自己特定的生成环境，因此，如何使法律移植对象在脱离开原来的环境之后迅速适应新的环境，使其最后融化在新的法律环境之中，是法律移植的一个十分重要的问题，而这一问题其实就是使被移植法律本土化的问题。要做到这一点，一方面，就必须加快相应法律制度的改革与创新工作，缩短移植国法律制度与被移植国法律制度之间的差距，减少受体的主体法律对移植对象的排斥力。另一方面，还要充分挖掘并利用本土优秀的法律资源，使移植对象与本土已有的鲜活的法律制度相融合，让移植不仅起到"输血"的作用，更重要的是发挥其增强本土"造血功能"的作用。②

第三节　法律的改革

一、法律改革的概念

法律改革又可称为法制改革，它是指在法律发展过程中，为适应社会发展的需要，在原有法律制度的前提下，对法律的观念予以更新，对法律的内容和

① 申政武：《日本对外国法的移植及其对我国的启示》，《中国法学》1993年第五期。
② 王保智：《论法律移植》，《求实》2003年第9期。

形式予以筛选，对法律的创制和实施进行改造创新等活动。

法律发展仅仅依靠法律的继承和移植是不够的。法律继承可以使新的法律制度在已往法律文化的基础上连续、稳定的发展、进步，法律移植可以使一国的法律体系在引进、吸收外国先进法律文化的基础上尽快与世界接轨，从而获得快速的发展。然而，法律的继承和移植都是以已有的法律为前提，而我们所面临的许多法律问题和法律事务是前人未曾遇到或旁人不曾想到的，这使我们既无处继承、也无法移植。因此，法律制度的创新必然要靠法律的改革。法律改革，既是某一历史类型的法律制度的创新或重构，也是其具有划时代意义的变迁，它在法律发展中的意义是法律继承和法律移植无法代替的。而且，只有通过改革，突破原有的法律体制，破除落后的法律观念，建立适应社会进步所需要的高效、协调的法律体系，才能为继承和移植人类法律文明的优秀成果创造结构性前提和思想理论基础。在社会主义市场经济、民主政治和精神文明建设呼唤进行现代法治建设的当代中国，相对于法律的继承和移植来说，法律的改革和创新其意义更为深远。

二、法律改革的原因

法律的改革无不是以经济的发展、政治的昌明，以及法律内部的需要为契机的。

（一）社会经济发展的需要

无论古代法，还是近代资本主义法，它的产生和变革都是以商品生产和流通为其原动力。作为商品经济的高级阶段的市场经济，它的存在和发展更要依赖于法制的保障和推动，同时它也推动着法制的迅速变革与之相适应。这是由经济和法制的辩证关系所决定的。一方面，经济改革中，多以从根本上改革束缚生产力发展的经济体制作为起点，进而必然超越经济体制自身的范围，触及与生产力发展不相适应的上层建筑的许多方面和环节，引起包括法律改革在内的其他改革的发生；另一方面，商品经济的发展、市场竞争的加剧，会极大地催生并增强人们的自由、平等观念和民主、权利意识，要求重视人的自主意识、主体作用和个性的发展，从而导致原有的法律观念的瓦解，相应的必然要求体现新的价值观的法律取而代之，这就必然引起法制的改革。

（二）政治改革的需要

伴随着经济的发展、社会的进步而进行的任何改革，都必然伴随着对法律的改革和创新。尤其是政治改革，它在一定的意义上就是变法革新的活动，因为从法制的角度来看，政治改革往往会涉及法律革新的各个方面。目前在中国，政治改革往往制约着法律的改革，这主要体现在三个方面：政治改革的力度和成效直接影响着法律改革的进程；法制的改革必须与政治改革保持一致的方向，应充分利用政治改革的成果，并使其作为法制改革的重要内容；法律的改革总是由国家的强制力去推行，国家的稳定、政府的权威，都会关系到法律改革的进行和成败。

（三）法律内部的需要

法律内部的冲突常常是引起法律改革的内部动因。法律作为人类社会发展的产物，有其自身相对独立的发展历史。在其发展过程中，法律内部的矛盾运动是法律发生变革的一个基本动力。法律的生命在于满足现实社会的需要，在于对社会关系的有效调整。然而，社会总是处在发展变化之中，当法律落后于社会的发展而不能满足人们的需要时，自然形成人们新的法律愿望及对其的诉求，从而引起法制的变革，如不进行改革势必影响经济的发展，加剧社会矛盾，最终引发社会的动荡。从人类文明的发展进程来说，随着人类关于法律知识的积累和法律观念的进步，法律文明程度的提高，必然导致更新的法律意识的产生，形成新旧法律观念的冲突，这一冲突无疑会产生一股巨大的推动法律改革的力量，从而引起法律改革。

三、法律改革的内容

法律改革的目标，是促进法律自身的完备和发展，以适应社会的政治、经济和文化发展的需要，但是从法律改革的自身目标来讲，则是为了实现现代法治。现代法治要求使法律在整个社会规范体系中处于至高地位，使大量社会行为都必须依法进行，使法律在社会中具有极大的权威。法制改革如何能实现这一目标呢？关键在于法律的改革必须以法治的内容和要求作为准则和依据。就我国社会而言，当前迫切需要改革的有以下几方面：

（一）深化宪政体制的改革

中国目前宪政体制改革的关键，除了完善人民代表大会的监督和政协的组织设置外，就是理顺党委与各级立法机关、执法机关和司法机关的关系，也即在贯彻党的政治领导或执政理念的前提下，实现各国家机关独立负责地行使其立法、执法和司法的职能，完善法律监督机制，使权利依法得到保障，进而更合理地配置权利；同时对权力加以控制，以防止国家权力的失控和变异而给公众利益与安全造成的危害。从一定意义上讲，法律改革就是权力控制，其核心即对政府职权的规范和约束。公权力，尤其是行政权最容易对公民个人造成危害，这种侵害常常是对法治秩序的最大破坏。因此法制改革中约束政府行为、使其不得滥用其行政职权，是法制现代化的重点。

（二）重视私权法的建设弘扬权利文化

根据历史的经验和现代法制发展的客观规律，私法领域的基本原则可以说是现代法制的基础，私法中的人身权、人格权、财产权是现代法律中权利体系的核心，它们与公法中的平等权和自由权等，构成了现代社会中权利文化的基础。要实行法治，就必须重视私权法的建设。一个在私法领域没有权利义务意识、还不会运用法律赋予的权利维护个人合法利益和社会利益的社会，是不可能走向法治时代的。虽然中国改革开放以来，在法律体系的建构中，我们已经有了极大的改变，但是仍然急需全面深化。改革不应再是局部的，还需全方位地深入推进，在立法的指导思想、立法的方式、法律控制的程度与范围等方面都要进行相应的改革。当前在以民法为代表的私法建设领域中，法制改革应当明确公权力不能随意进入的私权范围，进一步确定私权利的独立地位。同时，在经济生活和社会生活方面，尽量调动社会活动主体的积极性和创造性。

（三）法律精神的转换

在中国，传统的法律精神是与人治社会相伴的自然经济或计划经济时代的产物，而现代法律精神则是与市场经济和民主政治的本质和规律相适应的理性精神和价值原则。实现法律精神的转换，首要的就是在我们的法律制度中注入“以人为本”的人文精神；在确保社会公平、构建和谐社会的思想指导下，用权利本位观取代义务本位观，用契约意识取代身份意识，用法律面前人人平等观取代传统的等级特权观；使法律至上的观念深入人心，使法律赢得人民大众普遍高度的认同，使大家意识到，现代法律就是我们日常生活中的一部分，是与我们须臾不可分离的行为模式。

当然，这样的法律精神的培育和形成不可能一蹴而就，也不会在短时间内就可形成，它需要长期的，一点一滴的生成、积聚，才能逐渐地培养起来。

本章图解

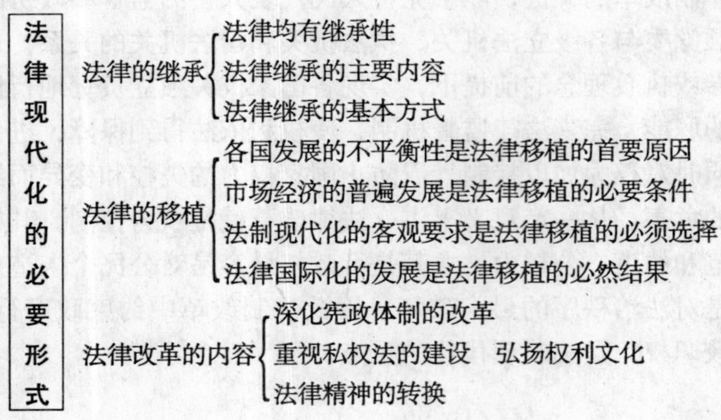

复习思考题

1. 为什么说凡法律均普遍存在继承性？
2. 法律移植与法律继承有何不同？
3. 简述法律改革在法制现代化中的意义。
4. 你认为，法律从传统到现代的转型应选择什么样的途径？

第十五章 法制与法治

对于“法制”和“法治”的概念有一个明确的了解，并且能较为准确地理解法制现代化与现代法治的关系，这是我们建设具有中国特色的社会主义和谐社会，依法治国所必须面对的问题。

第一节 问题的源起

一、“西风东渐”带来的“自然法”文明

在西欧社会的历史发展中，以古希腊文明为传统的西方法学的演进与发展，可谓是源远流长，而其自然法的理念却贯穿始终，以至两千多年后，被西方文艺复兴及启蒙学者们发展成为一种登峰造极的学术流派——古典自然法学。这一学派不仅在法学上，而且在哲学、政治学、历史学，乃至自然科学和文学等方面都赢得了彪炳史册的业绩。可以说，正是它铸就了近代以来西方世界的法律观和方法论，并形成了现今世界“强势文明”的韵律。

如今，连“远东”的亚洲人都认为“西方的强势文明已经在我们的心灵结构中，不仅根深蒂固，而且发挥了很多积极和消极的作用，我们完全不可能和它脱钩。……特别是从18、19世纪以来，西方所发展的那个启蒙精神，也就是突出科学主义、实用主义、功能主义乃至物质主义的启蒙心态，已经是我们文化心理中不可分割的组成部分。不仅如此，启蒙精神还有很多深刻的理念仍是我们期待和追求的目标”。只要是现在社会所需要的，所接触的利益领域，诸如“民主政治、科学技术、大学教育、官僚制度、公民社会等，都是从西方启蒙心态（即古典自然法学派中）发展出来的现代制度。更值得一提的是，这些利益领域的后面还有极深刻的，而且我们都认为可以普世化的价值，譬如自由、平等、人权、民主、科学和法制”。① 即便现代中国，尤其改革开放以来的中国，都是这种启蒙心态的孩子，我们或多或少，或自觉或不自

① “跨世纪的文化对话”专版《我们都是启蒙心态的孩子》[N]，新加坡《联合早报》星期刊，1998年9月27日第6版。

觉地都成了这种启蒙心态的信仰者和实行者。正是这种由西方“启蒙心态”发展而来的古典自然法学中，由那些杰出代表人物所开创的“民主与法治”“分权与制衡”“人权与主权”“平等与自由”“社会契约与意思自治”等跨越民族、超越世纪的话语里，给世人留下了永久的法学课题。

然而，无论是约1 500年前由东罗马皇帝查士丁尼组织编撰的《国法大全》所创制的西方“法制”体系，还是近500年前①对中世纪的基督教传统进行宗教改革后在西方建立起来的近现代“法治”体制，对于当时的中国人来说都没有多大关系。让中国人领悟了西方人古老的“法制”体系和现代的“法治”意义的，则是150多年来以痛苦和屈辱的经历换来的对西方的了解和对世界的重新认识，但这毕竟与5 000多年的中国文明相去甚远，无论对它们接受移植或者进行借鉴，对于中国人来说都困难重重。正是在这种种犹豫中，中国的智识精英们对西方文化的灵魂——自然法学说予以了深刻的关注。

由于中华民族在历史上从未经历过这种“自然法”的洗礼，当中华文化与自然法文明碰撞时，带来的是对汉文化痛苦的改造和重塑。自19世纪鸦片战争之后的150多年来，中国人都在与这种伴随着西方强权政治而来的强势文化进行着抗争，并在这种血与火的斗争中前仆后继地牺牲着、奋进着。在一个多世纪雪耻宏志的心态下，在与强势文化的较量中，中国人民对以西方文化为核心而形成的现代“法制”或“法治”的审视和探索终于有所成就：改革开放后的法制建设和经济发展，21世纪初的与世界接轨及和平崛起……可以说，直到20世纪末，我们才坚定了主动接受“自然法”②洗礼的决心和勇气，并理智地选择了与现代文明相匹配的经济运行方式——现代市场经济制度，确立了使中国必然地走上现代法治之路的“依法治国”的大政方略。③ 也正是以此为基础，我们才能在较短的时期内筑起了与现代文明相辉映、日渐殷实、日趋发达的经济政治基础，奠定了走上建设现代民主政治和文明法治之路的基石。

在向发达国家学习借鉴的过程中，中国人深深感到促使西方国家强盛发达

---

①　即指以1517年马丁·路德公开抨击教皇的《九十五条论纲》开始引起的宗教改革运动。

②　指以西欧近代自然法学说为灵魂而建立起来的，在20世纪又经历过自然法复兴，并在西方现代社会还起着核心价值作用的“新自然法”观念。

③　指1999年我国第九届全国人民代表大会第二次会议通过的宪法修正案，将“依法治国，建设社会主义法治国家”作为现行宪法第五条中的内容予以了规定。

的灵魂和动力不是别的，正是他们彰显出来的自然法精神和理性法治的魅力，正是西方现代文明中求实进取，实用先行的科学诉求理念。也正是这种基于“自然法”而形成的，与“新型法学”相磨砺的，在西方近代而雄起的西风东渐之势，使得我们也渐渐具备了实施那种建筑在自然法理性精神之上的“法制”或“法治”的经济实力；使我们能有探究这种“法治”的起源、发展、演变和运用的知识和能力。

二、“法制”与“法治”的模糊境遇

就各国的治国手段来说，形式多种多样，但是现代文明国家大多以法治方式见长，尤其在特定的和平发展时期，在经济建设和社会繁荣时期，运用法治手段更显其必要。由于现代法治理念蕴藏着深厚的西方文化精神，且基本没有受到东方文化的影响，更没有中国文化的因素，因此，对于中国人而言，要正确地理解“现代法治”就不是一件轻而易举的事情。由于中国人长期受古代法家观念的影响，对于源于西方历史的理性法治观也实难体会，因此，在新时期，重新审视现代社会中的“法治与法制”问题，就成了我们“依法治国”必须面对的至关重要的议题。

由于“法制”和“法治”的文字在我国历史典籍中早有记载，所以国人对于两者并不陌生，就汉语文义及其语境而言，过去我们对于它们的界限及其含义并不需要怎么廓清。近年来这两者的内涵和用意越来越模糊，在许多场合大有相互混同，或者相互取代的现象，由此导致的许多有关“法制”与“法治”观念的不同而引起的误解或歧义时有发生。自20世纪90年代以后，虽然也有不少人对此予以了说明和阐述，但却因种种原因并未达到区分两者的初衷，并似有加剧两者混淆之势。由于对这两者的认识或理解既涉及中西两种法律不同观念的，又关乎中西方文化的取舍，还可能在社会实践中引发不同理念的矛盾和冲突，所以，对这两个概念在中外不同文化背景中是否能够相互廓清界限，在我国现实生活中是否能够相互澄清关系，是目前国人深入理解“依法治国”理论的焦点。

“法制”一词可谓中国古籍中的通例，一般皆人人通晓，是较纯粹的本土观念；而现代“法治”却是单独起源于古希腊文明的理念，其内涵与我国历史上法家所言的法治大相径庭，是当今中国人花了极大代价之后才认同了的理念，如今，它已成为我国建设社会主义的根本方略。然而，从理念到操作的各个环节，以及对异质文化所需要的对接，使我们对“现代法治”都需要进行更多的探究和处理。

由于我国许多法学教科书中，以前长期使用的是“法制”而不是“法治”，近三十年的法制建设使“法制”更加深入人心，当决策层在逐渐完善的法制基础上提出“依法治国”时，人们又将两者毫无顾忌地混用，以致被无缘无故地互相替换。这种种情形正是造成我国法治建设捉襟见肘，有水无源，甚至有形无实的主要原因。改革开放以来，我国人民建立现代“法制”的热情，以及力图尽快取缔传统观念中固有的某些落后意识，加之古而有之的儒法文明和悠久的政治文化传统，当它们与西方“法治”及其模式相互碰撞时，无论法制还是法治都将会充斥着与现代社会不太协调的“法家之治”之嫌。这与西方人的“法治”观念均存在着巨大距离。

另外，因近百年以来，尤其是20世纪20年代以来，中国人在追求或探求建立现代“法制”中的种种挫败，以及上个世纪50年代以后我国政制体制建构的缺失，导致现代法制建设的曲折性，致使国人对于法制和现代法治的作用要么不甚了解，要么丧失信心，更谈不上法律信仰。

近代以来，西方学者弘扬了由古罗马人奠定的“法制体系”和由中世纪后期的欧洲人兴起的“法治精神”，而中国人却不得不一再重审自己的“法制理念”，不得不在对西方文化予以吸纳和效仿的同时全盘抛弃自己原有的传统，为构建一个新型的法制体制而费尽周折。即便是今天，法治仍然还不可能是我们的生活方式，我们只是处于“呼唤法治”的阶段；人们用“官司”来了断相互间利害关系的事，并不是现代社会法治的当然内容，恰恰是中国古已有之的“法制”事实。难怪人们会将法治喻为两千多年前始皇帝所行的勾当，认为一些做法是“挪用”法律，而会使一些人生活在恐惧和不安中。①

现在，以西方文明为主形成的“法治文化”已遍及五洲，早已成为衡量现代国家社会文明与否的尺度。因此，我们必须在对法治和法制的内在联系进行梳理后，才可能更正确更彻底地接受现代社会的“法治”理念，并重新在中国文化中赋予法制及法治科学现代的含义。

三、“刀制”与“水治”的制度游戏

众所周知，进入20世纪后半叶由于法律虚无主义，中国内地的人们对于“法制”一词已无缘深究，只把它作为具有威慑力和强制性的刀把子，并不看好其在社会兴旺和国家兴亡中应起到的重要作用。80年代伊始，我国改革开放的总设计师邓小平，以他长期的从政生涯，及其多次政治起落沉浮的离奇遭遇开始警示大家：没有法制就没有民主，没有民主就没有社会主义。从此，“民主”与“法制”在社会主义中国被开始紧密地联系在一起，“民主和法制”的建设在

① 参见《法治，为何成不了我们的生活方式?》，《华夏时报》，2001年11月26日。

我国才被提到了议事日程。经过全国人民二十多年的努力，现代法律体制在我国已粗具规模，因此，“法制”早已成为国人耳熟能详的概念。

1998年，当中国第九届人大会议一改以往口径，将“法制建设”更改为“依法治国”的大政方针后，“法治”开始成了占据统治地位的话语，人们顺理成章地把原来的“法制建设”改成了“法治建设”，把所谓“刀制（法制）”改为了“水治（法治）”。有人认为，刀制的“法制”，只是把法律作为一种工具性的符号，如形象的铡刀、屠刀，转意为压制、镇压等，所以，法制主要以刑法为支撑；而水治的“法治”，则将法律看做正义和权利的象征，有以柔克刚、滴水穿石之功效，因此，法治需以权利法为砥柱。于是，现代法治改变了中国法律文化以刑法为基干的法律观念。这一改变，不仅仅是刀制、水治的简单替换，而是中国在借鉴和吸纳西方文化的进程中，有向西方法文化全面接轨的寓意。其中之奥妙除了法学界，尤其是法学理论界的一些人士能谙达其故外，别的领域则很少究其纹理，至多只把此当做一般的词语替代罢了，对此，即使在法学界，许多人也有所茫然。

例如，我国高校法学专业的教科书中原来有关“法制”的基本术语，似乎包揽了“法治”的所有作用和内容；① 而新世纪初始，自我国确定了“依法治国”方略后，凡涉及“法制”之表述的，一夜之间便硬生生地被抄改成了“法治”。另外，在现实生活中凡需要对“法治”进行诠释的也很少再与“法制”作关联性解释，大多直接搬用西文中法治的释义。这样一来，在我们观念中又加剧了两者在不同文化中不同含义的混淆；还有人把本归属于法制范畴的观念和现象，也一股脑的揽入法治之中；更有甚者干脆视“法治”为无所不包的万能之策，压根儿不屑再谈及“法制”的功能和作用……就是在如此逻辑的诱导下，一些政府部门及其官员动辄“依法治理”，却不问依的什么“法”，究竟应怎样治。一时间，“依法治国”演绎出了“依法治市”“依法治县”“依法治乡”“依法治街”“依法治村”的景象，实则归之于“依法治人”或“依法治民”了。这不是从幻影般的“水治”绕了个大圈又转回到“刀制”去了吗？此等现象，在全国各省市区层出不穷的行政规章的制定和实行中，以及诸多强制执法而难于纠正的错案冤案的现实中屡见不鲜，典型案例比比皆是。

这类案件往往适用刑法、刑诉法、《中华人民共和国国家赔偿法》及依法行政、司法解释等多个法律法规；涉及普遍的人身权、人格权、健康权、

① 如徐显明主编《法理学教程》中国政法大学出版社1994年版，第118页；又如李龙主编《法理学》，武汉大学出版社1998年第3次印刷，第214页；等等。

生命权、财产权等实体权利的法治保障问题；面临了合法的陈述权、请求权、控告权、申诉权、偿还权等程序方面的法制设计问题，是从多方面可进行法制与法治观察研究的典型实例。有学者认为，这是在“水治”的旗号下，实行“刀制”的严重事件，是让人们难于接受的“良法的恶性循环”①。由此，也可以反观中国人对“法治”情感的由来，可见法制与法治这对概念错综复杂的关系在中国社会的印象之一斑，它们有时被某些人利用成了不辨是非、混淆视听的借口；有时为了正视听、顺民意，又能成为公平合理的当然表达。为了科学地廓清这两个概念的现代含义，就有必要对它们进行深入的解析。

据于我国法律传统主要倾向于“法制”而不是“法治”的情况，现代汉语中对其并不作严格区分；又因为法制与法治的发音完全一样，口语中不能分辨清楚，因此往往相互指称的意思不易辨清；长此以往，要理解它们也就更是莫衷一是了。民间对于法制、法治并不进行区分，常常将两者按同义语处理。然而，对于西方社会，这则是两个无论在发音、书写、用意和观念上都完全不同，并有着不同发展历史的概念（如英文中的法治——rule of law、rule by law，法制——legal institution、legal system），因此，不会引起模糊、歧义和混同。20 世纪末，当我们欲从根本上改变以往的治国方式，提出“依法治国，建设社会主义法治国家”时，学者们才重新开始关注这两者的不同，并想尽快将重点由有法可依的“法制”建设转移到有法必依的“法治”治理中。然而，鲜有人阐明两者为何长期以来在我国相互借用却无人诘问的缘由。为了客观地看待过去，认真地面对现实，我们必须以历史发展的眼光，积极而冷静地正视中国与国外关于“法制”与“法治”的不同看法，揭示其中规律性的东西。只有这样，我们才能在经济全球化及“全球化法制”的进程中，为我国社会主义法治理论，为国际社会的法制建设作出自己的贡献。

第二节　法制——法律之机制

一、“法制”概念解析

简而言之，“法制”就是指一国或一个社会的法律及由其形成相关制度的

① 参见王斐弘《论良法的恶性循环》，人民大学报刊复印资料《法理学、法史学》2003 年 7 期。

总称，主要表达的是静态意义上的规范或以这些规范建立起来的制度构架。因此，法制就是在包括相对静态的法律规范及其系统的同时，也就包括了立法、执法、司法、守法和法律监督等方面的体制、编制、机制等设置及系统。“依法办事”的动态过程本不属于法制之列，现在，我们在通常的情况下，就是在静态的意义上理解和使用法制这一概念的。

“法制”一词是法律规范及其制度体系的总称，本没有诸如法治、德治等治理社会的方法方针的含义。正如英语中关于法制的表述是 legal institution，而法治的表述则是 rule of law 一样，它们各有各的含意，各有各的表达形式，即不可能相互替代，也不可以独揽一身。所以，无论在汉语还是英语中，“法制”首先被视为法律之机制，它既不能代替法律的治理，也不能囊括法治本身。在现代社会，如果没有法制，意味着没有可依靠的硬件；如果没有法律，意味着没有可运用的软件；而软件再好，没有支撑它的硬件，也将视为废物。所以，无论软件还是硬件，都是建构法制的必要条件。

据中国学者沈宗灵先生阐述，“法制”一词在 1949 年以前较少使用，主要为“法制史”方面的著作和法制机关的名称而被运用。为此，中国法制史界对其又有广义和狭义的两种解释。广义者认为，“法制”指法律及其以外的制度。狭义说却指出，“法制”仅指法律方面的规定，具体到中国法制史方面，就是以“律”和“刑”为限的研究范围，这显然是受了我国以刑为法的传统观念的影响。就目前而言，这广狭二义之分已早无意义。另外，新中国建立后我们之所以长期使用法制一词，还因为直接受到了苏联的影响。俄国十月革命前后，由于在列宁的著作中，所用的相关概念都是“法制”而不是“法治”，因此，苏联的法学著作一应如此，当 20 世纪 50 年代，我国对其照搬照抄时，法学界自然因袭之。因此，新中国建立后我国的法律或法制体系就被冠以“革命法制”或“人民民主法制”，改革开放后，又被统称为“社会主义法制”。①

在我国以往的理论中，“法制”一词无形中成了“社会主义意识形态”里的一个既定概念，成了“社会主义法律观”中一个专门用语，成了与资本主义国家“法治”相抗衡的一个专有词汇。20 世纪 80 年代中期，随着改革开放的深入，随着经济体制市场化的进程发展，随着国人对“民主与法制”建设热情的不断提高，“法制”这一概念又为人们承载了太多的希望，以至不惜抹杀它本身所具有的既定意义，在一段时间的立法高峰时期，其囊括了本属“法治”的应有含义。加之原来所表达的“社会主义法律意识”认为，社会主

① 参阅沈宗灵主编《法理学研究》，上海人民出版社 1990 年版，第 43、44、46 页。

义法制的重要内容就是守法，否则，便没有社会主义秩序可言。①于是，“法制”直接涵盖或篡改了现代法治的部分功能，从而加剧了中国内地对“现代法治”理念的排斥，这种情况一直持续到新世纪之初，只因决策层提出“依法治国”根本方略的转变后才有所收敛。

另外，由于种种普遍知晓的原因，新中国成立后国家没有，也没来得及把法律或法制建设作为既定目标。加之选定了计划经济的模式，在整个经济领域，计划和政策就是法律，并且，只有强制性的法律（或计划），才能为当时的政策体制服务，才被称做特定时代的“法制”。因此，对于公民、经济实体和民间组织而言几乎没有任何独立的主体资格，他们也没有所谓法律权利的需求，作为给国家和人民储备着巨大社会资源，具有重大调节、整合、组织作用的法律，那时恰恰不能派上用场，所以，法律无章法可依，法制无机制可循。

二、对“法制”观的不同认识

在我国，除了宪法外，就国家主要的基本法律而言，均是新中国建立30年后才开始陆续出台的，如《中华人民共和国刑法》和《中华人民共和国刑事诉讼法》；新中国建立37年后才实施了《中华人民共和国民法通则》；而《中华人民共和国民事诉讼法》则是经过了九年的“试行”后，于1991年4月七届人大第四次会议才正式颁布的。……这意味着直至20世纪90年代初期，我国现代法制的基本框架并不完整，因此，当然不可能有现代法律之机制，更不用说全面的现代法制了。

虽然市场经济体制的改革方向，为现代法制的建设甩开了束缚，开始了我国法制现代化的进程，但是，应该说这只是法制建设的开始，它距离现代法制的建成还需要较长的时间。因为，现代法制不仅仅是法律文本与立法机制及立法权限划分的完善化、体系化，它还应包括司法、执法、守法、护法（法律监督）等环节体制的完备和优化。否则，光有法律软件而无法制造硬件的社会，法律只可能是一纸具文，法治也只可能是空中楼阁。这也是为什么在社会治理方面，长期以来我国均以“法制”概念冠之，而不可能以“法治”观念取代的重要原因。

“法制”就中国传统及当今的语境意义而论，它主要是名词性质，如前所述，其含义不仅指以法律文本公之于世的静态体系，还指一国的立法、执法、司法、守法、法律监督这“法制五环节”机制建构的系统。我国多数法学教

① 参见萧蔚云、魏定仁等编著《宪法学概论》，北京大学出版社1982年版，第35~37、41~42页。

科书往往把本应属于相对静态的“法制”纳入到了相对动态的“法治”范畴之中，使法制的名词性质发生了动词性的变化，变成了“法律控制”、“以法制之”，从而回复到了我国古人关于法制的理解上，于是就有了“以法控制”、“以法制裁”之嫌，使所谓严刑峻法的“刀制”观念尽显其中。这种与现代“法治”背道而驰的深层心态，正是中国百姓为什么不易接受现代法治的重要原因之一。

如有的教科书认为，“法制是指一个国家法律制度而又得到普遍遵守和执行及其出现的秩序状态”，其中包括三个因素：其一是法律制度，即由国家机关制定认可的并由国家强制力保证实施的规范体系；其二是守法和执法的动态过程；其三是经法律调整后所出现的秩序状态。① 甚至，有的表达更加宽泛，如“法制是一个国家或地区法律上层建筑的各个因素所组成的系统，从其构成看，起码包括法、法律实践及指导法和法律实践的法律意识”等等。② 几乎把社会的法律现象全部囊括进去。把作为“法制”建设必须追求的目标，与本应属于“法治”的“有法可依，有法必依，执法必严，违法必究”的十六字要求，作为“以法控制”、“以法制裁”的观念加以长期灌输和传授，从而忽视了“良法”之治的法治精髓，致使法治也带上了“法恶”为治的头衔。观此种种，已不仅仅是某几个概念的混淆和错位了。

有的学者希望较全面较客观地概括现代法制的意义，因此指出，我国从新中国成立起直到1997年中共十五大召开前，“法制”一词大体上存在着三种含义：第一种是静态意义上的法律和制度，或简称法律制度，主要为文字条文规定和少数惯例；第二种是动态意义上的立法、司法、执法、守法和法律监督各环节所构成的系统，也被称为“法制系统”或“法制系统工程”；第三种就是指“依法办事”的原则，即“有法可依、有法必依、执法必严、违法必究”。而这第三种含义本为“法治”之意。在国际上认为，法制是一批原则、制度和程序的组合。而对于“法治”，英国学者会说 rule of law（法治），美国人会指 government under law（法治政府），法国人却认为是 la supre`matie de la regle du droit（法律规则至上），而德国人常用的词则是 rechtsstaat（法治国），等等。③ 他们指的都是在法制前提下的治理，无论如何也没有把法制与法治相提并论。

---

① 卓泽渊主编：《法学导论》法律出版社1998年版，第145～146页。

② 孙国华、朱景文主编：《法理学》第二版，中国人民大学出版社2004年8月版，第74页；曾宪义主编：《法律硕士专业学位招生考试教程》（上），法律出版社2001版，第669页。

③ 沈宗灵主编：《法理学》，北京大学出版社2000年版，第218页。

因为西方人的法制被认为早已在两三百年前就以英国的限权议案、美国的成文宪法、法国的民法典等为标志形成了现代体制，他们尽可以在此基础上进行法治社会的建设，无需再将法制建设作为重点。因此，他们只需在“水治”意义上去讲法治，将“平之如水”的法律尽显其“柔情似水”的本性，让人们或多或少地感受到法律即权利中的人性因素；从而不必在“刀制”意义上去说法制，而将“强制执行”的法律还原为“制度运行”的本色，让人们自觉地去领略法律权威中的力量。因此，汉语中的“刀制”，绝不可能与西语中的“水治”同日而语，尤其我们是在建设社会主义法制的同时进行现代法治探索的，这种建设和探索又都是在西方文明的启迪下进行的。因此，我们不得不从中华文化的角度对之进行消化和吸收，不得不廓清我们的法制建设与其他国家到底有何不同。

三、建设现代法制的目标

法制建设是任何社会进入现代化的必经之路，无论法制改革还是法制建设，都是为了一定目标而进行的活动，法制的现代化在社会现代化的进程中尤其重要。因为，法制现代化就是一个国家或一个社会伴随着从传统到现代的转型，使原有传统型社会向现代型社会转变所必需的制度建设过程。这个过程有长有短，如果不能有意识地去把握它，有计划地去建设它，那么，法律将难于尽快顺应国家和社会在转型中出现的重大变化。法制建设或法制改革，不仅要使被建设的法制更加适应发展和变化了的各种社会需要，而且还要使其充分体现当代社会的各种价值目标和民众的需求。这就是“法制现代化”的历程。

首先，法制现代化的目标即指以法律制度为基础的现代化建设。它包括法律规范的现代化、法律组织机构的现代化和法律设施的现代化。其中的核心内容是法律规范的现代化，其主要标志为法律机构的现代化，即政府组织与民间社会关系的现代化，法律服务、法律运行设施的现代化等等。其次，法制现代化建设，要求在社会变革的进程中确立起一系列与时代要求相合拍，与法治原则相吻合的现代社会价值观和行为准则。另外，法制现代化建设的目标尤其需要社会成员的法律需求、法律品质及其法律德性的现代化。“法制”作为法律之机制，即目前中国在依法治国，建设和谐社会的进程中正在完善的现代法制，对此，我们急需把握的是其建构的特征及要求。如：

第一，建立普遍适用于国家与社会、国内与国际交往的法律体系，形成一个以宪法为主导，公法、私法及社会法既相分离又相协调，实体法与程序法既相区别又相辅佐的，具有中国社会主义特色的法律构架；

第二，为了使每个人的合法权利及正当愿望，都能够通过法律机制的运作得到保障和实现，因此，均须一一审定新的法律制度及其规范体系；

第三，通过已建立的法制及其在各个领域中的多方实践，进一步寻找并确立以“良法”而治的法制机制，并为百姓们尽快认同；

第四，具有中国特色的社会主义新型法制，应该是“一国两制”、三种法系并存的，在多个法域中能得以实现的，适合于我国国情和发展的法律制度。①

总之，我们欲建立的现代法制，不仅应以目前中国内地和港澳台地区的情况为参照，还应站在国际社会的宏观角度，以世界和平发展的需要为依据，力求建立一种可以搭建和维系因经济全球化所带来的“公序良俗”的机制，即除了国内的法律制度的建设外，还应当关注“全球化法律”运行中的正当体制。

第三节　法治——“自然”之规治

一、法治的概念

现代法治，不仅是一种宏观的治国方略，一种理性的处事原则，而且是一种文明的治理模式，一种理想的社会状态。之所以如此，主要就因为它是以现代民主为价值取向的法律运行方式。与法制概念相对应，法治是动态中的过程，是由硬件和软件相结合而产生的法律运作过程。现代的法治观念，是西方古代的法治实践、近代社会的法治理论以及现代国家法治发展的产物。

就现代“法治”来讲，它是在特定的历史背景下形成的一种文化现象并经过千百年历史的打磨传承至今，已成为如今衡量世界各国是否能够文明发展的指示器。因此，法治就是一种特定的治国方式，是被治理着的国家或社会所处的，人们认为良好的法律秩序状态；法治既可用于衡量国家权力的行使，包括立法、执法、司法等政府机关的活动是否处于某种良好的法制约束中，还可用于测试社会成员的有益行为是否普遍得到某种完备的法律规则系统的支持，是否处于某种优良的社会风尚之下等状态。

所以，现代法治的出现所表达的治国方式或国家治理状态至少应包括三个要素：①存在着良好而完备的法律；②现行的法律得到了普遍的遵守，尤其得到了有权者的遵守和普通民众的认可；③体现了依法分工、合作制约、运行良好的宪政结构形式。此外，法治精神的存在即对良法法治原则的尊崇，就是

① 张文显主编：《法理学》，高等教育出版社、北京大学出版社 1999 年版，第 179 页。

“道法自然”的标志，是法治国家的自然品格。

从国家制度的基本构造来看，现代法治社会要求其治理模式一定是民主政治的形式，国家权力结构应该具备分工制约的关系，社会控制原则除了对国情和民情的适应外，应尽量以服从法律为根本，同时注重对优秀民族文化的发掘和保护。如今，世界上法治国家的形式多种多样，并不是只有一个面目一种模式。新型的法治国家也还待创新和创建，因此，仅有法治的理想，而无现代法制的保障，欲建立现代和谐的法治国家是不可能的。

二、关于法治的“法于自然”

一个国家或一个社会其法学研究水平如何，研究程度怎样，是其法治发展状况的一种文明标志。在西方法治文明中最核心的部分，就是他们“自然法”的传统即融入西方人血液中的“自然法之治”的理念。因此，我们需要以中西文明的碰撞为背景，传递一种对于我国而言极为新颖的社会治理观念。

现代的中外学者都指出，之所以有法律秩序，得益于两个条件。一是必须存在着多元利益集团的不同利益，二是“良法自然”（也指自然法）的信念深入人心。因为，人们普遍都相信存在着一些最高的、神圣的，如自由、平等、公平、正义等法则，这使人们在论证或批判现行的实在法时，能用以作为一种终极性的依据，由此证明，人类社会本身就存在着高于法律的客观法则。

现代法治的理念起源于两千多年前古希腊的城邦制。也许是古希腊的地缘优势，把它与亚洲的小亚细亚、欧洲的亚平宁半岛，以及沿地中海北岸的非洲地区联系在了一起，并由此形成了人类现代文明的发祥地之一。首倡法治的一代宗师亚里士多德（前384～前322），继承了苏格拉底（前469～前399）、柏拉图（前427～前347）等希腊先哲们关于“正义”理念的精深探讨，将法分为反映自然存在秩序的“自然法”和内容变化不一的“人定法”。并认为，前者高于后者，并且是制定后者的依据和标准。于是，提出了法治的两重含义：被制定的法律应该获得普遍服从，而被大家服从的法律应是良法。① 可见，严格服从良法是他的法治理想，而贯穿于其中的基本核心则是自然“正义”。他的法治理论不仅推动了西欧法学的形成和发展，而且倡导了一种“法律至上”，法律权威神圣的社会历史观念，并由此支配了西方社会两千多年来锲而不舍地探寻法治的传统。

对古代自然法理论予以系统、明确阐述的是希腊文化晚期的斯多葛学派。此学派把自然法等同于宇宙实体及其理性，同时又与禁欲主义的规范相联系。

① 亚里士多德：《政治学》（中译本），商务印书馆1965年版，第199页。

他们将“与自然协调一致地生活”，就是以最高理性协调一致的人生目的作为“法”的宗旨，作为法律和正义的基础。他们认为，神赋予每个人同样的理性，才使得自然法能适用于世界的各个角落；才发展出人人彼此的平等和世界国家、宇宙公民的思想。他们认为，自然法则与法律规则均属于可互相共通的领域。他们的这种观念被植根于以后的法治文化中，也就奠定了罗马帝国后来在广袤的地域内对具有各种不同文化背景的多种民族进行征服后，所进行的统一治理的法律制度理念。

受到斯多葛学派自然法思想影响最突出的是以西塞罗（前106～前43）为首的许多罗马的执政者们。在他们看来，当最崇高的理性“在人类的理智中稳固地确定和充分地发展了的时候，就是法。……法就是理智，支配正当行为和禁止错误行为就是法的自然职能”，法是衡量正义和非正义的标准；由于正义是自然固有的性质，因此，应当在自然中探索正义的渊源；如果不把自然看做正义的基础，将意味着人类社会所依赖的美德的毁灭；“因为法律统治执政官，所以执政官统治人民，并且可以说，执政官乃是会说话的法律，而法律乃是不会说话的执政官”。[①] 这些思想对于正处于兴盛中的罗马法学的影响是巨大的。由于大批罗马法学家的出现形成了特有的职业法律家集团，加之罗马皇帝为巩固政权不断颁布的大量敕令，为罗马逐渐形成了以法律诉讼为形式的一整套完备的法律体制。这一体制后来成为与古代中国的“宗法体制”，伊斯兰和古印度的“教法体制”相齐名的“法治体制”。[②] 这一体制如今也被各国的民法、诉讼法及国际法等法律部门所承袭，而其他两种体制在如今的正统渠道中，要么已经衰亡，要么正在衰落，或已失去了生命力。

自然法思想在西欧中世纪因基督教法学家们的吸纳和转化，又以基督教法律观的形式被继承了下来。正如美国学者伯尔曼所言，他们的法治曾“相当于教会政治体的活的宪法”，他们的教会曾相当于一个由大大小小的社团组织起来的联合体，因此，“教会是一个 Rechtsstaat（法治国），一个以法律为基础的国家。与此同时，对于教会权威所进行的限制，以及教会内部尤其是教会政府的特殊结构对于教皇权威的限制，培育出了某种超过法治国意义上的依法而治的东西，这些东西更接近后来英国人所称的‘法的统治’（the rule of

---

① 西塞罗：《法律篇》，转引自《西方法律思想史资料选编》，北京大学出版社1983年版，第64、65、68、72、79页。

② 何勤华：《西方法学史》，中国政法大学出版社1996年版，第34页。

law)。"① 中国有学者认为，"自然法学说有时被用来支持这种实在法，有时则被用来反对另一种实在法，分别体现了一定集团或阶级的利益。因此，这种学说有时是革命的，有时是改良或保守的"。②

三、现代法治中的"依法自然"

西方社会的法治传统有着深刻的"依法自然"的烙印，换句话说，西方法治文化中的"社会治理"因素，即在其法文化中存在至今的自然法之治的韵律。近代资产阶级革命的兴起，使古老的自然法重获新生，革命者在政治、经济、文化、信仰等方面彻底摧毁封建政权的同时，用于推翻旧社会的理论武器及精神力量不是别的，正是他们传统的自然法学说。"古典自然法"学派的出现，不仅是古代自然法进行现代化的转型，而且在世界近现代史上植就了现代法治理念的根基，并由此掀开了现代民族国家"依法治国"的新纪元。随着西方殖民化的进程，这种以"自然法"理念为核心的法治文化，由欧洲开始向其他地区迅速传播，并在20世纪形成了衡量世界所有国家是否现代、是否文明、是否能够保障现代"人权"的标志。

我们知道，任何社会对治理方式的选择，都是顺应着一定历史使命的足迹被确认下来的。古典自然法学的出现，及其所形成的"法治"精神，就是当时社会历史的需要和客观外界共识的结果。它以文艺复兴中人文主义成果为基础，把"人权"、"制定法"与"神权"、"宗教教义"进行了质换，彻底的以国家权力替代了教会权力，以"人的理性"战胜"神的理性"；以对公民的权利保障作为政府职权的目的，由此向理想的价值目标趋近，从而创立了一整套特有的依法自然的现代法律概念及术语，也为现代社会的治理创建了一整套政制体制和法治机制。自然法把价值追求作为己任，以人的"自然权利"与神的"永恒权力"即非法权威相抗衡，从而使"人权"成为当今世界现代法治中不容撼动的基础，同时也奠定了自然法学说在现代世界中的地位。所以，"依法自然"是现代法治文明的底蕴。

西方"自然法"观念从来就是关于法律价值趋向及其准则的认定和选择，其"人为法"必须随时接受自然法的评判和检验。因此，整个法治系统中蕴藏着西方深厚的"自然之治"文化及其伦理思想，这并不是我们一经接触就能了解的，也不是单纯知道其法律条文、法规文本或法制机构就可以理解的。

---

① ［美］哈罗德·J. 伯尔曼：《法律与革命——西方法治传统的形成》，中国大百科全书出版社1996年版，第259页。

② 沈宗灵：《现代西方法理学》，北京大学出版社1992年版，第160页。

因此，我们不可能照搬一点点西方法制的现实，就可依葫芦画瓢在我国进行“依法的治理”。换句话说，西方的法治文明中蕴涵着及其丰富的传统道德和文化精髓，其中的自然之治不仅包括古希腊以来的人文法治精髓，而且包括了“基督教文化”及其深邃的积淀。如果不了解现代法治产生于西方特定文化的“自然规治”，便不可能了解西方法治的发展，也不可能理解现代法治的精神。

西方人有把法学家及法官认定为社会道义和社会良知的承担者，是社会制度的批评家和创设者的传统，西方的道德传统隐含于法治中是其特有的文化现象。这种文化被人类现代文明所接受，也正是东方现代文明必然要继承和挖掘的优秀之处。

第四节 现代法治与法制的建设

一、现代法治观的形成

为现代法治理论和现代法律实践奠定新的伦理价值观的人，应首推英国功利主义法学的代表人物边沁（1748～1832）。他希望制定一部“使人善良有德的法典，更广泛地说，制定一个这样的社会制度”。于是他给善良有德下了一个定义，即最大多数人的最大幸福就是判断是非的标准。有人认为，他是“无意之间为社会主义学说铺平道路的人”，因此立法者的职责便是在公共利益和私人利益之间制造调和。① 这种思想不仅为司法的公正，而且为现代法治的正义，尤其为追求社会本位，以绝大多数人民谋福利为理想的社会主义运动及其制度的创设拉响了前奏。边沁以社会实际产生的利益为准，清楚地表明社会的一切现存关系都是因经济利益的变化而变化着的，由此，这种观点揭示了现存社会关系与其经济基础、经济运行方式之间的联系。

这也正是马克思、恩格斯对功利主义法学的赏识之处，因为“功利论一开始就带有公益论的性质，但是只有在开始研究经济关系，特别是研究分工和交换的时候，它才在这方面有充实的内容。在分工的情况下，单个人的私人活动变成了公益的活动；边沁的公益归根到底就是一般的表现在竞争中的公益。……公益论能够以一定的社会事实为依据；”这是功利主义的一个优点。② 正是在这种“功利主义”公益观的指导下，英国早在1834年就通过了世界第一

① 罗素：《西方哲学史》（下），马元德译，商务印书馆1976年版，第327、328、329页。

② 《马克思恩格斯全集》第三卷，人民出版社1960年版，第484页。

部《济贫法》，在世界法制史上最早开启了“社会保障法”之路；其1848年颁布的《公共环境卫生法》成了如今环境法的鼻祖。可以说，功利主义法律观开创了西方社会福利国家之先河，也使自然法学所提出的“法治”理念，建立在了自然真实的经济、社会利益基础之上；使法制和法治、权利及民主等概念在社会生活的基本层面有了看得见，摸得着的真实体现。

早期分析主义法学的出现，以制定法及人为法为研究对象，弥补了古典自然法方法上最大的理论缺陷，完成了法制与法治在理论体系上的独立。它要求严格区分法理学与伦理学的界限，认为法理学的任务主要是分析实在法，而不是对实在法进行评论和批判，这种观念在近现代法治发展史上具有新的重大意义。它使以实践形式为主的现代司法即法律适用的学问，作为一门专为寻求社会具体公正而设置的法律推理技术成为了科学，从而再现了罗马人所说的，法学（jurisprudentia）是正义的技术，是正义之学的观念，为新时代的法治实施与实现打下了现代化的基础。

二、法治与法制的关系

（一）法治与法制具有共同或相通之处

现代法治，以西方社会三百多年来所建立的“法制”为基础，作为非人格化的力量使它形成了一整套关于国家、社会“依法治理”的法治原则和法治形式。如在许多国家的政权及其权力体系上，普遍实行的代议制、任期制、选举制、分权制衡制、违宪审查制及依法行政、依法执政的形式和程序；以及根据罗马法传统，在民商事领域里建立起来的一整套法理原则和权利体系，这不仅在传统的西方社会赢得了共识，而且在许多非西方国家的各个生活层面也获得了认可。尤其现代民商法的建立和实施，在一般民众生活中排除了现实社会形式上存在的不平等，使人们在一定的人身人格上取得了法律平等地位，使人类共同的法律规则能在一国或一个区域内得到普遍的适用。

这说明作为法制硬件系统的制度建构，已在当今世界许多国家确立，作为法制软件系统的法律规范也已在不同国家不同程度地得以制定和实施。而无论作为硬件的法制，还是作为软件的法律，都是相对于法治的静态形式，它们只有在社会的发展中形成良好的匹配，并通过动态的法治运作才能不断地完善其自身的建设。所以，法治与法制都是以法和法律为基础的社会现象，并且是相辅相成的法律现象；只有优良的法制硬件和上乘的法律软件相结合时，才能生成良好的法治。因此，没有良好的法制前提，就不可能造就优秀的法治氛围。

可见，一般情况下，法治和法制虽然同属于共同的社会上层建筑领域，同属于社会法律现象的范畴，但是，两者却是两个完全不同的概念。

（二）法治与法制的不同

1. 两者含义不同

如前所述，法制概念所指的就是一国或一个社会的法律规范及其相关的法律制度，表达的是静态意义上的制度构架；它包括一个国家或社会在政治、经济、文化等方面所具有的法律体制、组织机制等建制。所以，无论是专制国家还是民主社会，任何时代，无论良善与否，都有相应的法制。

而法治概念是一种治国方式和治事观念，由于以现代民主为价值取向，因此，法治是现代社会文明理想的治理模式。与静态的法制相对照，动态过程是法治存在的必要形式，因而它是法制硬件和软件相结合而形成的法律实现过程。现代“法治”的突出之点，是排斥恶法的良法之治。

2. 两者的出现及所涉法律现象不同

法制所涉及的法律现象多为规则、规范意义上的法律条文或静态意义上的法律机制和系统。因此，从时间上讲，法制现象一般比法治为先。良好的法治状态，一般都是以先决的法制定式和法律运作为前奏的。

法治所涉及的法律现象主要是动态的法律活动及人的行为，如在立法、执法、司法和守法等行为中，以流动、常变的法律关系所呈现出来的法律现象最为突出。普遍严格地积极守法是法治的根本要求，以此带来的法律秩序，是通过人们相互间的法律关系及其行为而得到落实的法治体现。可见，法治是法制的必然结果，法治建设从时间上讲，一般是晚于法制建设的另一种法律现象。

3. 两者与公权力的关系不同

法制本身并不确定某种与法发生联系的权力关系状态，它既不必然地包含对公权力的约束和限制；也不必然要求体现特定原则下的公权结构形式。一般而言，任何权力结构形式、不同政体组织形式，都可以使用法制概念。所以，奴隶制、封建制国家都存在着相宜的法制，任何执政形式都少不了法制。

法治却是用来形容法或法律均处于至上地位的国家和社会，在那里，除民众之外，其权力结构、政府机关，以及掌权者们无一不受到法制和法律规范约束的文明状态。在那里，除了法律之外，不存在任何至上的权威。现代意义上的法治尤其蕴涵了国家以权力分工、法律制约为原则的权力配置形式。其特点是，除了源于人民大众意志的权力外，在国家的各个职能机关中，不需要也不允许存在一个绝对至上的权力主体。只有如此，才能保证各职能机关中的任何一种公权职能不超越法律；或在其试图超越法律时，能受到其他合法权能的牵制与制约。这正是“法治”建设希望达到的至上境遇，只有文明开化的社会，才能具有如此的法治。

4. 两者与权利的关系不同

“法制”既可作为人民大众治理国家的工具，也可作为掌权者统治和控制人民的工具，因此，其可以并不必然地涵盖人民大众所具有的正当权利和利益。就其内在规定性而言，它就是一种工具性的事物，是由立法者按照自己的需要进行设计的一套规范工具。

而现代“法治”不仅要涵盖大众百姓的利益，而且必然要以人民主权、人民意志为根基，必然与民主政治为灵魂。因此，法治说白了，就是以保障社会和民众合法权利为目标的“权利之治”。目前，在中国依法治国，就是广大人民群众依照宪法和法律的规定，通过各种途径和形式来管理国家事务，管理社会事务，以保证国家各项规则都能依法落实。

三、现代法治原则及目标

法治的主要含义之一，指对处于某种法律秩序状态中的社会及其主要特点所进行的综合概括，这种意义上的“法治”如前所述，是一种对现实状态的描述和总结。而如此状态是在怎样的法治原则下出现的，这就是人们为什么需要弄清法治原则的原因。

为了指导人们从事现代法治建设，要求大家在社会生活中，在既定的法律范围内，均能遵循基本的、主要的行为规范，并将其作为一种共同的生活方式加以提倡。这可谓现代法治原则的根本内容。虽然法治原则具有预设性、理想性色彩，但是，在当代中国的国情中，法治原则远没有达到对已有法律秩序状态的综合概括和描述时，我们只能以其在中国大地上实现依法治国的目标，而对法治原则的实践提供预设性和理想性的要求。

如我国学者所言，现代法治的目标可用四句话予以概括和说明：法律面前人人平等；法律之内，人人自由；法律之中，人人照顾；法律之下，人人低头。①

1. 法律面前人人平等

即在人格尊严和正当权利上人人平等，人人享受法律的一体保护。在当今中国社会，民族（种族）平等和男女平等似已相当普遍地被接受被认同了，但是，在实际生活中，平等意识常常受到身份、地位观念的抵制。这种现象从自然人向非自然人似有扩散的趋向。

---

① 这里借鉴了谢鹏程刊于《人民法院报》2001 年 6 月 18 日《法治、秩序与人》一文的表述方法。

2. 法律之内人人自由

自由不仅是每一个人的天性，而且本来就是现代法律得以存在的灵魂，是实现所有人充分发展的必要条件。法治的意义就在于通过法律去确定并维持个人自由与社会秩序之间的平衡关系，以便人人的自由都得到最大限度的确认和保障。

3. 法律之中人人照顾

法治不仅是温文尔雅符合人性的“水治”，而且更应寓德于法之中。如果用道德来建立和维护秩序，那么德治与法治就互为题中之意。现代法治主要通过三种方式反映德治：通过民主的立法程序，把社会道德共识转变为法律；通过科学的立法技术，把模糊的伦理原则转变为具体明确的法律规范；通过整体实施和个案适用，把法律确定为保障公序良俗的基础，使法律与道德相得益彰。

4. 法律之下人人低头

法治之下所有主体都要服从秩序，这种秩序归根到底是为人服务的。法治之所以能够建立秩序，是因为它能够凭借规则规范预料行为的后果。这就是亚里士多德所概括的：有良法并使其得到普遍的实行。在如今，法律得不到普遍实行往往不是因为老百姓不守法，更多的是有权机关不依法执法。所以法治的良好实行，首先要求有权机关及其公职人员在法律之下人人服从。

1955年和1959年，国际法学家委员会先后在希腊雅典和印度新德里召开的两次国际会议上，专门讨论“法治”问题，并分别发表了关于“法治”的宣言。

《雅典宣言》庄严地宣告：（1）国家遵守法律；（2）政府应尊重个人在法治下的权利并为其实现提供有效的手段；（3）法官应受法治指引，无所畏惧地并无所偏袒地保护和执行法治，并抗拒政府或政党对法官独立的任何侵犯；（4）全球律师应保持它们专业的独立性，肯定个人在法治下的权利并坚持每一个被控告者应受到公正的审理。《新德里宣言》重申了雅典宣言中所表达的原则，特别强调了司法独立和法律职业对于维护法治与适当执法的重要性；指出“法治”是主要由法律家负责发展和实施的动态概念，它不仅是对自由社会中的民事及政治权利的维护和促进，而且要为建立人们的合法期望和尊严得以实现的社会创造条件。

这两次会议所涉及的关于法治的主要含义有：①法治来源于对个人的权利、自由的平等保护。②国家和政府要守法，并保护个人在法治下的权利。不仅要为制止行政权的滥用提供保障，而且要为法律秩序得到政府的有效维护提供保障。③维护法治主要应依靠法官的独立和法律职业的独立。司法独立和律师自由是不可缺少的法治原则。①

总之，在西方人看来，“法治是一个无比重要的、但未被定义、也不是随便就能定义的概念，它意指所有的权威机构……都要服从于某些原则。这些原则一般被看做是表达了法律的各种特性，如：正义的基本原则、道德原则、公平和合理诉讼程序观念，它含有对个人的至高无上的价值观念和尊严的尊重”。② 因此，法治是人权、安全、民主、自由、平等、正义、和平、福利等人类生存及世界文明发展诸多价值的综合取向，不仅仅是法学界必须深入研究的领域，也是其他学科应予积极介入的领域。

本章图解

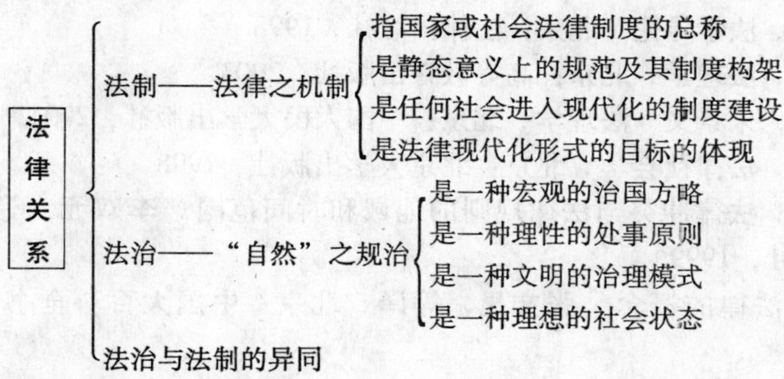

复习思考题

1. 试述“法制”与“法治”的概念及相互关系。(包括两者的共性与不同点)
2. 简述现代法治的意义及法治原则的内容。
3. 为什么要将我国建设成社会主义的法治国家？
4. 将我国建设成社会主义的法治国家目前主要有什么阻力？

---

① 沈宗灵主编：《法理学》，北京大学出版社2000年版，第224~225页。

② ［英］戴维·M. 沃克：《牛津法律大词典》，光明日报出版社1988年版，第790页。

主要参考书目

[1] 张文显，李步云．法理学论丛：第1卷．北京：法律出版社，1999.

[2] 沈宗灵．法理学．北京：高等教育出版社，1994.

[3] 刘星．法律是什么．北京：中国政法大学出版社，1998.

[4] 卓泽渊．法学导论．北京：法律出版社，1998.

[5] 张文显．法理学．北京：高等教育出版社，2003.

[6] 孙国华，朱景文．法理学．北京：中国人民大学出版社，2004.

[7] 赵震江．法律社会学．北京：北京大学出版社，1998.

[8] 萨维尼．法律冲突与法律规则的地域和时间范围．李双元，等译．北京：法律出版社，1999.

[9] 哈特．法律的概念．张文显，等译．北京：中国大百科全书出版社，1996.

[10] 贝勒斯．法律的原则——一个规范的分析．张文显，等译．北京：中国大百科全书出版社，1996.

[11] 松井芳郎，等．国际法．辛崇阳，译．北京：中国政法大学出版社，2004.

[12] 余劲松，吴志攀．国际经济法．北京：北京大学出版社，2000.

[13] 李双元．国际私法：冲突法篇．武汉：武汉大学出版社，2001.

[14] 陈弘毅．法治，启蒙与现代法的精神．北京：中国政法大学出版社，1998.

[15] 夏勇．人权概念起源．北京：中国政法大学出版社，1992.

[16] 梁慧星．民法解释学．北京：中国政法大学出版社，1995.

[17] 杨春福．权利法哲学研究导论．北京：南京大学出版社，2000.

[18] 北京大学法学院人权研究中心．司法公正与权利保障．北京：中国法制出版社，2001.

[19] 公丕祥．权利现象的逻辑．济南：山东人民出版社，2002.

[20] 谢晖．法学范畴的矛盾辨思：第5，6，7，9章．济南：山东人民出版社，1999.

[21] 易继明．私法精神与制度选择．北京：中国政法大学出版社，2003.

[22] 张文显．法理学．北京：高等教育出版社：第12章，1999.

[23] 舒国莹．法理学．北京：中国政法大学出版社，2001.

[24] 王利明．侵权行为法归则研究．北京：中国政法大学出版社，1997.

[25] 合特．惩罚与责任．王勇，张志铭，方蕾，等译．北京：华夏出版社，1989.

[26] 考特，尤伦．法和经济学．张军，等译．上海：上海三联书店，1991.

[27] 米克尔约翰．表达自由的法律限度．候健，译．贵阳：贵州人民出版社，2003.

[28] 梅迪库司．德国民法总论．邵建东，译．北京：法律出版社，2000.

[29] 马克思，恩格斯．马克思恩格斯全集．北京：人民出版社，1982.

[30] 沈宗灵．法理学研究．上海：上海人民出版社，1990.

[31] 张晋藩．中国法律传统与近代转型．北京：法律出版社，1997.

[32] 沈宗灵．比较法学总论．北京：北京大学出版社，1987.

[33] 季卫东．法治秩序的建构．北京：中国政法大学出版社，1999.

[34] 马长山．国家，市民社会与法治．北京：商务印书馆，2002.

[35] 张中秋．中西法律文化比较研究．南京：南京大学出版社，1999.

[36] 王家福，刘海年，李林．人权与21世纪．北京：中国法制出版社，2000.

[37] 卓泽渊．法治国家论．北京：法律出版社，2004.

[38] 王学辉．从禁忌习惯到法起源运动．北京：法律出版社，1998.

[39] 梁治平．清代习惯法：国家与社会．北京：中国政法大学出版社，1996.

[40] 张蓉蓉．法治？政治？德治？——中国社会法治理念探缘．昆明：云南人民出版社，2007.

[41] 德沃金．法律帝国．李常青，译．北京：中国大百科全书出版社，1996.

[42] 米尔恩．人的权利与人的多样性．夏勇，张志铭，译．北京：中国大百科全书出版社，1996.

[43] 博西格诺．法律之门．邓子滨，译．北京：华夏出版社，2001.

[44] 莫里森．法理学——从古希腊到后现代．李桂林，等译．武汉：武汉大学出版社，2003.

后记

我们根据教育部高等教育司编制的《全国高等学校法学专业核心课程教学基本要求》中对《法理学》教学的要求，结合教学实际调整出《法理学原论》一书的基本内容。所谓“原论”主要是“基础之论”的意思，并有“原本之论”“原初之论”“原来之论”“原始之论”之意。

参与本书写作的，大多是已有近10年以上较为丰富的高校法学教育经验，并在长期的法理学教研实践中，取得了不同程度成绩的实践者。因此，2005年，云南大学将法科学生的基础理论必修课《法理学》列为校级“精品课程”项目予以建设。本书就是该项“精品课程”建设的成果之一。该书虽然没有把其他法理学内容，如法的价值论、法的本质论、法与其他社会现象的关系论、法律运作论、法律解释及其方法论等纳入其中，但是，却为这些更加理性、更加抽象、更为深刻的内容铺垫了具有专业特色的理论基础；也为下一步深化法理学教学研究铺就了坦途。

另外，参与本书写作的，还有不同年级的法学理论硕士研究生们。他们认真刻苦、潜心钻研，或单独、或与导师一起，完成了写作任务，在为本书的出版付出心血的过程中得到了应有的锤炼。本书写作人员中除章戎系张蓉蓉笔名外其余均系本名。

全书由章戎统稿。其中除章戎单独承担的导论、第二章、第三章、第四章、第八章、第十五章的写作外，其他章节的参写人员，以书中章节顺序排列如下：第一章，王鑫、肖中元；第五章，梁建、李冰；第六章，冯治良；第七章，章戎、凌娜；第九章，欧阳若涛；第十章，许世文、王伟；第十一章，杨莉红、唐晓梅；第十三章，张洪娟、杨莉红；第十二章和第十四章，张向前。

另外，为本书收集资料并参与本书写作讨论还有：肖丽萍、陈小山、普会峻、鲁中江、杨琼珍等，在此一并致谢。

至诚希望专家及同仁们批评指正，真诚欢迎广大读者对该书提出意见和建议。

章　戎

2007年6月20日